PEARSON
BACCALAUREATE

Français B

DEVELOPED SPECIFICALLY FOR THE
IB DIPLOMA

MARIE-LAURE DELVALLÉE

LWAYS LEARNING

PEARSON

Pearson Education Limited is a company incorporated in England and Wales, having its registered office at Edinburgh Gate, Harlow, Essex, CM20 2JE. Registered company number: 872828

www.pearsonbaccalaureate.com

First published 2011

ISBN 978 0 435074 51 7

Edited by Frances Reynolds and Harriette Lanzer
Proofread by Laurie Duboucheix-Saunders
Designed by Tony Richardson
Typeset by Woodenark Ltd
Original illustrations © Pearson Education Limited 2011
Illustrated by Woodenark Ltd
Cover design by Tony Richardson
Cover photo/illustration © *Front*: **Getty Images:** cl; **Glow Images**
Printed in Spain by Grafos S.A

Acknowledgements and disclaimers

The authors and publisher would like to thank the following individuals and organizations for permission to reproduce photographs:

(Key: b-bottom; c-centre; l-left; r-right; t-top)

Alamy Images: 7t, 10tr, 13cr, 27br, 45tr, 50cr, 72b, 73tr, 82tl, 118b, 124b, 162cr, 194br, 231t, 252t, 283tr, 296b, 326t, 341cl, 347tr, 348b, 370c, 380b, 398c, 423c; **Corbis:** 10tl, 60br, 74b, 85br, 167tl, 172t, 193b, 202tr, 205tr, 206cl, 213c, 214t, 217t, 266br, 324c, 340bl, 343tr, 344tl, 403br, 409tr; **Mary Evans Picture Library:** 29tr; **Fotolia.com:** 16bl, 18cl, 18bl, 18br, 24tr, 24bl, 25cr, 31t, 43b, 59 (Belgium), 59 (Burkina Faso), 59 (France), 59 (Gabon), 59 (Haiti), 59 (Monaco), 59 (Quebec), 59 (Senegal), 60tr, 60-61c, 62t, 68br, 88br, 89l, 89c, 89r, 108cr, 123br, 129tl, 131tl, 131tr, 131bl, 131br, 142cr, 144tr, 155br, 174tl, 174tr, 174bl, 174br, 176l, 189tr, 190, 190bl, 195-196b, 229tl, 234-235c, 242t, 242b, 249tr, 249bl, 253br, 257bl, 258tr, 258bl, 261tl, 262tr, 275l, 275r, 285c, 291cl, 291br, 306tr, 321l, 354br, 391tr, 393bl; **Getty Images:** 1c, 6c, 28bl, 49br, 51br, 68bc, 71b, 173bl, 189br, 286br, 295b, 320t, 331t, 365b, 425-426c, 449t; **Glow Images:** 11tr, 61tr, 79b, 288c, 290t, 318c; **Robert Harding World Imagery:** 382b; **iStockphoto:** 125t, 173br, 177tl, 177tr, 179tr, 179br, 374c; **Reuters:** 187tl; **Rex Features:** 332br; **Science Photo Library Ltd:** 270c; **Shutterstock.com:** 16br, 18cr, 48br, 59b, 88-89c, 84br, 92l, 132-133c, 135cb, 156c, 161c, 165tr, 165bl, 170-171c, 173tl, 173tr, 177br, 215c, 228tl, 229bl, 240br, 248-249br, 255br, 259tr, 260br, 269tr, 270br, 277r, 278r, 291t, 292tr, 292cl, 292bl, 300c, 302bl, 303tr, 305t, 306b, 313b, 321r, 337tr, 338c, 354tr, 354cl, 359t, 362tl, 362tr, 362cl, 362bl, 376tl, 376cl, 377t, 387br, 396bc, 397tr, 414bl, 424br; **Unknown:** 47br, 61cr

All other images © Pearson Education

The authors and publisher would like to thank the following for permission to reuse © material:

"Mon père, ma mère, mes embrouilles... et moi", © Filsantejeunes 2009; "Quel est le rôle des grand-parents d'aujourd'hui?", Maryse Vaillant in interview with Natacha Czerwinski for *Graine de Curieux*, No. 680, used with permission of Maryse Vaillant; "Les relations entre amis" (original title: "Comment se faire des amis?"), by Marion Capeyron, *Doctissimo*, 15 June 2011, © *Doctissimo*; "Solitude en 2011: la grande cause nationale", by Alexandra Bresson, 2 March 2011, © Street Generation Partenariats; "Charte",used with permission of SOS Amitié France; "Seul", © Gérard Sailly; "Comment revivre à la maison", in *Phosphore*, September 2003, © Groupe Bayard (adapted); "Mariage", used with permission of Paroisse Catholique de Bruay; "Tâches ménagères:très forte inégalité homme/femme", in *20 Minutes*, 8 March 2011, © www.20minutes.fr, based on statistics © BVA 2011; "Moi, homme au foyer", © Camille Lamotte, Psychologies.com, used with permission (adapted); "La condition masculine", by Francis Bebey, 1991, used with permission of Wedoo Music; "Sujets imposes en théorie et la connaissance", © International Baccalaureate Organization, 2010, used with permission; "Des inégalités qui ont la peau dure!", in *Phosphore*, November 2008, © Groupe Bayard; "Les violences conjugales... un tabou social pourtant puni par la loi", "Des témoignages éloquents", and "La Violence est interdite", © vivresansviolence 2011;

"Comment reconnaître une victime?", © Government of Quebec; "Gaspare Greco reconnu coupable". in *La Libre Belgique*, 12 May 2006, © L'Agence Belga; "L'art de la bise", in *L'Express*, 23 December 1999, © www.lexpress.fr (adapted); "Qu'est-ce qu'un bon prof?", from *Prof Ideal, Prof D'aujourd'hui*, July 2010, © Pèlerin/TNS Sofres/ Logica; "Droits et devoirs", in *Phosphore*, No. 67, September 2003, © Groupe Bayard; "L'obligation scolaire", used with permission of the Ministère de la Communauté française, Belgium; "Reportage: ici, tout est une lutte"", by Luc Cédelle, in *Le Monde*, 9 May 2009, used with permission of www.lemonde.fr; *Chagrin d'école*, by Daniel Pennac, used with permission of Éditions Gallimard; "Éducation nationale", by Grand Corps Malade (Fabien Marsaud), Az, 2010, used with permission; "Nicolas Sarkozy a assuré...", in *France 2 Infos*, 15 February 2008, © France Télévisions; "Les brimades entre élèves", by Florence Mottot, in *Sciences Humaines*, No. 33, June–August 2001, © www.scienceshumaines.com; "Absentéisme scolaire: constat alarmant", in *France-Examen*, 17 December 2007, © http://www.france-examen.com; "L'internat", © Ministère de l'Éducation nationale, France; "Profs: seuls face à la violence", by Laurence Debril, in *L'Express*, 28 February 2008, © www.lexpress.fr; "En France, l'échec scolaire commence à la maternelle", by Chloé Prince, in *Rue89*, 4 September 2007, used with permission; "Contrôle aux portes des collèges et lycées", in *Nice-Matin*, 7 January 2005, used with permission (adapted); "La fête du drapeau au Québec", by Annik M. De Carufel, 2011, reproduced under license from Copibec; "Pour l'Afrique et pour toi, Mali", by Seydou Badian Kouyaté, © Government of Mali, "À partir de quand devient-on citoyen de plein droit?", by Ana Paula Costa Da Silva Paiva, in *Rue89*, 24 October 2008, used with permission; *Madame Bâ*, by Érik Orsenna, Librairie Arthéme Fayard, 2003, used with permission; "Grande marche pour l'unité de la Belgique", by Noëlle Fontaine, 2011, used with permission of Noëlle Fontaine; "Mon pays, c'est la langue" (from "Le français tire-t-il la langue?"), by Stella Baruk in interview with Marianne Dubertret, in *La Vie: Hebdomadaire Chrétien d'Actualité*, No. 3159, 16 March 2006, used with permission of Malesherbes Publications; "Minorités, laïcité et identité nationale: le débat continue au Québec", by Florent Daudens, in *Rue89*, 25 May 2008, used with permission; "Lettre de Henri Fertet à ses parents", by Henri Fertet (written 26 February 1943), in *Lettres choisies et présentées*, by Guy Krivopissko, 2003, used with permission of Éditions Tallandier; "La France répare une 'injustice' de 47 ans envers les soldats coloniaux grace à 'Indigènes'", 28 September 2006, © AFP; "La victoire des soldats 'indigènes'", in *Ouest France*, 29 May 2010, used with permission; "Indigènes: Un film pour réparer une faute", in *La Voix du Nord*, 26 September 2006, © *La Voix du Nord*; "Lettre ouverte à Jacques Chirac, président de la République", by Sidiki Kaba, and Jean-Pierre Dubois, 25 September 2006, used with permission of Ligue des Droits de L'Homme France; "Le geste de Chirac envers les 'indigènes'", *TF1 News*, 27 September 2006, © 2011 e-TF1; "Interview d'Henriette Walter", © International Baccalaureate Organization, 2003, used with permission; "Modes d'information: qui privilégie quoi", and "Lavenir des différents média", from *Baromètre de Confiance Dans les Media*, © TNS Sofres/Logica (January 2010); "Vous savez, moi, la littérature ancienne", used with permission of Patrick Chappatte; "Information: pour les jeunes, rien ne presse", by Fanny Bertrand, in *20 Minutes*, 7 March 2005, © www.20minutes.fr; "La télé en panne", by Pierre Perret, 1983, in *Chansons de Toute Une Vie*, published by Les Éditions Plon, 1993, © Pierre Perret; "Et voilà ! Ils sont en grève ! Notre journée est foutue", by Serge Ernst, from *Les Zappeurs*, pubished by Dupuis, used with permission of Serge Ernst; "Les télénovelas – elles kiffent", by Yacouba Songaré, in *Planète Jeunes*, No. 96, January 2008, © Association Planète des Jeunes; "Le phénomène télé-réalité", in *Les Clés du monde*, 2008, © Groupe Bayard; "Pour ou contre: la télé-réalité dans un bidonville", in *Geo Ado*, 27 Decembee 2009, © Groupe Bayard; "Courrier des lecteurs: Fascination morbide", by V. Muller, in *Le Monde*, 5 December 2010, used with permission of www.lemonde.fr; "Et c'est avec tristesse qu nous venons d'apprendre la disparition du célèbre pianiste", by Serge Ernst, from *Les Zappeurs*, pubished by Dupuis, © Serge Ernst, used with permission; *I Loft You*, by Vincent Cespedes, © Mille et une nuits, département de la Librairie Arthéme Fayard, 2001, used with permission; "Bienvenue Sur Le Site", © Cedric Klapisch (adapted); "La charte des devoirs professionnels des journalistes français", 1918, revised 2011, used with permission of the Syndicat National des Journalistes; "Le JT de 20h reste la principale source d'information pour plus d'un tiers des Françа", © TNS Sofres, 30 March 2011, (adapted); "Valider l'info en Ligne", used with permission of the CRDP de l'académie de Versailles-France, www.crdp.ac-versailles.fr/ (adapted); "Quels sont les risques d'informer", in *Les Clés de l'Actualité*, No. 609, © Groupe Bayard; "La liberté de la presse en question", used with permission of Reporters sans Frontières; "La liberté de la presse en chiffres", © AIDH, based on data from Reporters sans Frontières; "Créer un journal", © Ministère de l'Éducation nationale (adapted); *Les Ados et les Médias*. by Catherine Pinet-Fernandes, 2008, © Studyrama; "La pub: un secteur en pleine expansion dans les pays francophone", in *Jeune Afrique*, used with permission of Groupe Jeune Afrique; "La publicité destinée auc jeunes", from *La Publicité et Les Jeunes*, by Jennifer Côté and Steve Landry, 2002, used with permission of Cégep du Vieux Montréal; "Obésité infantile: la pub télé toujours pointée du doigt", in *Destination Santé*, 7 December 2010, used with permission of l'Agence de Presse Destination Santé, www.agence-destinationsante.com; "Halte au harcèlement alimentaire de nos enfants!", December 2007, used with permission of UFC-Que Choisir; "Publicité alimentaire destinée aux enfants", 15 March 2008, used with permission of the Association Nationale de Consommateurs et Usagers; *99 Francs*, by Frédéric Beigbeder, 2004, published by Éditions Grasset, © Frédéric Beigbeder; "Postcard", by Fred Dawlat, © the Leo Burnett Agency; "Internet et les jeunes", in *Le Parisien*, 25 November 2010, © *Le Parisien*; "Langage texto: la rébellion des jeunes?", from orthozen.blogspirit.com, 30 July 2008, © Cécile Douay; "Et si, au contraire, le langage SMS représentait l'avenir de la langue français", used with permission of www.langue-francaise-en-danger.com; Advert used with permission of Action innocence France; "Veux-tu être mon ami(e)", by Agnès Rochefort-Turquin, in *Phosphore*, © Groupe Bayard; "Gros titres", in *Phosphore*, © Groupe Bayard (adapted); "Les ados, virtuoses de la communication", by Pascal Alquier, in *Les Clés de l'Actualité*, No. 614, © Groupe Bayard; "T'en penses quoi? La vie privée sur Internet", in *Geo Ado*, 31 August 2010, © Groupe Bayard; "Le Netcode", used with permission of Action Innocence France; "Piratage: êtes-vous un 'cyberbandit'?", in *Les Clés de l'Actualité*,27 July 27 to August 2003, © Bayard Group (adapted); "À la question: voici dix bonnes nouvelles…", in *Science et vie Junior*, No. 203, August 2006, used with permission of Mondadori; "EXPAT – vivre en France? Plus jamais!", by Marie

Pierre Parlange, in *Le Petit Journal*, 11 January 2011), used with permission of *Le Petit Journal*; "Tu seras une femme d'expat', ma fille", used with permission of Hélène Boibien; "Travail des enfants: une situation alarmante", by Marc Béziat, in *Esclaves Encore*, No. 14, June 2002, © Comité Contre L'Esclavage Moderne; "Bayti: 10 ans aux côtes des enfants du Maroc", by Marc Béziat, in *Esclaves Encore*, No. 21, May 2004, © Comité Contre L'Esclavage Moderne; "En Colombie, en Amérique", in *Science et vie Junior* No. 203, August 2006, used with permission of Mondadori; "Assez de promesses, des actes", by David Eloy,in *Altermondes*, used with permission of *Altermondes*; "Ne pas avoir peur des responsabilités", in *Les Clés de l'Actualité*, © Groupe Bayard; "La difficile mesure du bien-être des populations", by Thomas Baïetto, in www.lemonde.fr, 25 May 2011, © www.lemonde.fr; "Leçon n°1", from *Le voyage d'Hector ou la recherche du bonheur*, by François Lelord, 2004, © Éditions Odile Jacob; "Suisse ou Italien?", from *Quelques Années De Moins Que La Lune*, by Germano Zullo, 2006, © Éditions La Joie de Lire (adapted); "Plus rien", by Les Cowboys Fringants, 2008, © Larivée Company (adapted); "35 chiffres sur l'état de la planète", by Valérie Borde, in *L'Actualité*, 18 February 2011, © Valérie Borde; "L'eau, une ressource vitale en danger", used with permission of European Union Publications Office, http://ec.europa.eu, © Union européenne, 1995-2011; "Discours de M. Jacques Chirac, Président de la République, devant l'Assemblée plénié", 2 September 2002, used with permission of the Chirac Foundation; "Quel avenir pour la Terre?", from *Le Temps*, 29 December 2007, used by permission of Le Temps SA (adapted); "Les pays les plus vulnérales à la hausse des prix alimentaires", in *France 24*, 17 February 2011, © *France 24*; "Faits et chiffres", from "Crise alimentaire: ce que fait la banque mondiale", 13 April 2010, © Banque Mondiale; "Le riz, grain de richesse", by Stéphanie Lelong, in *L'Actu*, No. 3131, 13 April 2010, © Éditions Play Bac (adapted); "Une solution à la crise alimentaire en Inde: manger du rat!", by Thomas Pekish, in *Aujourd'hui L'Inde*, 16 August 2008, used with permission of Hikari Productions; "Une crispation excessive", in *Les Clés du Monde*, 2008, © Groupe Bayard; "Le gaspillage fait perdre un tiers de la production alimentaire mondiale", by Béatrice Mathieu, in *L'Express*, 1 June 2006, © www.lexpress.fr; "Une grave épidémie de rougeole frappe le Congo", in *MaxiSciences*, 29 March 2011, © *MaxiSciences*; "L'obésité, nouveau fléau des pays émergents", by Catherine Vincent, in *Le Monde*, 18 January 2009, used with permission of www.lemonde.fr; "Grippe aviaire au Canada des médicaments pour tous en cas de pandémie", in *Actualites News*, No. 5, May 2006, used with permission of Recyconsult; "Inquiétude après des cas mortels de grippe porcine au Mexique", in *L'Express*, 25 April 2009, © www.lexpress.fr; "Le choléra, fléau des pays pauvres", by Charlotte Menegaux, in *Le Figaro*, 25 October 2010, © http://www.lefigaro.fr; "Grave épidémie d'infections à la bactérie E. coli en Allemagne, trois cas suspects en France", in *Paris-Normandie*, 29 May 2011, used with permission; "Le sida dans le monde", © Sidaction; "Des médicaments pour (presque) tous", by Malika Groga-Bada, in *Jeune Afrique*, 4 March 2010, used with permission of Groupe Jeune Afrique; "Appel adressé au président du Bénin par Monsieur Jacques Chirac", 12 October 2009, used with permission of the Chirac Foundation; "Des médicaments pour tous", © Solidarité Sida; "Vaccination", in *Les Clés du Monde*, 2008, © Groupe Bayard (adapted); "Parce que chaque vie est précieuse", © Action Contre La Faim; "Objet: produits équitables", © *Équiterre* (adapted); "Le pays va mal", by Tiken Jah Fakoly, 2003, © Barclay; "Chambre de gosses", by Passi Ballende, 2007, used with permission of Warner Chappell Music France; *Johnny Chien Méchant*, by Emmanuel Dongola, 2003, used with permission of Serpent à Plumes/Éditions du Rocher; "Les nouveaux pirates", by Brahim Moussa, in *Planète Jeunes*, No. 101, November 2009, © Association Planète des Jeunes; "Manhattan-Kaboul", by Renaud Pierre Manuel Séchan, 2002, © Celi Cela; "Défendre la paix: une mission de chaque jour", © Ministère de la Défense, France; "Le blues de l'instituteur", by Grand Corps Malade (Fabien Marsaud), Az, 2008, used with permission; "Médecins sans frontiers: leur mission a évolué", © International Baccalaureate Organization, 2004, used with permission; "La société des loisirs", by Alfa Rococo, lyrics used with the kind permission of Tacca Musique, © Éditions Tacca (2010); "Les pratiques culturelles et les loisirs des jeunes", 22 April 2009, © Jeunesse Ouvrière Chrétienne; "Indicateurs de mieux-être au Canada" (original title: "Les Canadiens et les loisirs"), © Resources humaines et développement des ressources du Canada, used by permission of Statistics Canada; "Lettre d'information", February 2011, used with permission of Talents Hauts; *Enfance*, by Nathalie Sarraute, 1983, © Éditions Gallimard; "Lire sur la plage", from *La sieste assassinée*, by Philippe Delerm, 2001, © Éditions Gallimard; "La charte de l'Olympique", © Olympique De Neuilly; "Une nouvelle discipline qui réunit l'art et le sport extrême", in *Le Matin*, 8 June 2007, © Edipresse Publications SA (adapted); "Je veux partir avect mes potes!", in *Les Clés de l'Actualité*, No. 537, 26 June–09 July 2003, © Groupe Bayard; "L'étiquette de voyage du parfait voyageur", in *EnRoute*, 31 August 2010, © Air Canada (adapted); "Dossier génération spécial vacances", in *Phosphore*, No. 348, June 2010, © Groupe Bayard (adapted); "Guide du voyageur", used with permission of Le TEC (Société Régionale Wallonne du Transport); "Ce que les étrangers pensent des touristes français", in *L'Internaute*, 2008, © Benchmark Media (adapted); "Malbouffe: mangez-moi, mangez-moi, mangez-moi!", in *Santé Ados*, 12 October 2006, © *Doctissimo*; "La santé vient en bougeant", from *Le Guide de Nutrition Pour Tous*, © Ministère du travail, de l'emploi et de la santé, France, www.travail-emploi-sante.gouv.fr, used with permission; "Obésité infantile: faire du sport grâce aux jeux vidéo", *MaxiSciences*, 23 March 2011, © *MaxiSciences*; Cartoon, used with permssion of Chaunu; *Ce matin j'ai décidé d'arrêter de manger*, by Justine, 2007, used with permission of *OH! Éditions*; "Ma santé au sommet", (original title: "Journée internationale sans diète 2008"), © Comité nutrition, Ministère de la Culture, des Communications et de la Condition feminine, Quebec; "Victime de la mode", by M.C. Solaar, 1998, © Sentinel Ouest; "La chirurgie esthétique", by Catherine Viot, in *Prévadiès*, 12 December 2007, © Mutuelle Prévadiès; "URGENT: Les jeunes et la chirurgie esthétique", © Reservoir Prod; "Médias d'Afrique : 'Les canons de la beauté", 31 August 2007, © RFI; "Miss: Les kilos de la beauté", in *Cameroun Tribune*, 7 March 2006, © *Cameroun Tribune*; "Contrer la malbouffe: des jeunes prêts à agir!", © Fédération québecoise du sport étudiant; *Drogues: Les Chiffres Clés*, 2009, used by permission of Observatoire Français des Drogues et des Toxicomanies, St Denis; "Les chiffres de notre réalité", © Toxquebec; "Moins de fumeurs en Suisse", 19 May 2009, © ATS; "Comment l'industrie du tabac agit-elle en direction des jeunes?", © INPES (Institut national de prévention et d'éducation pour la santé), France; "Campagne DNF ne vous faites pas rouler par la cigarette", by Yvan Attal, 2010, © Les droits des Non-Fumeurs; "Résumé de la loi sur l'interdiction de fumer", December 2006, © Service d'information du Gouvernement, France; *Le Petit Prince*, by Antoine de St Exupéry, 1943, © Éditions Gallimard; "Les ravages de l'alcool au volant", from *Le Chat*, © Philippe Geluck; "Capitaine de soirée", from *EnRoute*, © Air Canada; "Synopsis spot TV", © INPES (Institut national de prévention et d'éducation pour la santé); "L'apologie", by Matmatah, 1998, © La Ouache Production; "Le tabac et la loi", © INPES (Institut national de prévention et d'éducation pour la santé, adapted); "Es-tu accro au telephone?", in *Okapi*, © Groupe Bayard; "Le portable à table", from *Situations delicates*, by Serge Joncour, 2001, © Groupe Flammarion; "Téléphoner au volant, c'est d'être ailleurs que sur la route", used with permission of Sécurité routière; "Maurice lance une campagne de recyclage", in *Infos plus Gabon*, 26 October 2010, used with permission of L'Agence de presse gabonaise, online at www.infosplusgabon; "Les règles d'or de la téléphonie mobile", and "De nouvelles règles de 'savoir-vivre mobile'", from *Votre Adolescent et le Téléphone Mobile: Guide Pour Les Parents*, © L'Association Française des Opérateurs Mobiles; "35 inventions québécoises", by Valérie Borde, in *L'Actualité*, 24 May 2011, © Valérie Borde; "Advert for *L'écologie selon Lagaffe*", 2009, used with permission of Marsu Productions; "La guerre des robots n'aura pas lieu", in *Les Clés de L'Actualité Junior*, June 2006, © Groupe Bayard; "Le premier humain infecté par un virus informatique", from *Les Débrouillards*, by Emmanuel Leroux-Nega, © Emmanuel Leroux-Nega; "Les jeunes et la science: les filles se distinguent", by Olivier Postel-Vinay, in *La Recherche*, December 2002, © SA Sophia Publications; "Je suis un scientifique", from *Nos amis Les Humains*, by Bernard Werber, 2003, used with permission of Éditions Albin Michel; "Les chiffres de l'expérimentation animale", 2001, © One Voice; "Suisse: cobayes malgré nous", by Simon Koch, in *Le Matin*, 2 August 2011, © Edipresse Publications SA; "Des tests humains pour des médicaments anti-sida au Cameroun", 28 January 2005, © Survivre au Sida; "OGM testés sur des cobayes humains", by Ingrid Plancqueel, 12 April 2011, © Amnesty International; "Une réglementation complète de l'analyse génétique humaine", used with permission of Confoederato Helvetica; "Première naissance en France d'un 'bébé-médicament'", by Jean-Baptiste Gaudey, in *Ouest France*, 8 February 2011, used with permission of *Ouest France*; "Interview with Jacques Hatzfel", by Stéphane Malphettes, in *L'Internaute*, November 2007, © Benchmark Media; "L'euthanasie", © Généthique.org; "Letter to M. Sarkozy", by Michèle de Somer, 2004, 5 July 2011, © RTL France; "Craignez-vous les progrès de la génétique?", © International Baccalaureate Organization, 2002, used with permission; *Nouvelles du Racisme Ordinaire*, by Daniel Zimmerman, 2005, © Éditions Le Cherche Midi; "Paroles de femmes", by Isabelle Duriez, in *Elle*, 5 May 2009, © Hachette Filipacchi Medias; "Il a la peau brune…", in *Les Amandiers Sont Morts D'Leurs Blessures*, by Tahar Ben Jalloun, 1985, © Maspero; "Couples Mixtes: Au-Delá Des Prejugés", by Benjamin Vachet, in *Le Jumelé*, 2008, used by permission of Benjamin Vachet; "Là-bas", by Jean-Jacques Goldman and Sirima, 1987, © Sony; "Naturalisée",from *L'Exil est Mon Pays*, by Isabelle Alonso, 2006, © Éditions Héloïse d'Ormesson; "Laïcité", © François Bayrou; "Né quelque part", by Maxime Le Forestier, 1987, © Coincidences; "Le langage des ados booste le Français", in *Le Soir*, 13 August 2004, © Copiepress (adapted); "Dix bonnes raisons d'apprendre le français", © Ministère des Affaires étrangères et européenne, France; "Charte de la Francophonie", www.francophonie.org, © OIF, used with permission; "Espéranto, désespéranto: la francophonie sans les Français", from *Identité nationale*, by Anna Moï, 2006, © Éditions Gallimard; "Être bilingue aujourd'hui", in *Les Clés de L'Actualité*, No. 608, © Groupe Bayard; "Histoires de bilingues – témoignages", from *Enfants Bilingues*, © Barbara Abdelilah-Bauer; "Une question d'identité, de double-nationalité et de bilinguisme", from Garçon Manqué, by Nina Bouraoui, 2002, © Éditions Stock, used with permission; "Do you speak biodiversité?", in *eurêka*, September 2006, © Groupe Bayard; "Bilinguisme et identité", from *Nord Perdu*, by Nancy Huston, 2004, © Éditions Actes Sud; "Les Belges, Le Français et la Francophonie", 20 November 2005, in *La Première*, © RTBF, (adapted); "Vendredi 13 : Pourquoi est-il considéré comme un jour de chance ou de malchance?", by Anaïs Machard, in *20 Minutes*, 13 August 2010, © www.20minutes.fr; "Tour du monde en quinze superstitions", in www.watchtower.org. © Watch Tower Bible and Tract Society (adapted); "Horoscopes et signes astrologiques", in *Le Matin*, 30 November 2010, © Edipresse Publications SA; "Le signe astrologique a-t-il une influence sur les accidents de la route?", in *Le Matin*, 2 October 2011, © Edipresse Publications SA; "Monaco: le respect des traditions", © Principauté de Monaco Site Web; *L'enfant Noir*, by Camara Laye, 1953, used by permission of Éditions Plon; "Les persécutions subies par les albinos au coeur d'un film Malien", 1 March 2009, © AFP; "En Afrique, les albinos paient de leur vie les superstitions", by Arnaud Bébien in *20 Minutes*, 5 December 2008, © www.20minutes.fr; "Burundi: une fillette de six ans dernière victime de la chasse aux albinos", 17 November 2009, © AFP; "Les gigueux du 21e siècle", by Isabelle Grégoire, in *L'Actualité*,15 May 200X, © Isabelle Grégoire (adapted); "Les alliances", © Organisation mariage.net; "Paroles: La pression sociale joue contre l'engagement durable", by Jean-Marc Ghitti, in *Dossier de L'Actualité*, © Groupe Bayard; "A toi mon frère qui me tueras demain", by Sylvie Teper, in *L'Ermite et Le Christ* (ed. Didier Lalaye), 2005, © La Fondation de Lille; "Moins de mariages forcés en France", in *Le Figaro*, 24 June 2010, © http://www.lefigaro.fr; "Les crimes d'honneur", by Laura Lhoir, 9 September 2004, © Amnesty International; *Le code du respect, Ni putes ni soumises*, 2005, used with permission of Éditions Le Cherche Midi/; "Coutumes et traditions: différences nord–sud", from *Un fou noir aux pays des blancs*, by Pie Tshibanda, 1999, © Bernard Gilson; "Coutumes et traditions de la nuit du destin", by Majda Saber, in *Aujourd'Hui Le Maroc*, 3 September 2010, © *Aujourd'Hui Le Maroc*; "Mille gestes pour respecter nos coutumes", © Runweb - portail internet Île de la Réunion; "Biographie d'Amélie Nothomb" and "Biographie d'Hervé Bazin", © www.evene.fr, used with permission; *La Cantatrice Chauve*, by Eugène Ionesco, 1950, © Éditions Gallimard.

Every effort is being made to contact copyright holders of material reproduced in this book. Any omissions will be rectified in subsequent printings if notice is given to the publishers.

The assessment statements and various examination questions have been reproduced from IBO documents and past examination papers. Our thanks go to the International Baccalaureate Organization for permission to reproduce its intellectual copyright.

CONTENTS

Tronc commun : Questions mondiales

Options : Les loisirs

Options : La santé

Options : Sciences et technologie

INTRODUCTION

French B

Standard Level (SL)/Higher Level (HL)

Welcome to the new IB French Standard Level and Higher Level course and thank you for choosing this textbook to accompany your studies over the next two years.

This textbook is designed to help you prepare and fulfil the requirements of the new IB French syllabus (first examinations 2013). It therefore covers all aspects of the new programme, including Theory of Knowledge. It aims to be user friendly and has been designed with you in mind.

This textbook is divided into three parts:

- **Core:** Social Relationships, Media and Communication and Global Issues
- **Options:** Health, Leisure, Science and Technology, Cultural Diversity and Customs and Traditions
- **Advice section**

In addition, there is a **Literature** chapter designed especially for Higher Level students and a **Theory of Knowledge** chapter, linking this to language learning. All Core and Options chapters conclude with a related text-handling exam practice paper. Although the themes of the Options chapters are not assessed in Paper 1, practice in text handling is a vitally important skill.

Both the Core and Options chapters allow you to develop **all** the required linguistic skills, both in terms of language learning and acquisition, and IB requirements.

The **Core** chapters mainly focus on **text handling** skills (Paper 1) through a variety of topics and texts. They are designed to familiarise you with the different types of questions you may encounter in any exam paper. They also provide you with ideas for **Interactive Oral Activities** (such as debates, round tables, etc.) as both of these are important components of Core assessment. If you are studying French at Higher Level, you will also find some Paper 2, Section B practice questions. Some of the texts used in the Core chapters are also meant to help Standard Level students prepare for the new compulsory **Written Assignment Task**.

In addition, even though the Core topics are not assessed in Paper 2, some Paper 2 questions have been provided for further practice.

The **Options** section has been designed with Paper 2 and the **Individual Oral** in mind, as these two examination components will assess the Options topics. You will therefore find texts and questions that cover the basis of all Options topics in chapters 13–22. You will also find additional writing activities and one Individual Oral practice activity (complete with photo and caption) at the end of each chapter to further develop your vocabulary to address the Options topics. The requirements of the types of texts needed for the completion of Paper 2 can be found in the Advice section (Chapter 25) and you will need to refer to this specific chapter when working on any written tasks.

Most of the activities and exercises provided in this textbook can be completed by both Standard Level and Higher Level students. When activities or exercises are designed specifically for one level this is clearly indicated by **NM** for standard and **NS** for higher level. And it is probably worth mentioning that nothing prevents you from completing all the activities! There is nothing better than a challenge for the risk-takers that you, IB students, are!

The Advice chapter will guide you through the specific requirements of each one of the new IB assessment tasks (Written Assignment, Individual Oral, Paper 2 Higher Level Section B). It also covers the requirements for the different types of texts.

Furthermore, Chapter 23 deals with the study of two works of Literature at Higher Level and provides you with some practice Written Assignment tasks.

In this textbook, you will find the following headings:

Compréhension générale du texte

Compréhension générale du texte: General questions to get into a text and familiarise yourself with it.

Manipulation du texte

Manipulation du texte: Exam-style questions designed to help you understand the text further and check your reading comprehension skills.

À écrit (NS)

En vous inspirant des images ci-dessous, rédigez un paragraphe de 250 mots minimum dans lequel vous comparez la famille d'hier et celle d'aujourd'hui. Employez le présent et l'imparfait.

À l'écrit: Paper 2-style practice questions.

Entraînement au travail écrit

Lisez l'affirmation ci-dessous et rédigez une réponse personnelle entre 150 et 250 mots qui exprime votre opinion et la justifie.

Entraînement au travail écrit (NM)/(NS): Written Assignment practice activities.

À l'oral

Avec un(e) camarade, dressez une liste des problèmes relationnels qui peuvent apparaître sur le lieu de travail.

À l'oral: General oral practice activities.

Entraînement à l'oral interactif

Imaginez que vous participiez à une émission de radio animée par le célèbre psychologue Dr Bonconseil. Avec un(e) camarade, choisissez une des situations décrites ci-dessous.

Entraînement à l'oral interactif: Interactive oral practice.

Entraînement à l'oral individuel

Regardez cette photo. Que vous inspire-t-elle ? Vous avez 15 minutes pour préparer une présentation entre 3 et 4 minutes.

Entraînement à l'oral individuel: Individual oral practice.

Zoom grammaire

Les adjectifs démonstratifs

On les utilise pour **désigner** quelque chose.

Masculin singulier	Féminin singulier	Pluriel
ce/cet (devant une voyelle)	*cette*	*ces*

Zoom grammaire: Grammar explanations or reminders.

Grammaire en contexte

Relevez tous les adjectifs que vous pouvez trouver dans le texte S.O.S Amitié.

Exemples : ouvert, attentive

Grammaire en contexte: Activities and exercises aimed at reusing a grammar point covered in a specific context.

Activité interculturelle

Trouvez les réponses aux questions suivantes et comparez vos réponses avec vos camarades.

1 Quand les femmes ont-elles obtenu le droit de vote dans votre pays ?

2 Quel est l'âge légal du mariage (pour les filles et les garçons) dans votre pays ?

Activité interculturelle: Suggested activities (often research) on some intercultural aspects of a chapter.

Point culture
Qui est **Françoise Dolto** ? Allez rechercher la réponse sur le net !

Point culture : Cultural references and further details on writers, famous people mentioned in texts, etc.

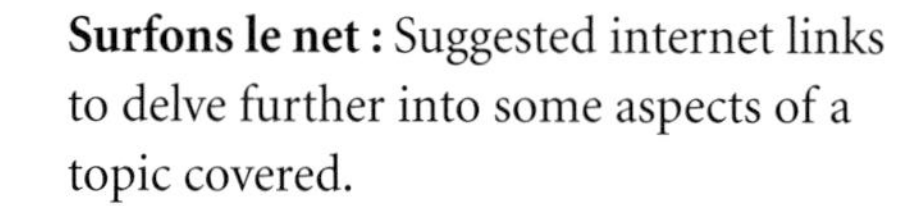

Surfons le net
À vous ...
Testez-vous sur le présent de ces verbes. Vérifiez à l'aide d'un livre de grammaire ou consultez www.pearsonhotlinks.com (*Français B*, lien internet 1.1) pour un site qu'il est d'ailleurs vivement conseillé d'utiliser lorsque vous faites vos devoirs ! Établissez une liste du présent de ces verbes.

Surfons le net : Suggested internet links to delve further into some aspects of a topic covered.

Ressources en ligne
Pour plus d'activités, consultez le site www.pearsonbacconline.com

Ressources en ligne : Reminders to go online to access the online learning resources which accompany each chapter.

Conseils de l'examinateur

- Structurez votre argumentation.
- Employez des connecteurs logiques (cependant, en effet, etc.).
- Soutenez vos propos à l'aide d'exemples.
- Exprimez clairement votre point de vue.

Conseils de l'examinateur: Examiner's hints and useful tips.

Théorie de la connaissance

1 Le langage est-il indispensable à toute bonne communication ?
2 De quelles façons est-il possible de communiquer avec succès ? Pensez à des situations concrètes auxquelles vous avez été confronté(e).
3 Peut-on tout dire, tout exprimer avec des mots ? Expliquez.

Théorie de la connaissance: Activities linked to Theory of Knowledge that can be used to further develop the topics throughout your study of French.

Créativité, action, service

Considérez votre environnement et les activités CAS déjà offertes pour aider les personnes qui font partie de votre communauté immédiate et/ou améliorer leur quotidien.

Exemple : visite hebdomadaire à une personne âgée dans le but de rompre sa solitude.

En quoi ces activités/actions sont-elles bénéfiques ? Contribuent-elles à l'amélioration des personnes/communautés concernées ? Pourriez-vous en proposer d'autres ?

Créativité, action, service: A few Creativity, Action and Services activities appear when appropriate, as this is an integral part of your IB course.

You will also find online learning resources to accompany the material in this book at www.pearsonbacconline.com. These resources might be extension exercises, additional practice questions, interactive material, suggestions for IA, EE and revision, or other sources of information.

In addition, some specific references are made now and again to the IB learner profile.

IB Learner Profile

The language books in this series are aimed at helping students to achieve the qualities expected of an IB learner and to develop various important skills.

This book tackles the notion of international-mindedness by dealing with topics such as stereotypes, gender differences, social discrimination and so on. It aims to give you a better understanding of francophone culture in general, and helps you relate it to your own culture. Many discussion topics invite you to think and look at different ways of considering a particular issue. One of the book's goals is to help you become more culturally aware and open-minded.

It encourages you to become:

Inquirers: The book invites you to find out more in your the study of the different topics. It suggests research topics.

Knowledgeable: By examining topics and issues, such as poverty, inequality, traditions, etc., this books allows you to work with unfamiliar topics. It encourages you to explore new concepts and topics through the medium of French.

Thinkers: Many debates invite you to put ideas forward and reflect on different aspects of a given topic. Theory of Knowledge questions linked to the topics also encourage you to think for yourself and forge your own opinions.

Communicators: Communication is the basis of any language learning. Many activities encourage the development of receptive, productive and interactive skills; this is provided in all chapters.

Principled: By looking at topics, such as fair trade, you are encouraged to think about concepts such as equality, fairness and honesty. It helps you think about and reflect upon your individual actions and how you can have an influence on others.

Open-minded: Many opportunities are given throughout the book to reflect on your own culture and put it into perspective with other cultures. By looking at life, customs and traditions in different francophone countries, you are invited to reflect on your own culture in general.

Caring: Topics, such as violence inflicted on others, inequalities and environmental issues, encourage you to think more about others. Some CAS-related questions also fulfil this aim.

Risk-takers: The very essence of daring to speak and express yourself in a different language is a risk-taking activity by definition. You are further encouraged to take risks by participating in debates and discussions that often present situations you are unfamiliar with.

Balanced: Through the study of topics, such as health and hobbies, you are encouraged to reflect on the importance of a balanced life.

Reflective: Many tips invite you to think about your approach to learning and the way you tackle questions, tasks and topics. It helps you to reflect on the learning process as a whole and to identify both your strengths and weaknesses.

I hope that this textbook proves a helpful and enjoyable way of enhancing your language skills throughout your two-year French B course!

Bon courage et ... au travail !

CHAPITRE 1
LES RELATIONS SOCIALES

1.1 Les relations familiales

Objectifs :
- Parler des relations familiales et entre amis
- Aborder le thème de la solitude
- Le présent et l'impératif
- Donner des conseils, faire des suggestions
- Les adjectifs
- L'imparfait

Les mots clés de l'unité : une famille monoparentale, une famille recomposée, entretenir des bonnes relations avec quelqu'un, le conflit des générations, la cohabitation, bien communiquer avec quelqu'un, divorcer, se déchirer, la solitude, la chaleur humaine

Texte 1.1.1

Mon père, ma mère, mes embrouilles ... et moi !

1 Établir un contact devient de plus en plus difficile. La moindre réflexion tourne à la dispute et vos questions restent sans réponse. La plupart des parents sont en fait bien conscients des transformations qui s'opèrent en vous mais ne savent pas toujours comment s'y prendre pour que ce changement de cap se passe bien. Et puis il y a ceux qui ne se font pas à l'idée de perdre leur bébé, de le laisser voler de ses propres ailes et qui continuent à le couver, voire à l'étouffer. Mais il faut se rappeler que les mentalités ont bien changé depuis leur propre adolescence. Parler de sexe ou de drogue chez eux n'était à l'époque même pas concevable dans la grande majorité des familles. Ils ont ....[1]......... vécu comme vous des épopées sentimentales qui se sont plus ou moins bien terminées. .... [2]......... ils souhaitent surtout c'est que vous ne viviez pas les mêmes déceptions, qu'elles viennent du cœur ou des études. Ils essaient de vous protéger, mais ils oublient que vous avez à faire vos propres expériences.

Mon père, ma mère, mes embrouilles ... et moi !

2 ....[3]......... vos parents vous rabâchent sans cesse les oreilles avec le bac, c'est parce que ce diplôme ouvre de nombreuses portes, et qu'eux n'ont peut-être même pas eu la chance de le passer. Ils prennent cette opportunité comme une aubaine et souhaitent absolument que vous réussissiez. Il est vrai qu'ils en oublient que votre petit cœur 20 réclame autre chose que l'affection parentale et que vos hormones s'agitent. Ce n'est pas réellement un oubli, c'est plus une précaution. Ils ne veulent pas que vous souffriez et vous protègent. Cette attention se révèle cependant étouffante et invivable pour la plupart des adolescents. L'idéal serait de réussir à mettre en place un dialogue ou 25 du moins un échange d'idées pour améliorer cette situation. Ce n'est certes pas évident. Mais alors, ...[4]......... ne pas tout simplement leur demander comment ils étaient à votre âge, quelles histoires ils ont vécu, et se baser alors sur une complicité qui peut parfois se révéler amusante ? Ils ont tellement de choses à vous raconter ! Et puis parler 30 de leurs petites mésaventures passées se révélera plus facile pour eux que d'embrayer directement sur des sujets dits tabous. Ça leur permettra également de revivre certains moments agréables et de vous les faire partager. Il est de toute façon bien rare que les parents n'aient rien à raconter, et s'ils hésitent, c'est tout simplement parce qu'ils sont gênés. 35 Montrez-leur alors que vous avez grandi et que vous êtes désormais capable de les comprendre.

3 Mais les efforts à faire pour améliorer l'ambiance à la maison doivent être fournis par les deux parties, c'est-à-dire par vos parents mais aussi par vous-même. Soyez un peu compréhensif s'ils vous fixent 40 un couvre-feu à 23h et au lieu de râler, tentez plutôt d'engager une petite négociation. Ils s'inquiètent pour le retour ? Demandez-leur de venir vous chercher, il n'y a aucune honte à ça. De même, s'ils vous interdisent de sortir tard la veille d'un contrôle de maths : pour obtenir un peu plus d'autonomie il vous faudra d'abord gagner leur confiance. 45 Restez un peu avec eux avant de vous coucher et faites-**leur** part de vos inquiétudes concernant le contrôle. Ils en seront ravis et, entre nous, ça vous permettra d'être plus efficace le lendemain durant l'épreuve. Ils considèreront très certainement vos efforts et vous accorderont quelques libertés supplémentaires pour le prochain week-end. Par la suite tentez 50 de prendre de plus en plus souvent ce genre de décisions qui montrent que vous grandissez. Faites des deals et tenez-vous y ! En leur montrant que vous êtes capable de gérer votre vie de façon autonome, tout en gardant en mémoire qu'ils sont là en cas de problème, ils réaliseront vraiment que vous changez de façon positive ! Au final, les parents ne 55 sont pas les méchants et les ados non plus ... Alors, à chacun de faire des efforts pour que tout se passe pour le mieux.

Mise à jour le mercredi, 14 avril 2010

Manipulation du texte

Répondez aux questions ci-dessous.

1 Que signifie le mot « embrouilles » dans le titre ?

a amis
b secrets
c problèmes
d arguments

2 Quel mot du premier paragraphe signifie « imaginable/envisageable » ?

3 Que signifie l'expression « vous rabâchent sans cesse les oreilles » ? (ligne 16)

a n'arrêtent pas de vous répéter la même chose
b ne cessent de vous crier dans les oreilles
c vous posent sans arrêt des questions au sujet de vos oreilles
d ne vous adressent jamais la parole

4 Quel mot du deuxième paragraphe signifie « bonne affaire » ?

5 Quel mot du deuxième paragraphe signifie « commencer » ?

6 Quel mot du deuxième paragraphe signifie « embarrassés » ?

7 Quel mot du dernier paragraphe signifie « organiser » ?

8 À qui ou à quoi se réfère « leur » dans « faites-leur part » ? (ligne 46)

9 Ajoutez les mots manquants en les choisissant dans la liste ci-dessous.

Attention : il y a plus de mots que d'espaces. Chaque mot ne peut être utilisé qu'une seule fois.

après que	bien qu'	cependant	ce qui	ce qu'ils
d'ailleurs	jamais	parce que	pourquoi	si

Conseils de l'examinateur

Il est souvent possible de deviner le sens des mots en les « décortiquant » et/ou en essayant de réfléchir aux mots de la même famille que vous pourriez connaître.

Exemples : **in**vivable (adj.) → vivable (adj.) → vivre (verbe) = impossible à vivre avec
concevable (adj.) → concevoir = possible de concevoir = réalisable/possible

Conseils de l'examinateur

Attention aux faux amis

Ne pas confondre « déceptions » (ligne 13) → décevoir quelqu'un → être déçu
et
« tricherie » → tricher → être malhonnête

Zoom grammaire

Le présent : verbes en « -er »

La formule : infinitif moins « -er » + terminaisons du présent.

Exemple : chanter → chant- → **tu** chant**es**

je chant**e**	nous chant**ons**
tu chant**es**	vous chant**ez**
il/elle/on chant**e**	ils/elles chant**ent**

Attention : verbes en « -ger » (manger, partager, déranger, nager, voyager, etc.) à la forme « nous » : manger = nous mang**e**ons.

Attention : certains verbes comme « ach**ete**r » prennent un accent grave aux formes « je/tu/il/elle/on/ils/elles » pour des raisons de prononciation : j'ach**è**te.

Attention : certains verbes comme « app**ele**r » ou encore « **jete**r » double la consonne avant la terminaison aux formes « je/tu/il/elle/on/ils/elles » : tu t'appe**ll**es comment ?
Ils je**tt**ent leurs papiers à la poubelle.

Attention : une exception à apprendre par cœur – **aller** (je vais, tu vas, il va, nous allons, vous allez, ils vont).

Les autres verbes

Il n'existe pas vraiment de règle(s) pour les autres verbes même s'il est possible de regrouper plusieurs verbes ensemble. Il faut donc **apprendre** les formes des verbes au présent.

Il faut trouver un livre de grammaire et apprendre les verbes au fur et à mesure que vous les rencontrez. Il est impossible de vous donner dans ce livre une liste complète.

Des exemples de verbes qu'il est possible de **regrouper** :

- finir – choisir – rougir – grossir – maigrir – agir – réagir
- prendre – apprendre – comprendre – surprendre – reprendre
- venir – tenir – retenir – soutenir – revenir – devenir
- vendre – rendre – suspendre
- sortir – partir – dormir
- ouvrir – offrir

Quelques **verbes essentiels** à connaître :

avoir	éteindre	résoudre
boire	être	savoir
conduire	faire	valoir
connaître	falloir	voir
devoir	lire	vouloir
dire	pleuvoir	
écrire	pouvoir	

Soyez actif/active ! Cherchez ces verbes et faites-vous votre liste dans la section grammaire de votre classeur ou de votre cahier.

Surfons le net
À vous ...

Testez-vous sur le présent de ces verbes. Vérifiez à l'aide d'un livre de grammaire ou consultez www.pearsonhotlinks.com (*Français B*, lien internet 1.1), un site qu'il est d'ailleurs vivement conseillé d'utiliser lorsque vous faites vos devoirs! Établissez une liste du présent de ces verbes.

Grammaire en contexte

1 Le dimanche, chez mes grands-parents, les repas de famille .... (finir) toujours tard.
2 Est-ce que tu .... (connaître) le frère de Cécile ?
3 Quand ils .... (aller) en colonie de vacances l'été, les enfants .... (écrire) une lettre à leurs parents tous les jours.
4 Quel cadeau .... (penser)-tu acheter pour l'anniversaire de ton père ?
5 Nous .... (boire) toujours du vin avec le repas quand nous allons au restaurant en famille.
6 Les enfants .... (ne jamais ranger) leur chambre, ... (ne jamais éteindre la lumière) et .... (ne jamais être) prêts à l'heure !
7 Il .... (valoir) mieux ne pas avoir d'enfants !

Zoom grammaire

Donner des conseils/faire des suggestions

Voici quelques verbes et expressions pour donner des conseils :

- conseiller à quelqu'un de faire quelque chose :
  Je te/vous conseille de parler avec tes/vos parents plus ouvertement.
- suggérer à quelqu'un de faire quelque chose :
  Je vous suggère de permettre à votre fille de téléphoner à ses amies le soir.
- Pourquoi + ne pas + infinitif ?
  Pourquoi ne pas lui permettre de sortir en boîte une fois par mois ?
- Il est important/essentiel/utile/conseillé/recommandé/urgent, etc. + de + infinitif (il est + adjectif + infinitif) : Il est important de trouver un juste équilibre entre l'autorité et le laisser-faire si l'on veut que nos enfants soient épanouis.
- devoir + infinitif :
  Vous devez respecter les règles et les couvre-feux que vos parents vous imposent si vous voulez gagner leur confiance.
- Il faut + infinitif :
  Il faut entamer un dialogue constructif avec les adolescents.
- Il vaut mieux + infinitif :
  Il vaut mieux discipliner ses enfants que de les laisser faire tout ce qu'ils veulent.
- En + participe présent :
  C'est en dialoguant régulièrement avec vos parents que vos relations s'amélioreront.

Pour donner des conseils, on peut aussi utiliser :

- le conditionnel présent (voir page 118) :
  Il **serait** plus judicieux d'établir des règles en collaboration avec votre ado.
- L'impératif (voir page 12) :
  Établissez des règles claires.
- Il faut que + subjonctif (voir page 52) *ou* il est + adjectif + que + subjonctif :
  Il faut que votre enfant **comprenne** qu'il est encore trop jeune pour prendre des décisions importantes seul.
  Il est essentiel que vos parents **puissent** vous faire confiance.

Entraînement à l'oral interactif

Imaginez que vous participiez à une émission de radio animée par le célèbre psychologue Dr Bonconseil. Avec un(e) camarade, choisissez une des situations décrites ci-dessous.

Choisissez ensuite le rôle de chacun : ado ou Dr Bonconseil. Préparez le dialogue que vous aurez au téléphone avec le Dr Bonconseil. Dans ce dialogue, vous exposerez votre problème au Dr Bonconseil et vous lui demanderez des conseils. Changez de rôle pour chaque situation.

Côté ados

A Vos parents sont extrêmement stricts et ne vous laissent jamais sortir. Vous ne savez pas comment les convaincre de vous faire confiance.

B Vous aimeriez partir en vacances avec vos amis cet été. Vous ne savez pas comment demander la permission à vos parents.

C Vous parents ne veulent pas vous laisser choisir vos vêtements seul(e). Vous aimeriez aborder ce sujet délicat avec eux.

D Vous voulez inviter votre petit(e) ami(e) à la maison. Vous hésitez quant à savoir si vous devriez mentionner à vos parents le fait que votre nouvelle flamme est d'une autre nationalité. Vous êtes inquiet du manque d'ouverture d'esprit de vos parents.

Côté parents

1 En rangeant la chambre de votre fille, vous avez trouvé son journal intime. Vous ne savez pas si vous devez lui avouer que vous n'avez pu résister à la tentation de le lire . . .

2 Votre fils passe tout son temps libre devant son écran d'ordinateur. Que faire ?

3 Depuis quelques temps, votre fils rentre tard, passe ses week-ends avec une bande de nouveaux copains. Vous vous inquiétez et aimeriez lui faire comprendre, sans le braquer, que vous n'aimez pas ses nouvelles fréquentations.

4 Vous avez remarqué que les vêtements de votre fille sentent la cigarette.

À l'écrit

Vos parents sont très stricts et vous interdisent presque tout (sorties avec les amis, choix de vêtements, programmes télévisés, etc.). Vous ne supportez plus cette situation. Vous décidez de leur écrire une lettre dans laquelle vous essayez de leur faire comprendre que vous avez besoin d'un peu de liberté et qu'ils peuvent vous faire confiance. Écrivez entre 250 et 400 mots.

Texte 1.1.2

Quel est le rôle des grands-parents d'aujourd'hui ?

Qu'ils soient pantouflards ou hyperactifs, experts en confiture maison ou plutôt adeptes de bons petits restaurants, les papis et mamies du XXIe siècle occupent souvent une place de choix dans la vie de leurs petits-enfants. Mais quel doit être exactement le rôle des grands-parents ? Réponses avec la psychologue Maryse Vaillant. 5

En quoi les grands-parents d'aujourd'hui sont-ils différents de ceux des générations précédentes ?

Les grands-parents sont beaucoup plus variés, moins stéréotypés. Ils peuvent aussi bien avoir 50 ou 70 ans, ce qui signifie que certains d'entre eux sont actifs professionnellement, socialement et que d'autres sont à la retraite et ont une vie plus calme. Sans compter qu'il y a les urbains, ceux qui vivent à la campagne et ceux qui ont choisi de déménager plus près de la mer. Les grands-parents des villes et ceux des champs ont des styles très différents ! 10

Il y a aussi ceux qui ne sont pas enchantés d'être propulsés grands-parents ...

15 On ne choisit pas d'être grand-mère et bon nombre de femmes ne sont pas pressées de rejoindre le camp des mamies. Elles avaient peut-être souffert d'être la fille de leurs parents, la femme de leur mari ou la mère de leurs enfants, et elles aspiraient à n'être qu'elles-mêmes ... Personnellement, ma fille a eu ses enfants vers 40 ans, j'ai donc eu la chance de bénéficier d'un moratoire avant d'être assignée à mon rôle de grand-mère. Pour autant, aujourd'hui,
20 je suis ravie d'être une mamie, cela fait partie de mon identité.

Quel est le rôle des grands-parents ?

Ils sont là pour parler d'une autre époque, pour faire surgir du passé une autre façon de vivre et d'aimer. Nos prédécesseurs ont construit une grande partie de ce que nous sommes aujourd'hui et il est important que les enfants sachent ce qu'il faut sauver pour que demain
25 ne ressemble pas à hier.

Les grands-parents offrent également à leurs petits-enfants du temps et de la tendresse. Nous sommes plus lents, plus disponibles. Quand je suis avec mes petits-enfants, je ne fais que cela ! Je m'assois par terre avec eux, je joue avec eux, etc. Quand ma fille s'assoit par terre, elle se relève presque immédiatement car elle a mille choses à faire.

30 Et puis, dans notre monde où on manque de places en crèche, les solidarités familiales comptent beaucoup et les grands-parents sont souvent réquisitionnés pour garder les petits. Quelques-uns vont jusqu'à déménager pour se rapprocher de leurs enfants et assurer ainsi une présence familiale qui fait tant défaut aux citadins.

Vous dites aussi que les grands-parents insufflent un peu « d'humour » dans les relations ...

35 Oui, car les parents veulent être pris au sérieux et n'ont pas toujours la distance nécessaire pour plaisanter. [...] Nous, nous avons davantage de recul, nous savons par exemple qu'un enfant qui se retrouve un peu en difficulté à l'école pourra quand même faire une carrière magnifique !

Faut-il discuter avec ses enfants de l'éducation des petits ?

40 Surtout pas ! Les grands-parents doivent apprendre à se taire, à ne surtout pas dire « je te l'avais bien dit ». Les enfants ont besoin de faire l'apprentissage de la maternité et de la paternité tous seuls et si on ne veut pas se bouffer le nez avec eux, le respect est nécessaire. Les mamies doivent tenir leur place affective sans trop déborder. Le rôle d'une grand-mère est toujours second, voire secondaire. Et la moindre des décences, en tant que
45 grands-parents, c'est de tenir compte des codes éducatifs fixés par les parents.

Et comment se comporter avec les autres grands-parents, ceux du « camp adverse », comme vous les appelez ?

C'est dur ... Se dire qu'on partage un enfant avec des inconnus, c'est une sacrée gymnastique intellectuelle ! Il faut bien évidemment prendre en considération le clivage
50 culturel, les habitudes éducatives et affectives des autres. Il y a forcément des querelles, de la compétition. Encore une fois, je pense que la tolérance et le silence sont les meilleures des attitudes.

Propos recueillis par Natacha Czerwinski

Compréhension générale du texte

1 Quel mot du premier paragraphe désigne des personnes qui aiment rester chez elles ?

2 Que signifie « adeptes » ? (ligne 2)

a avides
b ignorants
c amateurs
d désintéressés

3 D'après la psychologue, citez **deux** types de grands-parents d'aujourd'hui.

4 Que signifie le mot « moratoire » ? (ligne 19)

a une personne qui est proche de la mort
b une période de répit
c une période d'intense activité
d une personne qui échappe à la mort

5 « Je suis ravie » (ligne 20) veut dire :

a je suis décue
b je suis très contente
c je suis amusée
d je suis impressionnée

6 Citez les **trois** fonctions que les grands-parents sont censés exercer aujourd'hui d'après Maryse Vaillant.

7 Quelle expression familière de l'avant-dernier paragraphe veut dire « se disputer » ?

Zoom grammaire

Les adjectifs

- Un adjectif est utilisé pour décrire un nom. Il donne des informations supplémentaires sur le nom : une famille – une **grande** famille/une famille **monoparentale**.
- Un adjectif s'accorde en genre (masculin ou féminin) et en nombre (pluriel) avec le nom qu'il qualifie.
- En général, il suffit d'ajouter un « -**e** » au féminin, un « -**s** » au masculin pluriel et « -**es** » au féminin pluriel : grand – grand**e** – grand**s** – grand**es**.

Des adjectifs particuliers :

courag**eux**	courag**euse**
lég**er**	lég**ère**
sport**if**	sporti**ve**
dern**ier**	derni**ère**
doux/jaloux	dou**ce**/jalou**se**
blanc/sec	blan**che**/s**èche**
gros	gro**sse**

Attention : beau – beau**x** ; belle – belle**s** ; « marron » est invariable.

À l'écrit

En vous inspirant des images ci-dessous, rédigez un paragraphe de 250 mots minimum dans lequel vous comparez la famille d'hier et celle d'aujourd'hui. Employez le présent et l'imparfait. Et n'oubliez pas d'utiliser une grande variété d'adjectifs.

Conseils de l'examinateur

- Une comparaison n'est pas une simple liste des similarités et différences.
- Analysez ce que les résultats de la comparaison signifient. Tirez-en des conclusions.
- Justifiez vos opinions avec des faits et des exemples.
- Utilisez des structures comparatives telles que « d'une part … d'autre part », « d'un côté … de l'autre côté », « même si …, on peut voir que … »

Zoom grammaire

L'imparfait

C'est un temps du **passé**.

Il est utilisé pour :

- les descriptions dans le passé (descriptions de temps, lieux, personnes, atmosphère, etc.).
- l'habitude dans le passé (avant je . . .).
- une action inachevée dans le passé (je **lisais** le journal quand le téléphone a sonné).

On le forme :

- Forme « nous » du verbe au **présent**.
- Enlever « **-ons** ».
- Ajouter les **terminaisons de l'imparfait** : -ais, -ais, -ait, -ions, -iez, -aient.

Exemples : finir – nous finiss**ons** – je finiss**ais**
prendre – nous pren**ons** – ils pren**aient**
vouloir – nous voul**ons** – vous voul**iez**

Exception : être

j'étais	nous étions
tu étais	vous étiez
il était	ils étaient

NB : Il est essentiel de maîtriser la conjugaison des verbes au **présent** si vous voulez éviter de faire des erreurs en formant l'imparfait !

1.2 Les relations entre amis

Texte 

Comment se faire des amis ?

Vous êtes souvent seul et à part quelques connaissances de bureau, vous n'arrivez pas à vous faire de vrais amis. Cela vous manque et vous ne savez pas comment y remédier ? Que vous soyez un timide endurci ou que vous veniez d'arriver dans une nouvelle région, voici quelques conseils pratiques pour créer des relations durables.

Selon certains sondages, pratiquement 100% des personnes estiment l'amitié importante pour leur plaisir et leur équilibre personnel. Pourquoi occupe-t-elle tant de place dans notre vie ? Sans doute parce que l'amitié englobe beaucoup de sentiments. Synonyme de communication, d'entraide, de fidélité ou encore de complicité, elle contribue à la construction de la personnalité de chacun, et constitue un vrai rempart à la solitude, ce qui la rend d'autant plus capitale.

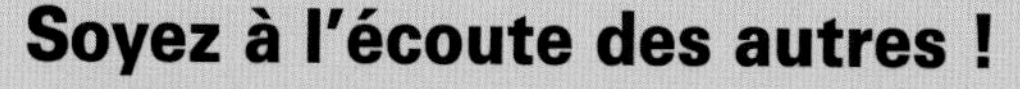

Soyez à l'écoute des autres !

Que faire quand l'amitié manque à votre quotidien ? Si vous n'avez pas d'autres connaissances que vos collègues de boulot que vous quittez tous les soirs à 18 heures, si vous avez l'impression d'être le vilain petit canard qu'on n'invite jamais en soirée, et si cela vous ennuie ou vous attriste profondément, il n'est pas trop tard pour faire évoluer les choses. Ressaisissez-vous et donnez-vous les moyens de réussir à vous faire des amis.

Tout d'abord, ne restez pas seul chez vous, sortez, baladez-vous, développez vos activités. Les associations et autres clubs sportifs regorgent de personnes qui n'aspirent qu'à se rencontrer. Une fois cette première étape franchie, à vous de jouer. Suivez quelques règles de communication de base : souvenez-vous du prénom des personnes que vous rencontrez, évitez de critiquer, complimentez plutôt, et, surtout, écoutez l'autre vous parler de lui, vous en apprendrez beaucoup.

Faites le premier pas !

L'important est d'être positif, souriant et accueillant. Ne passez pas du cirage non plus, ce serait mal vu, mais montrez-vous sous votre meilleur jour, tout simplement. Dites-vous que ce n'est pas en arrivant tous les matins de mauvaise humeur au bureau que vos collègues auront envie de venir vers vous. Faites le premier pas : des rencontres vous pouvez en faire partout, le plus délicat est de les développer et les entretenir.

Pour cela, ayez confiance en vous, si vous avez eu un bon contact au départ, la personne aura envie de vous revoir. N'hésitez pas à lancer des invitations. Offrir un apéritif chez vous à vos nouveaux voisins ou collègues de travail peut être un très bon point de départ. Faites-leur plaisir, il n'y a rien de meilleur pour entretenir une relation, et donnez-vous aussi du temps, car l'amitié, cela ne se commande pas ! Vous passerez progressivement du stade de copinage à celui de copains, puis d'amis.

Essayez de vous demander aussi ce que vous attendez d'une relation amicale. Si vous êtes au clair dès le départ avec vos envies et désirs, elle n'en sera que meilleure. Ce n'est pas en étant trop exigeant, que vous donnerez aux autres l'envie de venir vous voir et se confier à vous. Soyez souple et ouvert. Ayez confiance en vous et en l'autre, et sachez entretenir la flamme de l'amitié.

C'est ainsi que, sans vous en rendre compte, vous pourrez progressivement élargir votre réseau amical et vous faire de vrais amis.

Marion Capeyron, mise à jour le 4 mars 2011

Zoom grammaire

L'impératif

Pour le former :

- prendre la forme « tu », « nous » ou « vous » du verbe au présent.

  Exemples : tu chantes ⟶ chante !
  nous chantons ⟶ chantons !
  vous chantez ⟶ chantez !
  nous finissons ⟶ finissons !
  vous ne prenez pas ⟶ ne prenez pas !

  Attention : le « -s » de la forme « tu » disparaît pour les verbes en « -er ».

- verbes réfléchis

  Exemple : se laver – Lave-toi ! Lavons-nous ! Lavez-vous !
  Mais : Ne te lave pas ! Ne nous lavons pas ! Ne vous lavez pas !

Exceptions : avoir – Aie ! Ayons ! Ayez !
être – Sois ! Soyons ! Soyez !
savoir – Sache ! Sachons ! Sachez !

À l'écrit

1 Après avoir lu cet article, faites une liste des conseils pratiques proposés par l'auteur. Ajoutez cinq ou six conseils à cette liste.

2 Choisissez une des questions suivantes et écrivez entre 250 et 400 mots. Utilisez les phrases pour donner des conseils (voir page 5) et l'impératif.

a Votre cousin vient de déménager. Il a du mal à se faire des amis dans son nouveau lycée. Vous lui écrivez une lettre dans laquelle vous lui donnez des conseils qui l'aideront à se faire des amis.

b En tant que représentant des élèves, votre chef d'établissement vous a chargé(e) de faire un discours à l'attention des nouveaux élèves de Sixième. Le but de ce discours est de leur donner des conseils sur la meilleure manière de se faire des amis.

À l'écrit (NS)

Lisez l'affirmation ci-dessous et rédigez une réponse personnelle de 150 à 250 mots qui exprime votre opinion et la justifie. Votre réponse prendra la forme d'un essai.

> Friedrich Nietzsche disait : « Des femmes peuvent très bien lier amitié avec un homme ; mais pour la maintenir, il y faut peut-être le concours d'une petite antipathie physique. » L'amitié entre une fille et un garçon est donc impossible.

NB : Si vous préférez, pour vous entraîner, votre réponse peut également prendre la forme d'un article, d'un éditorial, d'une lettre à un(e) ami(e) ou encore un discours. À vous d'organiser votre réponse de manière appropriée et d'utiliser un ton adapté au type de texte et au public visé.

Conseils de l'examinateur

- Structurez votre argumentation et exprimez clairement votre point de vue.
- Employez des connecteurs logiques (cependant, en effet, etc.).
- Soutenez vos propos à l'aide d'exemples.
- Variez les temps de verbes utilisés.
- Utilisez un ton adapté au type de texte et au public visé.

1.3 La solitude

Texte 

Solitude en 2011: La grande cause nationale

Après la lutte contre les violences faites aux femmes, c'est la solitude des Français qui a été élu grande cause nationale 2011. Près de 50% des Français disent avoir souffert de solitude. Ce fléau engendre des pauvretés et des drames qui touchent toutes les classes sociales et tous les âges. Pourtant le combat pour l'obtention du label « grande cause nationale 2011 » était rude face à l'autisme, autre thème en compétition.

Skype, Twitter, MSN, Facebook ... le choix des réseaux sociaux qui nous permettent de communiquer avec nos proches le plus aisément possible sont là. Mais que se passe-t-il lorsque l'on n'en a pas ? Qu'elle soit choisie ou subie, la solitude touche plus de personnes qu'on ne le croit : selon une enquête de la Fondation de France réalisée cet été, quatre millions de Français indiquent avoir eu dans l'année moins de trois « contacts directs ». Alors que 9% d'entre eux déclarent n'avoir aucun ami, 23% n'a de relation qu'au sein d'un seul de ces réseaux : familial, amical, professionnel, associatif ou même de son voisinage. Mais il suffit d'une perte d'emploi, d'une rupture familiale ou d'un déménagement pour que l'isolement soit total. Le problème est d'autant plus important qu'il touche tous les âges et toutes les catégories socioprofessionnelles. Selon la Fondation de France, les personnes souffrant le plus de la solitude sont les personnes âgées, mais aussi les femmes. Des chiffres alarmants qui ont été entendus par le gouvernement. Pour le Premier Ministre François Fillon, chargé d'attribuer le label de « la grande cause nationale 2011 », la solitude constitue « à la fois symptôme et cause du morcellement des sociétés modernes ». Une cause déjà abordée par Nicolas Sarkozy lors de ses vœux à la nation le 31 décembre 2009 alors que la lutte contre les violences faites aux femmes était la grande cause 2010. « Face à l'isolement, face à la solitude si répandue dans nos sociétés modernes, je souhaite que 2010 soit l'année où nous redonnerons un sens au beau mot de fraternité qui est inscrit dans notre devise républicaine ». C'est donc le collectif « Pas de solitude dans une France fraternelle » constitué autour de la fondation, Saint-Vincent-de-Paul qui a obtenu ce label reconnaissant l'engagement de la Nation autour de cet objectif d'intérêt général. Bruno Dardelet, président de la fondation, est chargé de s'occuper de la campagne qui sera lancée dès janvier 2011. « Ce label est très important pour les personnes que nous accompagnons. Nous allons pouvoir faire entendre leurs voix et inviter les Français à trouver le chemin de la fraternité partagée » déclare celui-ci. Vingt-quatre autres organisations se joindront également au mouvement comme l'Armée du Salut, le Secours Populaire, le Secours Catholique ou encore S.O.S Amitié.

Alexandra Bresson, le 2 mars 2011

Entraînement à l'oral interactif

Discutez avec vos camarades.

1. D'après le texte, quelles peuvent être les causes de l'isolement d'une personne ?
2. En vous basant sur votre expérience personnelle, pouvez-vous en citer d'autres ?
3. Que comprenez-vous par cette « définition » de la solitude par M. Sarkozy « symptôme et cause du morcellement des sociétés modernes » ? De quelles façons nos sociétés modernes sont-elles morcelées ?
4. Quelle est votre réaction face aux chiffres avancés dans cet article ? Faites des recherches pour savoir si la solitude touche autant de personnes dans votre pays. Au Canada ? En Suisse ? En Belgique ?
5. Les adolescents souffrent-ils de solitude ? Quelles en sont les raisons ? Où peuvent-ils se tourner pour avoir de l'aide ?
6. Avec les moyens de communication que nous offrent l'internet et le téléphone portable, est-ce vraiment possible de se sentir seul ?

Le saviez-vous ?

Les chiffres

En 2000, environ un million de personnes se sont suicidées dans le monde : cela représente un taux moyen de mortalité de 16 pour 100 000 personnes, soit un mort toutes les 40 secondes.

Ce chiffre atteint 1400 par an en Suisse, avec 19,1 morts pour 100 000 habitants, c'est plus que l'ensemble des décès causés par les accidents de la route, la drogue et le sida.

Le taux de suicides des 15–24 ans est de 18,1 pour 100 000, soit 7,1 de plus que la moyenne calculée dans l'étude.

Ces 45 dernières années, le suicide a augmenté de 60% dans le monde. C'est devenu l'une des trois causes principales de la mort des 15–44 ans des deux sexes. Ces chiffres ne tiennent pas compte des tentatives ratées, lesquelles sont vingt fois plus fréquentes que les tentatives réussies.

Traditionnellement, le taux de suicides était plus élevé chez les hommes âgés, mais les jeunes sont devenus le principal groupe à risque dans un tiers des pays, selon l'OMS.

La solitude peut mener au suicide

Texte 1.3.2

LE SERVICE D'AIDE PAR L'ÉCOUTE

S.O.S Amitié est une association « reconnue d'utilité publique », dont l'objectif premier, mais non exclusif, est la prévention du suicide.
Ouvert à la parole de toute personne en état de crise, S.O.S Amitié offre une aide sous la forme d'une écoute attentive et sans idée préconçue.
Le TÉLÉPHONE est le premier moyen choisi pour répondre à l'urgence des situations. S.O.S Amitié s'engage à respecter l'anonymat de la personne, celle qui appelle et celle qui écoute. Tout autre moyen technique utilisé répondra à cet engagement.
S.O.S Amitié met tout en œuvre pour assurer une présence et une disponibilité dans tous ses postes d'écoute, 24 heures sur 24, du 1er janvier au 31 décembre.
L'écoute est non directive. Elle est centrée sur la personne qui appelle S.O.S Amitié. Elle vise à desserrer son angoisse. Elle tente de lui permettre de clarifier sa situation et de retrouver sa propre initiative.
Elle est assurée par des bénévoles, respectueux de la personne qui appelle, quels que soient ses origines, ses convictions, son comportement.
Cela implique que S.O.S Amitié soit indépendant de tout mouvement politique, confessionnel, idéologique, social ou caritatif.
Les permanences d'écoute sont assurées en un lieu anonyme, réservé à cet effet. Le caractère confidentiel des propos et l'anonymat des écoutants sont les impératifs absolus du service qui tendent à favoriser la libre expression de celles et ceux qui appellent S.O.S Amitié.

L'ÉCOUTANT

La qualité de l'écoute individuelle s'enracine dans un travail d'équipe. Être écoutant requiert des aptitudes. Il y a donc nécessité de sélection et de formation.
La SÉLECTION a pour objet de s'assurer :

- de l'aptitude du candidat à l'écoute,
- de ses dispositions à travailler en équipe,
- de sa faculté de remise en question personnelle, indispensable à l'exercice de la fonction.

Le RECRUTEMENT large et varié, puisant dans tous les milieux de la société, constitue un facteur d'équilibre de l'association.
La FORMATION INITIALE, dont les objectifs sont définis par l'association, est indispensable et obligatoire. Elle est organisée en groupe, avec des formateurs qualifiés.
Elle est centrée sur les critères essentiels de S.O.S Amitié : anonymat et non-directivité dont elle intègre la pratique dans une écoute de qualité.
Au terme de la formation initiale, le candidat précise son engagement, en accord avec les exigences du service :

- assurer une écouté fréquente et régulière,
- participer obligatoirement aux partages supervisés,
- participer avec assiduité à la formation continue,
- contribuer à la vie de l'association.

La FORMATION CONTINUE mise en place par l'association s'impose en permanence à l'écoutant comme un besoin et une nécessité. Elle est effectuée en situation, avec les apports théoriques jugés utiles.
L'écoutant s'oblige à une évaluation régulière de son parcours. Selon les modalités fixées par l'institution, et au moins tous le quatre ans, il participe à une réflexion quant à la poursuite de son activité d'écoutant.

ÉCOUTE, SOLIDARITÉ, SOCIÉTÉ

Phénomène de société, les moyens de communication se développent sans cesse et, paradoxalement, l'individu – en l'absence d'une écoute de sa parole – est plus que jamais confronté à la solitude.
Cette situation engage S.O.S Amitié et ses membres à promouvoir une attitude d'écoute mutuelle au sein de la société.
Dans le respect de son éthique, S.O.S Amitié est proche de toute forme d'aide mettant en œuvre l'écoute désintéressée de l'autre. S.O.S Amitié participe à la réflexion sur les problèmes psychologiques et sociaux de son temps et développe des échanges aux niveaux régional, national et international, notamment au sein de l'UNPS (Union Nationale pour la Prévention du Suicide) et de l'IFOTES (International Federation of Telephone Emergency Services).

www.sos-amitie.org/content/file_1230584521.pdf

Compréhension générale du texte

En vous basant sur le texte, répondez aux questions suivantes.

1 Ce texte est :

a un guide
b un article
c un appel
d une charte

2 Quel est le but de l'association ?

3 Quel est son moyen d'action ?

Manipulation du texte

Vrai ou faux ? Justifiez vos réponses.

a Si vous téléphonez, votre nom et identité sont exposés.
b On ne peut pas contacter l'association le week-end.
c S.O.S Amitié est une organisation indépendante.
d Tout le monde peut être écoutant. Pas besoin de formation.
e Le développement des moyens de communication aide à réduire le phénomène de solitude.

Grammaire en contexte

Relevez tous les adjectifs que vous pouvez trouver dans le texte S.O.S Amitié.

Exemples : ouvert, attentive

Sélectionnez dix de ces adjectifs et écrivez un court poème sur le thème de la solitude ou de l'amitié.

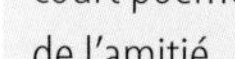

Seul

Texte 

Appel au secours inutile
Car rien ni personne ne saurait m'aider
Me tendre cette main
Dont j'ai tant besoin
Envie de se confier
Mais nul à qui s'exprimer
Rester seul à jamais
Serait-ce là ma destinée ?
Envie de hurler
De trouver la solution
De rompre la solitude
Qui ? Quand ? Comment ?
Des questions sans réponse
Pessimisme naissant qui m'enfonce
Dans ce tunnel sans issue
ASSEZ !

Extrait du poème *Seul* par Gérard Sailly

Entraînement au travail écrit (NM)

En vous basant sur les trois textes suivants :

- « Mon père, ma mère, mes embrouilles . . . et moi ! » (page 1)
- « Quel est le rôle des grands-parents d'aujourd'hui » (page 7)
- « Comment se faire des amis ? » (page 11)

Réalisez un travail écrit entre 300 et 400 mots et un préambule de 100 mots. Référez-vous à la section « Travail écrit » (chapitre 25) si vous avez oublié les exigences de forme du travail écrit et les types de texte.

Vous pouvez choisir l'une des tâches suivantes ou inventer votre propre tâche !

Suggestions

1 Une lettre à un(e) ami(e) très introverti(e) qui n'arrive pas à aller vers les autres et se sent mal dans sa peau dans toutes les situations (en famille, au lycée, etc.).
But : Lui donner des conseils sur les relations.
Titre du travail écrit : « Comment maximiser tes relations – les conseils d'un pote ! »

2 Un guide de recommandations à l'intention des ados pour les aider à régler leurs problèmes relationnels.
But : Donner des conseils concrets pour aborder diverses situations relationnelles.
Titre : « Quand communiquer rime avec succès ! »

Conseils de l'examinateur

Une fois votre travail écrit complété, vérifiez que vous avez rempli les exigences requises.

Avez-vous :

- rédigé entre 300 et 400 mots ?
- choisi un type de texte spécifique ?
- donné un titre à votre travail écrit ?
- rédigé un préambule de 100 mots qui explique votre tâche, vos objectifs, pourquoi vous avez choisi tel type de texte et quels procédés vous avez utilisés pour atteindre vos objectifs et rendre votre travail convaincant ?
- rédigé votre travail écrit et le préambule à la main ?
- respecté le registre à adopter (registre informel avec « tu », registre formel avec « vous ») ?

Ressources en ligne
Pour plus d'activités, consultez le site www.pearsonbacconline.com

Théorie de la connaissance

1 Le langage est-il indispensable à toute bonne communication ?

2 De quelles façons est-il possible de communiquer avec succès ? Pensez à des situations concrètes auxquelles vous avez été confronté(e).

3 Peut-on tout dire, tout exprimer avec des mots ? Expliquez.

4 Dans certaines langues comme le français, le langage des relations obéit à des codes et des règles précises. On tutoie ou vouvoie une personne en fonction de la relation que l'on entretient avec elle. Qu'en pensez-vous ? Certaines personnes argumentent que le « vous » crée une distance inutile entre les personnes. Partagez-vous cet avis ?

5 D'après un dicton populaire, « L'habit ne fait pas le moine ». On a pourtant souvent tendance à juger les autres sur leur apparence et à adapter notre façon de communiquer ou d'interagir avec une personne en fonction de ce jugement formé sur les apparences et les préjugés qui s'y rapportent. Qu'en pensez-vous ? Donnez des exemples de situations concrètes où vous avez changé votre comportement en fonction de l'idée que vous vous faisiez de votre interlocuteur/interlocutrice ?

6 Voici quelques exemples de situations. Quelles sont, selon-vous, les choses à faire ou ne pas faire, à dire ou ne pas dire lorsque l'on interagit avec :

- une personne âgée
- son patron
- sa belle-mère
- une personne étrangère
- un homme politique
- un jeune au look gothique
- un enfant
- un prêtre ou une religieuse ?

Partagez vos réflexions avec le reste de la classe. Quelles conclusions pouvez-vous tirer de vos observations ?

ENTRAÎNEMENT À L'EXAMEN

FRANÇAIS B – NIVEAU SUPÉRIEUR – ÉPREUVE 1

Mai 2005

TEXTE B

FIN DES VACANCES

COMMENT REVIVRE À LA MAISON ?

Après ce long mois passé sans les parents, vous le sentez bien, vous n'êtes plus tout à fait le (la) même. Vous avez gagné en autonomie, vous vous êtes affranchi(e) de leur autorité. Bref, il serait temps qu'ils se rendent compte que vous n'êtes plus *leur petit chéri*, *leur choupinette adorée* et qu'ils vous laissent enfin respirer. D'inévitables points de discorde sont à anticiper. La violence ne résolvant rien, utilisez plutôt la ruse et suivez nos conseils à la lettre pour négocier au mieux les sujets qui fâchent … Bon courage ! 5

« Range ta chambre ! » **LE PROBLÈME** : Vous avez retrouvé une chambre rangée au carré, parfumée et débarrassée de tous ces petits trucs éparpillés qui font que, d'habitude, vous vous sentez vraiment chez vous ! **LA RÉACTION** : Vous videz votre sac de voyage au milieu de la chambre, vous oubliez de faire votre lit, vous alignez vos nombreuses paires 10 de chaussures, vous écoutez la musique à fond et vous claquez la porte dix fois par jour. Ça s'appelle marquer son territoire. **LA SOLUTION** : Bien sûr, vous êtes chez vous … mais un peu chez eux aussi quand même ! Alors quand le désordre devient vraiment trop visible, ayez le réflexe de fermer – sans la claquer – la porte de votre chambre … Et lorsqu'on ne voit plus un cm² de moquette, faites un petit effort : rangez ! 15

« Alors, raconte-moi, c'était bien ? » **LE PROBLÈME** : Chaque fois, c'est pareil, ils vous laissent partir en vous donnant leur confiance totale, à condition que vous ne les déceviez pas. Mais au retour, ils veulent tout savoir. Ils supporteraient que vous leur fassiez un compte rendu détaillé de ce qui s'est passé durant un mois, heure par heure. **LA RÉACTION** : Déjà vous avez un énorme cafard d'être rentré (rentrée) … Vous avez 20 l'impression que jamais vous n'arriverez à vous en remettre et donc, il vous est impossible de raconter votre vie. Vous vous refermez comme une huître en leur disant que cela ne les regarde pas ! **LA SOLUTION** : Ne rien dire, ce n'est pas la bonne méthode … Ils se sentiront frustrés car vous leur avez manqué et ils vont s'imaginer les pires choses. Offrez-leur une synthèse du séjour avec les deux ou trois choses racontables. 25

« Tu me parles autrement, je ne suis pas ton copain. » **LE PROBLÈME** : Pendant un mois, syntaxe et orthographe étaient aussi en vacances et vous avez pris l'habitude d'employer quelques mots et expressions bien à vous. **LA RÉACTION** : Quand vous vous décidez à sortir une phrase à table, ils ne captent qu'un mot sur trois. Ça tombe bien, vous n'avez pas tellement envie de faire la conversation, on vous soupçonne même d'en rajouter 30 exprès ! **LA SOLUTION** : N'oubliez pas que vos parents n'ont pas suivi le stage intensif avec vous, ils sont donc complètement perdus. Faites un effort et donnez-leur quelques pistes. Mieux, si vous avez envie d'être un peu sympa, composez-leur un petit lexique.

Phosphore, septembre 2003

TEXTE B – FIN DES VACANCES – COMMENT REVIVRE À LA MAISON ?

Répondez aux questions suivantes.

1 En vous basant sur les lignes 1 à 6, nommez **deux** changements chez les jeunes au retour de leurs vacances.
[2 points]
(a) ....
(b) ....

2 Dans les lignes 1 à 6, quelle expression signifie « faites exactement ce que nous vous disons » ?
....

Indiquez dans la case de droite la réponse choisie par une lettre.

3 À la ligne 12, que signifie « marquer son territoire » ?
A salir la chambre
B montrer que la chambre vous appartient
C écrire sur les murs
D ranger ses affaires
☐

4 Parmi les expressions suivantes, laquelle est l'équivalent de « en vous donnant leur confiance » *(ligne 17)* ?
A et ils vous donnent leur confiance
B quand ils vous donnent leur confiance
C au lieu de vous donner leur confiance
D bien qu'ils vous donnent leur confiance
☐

Répondez aux questions suivantes.

5 À la ligne 17, à qui ou à quoi se réfère « les » dans « à condition que vous ne les déceviez pas » ?
....

6 En vous basant sur « la solution » lignes 23 à 25, donnez **deux** raisons pour lesquelles il est déconseillé de « ne rien dire » à ses parents au retour des vacances.
[2 points]
(a) ....
(b) ....

En vous basant sur les lignes 26 à 33, reliez chacun des mots du texte figurant dans la colonne de gauche à son équivalent dans la colonne de droite. ***Attention :*** *il y a plus de mots dans la colonne de droite que dans celle de gauche. Un exemple vous est donné.*

Exemple : *employer (ligne 28) E*

7 captent *(ligne 29)*
8 ça tombe bien *(ligne 29)*
9 soupçonne *(ligne 30)*
10 perdus *(ligne 32)*

A analyser
B désorientés
C pourquoi pas
D comprennent
E utiliser
F dit
G suspecte
H et justement
I attirent
J amusés

11 Selon le texte, **deux** des cinq affirmations suivantes sur les jeunes sont **vraies**. Indiquez les lettres correspondantes dans les cases de droite.
[2 points]

A La ruse est inutile dans les relations des jeunes avec leurs parents.

B Quand les jeunes vont en vacances, ils ne respirent pas bien.

C Tant que les jeunes vivent chez leurs parents, ils doivent respecter certaines règles de conduite à la maison.

D À leur retour, les jeunes doivent faire un récit complet de leurs vacances à leurs parents.

E Parents et enfants ne parlent pas forcément la même langue, c'est donc aux jeunes de s'adapter.

☐

☐

CHAPITRE 2
COMPORTEMENTS SOCIAUX ET TABOUS

Objectifs :
- Explorer les rôles traditionnels de l'homme et de la femme dans la société
- Parler de l'égalité homme–femme dans la société d'aujourd'hui
- Parler de la maltraitance
- Les structures avec « si »
- L'accord du participe passé avec « avoir »

Les mots clés de l'unité : l'égalité, les préjugés, les stéréotypes, l'évolution de la condition féminine, la maltraitance, la non-assistance à personnes en danger, la violence, l'aide, la solidarité, la justice

2.1 Et si les rôles étaient inversés ?

Le saviez-vous ?
Dans un sondage réalisé début mars 2011 par l'Institut BVA pour *20 minutes* sur les tâches ménagères, 62% des femmes ont déclaré s'occuper le plus souvent des enfants, contre 2% des hommes, et 36% des couples ont déclaré s'en occuper autant l'un que l'autre.

(*20 minutes*, mars 2011)

À l'oral

Observez cette image et lisez les résultats du sondage.

1. Que vous inspirent ces documents ?
2. Quels sont les rôles traditionnels qui sont imputés à l'homme ? À la femme ?
3. Quels avantages l'émancipation féminine a-t-elle apporté aux femmes ? Faites une liste des améliorations apportées par l'émancipation des femmes (selon vous).
4. Dans certains pays, les droits des femmes sont encore largement bafoués sous prétexte de respect des traditions. Pouvez-vous faire une liste des droits qui sont refusés à certaines femmes dans certains pays et qui, aux yeux d'une femme occidentale, sont injustes et archaïques ?
5. Quelles sont les difficultés, les obstacles auxquels une femme émancipée est confrontée aujourd'hui ?

6 Trouvez-vous normal qu'un homme fasse le choix de rester à la maison pour s'occuper des enfants ?
7 Est-il souhaitable que la distribution de ces rôles change dans la société actuelle ?
8 La femme pourra-t-elle jamais être l'égale de l'homme ? Justifiez votre réponse.

Entraînement à l'oral interactif

Mini débat

Dans quel pays est-il préférable d'être née femme ? En équipe de deux ou trois, prenez 30 minutes pour faire votre recherche et trouver les faits qui supporteront votre position. Anticipez les arguments que présenteront les autres équipes.

Texte 

MOI, HOMME AU FOYER

Ils sont à la maison. Par choix ou par obligation. Sous le regard bienveillant, admiratif ou railleur de leurs proches. Leurs motivations ? S'investir à fond dans l'éducation des enfants, préférer le travail en solo à la vie de bureau ou attendre des jours meilleurs. Trois d'entre eux nous ont ouvert leur porte.

5 Hier encore, c'était inconcevable. L'opprobre* général s'abattait sur les malheureux contraints de rester au foyer pour cause de chômage ou de maladie. Et on les voyait tourner en rond comme de gros chats castrés … dévalorisés, « dévirilisés ». Mais les mentalités évoluent, et les hommes changent. Aujourd'hui, certains sont à la maison comme des poissons dans l'eau. Au point qu'ils y prolongeraient volontiers leur séjour … si leur femme
10 (ou leurs finances !) le leur permettait … Ceux-là ne sont pas des hommes « classiques ». Ils appartiennent à une minorité qui veut voir ses enfants grandir au quotidien. Et souhaite travailler moins pour s'y consacrer plus. Ces pionniers ouvrent une nouvelle période de bouleversement des rôles masculin et féminin.

Trois d'entre eux ont accepté de nous raconter leur choix. Très différents, ils ont cependant
15 un point en commun : leur rapport à la virilité ne dépend plus de leur statut social. Une petite révolution. Pourtant, leur quotidien n'est pas toujours simple. Le regard de leur compagne change parfois. Et l'entourage, troublé, ne résiste pas toujours à la tentation de juger.

*l'opprobre = le déshonneur/la honte

« Avec mon épouse, nous voulions cette qualité de vie »

Bruno, 31 ans, homme au foyer, deux filles de 4 et 2 ans et demi

« C'est un choix ancien pour moi. Et un choix de couple. Ma mère était femme au foyer. 20 Peut-être ai-je été conditionné. En tout cas, avec mon épouse, nous voulions cette qualité de vie. Ne pas perdre notre vie à la gagner ... Il y a quatre ans, avant de me consacrer au repassage et aux petits plats, j'ai suivi une 25 formation d'aide-soignant, par sécurité, et j'ai passé un an à faire du baby-sitting. Les bébés, ça ne s'improvise pas ! Ma femme est infirmière, elle a des horaires de fou. Si j'avais travaillé, nous n'aurions pas eu de vie 30 de famille.

Et puis, ça nous convient : elle est dynamique, carriériste. Je l'admire ; moi, j'ai un travail avec des bouclettes et des rires grassouillets. Mes filles Leïla et Emma me prennent tout mon temps. Je ne passe pas mes journées à jouer à la PlayStation ! Nous nous organisons comme un couple normal : nous faisons compte commun, principalement alimenté par ma femme, et nous 35 prenons toutes les décisions ensemble. Je ne suis pas dépendant à 100%, j'ai des placements financiers qui rapportent un peu. Au début, les copains étaient goguenards. Un homme au foyer, ça ne passe pas mieux qu'une femme. Comme j'ai une grande disponibilité, j'organise les vacances, je supervise tout. Je ne me sens pas protégé par ma femme. Et ça n'a rien changé à notre intimité. »

« Je suis un homme à la maison, pas au foyer »

40 « Je travaille sur le web en poursuivant une formation de comédien. Mon avenir se dessine donc surtout à la maison. Et j'en suis ravi. À l'école déjà, je détestais les horaires contraignants. Nadine, la femme avec qui je partage ma vie depuis six ans, est directrice de com'. Nos 45 rythmes sont assez décalés : je dors encore quand elle part travailler le matin et j'ai tendance à vouloir bosser le soir, quand elle est fatiguée. Souvent, nous nous couchons en même temps et, dès qu'elle est endormie, je rejoins l'ordinateur. Mais plus question d'aller dans

Yves, 25 ans, travaille sur internet, pas d'enfants

50 les bars de nuit … Pour elle, notre situation n'a rien d'anormal. Ce sont ses amies qui ne comprennent pas 'qu'elle accepte ça !' Peut-être reproduit-elle le modèle familial.

Artiste peintre, son père travaillait chez lui et c'est sa mère qui subvenait aux besoins du ménage. Pour l'instant, c'est elle qui assure le plus financièrement, mais lorsque nous étions étudiants, c'était l'inverse, alors … Nos accrocs concernent le partage des tâches
55 ménagères. Parfois, elle s'étonne en rentrant que je n'aie pas fait la vaisselle. Là, je remets les pendules à l'heure : je suis un homme à la maison, pas un homme au foyer. Je ne fais ni ménage ni cuisine. Et si je m'occupe de la déco, c'est par plaisir, pas parce que Nadine me le demande. »

« Je veux voir grandir mes enfants »

Jean-Pierre, 56 ans, informaticien en préretraite, deux filles de 12 et 8 ans

« Après mon licenciement, il y a deux ans,
60 j'ai voulu bénéficier d'une retraite anticipée. J'estime avoir assez travaillé, et mon métier d'informaticien ne me passionne plus … J'ai d'autres projets. Je veux écrire un livre … et voir grandir mes enfants. Je me suis peu occupé de
65 ma fille aînée, née d'un premier mariage. J'avais 19 ans, je n'étais pas prêt. Elle en a souffert, et, à ma façon, moi aussi. Je me rattrape un peu avec mes deux autres filles. L'une a 8 ans, l'autre 12. Je m'en occupe quotidiennement. Ma
70 compagne, informaticienne, travaille dix à douze heures par jour et est absente quatre jours sur cinq. Elle n'a pas très bien vécu ma décision. Selon elle, ce n'est pas une solution pour moi. Mais c'est de la pure projection : c'est elle qui ne
75 peut s'imaginer en femme au foyer. Mes beaux-parents, eux aussi, comprennent assez mal la situation. Ils n'en parlent jamais mais n'en pensent pas moins. Pourtant, tout le monde peut constater les effets positifs : j'assume le ménage, les courses, le bricolage, et le jardinage. Je suis tellement occupé que je vois à peine mes filles grandir ! Et je n'ai pas encore écrit
80 une ligne de mon fameux roman ! »

Camille Lamotte, *Moi homme au foyer*, adapté, novembre 2003

Manipulation du texte

Répondez aux questions suivantes.

1 D'après le premier paragraphe, citez **deux** raisons qui poussent les hommes à rester à la maison.

2 Reliez chacun des mots ci-dessous avec son équivalent qui se trouve dans la colonne de droite.
Attention : il y a plus de mots proposés que de réponses possibles.

a bienveillant (ligne 1)	1 impensable
b railleur (ligne 2)	2 moqueur
c inconcevable (ligne 5)	3 possible
d contraignants (ligne 43)	4 déphasés
e décalés (ligne 45)	5 perdus
	6 méchant
	7 accommodants
	8 exigeants

3 Que signifie l'expression « comme des poissons dans l'eau » dans la phrase « certains sont à la maison comme des poissons dans l'eau » ? (ligne 8–9)

a Certains aiment nager.
b Certains tolèrent difficilement leur situation à la maison.
c Certains sont dans leur élément à la maison.
d Certains n'aiment pas du tout rester à la maison.

4 À qui ou à quoi se réfère « l' » dans « Je l'admire » ? (ligne 31)

5 Que signifie l'expression « je remets les pendules à l'heure » ? (ligne 55–56)

a Je change les piles des horloges de la maison.
b J'adapte mes horaires.
c Je passe à l'heure d'été.
d Je remets les choses au point.

6 Reliez chacune des affirmations à la personne correspondante.

a Bruno	1 … pense que les tâches ménagères ne sont pas sa responsabilité.
b Yves	2 … a des horaires complètement différents de ceux de sa femme.
c Jean-Pierre	3 … était moqué par ses amis.
	4 … se heurte à l'incompréhension des ses proches.
	5 … a fait du mal à son épouse en prenant la décision de devenir homme au foyer.
	6 … a pris la décision avec sa femme.

7 À quel sujet Yves et sa femme se disputent-ils parfois ?

2.2 La condition masculine

On parle souvent de la condition féminine et de l'émancipation de la femme. La chanson ci-dessous nous présente les effets de l'émancipation de la femme sur la gente masculine.

Texte 2.2.1

Tu ne connais pas Sizana,
Sizana, c'est ma .... [1] .... C'est ma femme puisque nous sommes .... [2] ....
depuis plus de 17 ans maintenant.
Sizana était une très bonne .... [3] .... auparavant.
Je lui disais : « Sizana, donne-moi de l'eau »
Et elle m' .... [4] .... de l'eau à boire.
De l'eau claire, hein ! Très bonne !
Seulement, depuis quelque temps, les gens-là
Ils ont apporté ici la condition féminine.
Il paraît que là-bas chez eux,
Ils ont installé une femme dans un .... [5] ....
Pour qu'elle donne des .... [6] .... aux hommes.
Aïe ! Tu m'entends des choses pareilles ?
Et depuis, toutes les femmes de notre .... [7] ....
Parlent seulement de la condition féminine.
Maintenant je dis à Sizana : « Donne-moi à manger, j'ai faim. »
Elle ne m'écoute même pas hein,
Elle me parle seulement de la condition féminine.
Si je dis : « Sizana, donne-moi de l'eau. »
Elle me répond seulement que ... heu ...
La condition féminine ... heu ..
Il faut que j'aille chercher l'eau moi-même !
Bref ! Il faut te dire que ma condition masculine est devenue très
.... [8] .... ici.
Alors moi j'ai dit à Sizana :
« Écoute, moi je ne connais qu'une seule condition féminine :
La femme .... [9] .... à son mari, elle lui fait à manger,
elle lui fait des .... [10] ....
Voilà tout ».
Tu sais que Sizana s'est .... [11] .... ?
Elle est venue me parler à .... [12]................ !

Comme si elle était un
.... [13] .... !
Moi je l'ai .... [14] .... hein !
Elle a crié pour appeler tout le village.
Moi je lui dis seulement : « Ne crie pas, ne crie pas hein,
La condition féminine, la condition féminine,
Tous les jours tu me parles de la condition féminine,
Moi je te donne maintenant la condition masculine.
La condition féminine ... la condition féminine ...
Hé ! Dis donc ! La condition féminine,
Est-ce que c'est même plus grand que la condition masculine !? »

Chanson *La condition masculine* par Francis Bebey, 1991

Point culture
Francis Bebey (1929–2001) était journaliste et chanteur camerounais. Il s'est d'abord fait connaître par ses chansons humoristiques.

Manipulation du texte

Remplacez les mots de l'encadré dans la chanson.

bureau	homme	fâchée	malheureuse	épouse
obéit	mariés	battue	village	femme
enfants	apportait	haute voix	ordres	

Théorie de la connaissance

1. En quoi cette chanson de Francis Bebey est-elle humoristique ?
2. L'auteur se moque-t-il de la condition féminine ? Sur quoi vous basez-vous ?
3. Qu'entend-il par « la condition masculine » ?
4. Qui sont d'après vous « les gens-là » auxquels le chanteur fait référence dans la chanson ?
5. A-t-on le droit d'imposer une culture/une façon de voir et d'appréhender le monde sur une autre culture ? Quels sont les risques ? Peut-il y avoir des avantages à ce genre de « pratique » ?
6. Depuis la nuit des temps, les civilisations ont fonctionné sur le modèle de l'homme supérieur à la femme qui « obéit » à son mari. Doit-on vraiment remettre en question ces schémas ancestraux ?

« Un modèle est une représentation simplifiée d'un aspect du monde. De quelles manières les modèles peuvent-ils favoriser ou freiner la recherche de la connaissance ? »
© IBO – *Sujets imposés en théorie de la connaissance,* novembre 2010–mai 2011

2.3 Gros plan sur les femmes

Texte 2.3.1

Des inégalités qui ont la peau dure !

Voici quinze dates clés dans l'évolution vers une égalité homme–femme et quelques faits historiques. Associez chaque date au fait correspondant.

***Attention :** Il est possible d'avoir plus d'un fait pour une seule date.*

1792
1804
1810
1907
1919
1937
1944
1959
1965
1967
1975
1982
1991
2006

A Création du baccalauréat pour les filles en France.

B La loi Veil autorise l'avortement.

C L'homme adultère (qui trompe sa femme) risque une amende.

D Lancement du magazine féminin *Marie-Claire.*

E Ouverture de la profession de sage-femme aux hommes.

F La femme peut travailler sans l'autorisation de son mari.

G Début de la mise en place des écoles mixtes.

H Ellen Johnson Sirleaf devient la première femme présidente du continent africain.

I La femme adultère risque la prison.

J Abolition officielle de la disposition concernant la femme adultère.

K Les femmes mariées peuvent désormais disposer librement de leur salaire.

L Première femme premier ministre en France (Édith Cresson).

M Naissance du mouvement de la condition masculine en France (résultat direct de l'évolution de la condition féminine).

N L'homme est le tuteur légal de la femme (Code Civil).

O L'âge légal du mariage est fixé à 13 ans pour les filles en France.

P Le droit de vote est accordé aux femmes en France.

Q La Loi Neuwirth autorise la contraception.

Réponses : 1792 – O ; 1804 – N ; 1810 – I, C ; 1907 – K ; 1919 – A ; 1937 – D ; 1944 – P ; 1959 – G ; 1965 – F ; 1967 – Q ; 1975 – B, J, M ; 1982 – E ; 1991 – L ; 2006 – H.

D'après le magazine *Phosphore*, novembre 2008

À l'oral

1 Quelles dates vous choquent le plus ? Pourquoi ?

2 Quels sont, d'après vous, les droits qui ne sont toujours pas reconnus aux femmes aujourd'hui mais qui devraient l'être ? Votre perspective pourra varier en fonction des pays que vous prenez en considération.

Activité interculturelle

Trouvez les réponses aux questions suivantes et comparez vos réponses avec vos camarades.

1 Quand les femmes ont-elles obtenu le droit de vote dans votre pays ?

2 Quel est l'âge légal du mariage (pour les filles et les garçons) dans votre pays ?

3 Quand les femmes ont-elles obtenu le droit à la contraception dans votre pays ? L'ont-elles obtenu ?

4 Quelle est la loi concernant l'adultère dans votre pays ?

5 Cherchez le pourcentage de femmes qui occupent des fonctions politiques ou qui sont à la tête de grandes entreprises dans votre pays ainsi qu'en France, au Canada, en Belgique, au Cameroun, au Maroc. Tirez-en des conclusions.

Entraînement à l'oral interactif

Divisez la classe en deux ; d'un côté les filles et de l'autre les garçons (si votre classe n'est pas une classe mixte, faites semblant et adoptez des rôles).

Les filles réfléchiront aux conséquences de l'évolution de la condition féminine sur les hommes et prendront leur défense.

Les garçons se mettront dans la peau des filles et réfléchiront aux droits que les femmes ont acquis ainsi qu'à d'autres revendications féministes potentielles. Chaque camp essaiera ensuite de faire valoir son point de vue et ses revendications. Inspirez-vous des structures avec « si » pour formuler vos revendications.

Zoom grammaire

Les structures avec « si »

- Si + présent + futur simple :
  Si on **accorde** plus de droits aux femmes, les hommes **finiront** par se sentir dévalorisés.
- Si + imparfait + conditionnel présent :
  Si les femmes **se sentaient** plus libres dans certains pays, elles **oseraient** revendiquer leurs droits plus ouvertement.
- Si + plus-que-parfait + conditionnel passé :
  Si les hommes n'**avaient** pas **été** aussi conservateurs, la condition des femmes se **serait améliorée** beaucoup plus rapidement.

Grammaire en contexte

Voici quelques mots clés. Utilisez ces mots clés et composez six phrases dans lesquelles vous utiliserez des structures en « si ». Vous n'êtes pas obligé(e) d'utiliser tous ces mots ; vous pouvez choisir.

bafouer	égalité	lutte	injustice	progrès	traditions
perception	religion	tabou	mixte	société	respect

2.4 Les violences conjugales ... un tabou social pourtant puni par la loi

Texte 2.4.1

Des témoignages éloquents

José, 4 ans plus tard

Je pensais que c'était plus ou moins normal de crier, de se bousculer un peu. Je rentrais généralement de mauvaise humeur. Quand je rentrais, tout me dérangeait : le dîner, la nappe. Je cherchais des défauts. Elle a commencé à sortir de la maison. Alors je contrôlais ses allées et venues, où elle allait et pourquoi. Je contrôlais ses dépenses avec les factures. Je la frappais sur la tête et dans le dos, où ça ne se voit pas. Elle a été hospitalisée, plusieurs fois, pour des fractures. La dernière, plus de 10 jours. Elle a failli perdre un œil. Après l'avoir battue, je m'en voulais, vraiment. Mais je recommençais. Je croyais que c'était la seule manière de la rendre docile. En fait, elle était terrorisée, écrasée, sans opinion. Jusqu'au jour où je suis rentré particulièrement énervé et je suis allé trop fort. Je l'ai laissée inconsciente. Je croyais l'avoir tuée.

Élisabeth

Mon histoire est longue, ma vie est devenue un enfer. Je suis tellement seule, isolée et confuse, je suis tombée dans un grand trou noir. Tous mes sentiments sont si mélangés que je ne suis plus capable de les séparer. Je suis emprisonnée dans une spirale de peur, cette peur qui m'a paralysée et m'a rendue totalement aveugle et passive.

Tout désir en moi a disparu ! Je m'accroche à n'importe quel mot ou geste gentil de lui en me disant, qu'il m'aime quand même, ce n'est pas si grave, c'est juste un passage, c'est de ma faute, je dois l'aimer encore plus, essayer encore mieux de comprendre ses besoins, etc. Je ne vois pas le danger dans lequel je me trouve réellement ni le besoin de me protéger correctement, parce que je suis déjà morte sur le plan sentimental, que j'ai quelque part accepté de ne plus exister. Je ne vois pas de sortie de ce trou noir.

Moi, je n'existe plus, je ne vis plus, je survis seulement. Petit à petit, je suis devenue une morte vivante. Je mets toute mon énergie à essayer de continuer à fonctionner, comme une sorte de robot, bien programmé, sans émotion. Je mets toute mon énergie à garder la plus grande distance avec mes sentiments ainsi qu'avec les autres personnes à l'extérieur. J'ai tellement honte, je suis devenue spécialiste à tout cacher, à garder tout secret, à ne pas me confronter avec la réalité de ma situation qui n'est plus acceptable. Je suis devenue experte à excuser le comportement de l'autre. Je suis devenue experte à me culpabiliser et à prendre sur moi la responsabilité du comportement de l'autre. Tout est à cause de moi !

Marc

De plus en plus, tout le monde s'éloignait de moi : mes amis, mes enfants et ma conjointe. Tous semblaient avoir peur en ma présence. Quand j'ai commencé à travailler sur mon problème de violence, ils se sont mis peu à peu à se rapprocher de moi. Et même mes enfants ont recommencé à jouer avec moi quand je reviens du travail. Aujourd'hui, je me dis que j'ai bien fait de demander de l'aide. J'avais l'impression de contrôler tout par ma violence mais au contraire, j'étais en train de perdre tout ce qui me tenait à cœur.

Propos recueillis par *Sahara* (Québec)

Compréhension générale du texte

1 Complétez le tableau suivant. Pour la justification, sélectionnez une phrase ou un élément dans les textes qui permettent de justifier votre choix de victime ou agresseur.

	Victime	Agresseur	Justification
José			
Élisabeth			
Marc			

2 Relisez ces témoignages et faites une liste des éléments suivants.

- **a** Les adjectifs employés pour décrire la/les victime(s).
  Exemple : seule
- **b** Les adjectifs employés pour décrire l'agresseur.
- **c** Les verbes associés à l'agresseur.
- **d** Les verbes associés à la victime.
- **e** Les mots clés associés à la victime et ceux associés à l'agresseur. Ces mots clés sont-ils les mêmes ?

Le saviez-vous ?
Au moins 2 000 000 de femmes sont victimes de violence conjugale en France. 400 meurent sous les coups de leur conjoint chaque année, soit plus d'une femme par jour …

(*Droit de savoir,* mars 1999).

Mais aussi …
En France, un homme meurt tous les treize jours des suites de violences conjugales.

À l'écrit

À l'aide de ces mots, rédigez un court texte de 250 mots sur le thème de la violence conjugale ou de la violence en générale. Votre texte pourra prendre la forme d'un article, d'un éditorial, d'un discours ou d'un appel.

Zoom grammaire

L'accord particulier du participe passé avec « avoir »

Ou au passé composé : Je **l'**ai tué**e**.
plus-que-parfait : Je **l'**avais tué**e**.
conditionnel passé : Je **l'**aurais tué**e**.
futur antérieur : je **l'**aurai tué**e**.

Avec « avoir », le participe passé ne s'accorde jamais avec le sujet : J'ai tué ma femme.

Mais il s'accorde avec le complément d'objet direct lorsque celui-ci est placé devant le verbe : Je **l'**ai tué**e**.

NB : « l' » = pronom complément d'objet direct = ma femme (féminin singulier) placé devant le verbe.

Surfons le net
Pour plus d'informations sur la violence conjugale consultez le site www.pearsonhotlinks.com (*Français B*, lien internet 2.1).

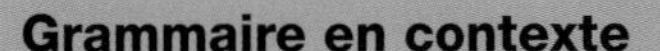

Grammaire en contexte

Décidez si les participes passés ont besoin d'être accordés dans ce passage.

Attention : il n'y a pas que des participes passés avec « avoir » . . . Réfléchissez.

Hier matin, la police est intervenu... au domicile de M. et Mme Dupont à Lyon. Une violente scène de ménage a éclaté... entre M et Mme Dupont vers 22h. Leur voisine, Madame Delpierre, l'a déclaré... à la police. Elle était en effet inquiète. Elle a entendu... des cris vers 21h. Ces cris sont devenu... progressivement plus forts. Mme Dupont est sorti... dans la rue, elle pleurait. M. Dupont l'a suivi... et l'a giflé... devant tout le monde. C'est à ce moment précis que Madame Delpierre a pris... la décision de contacter la police. Deux policiers sont arrivé... chez les Dupont vers 22h et ils les ont embarqué... au poste. M. Dupont, qui était sous l'emprise de l'alcool, a passé... la nuit au poste. Mme Dupont a été reconduit... chez elle après avoir fait... sa déposition.

Texte  2.4.2

Que dit la loi en Suisse ?

LA VIOLENCE EST INTERDITE

En Suisse, la loi s'applique à tous et à toutes de la même manière. Toute personne utilisant la violence, que ce soit en public ou dans l'intimité du foyer, commet un délit. En matière de violence conjugale, deux textes juridiques fédéraux font foi : le Code pénal et le Code civil.

Bousculer, gifler, frapper, menacer, contraindre, séquestrer ou violer ... Qu'elles laissent ou non des marques sur le corps, toutes les atteintes à l'intégrité du partenaire au sein du couple (marié ou non) sont interdites et poursuivies. Le Code pénal suisse définit les différents types d'agressions concernées et les peines judiciaires encourues par les auteurs de violence.

Depuis 2004 et dans toute la Suisse, la plupart des infractions commises au sein du couple sont poursuivies d'office. Cela veut dire que les autorités (police ou justice) ont l'obligation de poursuivre l'auteur, suite à une intervention de la police ou sur simple dénonciation (d'un proche, voisin, collègue ou autre), même si la victime n'a pas porté plainte. Ceci est encore valable après la séparation du couple (marié ou non).

En cas de crise, la police peut, dans le cadre de son intervention, expulser immédiatement l'auteur de violence du logement commun (art. 28b du Code civil, alinéa 4).

En cas de violence, partir est un droit. Le partenaire victime de violence peut en tout temps quitter le domicile conjugal pour quelques jours ou définitivement, avec ses enfants (art. 274 du Code civil). Le Code civil suisse indique que l'époux(se) peut refuser la vie commune aussi longtemps que sa personnalité, sa sécurité matérielle ou le bien de sa famille sont gravement menacés (art. 175 du Code civil).

Celui qui ne fournit pas les aliments ou les subsides qu'il doit en vertu du droit de la famille, alors qu'il en aurait les moyens ou pourrait les avoir, commet une infraction au Code pénal et peut être poursuivi sur plainte (art. 217 du Code pénal).

www.violencequefaire.ch/fr/agr/loi/violence_interdite/index.php

À l'oral

1 Les articles de cette loi vous paraissent-ils justes ?

2 Que pensez-vous de la sanction « d'expulsion immédiate de l'agresseur » ?

Texte 2.4.3

Comment reconnaître une victime?

IL POURRAIT S'AGIR DE VOTRE VOISIN, VOTRE SŒUR, VOTRE MÈRE, VOTRE FILLE ...

Bien qu'il existe des hommes victimes de violence conjugale, dans la majorité des cas, la victime est une femme et l'agresseur, son conjoint actuel ou son ex-conjoint.

Les victimes comme les agresseurs ne présentent pas de caractéristiques homogènes. Certaines victimes sont jeunes, d'autres plus âgées. Elles peuvent être scolarisées ou analphabètes et provenir de différents milieux socio-économiques.

La plupart des hommes violents envers leur conjointe ou ex-conjointe ne le sont pas à l'extérieur de leur relation. Ils sont souvent de bons collègues de travail et des voisins sympathiques, ce qui les rend difficiles à identifier. Par contre, en étant un minimum observateur, on peut remarquer certains indices ou relier certains éléments d'information. Par exemple, si une victime proche de vous affiche des blessures comme des ecchymoses, des coupures, des marques ou des cicatrices qui ne peuvent être reliées à des activités courantes de la vie quotidienne, cela mérite que vous vous posiez des questions.

Par ailleurs, si vous êtes un témoin direct de violence conjugale, vous pouvez constater des faits et gestes de la part de l'agresseur. Un conjoint qui critique continuellement sa partenaire comme, par exemple, ses goûts ou ses habiletés, qui dénigre ses relations ou lui interdit carrément de fréquenter sa famille ou ses amis, qui contrôle ses activités ou sa façon de se vêtir, qui se moque de son apparence physique ou de ses performances sexuelles, qui menace de se suicider si elle quitte la relation ou utilise les enfants pour l'atteindre, fait preuve de violence conjugale envers sa conjointe.

PASSEZ À L'ACTE.
FAITES TOMBER LES PRÉJUGÉS.
POUR AIDER LES VICTIMES DE VIOLENCE CONJUGALE À AFFRONTER LEURS CRAINTES ET, PARFOIS, UNE HONTE INJUSTIFIÉE DE VIVRE UNE TELLE SITUATION, NOUS AVONS TOUS LA RESPONSABILITÉ D'ÉCOUTER SANS JUGER, TOUT EN PRENANT POSITION CONTRE L'UTILISATION DE LA VIOLENCE ENVERS QUI QUE CE SOIT.

www.violenceconjugale.gouv.gc.ca/comprendre_reconnaitre.php

Entraînement au travail écrit (NM)

À partir des trois documents sur la violence conjugale, rédigez un texte entre 300 et 400 mots et un préambule de 100 mots.

Voici quelques suggestions de tâches possibles. Reliez chaque tâche à un des objectifs cités.

1 Journal intime/lettre d'une personne qui soupçonne que quelqu'un est victime d'agressions.
2 Appel contre les violences faites aux femmes.
3 Article sur les violences conjugales.
4 Éditorial à l'occasion de la journée de la femme (8 mars).
5 Guide à l'intention des victimes.
6 Déclaration à la police d'une victime ou d'un témoin.

Conseils de l'examinateur

Une fois votre travail écrit complété, vérifiez que vous avez rempli les exigences requises.

Avez-vous :

- rédigé entre 300 et 400 mots ?
- choisi un type de texte spécifique ?
- donné un titre à votre travail écrit ?
- rédigé un préambule de 100 mots qui explique votre tâche, vos objectifs, pourquoi vous avez choisi tel type de texte et quels procédés vous avez utilisés pour atteindre vos objectifs et rendre votre travail convaincant ?
- rédigé votre travail écrit et le préambule à la main ?

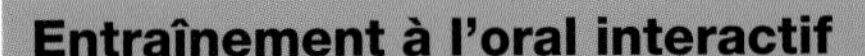

Entraînement à l'oral interactif

Mini débat

Lisez le fait divers suivant. Basez-vous sur les informations fournies, préparez et jouez le procès de l'accusé concerné. Il va vous falloir inventer des détails supplémentaires.

> Fait divers sordide à Bruxelles alors que la justice est appelée à la tolérance zéro dans les affaires de violence conjugale. La police a interpellé samedi un homme d'origine latine dans un café à Anderlecht, suspect d'avoir menacé une femme, de l'avoir forcée à se marier avec lui puis de l'avoir violée et battue. Les deux individus se connaissent et c'est, selon la dernière heure, le patron du café où la jeune maman travaillait qui a permis à la police de mettre la main sur le suspect. Cet homme aurait forcé sa victime à signer des papiers et à se marier avec lui samedi. Lors de l'interpellation, la jeune femme était séquestrée. Elle aurait été violée et battue.
>
> *Advalvas*, le 3 avril 2006

Choix de rôles

- L'accusé
- La victime
- L'avocat de la défense
- L'avocat de l'accusation
- Un(e) témoin en faveur de la victime
- Un(e) témoin en faveur de l'accusé

+ le juge

Pour vous aider . . .

- Répartissez-vous les rôles.
- Mettez-vous d'accord sur certains détails.
- Si vous êtes l'un des avocats ; préparez des questions adaptées.

  Exemple : Quelle est votre relation avec l'accusé/la victime ? Depuis combien de temps connaissez-vous . . . ?
- Si vous êtes l'une des personnes qui va être appelées à la barre pour témoigner et répondre aux questions, anticipez les questions qui pourraient vous être posées.
- Il faut être convaincant.

Zoom vocabulaire

Phrases utiles

appeler un témoin à la barre
témoigner
Votre Honneur
Objection, Votre Honneur !
Objection retenue !
Objection rejetée !
Maître (lorsque l'on s'adresse aux avocats)
Mon cher confrère (un avocat qui s'adresse à un autre avocat)
« Je jure de dire la vérité, toute la vérité et rien que la vérité »
le jury se retire pour délibérer
le jury rend son verdict
coupable ou non coupable
innocent
recevoir une peine de prison
être condamné(e) à une peine de prison de . . . ans
être condamné à la prison à perpétuité

Texte 2.4.4

Gaspare Greco reconnu coupable d'assassinat

Le jury et la cour d'assises l'ont condamné à vingt ans de réclusion criminelle.

Le jury de la cour d'assises du Hainaut a déclaré jeudi Gaspare Greco coupable de l'assassinat de son ex-femme Suzanne Dechamps, le 13 décembre 2004. Après lui avoir tiré deux balles dans la tête, il avait mis le feu à sa maison et retourné ensuite l'arme contre lui.

Aux cinq questions, le jury a répondu par l'affirmative. Greco est donc bel et bien reconnu coupable d'assassinat, d'incendie volontaire en toute connaissance de la présence de ses voisins dans la maison mitoyenne, ainsi que de la détention d'arme de façon illégale.

Lors de sa plaidoirie, Me Smessaert (partie civile) a employé le terme de « froide détermination » pour décrire l'acte de l'accusé, ajoutant que celui-ci avait agi comme un tueur à gages commettant une exécution. Il a décrit la peur dans laquelle vivait Suzanne Dechamps depuis la séparation d'avec son mari. Elle avait une telle crainte de celui qui finirait par la tuer, qu'elle était prête à renoncer à tous ses droits pour « avoir la paix ». Me Smessaert a également insisté sur les violences conjugales infligées par l'accusé à son épouse : physiques, psychologiques et économiques. Il a ensuite montré la double face de Greco, celui que tous ont décrit comme serviable, calme et gentil, mais qui ne voulait rien céder à son ex-femme et a calculé un acte horrible pour être certain qu'elle n'aurait jamais rien.

Préméditation

Le réquisitoire de l'avocat général Olivier Fabri était quant à lui axé sur la culpabilité certaine de l'accusé, pour qui il était inconcevable de payer un centime et de voir sa maison lui être enlevé.

À la défense, Me Alexandra Tielman a tenté de comprendre le cheminement de son client. Elle est revenue sur le partage des biens proposés par l'accusé, qui était pour elle « pas si inéquitable que ça. » Greco avait au départ renoncé à la maison et à son chien (qu'il aimait comme l'enfant qu'il n'a pas eu). Elle a rappelé l'isolement social dans lequel il a vécu durant 16 ans. Son confrère, Me Michel Colmant, a embrayé avec le « choc subi » par l'accusé : « son univers a basculé le 3 décembre 2004 » (jour de l'annonce de la vente de la maison). Pour lui, Greco s'est senti anéanti car il a toujours été persuadé de son honnêteté et de sa droiture dans cette histoire. Il est entré durant toutes ces années dans un processus obsessionnel via lequel il a reporté toutes ses rages et ses peines dans sa maison.

Gaspare Greco s'est excusé une dernière fois avant de tomber dans de longs sanglots bruyants. Après l'annonce du verdict, l'avocat général a demandé une peine de 25 ans de réclusion, si toutefois la cour et le jury prenaient en compte des circonstances atténuantes. Selon lui, la perpétuité, pourtant appliquée dans ce genre de cas, n'est peut-être pas la peine la plus adaptée à l'accusé.

La libre Belgique, le 12 mai 2006

Entraînement à l'oral interactif (NS)

Vous trouvez ci-dessus le compte-rendu d'un procès.

- Lisez le compte-rendu et établissez les faits :
  – du drame.
  – du déroulement du procès.
- Dressez la liste des acteurs de ce procès.
- Relevez les termes clés de l'acte d'accusation qui sont mentionnés dans ce compte-rendu.
- Préparez et jouez ce procès.

NB : Il est possible de faire entrer en scène des témoins supplémentaires. Par exemple des membres de la famille ou des amis de la victime, un psychologue, etc. À vous de décider !
Vous pouvez également décider d'inverser les rôles de victime et coupable (le mari devient la victime) et adapter les informations à la situation choisie.

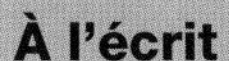

À l'écrit

Choisissez l'une des questions suivantes. Écrivez entre 250 et 400 mots.

1 Vous êtes à la tête du Conseil Étudiant de votre école. Vous décidez de prendre position contre les insultes, railleries et rackets observés tous les jours dans les couloirs. Rédigez le discours que vous allez présenter aux étudiants du lycée lors de la prochaine assemblée.

2 Un(e) élève de votre lycée est constamment la cible de moqueries, commentaires désagréables et blagues douteuses de la part d'un(e) autre élève qui fait ça « pour rire ». Choqué(e) par cette situation, vous décidez d'écrire un courriel à cet/cette élève pour lui faire prendre conscience des conséquences de ses actions.

Pour aller plus loin ...

3 En vous inspirant des détails mentionnés dans le fait divers précédent, rédigez le discours de Me Smessaert, avocat de l'accusation. Présentez les faits et prouvez la culpabilité de l'accusé.

Conseils de l'examinateur

- Structurez vos devoirs. Référez-vous à une liste de connecteurs logiques qui se trouve à la fin du livre pour vous aider.
- Consultez le chapitre 25 pour vous aider dans la rédaction des types de texte.

À l'écrit (NS)

Lisez le texte suivant et réagissez en rédigeant une réponse personnelle qui prendra la forme d'une dissertation. Écrivez entre 150 et 250 mots.

« Battue par son compagnon, elle le tue. Cas de légitime défense ? Innocente ou coupable ? »

Théorie de la connaissance

1 « Selon lui, la perpétuité, pourtant appliquée dans ce genre de cas, n'est peut-être pas la peine la plus adaptée à l'accusé » (tiré du texte « Gaspare Greco reconnu coupable d'assassinat »). Qu'en pensez-vous ? Partagez-vous cet avis ?

2 Quelle serait, selon vous, « la peine la plus adaptée » dans le cas présenté dans le texte « Gaspare Greco reconnu coupable d'assassinat » ? Justifiez votre réponse.

3 Dans certains pays, la peine de mort est encore en vigueur. Êtes-vous pour ou contre la peine de mort ? Justifiez vos arguments.

4 Dans d'autres pays, c'est la loi du Talion qui règne : « un œil pour un œil, une dent pour une dent ». Que pensez-vous de ce genre de justice ?

5 La violence conjugale est un sujet tabou encore aujourd'hui. Pourquoi à votre avis ?

6 Dans certains pays africains comme au Burkina Faso, la violence exercée sur les hommes est une réalité. C'est également un sujet très tabou. Quelles peuvent en être les raisons d'après vous ?

Ressources en ligne
Pour plus d'activités, consultez le site www.pearsonbacconline.com

ENTRAÎNEMENT À L'EXAMEN

FRANÇAIS B – NIVEAU SUPÉRIEUR – ÉPREUVE 1

Mai 2002

TEXTE B

Bisou-Bisou : L'art de la Bise

❶ C'est l'un des gestes les plus courants de la vie quotidienne, mais aussi l'un des plus méconnus. Il obéit à une codification quasi byzantine, et pourtant les règles qui le régissent ne sont pas écrites. Malgré son caractère spontané, l'improvisation y a peu de place. Le baiser – c'est de lui qu'il s'agit – est l'un des rites les plus agréables mais aussi les plus mystérieux qui ponctuent notre existence.

❷ *[– X –]* on est amoureux, on s'embrasse sur la bouche. Cela va de [– 3 –]. Quand on ne [– 4 –] est pas, on se fais des poutous, des becs, des bisous, des bécots, [– 5 –], la bise : c'est beaucoup plus léger, apparemment sans conséquence, et [– 6 –] plus compliqué. [– 7 –], enfin, combien de fois ? Une fois, deux fois, trois fois, quatre fois ?

❸ Si le principe est le même malgré que quelques variantes, toutes les bises ne se ressemblent pas, loin de là. La mécanique ? « Les lèvres apposées sur la peau de l'autre, le mouvement des lèvres qui esquissent le mouvement de mordre réprimé, les dents en retrait, les lèvres écrasées contre la chair de l'autre, dans une humidité également retenue, et dans un bruit de chuintement qui doit, si proche de l'oreille, ravir », explique un vieux dictionnaire.

❹ La réalité est un peu moins clinique et la magie s'en mêle parfois. Ainsi, impossible au jeune Marcel Proust de s'endormir sans le contact des lèvres de sa mère sur sa joue. « Ce baiser précieux et fragile que maman me confiait d'habitude [...] il me fallait le transporter de la salle à manger dans ma chambre et le garder pendant tout le temps que je me déshabillais, sans que se brisât sa douceur, sans que se répandît et s'évaporât sa vertu volatile », raconte le narrateur dans *Du côté de chez Swann*.

❺ Le baiser comme marque d'affection est l'une des « coutumes » observées par David Le Breton, spécialiste de l'anthropologie du corps et auteur du livre *Les passions ordinaires*. Ce qui est intéressant avec la bise, souligne-t-il, c'est qu'elle prend pour support le visage, généralement peu touché par les interactions entre individus. Et la joue, partie du corps sans grand intérêt, devient le siège visible du sentiment. « Les enfants sont l'objet d'innombrables baisers de la part de tous », raconte le sociologue. Le baiser affectueux n'est d'ailleurs pas réservé aux seuls individus. Les animaux domestiques y ont aussi droit.

❻ Le trop-plein de baisers peut agacer, mais leur absence peut provoquer des blessures que le temps n'arrive pas à effacer. « Le baiser légitime l'amour que l'on porte à quelqu'un », affirme Le Breton. « J'ai rencontré des adultes qui, quarante ans plus tard, souffraient encore d'un baiser non prodigué. » Pourtant, vers l'âge de 7 ou 8 ans, les choses basculent. L'enfant prend son autonomie. Il est embarrassé par ces marques de tendresse parfois intempestives.

❼ La bise est aussi la ponctuation qui marque le début ou la fin d'une rencontre. « C'est d'abord un signe d'égalité : on se fait face », analyse le philosophe Gérald Cahen. Un baiser sur le front ou sur une autre partie du visage marque, lui, une certaine supériorité. « Ce qui est frappant aujourd'hui, constate Cahen, c'est que tout le monde embrasse tout le monde. À la génération de nos grands-parents, on n'embrassait pas un adulte à la fin du premier repas pris ensemble. Il y a une démocratisation du baiser, dans une société où on a besoin de recréer des contacts qui manquent. »

TEXTE B – BISOU-BISOU : L'ART DE LA BISE

Répondez aux questions suivantes.

1 Quelle expression du premier paragraphe suggère que les gens s'embrassent souvent ?

....

2 Quels mots du même paragraphe suggèrent que le baiser appartient à un « système organisé » ? *[3 points]*

(a) ....

(b) ....

(c) ....

Ajoutez les mots qui manquent dans le 2e paragraphe et que vous choisirez dans la liste proposée ci-dessous. Un exemple vous est donné. ***Attention :*** *il y a plus de mots que d'espaces et chaque mot ne peut être utilisé qu'une seule fois.*

autant	en	lui	soi
bref	l'	*quand*	tant
car	la	si	tellement

Exemple : *[X] quand*

3 ....

4 ....

5 ....

6 ....

7 ....

Chacune des personnes citées dans ce texte exprime ***deux*** *des idées suivantes. Indiquez ces deux idées dans la case appropriée à droite du nom de la personne à laquelle elles appartiennent. Un exemple vous est donné.* ***Attention :*** *il y a des affirmations qui n'appartiennent à personne.*
[2 points par question]

Exemple : *un dictionnaire*	G	I
8 Marcel Proust		
9 David Le Breton		
10 Gérald Cahen		

A Ne pas être embrassé peut avoir des conséquences durables.
B Je n'aimais pas que l'on m'embrasse quand j'avais huit ans.
C Le baiser sur la joue met les gens au même niveau.
D Je ne voulais pas perdre le plaisir du baiser de maman.
E On s'embrasse davantage aujourd'hui.
F Le baiser de maman me faisait mal.
G Les lèvres semblent vouloir mordre.
H On embrasse beaucoup les enfants.
I Le bruit fait plaisir.
J Ce baiser était fragile.
K Le baiser est une transgression grave.
L Je ne peux pas décrire le baiser de maman.

Répondez à la question suivante ou indiquez dans la case de droite la réponse choisie par une lettre.

11 Quel mot du 6e paragraphe signifie « changeant » ?

....

12 Le but de ce texte est ...

A décrire une coutume bien française.
B encourager une coutume bien française.
C se moquer du baiser.
D parler des traumatismes de l'enfance.

CHAPITRE 3
L'ÉDUCATION EN QUESTION

Objectifs :
- Discuter des droits et des devoirs des lycéens et des profs
- Parler du problème de la violence à l'école
- Aborder le concept d'échec scolaire
- Le plus-que-parfait
- Le subjonctif

Les mots clés de l'unité : l'éducation, l'absentéisme, l'égalité des chances, l'échec scolaire, le soutien scolaire, les règles, le règlement, la discipline, la réussite scolaire, la responsabilité

3.1 À l'école

Texte 

Sondage exclusif
Pèlerin/TNS Sofres/Logica

EN PARTENARIAT AVEC **PHOSPHORE.COM** ET **OKAPI**

Le prof idéal et le prof d'aujourd'hui	Selon vous, un bon prof, c'est surtout quelqu'un qui …	Ces caractéristiques s'appliquent-elles plutôt bien aux professeurs d'aujourd'hui ?
Est attentif aux besoins de chaque élève	65%	30%
Sait instaurer le dialogue avec ses élèves	59%	43%
A de l'autorité	44%	26%
Est enthousiaste, passionné	39%	33%
A des compétences et un savoir pointus dans sa discipline	38%	62%
Est créatif dans sa façon d'enseigner	36%	34%
Est exigeant sur le niveau scolaire	29%	41%
Est disponible avec les parents d'élèves	15%	51%

Pèlerin juillet 2010

À l'oral

1 Regardez les résultats du sondage ci-contre. Qu'en pensez-vous ?
2 Quelles sont, selon vous, les qualités essentielles d'un bon prof ?
3 Vous êtes tous familiers avec le profil de l'apprenant du BI ; rédigez un profil similaire que vous intitulerez : « Le profil de l'enseignant » (choisissez dix adjectifs et explicitez-les à l'aide d'exemples).

Certains profs nous inspirent et nous motivent, d'autres moins. Certains cours nous plaisent et d'autres pas. Préparez une mini présentation d'une ou deux minutes pour la classe qui commencera de la façon suivante : « Je n'oublierai jamais cette leçon. C'est la leçon que j'ai préférée parce que … »

Texte 3.1.2

Droits et devoirs

En plus du règlement interne de votre bahut, il existe, depuis 1991, une liste de droits et de devoirs communs à tous les lycéens.

Vos droits

Le proviseur, vos délégués, le conseil d'administration et le conseil de la vie lycéenne sont les gardiens du respect de ces principes. Sachez que vos droits répondent aux obligations juridiques et aux principes démocratiques régissant le respect et la liberté de chacun.

- **Vous réunir :** tout groupe de lycéens ou toute association peut organiser une réunion.
  - Demandez l'accord du proviseur en l'informant de l'objet de cette réunion, qui ne doit avoir aucun caractère politique, confessionel ou commercial.
  - En cas de refus, le proviseur doit motiver sa décision et la rendre publique par écrit.
- **Publier :** tout lycéen peut créer un journal, rédiger un texte d'information et le diffuser à l'intérieur de l'établissement.
- **Afficher :** tout lycéen peut annoncer une réunion, proposer un service, exprimer une opinion par une affiche.
  - Interdisez-vous injures et atteintes à la vie privée.
  - Présentez vos projets d'affiches au proviseur.
  - Utilisez exclusivement les panneaux qui sont réservés à cet usage.
  - Excluez tout affichage anonyme.
- **S'associer :** tout lycéen peut, dans le lycée, adhérer à une association, voire, s'il est majeur, en créer une.
  - Vous devez rédiger ses statuts et les déposer à la préfecture (conformément à la loi de 1901).
  - Pour faire fonctionner cette association dans le lycée, vous devez présenter votre projet au proviseur, qui le soumettra au conseil d'administration.
  - Les responsables de l'association doivent être majeurs.
  - Informez régulièrement le proviseur et vos représentants, membres du conseil de la vie lycéenne, de vos activités.
- **Élire des représentants :** quelques semaines après la rentrée, vous élisez vos représentants, qui parleront et agiront en votre nom (*voir Délégué*).
- **Demander une aide pour financer un projet :** Il est possible de financer certaines de vos initiatives, grâce au fonds de la vie lycéenne.

Vos devoirs

- **L'assiduité :** Vous devez respecter les horaires définis par l'emploi du temps du lycée.
- **Le travail scolaire :** Vous devez accomplir les travaux écrits et oraux qui vous sont demandés par les enseignants, respecter le contenu des programmes et vous soumettre aux contrôles des connaissances.
- **Les examens de santé :** vous devez vous y présenter.
- **Le respect :** vous êtes tenu(e) de respecter les membres de la communauté scolaire, les biens, bâtiments et matériels. Ce qui proscrit l'injure et la diffamation, l'atteinte à la vie privée et à l'image des personnes. Vous devez aussi respecter les opinions différentes des vôtres et le principe de laïcité. Ce qui interdit les propos ou actions à caractère discriminatoire.
- **Les interdits :** il est interdit de fumer dans l'enceinte du lycée, de consommer ou, pire, d'y vendre de la drogue. Le proviseur peut vous livrer à la justice. Attention, fumer un pétard peut vous valoir 1 an de prison ferme ou 4000€ d'amende …

Phosphore, n° 267, septembre 2003

Entraînement à l'oral interactif

Mini débat

1 En tant que lycéens, vous avez des droits mais aussi des devoirs. Dans tous les établissements scolaires, il y a un règlement interne. Pensez-vous qu'il soit essentiel d'avoir un règlement dans un établissement scolaire ?

Divisez la classe en deux groupes ; ceux qui vont prendre le parti du pour et ceux qui vont prendre le parti du contre. Préparez vos arguments et lancez le débat !

2 Avec un(e) camarade établissez une liste des droits et devoirs des lycéens que vous présenterez au reste de la classe. Il vous faudra justifier vos choix et les défendre.
Comparez ensuite cette liste avec la liste parue dans le magazine *Phosphore*.

Texte 3.1.3

L'obligation scolaire

La scolarité, un droit fondamental

Le droit à l'instruction est un droit fondamental consacré non seulement par la Constitution belge en son article 24, mais également par différents textes internationaux. Ainsi, la Convention du 20 novembre 1989 relative aux droits de l'enfant, ratifiée par la Belgique en 1991, prévoit en son article 28 que les États parties reconnaissent le droit de l'enfant à l'éducation.

En Belgique

En Belgique, l'obligation scolaire porte sur tous les mineurs en âge d'obligation scolaire, domiciliés ou résidant sur le territoire belge, et ce sans distinction de statut (cf. loi du 29 juin 1983 concernant l'obligation scolaire).

Le mineur est soumis à l'obligation scolaire pendant une période de douze années commençant à l'année scolaire qui prend cours dans l'année où il atteint l'âge de **six ans** et se terminant à la fin de l'année scolaire, dans l'année au cours de laquelle il atteint l'âge de **dix-huit ans**.

La période d'obligation scolaire comprend deux parties, une période à temps plein et une période à temps partiel.

La **période d'obligation scolaire à temps plein** s'étend jusqu'à l'âge de 15 ans comprenant au maximum sept années d'enseignement primaire et au minimum les deux premières années de l'enseignement secondaire de plein exercice. Dans tous les cas, l'obligation scolaire à temps plein cesse quand l'élève atteint l'âge de 16 ans.

La **période d'obligation scolaire à temps partiel** s'étend quant à elle jusqu'à la fin de la période d'obligation scolaire. Le jeune soumis à l'obligation scolaire à temps partiel, peut continuer sa scolarité à temps plein ou s'orienter vers d'autres filières :

- l'enseignement secondaire en alternance (CEFA) ;
- une formation reconnue par la Communauté française de Belgique comme répondant aux exigences de l'obligation scolaire. (La formation peut être reconnue comme répondant aux exigences de l'obligation scolaire à temps partiel, sur avis conforme de la Commission instituée par l'article 2 de la loi du 29 juin 1983 concernant l'obligation scolaire, instituée à la Direction générale de l'enseignement obligatoire. Se référer à l'arrêté du Gouvernement de la Communauté française du 24 mai 1995 déterminant la composition et le fonctionnement de la Commission.)

Le respect de l'obligation scolaire

Le respect de l'obligation scolaire incombe aux parents, à la personne investie de l'autorité parentale ou à la personne qui assume la garde en fait du mineur.

Pour y satisfaire ceux-ci doivent :

- veiller à ce que le mineur soit inscrit dans un établissement organisé, subventionné ou reconnu par la Communauté française de Belgique ou remplisse les conditions fixées pour l'enseignement à domicile (cf. lois sur l'enseignement primaire, coordonnées le 20 août 1957, article 8) ;
- veiller à ce que le mineur fréquente régulièrement et assidûment l'établissement où il est inscrit.

www.enseignement.be/index.php?page=24546

Compréhension générale du texte

1 Ce texte est :

- **a** un article de journal
- **b** le texte d'un discours
- **c** un appel
- **d** un extrait d'un texte juridique

2 Quel est le but de ce texte ?

Manipulation du texte

Répondez aux questions suivantes.

1 Dans le paragraphe intitulé « En Belgique » :

- **a** Quel adjectif signifie « qui habitent » ?
- **b** Quel mot décrit une personne qui n'a pas encore atteint la majorité légale ?
- **c** Quel verbe signifie « est astreint à » ?

2 Vrai ou faux ? Justifiez vos réponses.

- **a** En Belgique, il est possible d'arrêter l'école à l'âge de 12 ans.
- **b** Après l'âge de 16 ans en Belgique, il est impossible de continuer son éducation à temps plein.
- **c** Il est interdit d'être scolarisé à la maison.

3 Dans le troisième paragraphe, trouvez deux types de personnes dont la responsabilité est de s'assurer que les enfants vont à l'école.

Texte 

L'absentéisme scolaire est un fléau. En Angleterre, les parents des enfants qui sèchent les cours peuvent se voir contraints à payer une amende ou même se retrouver en prison.

En France, une loi a été votée et depuis juin 2010, les allocations familiales sont désormais supprimées aux parents des enfants décrocheurs.

Il est normal que les parents soient punis pour l'absentéisme de leurs enfants.

Entraînement à l'oral interactif

Mini débat

Vous êtes invité(e) à participer au débat télévisé sur l'absentéisme pour l'émission « La société en question ». Le thème du débat est le suivant : « il est normal que les parents soient punis pour l'absentéisme de leurs enfants ».

Le but du débat est de :

- discuter de la loi votée en 2010 et de la responsabilité légale des parents.
- proposer des solutions pour enrayer le problème de l'absentéisme scolaire.

Choix de rôles

- Le présentateur de l'émission
- Le proviseur d'un lycée
- Un parent d'élève
- Un parent dont l'enfant est un élève décrocheur
- Un élève décrocheur
- Un élève

Conseils de l'examinateur

Pour réussir son oral, il faut . . .

- essayer de prendre la parole le plus souvent possible sans pour autant couper les autres sans arrêt.
- laisser tout le monde s'exprimer.
- écouter ce que les autres disent de façon à pouvoir réagir de manière adéquate et répondre aux arguments avancés.
- poser des questions si on ne comprend pas un argument avancé.
- aider les participants qui ont du mal à prendre la parole en leur posant des questions.
- être convaincant(e) en avançant des arguments pertinents et en les défendant judicieusement.

À l'écrit (NS)

Lisez le thème du débat ci-dessus et réagissez en rédigeant une réponse personnelle qui prendra la forme d'une dissertation. Écrivez entre 150 et 250 mots.

Conseils de l'examinateur

Référez-vous à la section types de texte et « Épreuve 2 (Niveau Supérieur) Section B » (chapitre 25) pour vous aider.

3.2 La violence à l'école

Texte 3.2.1

Reportage

« ICI, TOUT EST UNE LUTTE »

Le collège Jean Perrin, situé non loin de la porte de Montreuil, dans le 20e arrondissement parisien, compte environ 400 élèves. Un établissement de taille modeste, ce qui devrait faciliter un fonctionnement serein. Mais voilà : plus rien n'est facile à Jean Perrin. Pourtant, le collège ne présente aucun trait caractéristique des établissements défaillants. Il est dirigé par une principale appréciée et aucun problème n'est signalé du côté de l'équipe éducative. Mais les conseils de discipline s'**y** multiplient. Peut-on **les** éviter ? Ce serait nier la notion même de sanction. Alors, leur succession rythme l'année.

Le premier conseil, début octobre 2008, était motivé par des vols commis par un élève de 3e dans les vestiaires de sport. Un problème administratif est à l'origine du deuxième. Le troisième avait pour objet une tentative d'agression d'un autre élève de 3e, empêché par des témoins d'asséner un coup de chaise à un camarade. Le quatrième était lié à une agression physique sur une enseignante de français : un élève de 5e **l'**avait coincée contre le tableau, avant de lui jeter des craies à la figure.

Les cinquième et sixième conseils, à l'approche de Noël, étaient dus à une intrusion. Pour comprendre cette affaire, il faut savoir que Jean Perrin compte deux conseillers principaux d'éducation (CPE), un homme et une femme. « La » CPE, voyant pénétrer dans l'établissement un élève exclu pour plusieurs jours, **lui** demande de sortir. L'élève refuse, la prend à partie et tente de lui donner un coup de poing, stoppé in extremis par « le » CPE. L'élève se retourne alors contre celui-ci, le bouscule puis le fait tomber en arrière en le saisissant par les cuisses. Un autre élève a répondu du fait d'avoir, lors du même incident, asséné des coups puis tenté d'étrangler un surveillant qui venait secourir le CPE.

Janvier commence avec un septième conseil, pour « *menaces proférées par un élève à*
30 *l'encontre de plusieurs adultes* », dont la CPE, qui a porté plainte pour être protégée. Juste avant les vacances de février, deux élèves tentent de la pousser dans l'escalier, motivant les huitième et neuvième conseils de discipline, le 5 mars.

Enfin, le 20 mars, c'était le douzième conseil de discipline de l'année au collège Jean Perrin. Le motif de comparution de l'élève ? Avoir frappé « délibérément » une jeune
35 camarade avec une chaise et lui avoir cassé le bras. Outre cette affaire, deux autres élèves comparaissaient. L'un pour « *manquements répétés au règlement intérieur et refus systématique de l'autorité des adultes* », l'autre pour les mêmes motifs, ainsi que des « *menaces et intimidations à l'encontre d'un professeur* ».

Combien d'exclusions définitives, au total ? Les délibérations sont secrètes. Mais
40 chacun sait que les auteurs de violences graves n'y échappent généralement pas.

« Une heure de cours et t'es mort ! Tout est une lutte. Le silence, c'est une lutte. Le travail, c'est une lutte. Faire sortir une feuille, c'est une lutte. »

Luc Cédelle, *Le Monde*, mis à jour le 8 mai 2009

Manipulation du texte

1 Reliez chacun des mots du texte figurant dans la colonne de gauche avec son équivalent qui se trouve dans la colonne de droite.

Attention : il y a plus de mots proposés que de réponses possibles.

a serein (ligne 5)	1 agités
b défaillants (ligne 8)	2 punition
c appréciée (ligne 9)	3 calme
d sanction (ligne 12)	4 détestée
	5 adorée
	6 chancelants
	7 règle
	8 estimée
	9 malmenés

2 Quel mot du deuxième paragraphe signifie l'appropriation de biens par la force et/ou de façon malhonnête ?

3 Trouvez **trois** exemples de comportements qui ont conduit à des conseils de discipline.

4 À la ligne 11, à qui/à quoi se réfère « y » ?

5 À la ligne 11, à qui/à quoi se réfère « les » ?

6 À la ligne 19, à qui/à quoi se réfère « l' » ?

7 À la ligne 23, à qui/à quoi se réfère « lui » ?

8 Parmi les phrases suivantes, **deux** sont conformes aux idées exprimées dans les lignes 1 à 13. Lesquelles ?

a Le collège Jean Perrin se trouve à 20 kilomètres de Paris.
b Le collège Jean Perrin est un établissement en situation d'échec.
c Il y a peu d'incidents problématiques au collège.
d Les enseignants ne sont pas problématiques.
e Plusieurs actes de violence ont entraîné la conduite de conseils de discipline.

Zoom grammaire

Le plus-que-parfait

- Pour une action finie dans le passé avant qu'une autre action ne se produise (dans le passé aussi) : « Un élève de 5e l'**avait coincée** contre le tableau. » (ligne 19)
- Même formule que pour le passé composé mais le temps de l'auxiliaire change : « avoir » ou « être » à l'imparfait + participe passé du verbe
- Mêmes règles que pour le passé composé.

Exemples :

Elle **avait fini** ses devoirs quand ses parents sont rentrés.
Ils **étaient** déjà **partis** quand nous sommes arrivés.

Attention : « l'avait coincée » (ligne 19). Pourquoi y a-t-il un « e » à la fin de « coincé » ?

À l'oral

1. D'après vous, comment expliquer cette montée de la violence à l'école ? Quelles en seraient les causes ?
2. Relevez dans l'article tous les actes de violence commis au collège Jean Perrin. Pour chacun de ces actes, choisissez la sanction qui vous semble la plus appropriée/la mieux adaptée. Argumentez vos décisions.
3. Vous êtes professeur au collège Jean Perrin et vous allez discuter des actes de violence commis par certains élèves et proposer/présenter vos sanctions devant le conseil de discipline du collège. Il va vous falloir être convaincant(e) et justifier vos choix.
   Les autres acteurs de ce conseil de discipline sont :
   - un(e) collègue qui vous soutient
   - un(e) collègue qui s'oppose à vos sanctions
   - le/la CPE qui a été agressé(e)
   - la principale du collège
   - un(e) représentant(e) des élèves
   - un(e) parent d'élèves.

3.3 L'échec scolaire : les élèves problématiques en question

Texte 3.3.1

Chagrin d'école

Donc, j'étais un mauvais élève. Chaque soir de mon enfance, je rentrais à la maison poursuivi par l'école. Mes carnets disaient la réprobation de mes maîtres. Quand je n'étais pas le dernier de ma classe, c'est que j'en étais l'avant-dernier. (Champagne!) Fermé à l'arithmétique ....[1]........., aux mathématiques ....[2]........., profondément dysorthographique, rétif à la mémorisation des dates et à la localisation des lieux géographiques, inapte à l'apprentissage des langues étrangères, réputé paresseux (leçons non apprises, travail non fait), je rapportais à la maison des résultats pitoyables que ne rachetaient ni la musique ni le sport ni ....[3]......... aucune activité parascolaire.

– Tu comprends ? Est-ce que seulement tu comprends ce que je t'explique ?

Je ne comprenais pas. Cette inaptitude à comprendre remontait si loin dans la nuit de mon enfance que la famille avait imaginé une légende pour en dater les origines : mon apprentissage de l'alphabet. J'ai toujours entendu dire qu'il m'avait fallu une année entière pour retenir la lettre a. La lettre a, en un an. Le désert de mon ignorance commençait au-delà de l'infranchissable b.

– Pas de panique, dans vingt-six ans il possédera parfaitement son alphabet.

.........[4]......... ironisait mon père pour distraire ses propres craintes. Bien des années plus tard, comme je redoublais ma terminale à la poursuite d'un baccalauréat qui m'échappait obstinément, il aurait cette formule :

– Ne t'inquiète pas, même pour le bac on finit par acquérir des automatismes ...

Ou, en septembre 1968, ma licence de lettres enfin en poche :

– Il t'aura fallu une révolution pour la licence, doit-on craindre une guerre mondiale pour l'agrégation ?

Cela dit sans méchanceté particulière. C'était notre forme de connivence. Nous avons assez vite choisi de sourire, mon père et moi.

Mais revenons à mes débuts. Dernier-né d'une fratrie de quatre, j'étais un cas d'espèce. Mes parents n'avaient pas eu l'occasion de s'entraîner avec mes aînés dont la scolarité, pour n'être pas exceptionnellement brillante, s'était déroulée sans heurt.

J'étais un objet de stupeur, et de stupeur constante car les années passaient sans apporter la moindre amélioration à mon état d'hébétude scolaire. « Les bras m'en tombent », « Je n'en reviens pas », me sont des exclamations familières, associées à deux yeux d'adulte où je vois bien que mon incapacité à assimiler quoi que ce soit creuse un abîme d'incrédulité.

Apparemment, tout le monde comprenait plus vite que moi.

– Tu es complètement bouché !

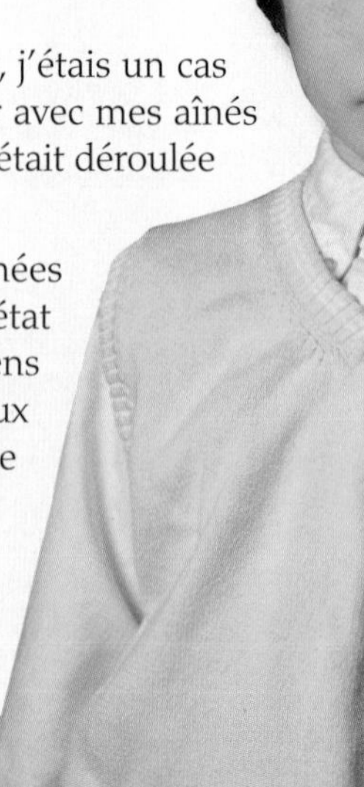

Un après-midi de l'année du bac (une des années du bac), mon père me donnant un cours de trigonométrie dans la pièce qui nous servait de bibliothèque, notre chien se coucha en douce sur le lit, derrière nous. Repéré, il fut sèchement viré :

– Dehors, le chien, dans ton fauteuil !

Cinq minutes plus tard, le chien était de nouveau sur le lit. Il avait juste pris le soin d'aller chercher la vieille couverture qui protégeait son fauteuil et de se coucher sur elle. Admiration générale, bien sûr, et justifiée : qu'un animal pût associer une interdiction à l'idée abstraite de propreté et en tirer la conclusion qu'il fallait faire son lit pour jouir de la compagnie des maîtres, chapeau, évidemment, un authentique raisonnement ! Ce fut un sujet de conversation familiale qui traversa les âges. Personnellement, j'en tirais l'enseignement que même le chien de la maison pigeait plus vite que moi. Je crois bien lui avoir murmuré à l'oreille :

– Demain, c'est toi qui vas au bahut, lèche-cul.

Extrait du *Chagrin d'école* par Daniel Pennac

Manipulation du texte

1 Quel adjectif du premier paragraphe signifie « rebelle » ?

2 Quel adjectif du premier paragraphe signifie « incapable » ?

3 Selon le premier paragraphe :

- **a** le narrateur retenait bien ses leçons
- **b** le narrateur était doué pour les langues étrangères
- **c** les bulletins du narrateur étaient toujours désastreux
- **d** l'école ne causait aucun souci au narrateur

Surfons le net
Faites des recherches sur Daniel Pennac. Pour plus d'informations et pour écouter un autre extrait du livre consultez le site www.pearsonhotlinks.com (*Français B*, lien internet 3.1).

4 Reliez chaque début de phrase à la fin correspondante.

Attention : il y a plus de fins que de débuts et chaque fin ne peut être utilisée qu'une seule fois.

- **a** Le narrateur …
- **b** Le père du narrateur …
- **c** Le narrateur …
- **d** Bien qu'il ne fût qu'un animal, le chien …

1 se moquait souvent des prouesses académiques de son fils.
2 ne comprenait rien à ce que ses maîtres lui disaient.
3 était le cadet de la famille.
4 ne comprenait rien à ce qu'on essayait de lui enseigner.
5 avait beaucoup de succès.
6 allait à l'école avec son maître.
7 était intelligent.
8 était l'aîné de la famille.

5 Quel verbe du dernier paragraphe signifie « comprenait » ?

6 Ajoutez les mots qui manquent dans le texte en les choisissant dans la liste proposée ci-dessous.

Attention : il y a plus de mots que d'espaces et chaque mot ne peut être utilisé qu'une seule fois.

donc	alors	d'ailleurs	bien que	puisqu'
ensuite	néanmoins	ainsi	d'abord	

Texte 3.3.2

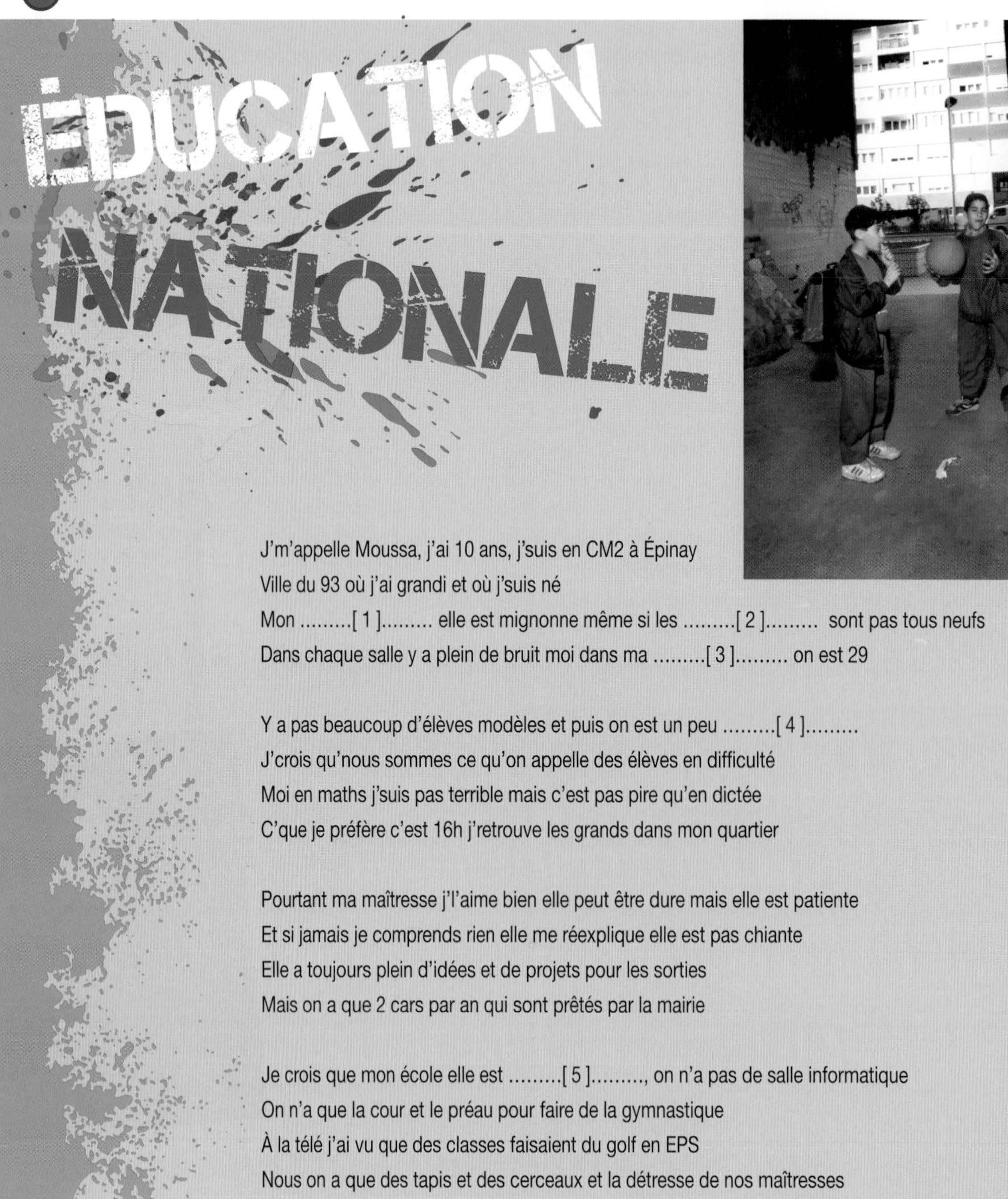

J'm'appelle Moussa, j'ai 10 ans, j'suis en CM2 à Épinay
Ville du 93 où j'ai grandi et où j'suis né
Mon ....[1]......... elle est mignonne même si les ....[2]......... sont pas tous neufs
Dans chaque salle y a plein de bruit moi dans ma ....[3]......... on est 29

Y a pas beaucoup d'élèves modèles et puis on est un peu ....[4].........
J'crois qu'nous sommes ce qu'on appelle des élèves en difficulté
Moi en maths j'suis pas terrible mais c'est pas pire qu'en dictée
C'que je préfère c'est 16h j'retrouve les grands dans mon quartier

Pourtant ma maîtresse j'l'aime bien elle peut être dure mais elle est patiente
Et si jamais je comprends rien elle me réexplique elle est pas chiante
Elle a toujours plein d'idées et de projets pour les sorties
Mais on a que 2 cars par an qui sont prêtés par la mairie

Je crois que mon école elle est ....[5]........., on n'a pas de salle informatique
On n'a que la cour et le préau pour faire de la gymnastique
À la télé j'ai vu que des classes faisaient du golf en EPS
Nous on a que des tapis et des cerceaux et la détresse de nos maîtresses

Alors si tout s'joue à l'école, il est temps d'entendre le SOS
Ne laissons pas s'creuser l'fossé d'un ....[6]......... à deux vitesses
Au milieu des tours y a trop de pions dans le jeu d'échec scolaire
Ne laissons pas nos rois devenir fous dans des défaites spectaculaires

L'enseignement en France va ....[7]......... et personne peut nier la vérité
Les zones d'éducation prioritaires ne sont pas des priorités
Les classes sont ....[8]......... pas comme la paye des ....[9]......... minés
Et on supprime des effectifs dans des écoles déjà en apnées

Au contraire faut rajouter des profs et des autres métiers qui prennent la relève
Dans des quartiers les plus en galère, créer des classes de 15 élèves
Ajouter des postes d'assistants ou d'auxiliaires qui aident aux ....[10].........
Qui connaissent les parents et accompagnent les enfants les plus en retard

L'enseignement en France va mal, l'état ne met pas assez d'argent
Quelques réformes à deux balles pour ne pas voir le plus urgent
Un établissement scolaire sans vrais moyens est impuissant
Comment peut on faire des économies sur l'.........[11]......... de nos enfants

L'enseignement en France va mal car il rend pas les gens ....[12].........
Les plus fragiles tirent l'alarme mais on étouffe leur écho
L'école publique va mal car elle a la tête sous l'eau
Y a pas d'éducation nationale, y a que des moyens de survies locaux

Alors continuons de dire aux p'tit frères que l'école est la solution
Et donnons leur les bons ....[13]......... pour leur avenir car attention
La ....[14]......... scolaire dans certaines zones pourrait rester un mystère
Et l'.........[15]......... des chances un concept de ministère

Alors si tout s'joue à l'école, il est temps d'entendre le SOS
Ne laissons pas s'creuser l'fossé d'un enseignement à deux vitesses
Au milieu des tours il y a trop de pions dans le jeu d'échec scolaire
Ne laissons pas nos rois devenir fous dans des défaites spectaculaires.

J'm'appelle Moussa, j'ai 10 ans, j'suis en CM2 à Épinay
Ville du 93 où j'ai grandi et où j'suis né
C'est pas d'ma faute à moi si j'ai moins de chance d'avoir le bac
C'est simplement parce que j'vis là, que mon avenir est un cul de sac.

Chanson *Éducation nationale* par Grand Corps Malade, 2009

Surfons le net
Allez sur le site www.pearsonhotlinks.com (*Francais B*, lien internet 3.2) et visionnez le clip de la chanson pour vérifier vos réponses.

Manipulation du texte

Remplacez les mots suivants dans le texte :

égaux	surchargées	classe	égalité
pauvre	profs	avenir	murs
dissipés	outils	mal	enseignement
réussite	école	devoirs	

Compréhension générale du texte

1 Dressez une liste de tous les problèmes liés à l'éducation dénoncés dans cette chanson.

2 Pour chaque problème, suggérez un conseil en utilisant le subjonctif.

Point culture
Grand Corps Malade, de son vrai nom Fabien Marsaud. Suite à un accident qui l'empêche de poursuivre une carrière de prof de sport, il se tourne vers l'écriture et rejoint le mouvement slam (sorte de poésie chantée).

Zoom grammaire

Le subjonctif

Le subjonctif présent : Il faut que le gouvernement **agisse** rapidement.

Le subjonctif n'est pas un temps mais un **mode**. Il peut donc s'employer dans un contexte **présent**, **passé** ou **futur**.

- Contexte présent : Il **faut** que j'**apprenne** le subjonctif.
  (présent) (subjonctif)
- Contexte passé : Il **fallait** que j'**apprenne** le subjonctif.
  (imparfait) (subjonctif)
- Contexte futur : Il **faudra** que j'**apprenne** le subjonctif.
  (futur) (subjonctif)

Surfons le net
Consultez le site www.pearsonhotlinks.com (*Français B*, lien internet 3.3) pour plus d'informations sur Grand Corps Malade.

On le forme :

- La forme « ils » du verbe au présent.
- Enlever la terminaison « -ent ».
- Ajouter les terminaisons suivantes :

je	**-e**	nous	-**ions**
tu	-**es**	vous	-**iez**
il/elle/on	-**e**	ils/elles	-**ent**

Exemple : Ils appre**nn**ent. ⟶ Il faut que tu **apprennes** tes leçons.

NB : Pour former les formes « nous » et « vous » du verbe au subjonctif, il est recommandé de se baser sur la forme « nous » du verbe au présent.

Exemple : Nous appre**n**ons. ⟶ Il faut que nous **apprenions** nos leçons.

NB : Il existe bien sûr des exceptions : aller, avoir, être, faire, prendre, savoir, vouloir.

Le subjonctif s'utilise après certains verbes, certaines expressions ou conjonctions.

Surfons le net
Pour plus d'informations sur le subjonctif, consultez le site www.pearsonhotlinks.com (*Français B*, lien internet 3.4).

Grammaire en contexte

Voici une liste de verbes et expressions. Décidez si vous devez utiliser le subjonctif après ces verbes ou expressions.

1 Il est urgent que ...
2 Je pense que ...
3 Je crains que ...
4 Je souhaite que ...
5 Il est impensable que ...
6 Je ne crois pas que ...
7 Je trouve que ...
8 Il est utile de ...
9 Après que ...
10 Bien que ...
11 Il est conseillé de ...
12 J'ai bien peur que ...

Théorie de la connaissance

1 Dans la chanson « Éducation nationale », on parle du concept « d'égalité des chances ». L'école est censée donner les mêmes chances à tous quelle que soit l'origine sociale. Pensez-vous que ce concept soit réaliste et réalisable ? Quels en sont les obstacles ?
2 Quelles sont, selon vous (ou quelles devraient être) les finalités d'une éducation ?
3 Vous avez peut-être été scolarisé dans des pays étrangers. Comparez vos expériences d'enseignement et d'apprentissage. Qu'avez-vous préféré et pourquoi ? Y a-t-il selon vous, un mode ou une méthode d'enseignement idéal(e) ?
4 Réfléchissez à votre expérience d'élève du BI. Que pensez-vous de ce programme d'éducation ? Quels en sont, selon vous, les points forts ? Ce programme est-il pour tous ?
5 Certaines personnes disent que l'éducation manuelle ou artistique est une perte de temps et qu'il est plus important d'apprendre les sujets de base tels que les mathématiques et les sciences plutôt que la musique et les langues étrangères. Partagez-vous cette opinion ?
6 Pour votre programme de BI, vous devez compléter des activités de service à la communauté dans le cadre de votre programme CAS. Ce genre d'activités constitue-t-il une forme d'éducation valide ?
7 Peut-il/devrait-il y avoir un système d'éducation universel ?
8 Comment savons-nous ce que nous savons ? Notre savoir provient-il seulement de l'enseignement dispensé en classe ?
9 Commentez cette citation d'Alexandre Dumas fils :
« Comment se fait-il que, les petits enfants étant si intelligents, la plupart des hommes soient si bêtes ? Ça doit tenir à l'éducation. »
10 D'après Philippe Meirieu, pédagogue français reconnu :
« Ce qui fonde la pédagogie, c'est l'éducation de la liberté. »
Qu'en pensez-vous ?

Entraînement à l'oral interactif

Mini débat

Choisissez l'un des rôles ci-dessous, préparez des arguments et lancez les débats !

Voici des sujets possibles de débats :

- Un système éducatif archaïque à réformer de toute urgence.
- L'internat : une excellente préparation pour la vie à l'université ?
- Un système éducatif égalitaire ?

Choix de rôles

- Un prof
- Un représentant du ministère de l'éducation
- Un interne qui a un copain qui est le sujet de brimades quotidiennes
- Un parent d'élève satisfait du système actuel
- Un parent d'élève qui n'est pas satisfait
- Un jeune de milieu défavorisé

Texte 

Nicolas Sarkozy a assuré qu'il voulait « diviser par 3 », d'ici 2012, le taux d'échec scolaire à la sortie du CM2*.

Il prône un retour à l'enseignement des « fondamentaux » avec un cursus « recentré sur le français et les mathématiques » et des programmes intégrant une « instruction civique et morale ».

*CM2 : Cours Moyen deuxième année, pour des élèves de 10 à 11 ans

France 2 Infos, le 15 février 2008

Les brimades entre élèves

Insultes, racket, jeux dangereux ..., les brimades et harcèlements entre élèves – ou « school bullying » – peuvent fortement perturber les élèves. En France, ces microviolences quotidiennes et leurs conséquences commencent juste à être prises en compte.

Florence Mottot, *Sciences Humaines*, février 2008

Absentéisme scolaire: constat alarmant

En moyenne 5% des collégiens et lycéens s'absentent plus de 4 demi-journées par mois, sans justificatif.

Plus précisément, ce sont un peu plus de 3% des élèves de 3ème et 4ème et entre 1 et 2% des 6ème et 5ème qui sont absentéistes au collège.

La première conséquence est l'interruption répétée du cursus scolaire entraînant des situations d'échec scolaire et d'exclusion puis des sentiments de rejet aggravant encore plus l'absentéisme de l'élève qui souffre.

France examen, Chiffres et statistiques, le 17 décembre 2007

L'INTERNAT – Cadre structurant pour beaucoup d'élèves ne trouvant pas les conditions favorables à leurs études dans leur environnement familial, l'internat peut représenter un atout déterminant pour la réussite scolaire et l'intégration sociale de nombreux enfants et adolescents.

Profs

Seuls face à la violence

Le procès du lycéen qui a poignardé sa professeur met en lumière l'accroissement de la violence contre les enseignants. Ces derniers ne se sentent pas toujours assez soutenus par leur hiérarchie. Justice, police, éducation : la collaboration devrait se renforcer.

Laurence Debril, *L'Express*, le 28 février 2008

En France, l'échec scolaire commence à la maternelle

C'est en Belgique, en France et en Italie que les taux d'enfants scolarisés en maternelle sont les plus élevés. Pourtant, loin de faciliter l'égalité des chances et d'impliquer de meilleures performances, l'enseignement en maternelle est de plus en plus montré du doigt.

Une étude montre qu'en 2006, 20% des Français de 17 ans ne maîtrisaient pas la lecture. Là où le rapport du HCE affirme même que « quatre écoliers sur dix sortent de CM2 avec de graves lacunes », il se trouve que ces (contre-) performances coïncident encore souvent des inégalités sociales en amont. L'école ne servirait donc à rien ?

Chloé Leprince, *Rue 89*, le 4 septembre 2007

Entraînement au travail écrit (NM)

En vous basant sur les trois textes suivants:

- « Ici, tout est une lutte » (page 45)
- « Chagrin d'école » (page 48)
- « Éducation nationale » (page 50)

Rédigez un texte entre 300 et 400 mots et un préambule de 100 mots.

Voici quelques suggestions de tâches possibles :

1 Journal intime d'un élève indiscipliné.
But : exprimer des sentiments face à une situation d'échec et réfléchir à son comportement et/ou aux injustices auxquelles il/elle est confronté(e) tous les jours.

2 Journal intime d'un prof qui travaille dans un lycée où de nombreux élèves sont en situation d'échec scolaire et où la discipline est un problème au quotidien.
But : exprimer ses sentiments face au quotidien (colère, désespoir, lassitude, etc.) et réfléchir à des solutions possibles.

3 Lettre de Moussa au Ministre de l'éducation nationale.
But : expliquer le quotidien d'un élève qui vient d'un milieu défavorisé et demander de l'aide concrète par le biais de suggestions concrètes.

4 Courriel d'un(e) élève discipliné(e) à un(e) élève indiscipliné(e).
But : lui faire prendre conscience de son comportement et de l'impact de ce comportement sur l'élève concerné(e), le reste de la classe et le prof. Suggérer des améliorations.

Conseils de l'examinateur

Une fois votre travail écrit complété, vérifiez que vous avez rempli les exigences requises.

Avez-vous :

- rédigé entre 300 et 400 mots ?
- choisi un type de texte spécifique ?
- donné un titre à votre travail écrit ?
- rédigé un préambule de 100 mots qui explique votre tâche, vos objectifs, pourquoi vous avez choisi tel type de texte et quels procédés vous avez utilisés pour atteindre vos objectifs et rendre votre travail convaincant ?
- rédigé votre travail écrit et le préambule à la main ?
- respecté le registre à adopter (registre informel avec « tu », registre formel avec « vous ») ?

Ressources en ligne
Pour plus d'activités, consultez le site www.pearsonbacconline.com

ENTRAÎNEMENT À L'EXAMEN

FRANÇAIS B – NIVEAU SUPÉRIEUR – ÉPREUVE 1

Novembre 2007

TEXTE A

Contrôle aux portes des collèges et lycées

Une opération nationale de sécurisation des établissements scolaires s'est déroulée hier dans les Alpes-Maritimes.

L'idée : effectuer des contrôles policiers à proximité des collèges et lycées, histoire de rappeler aux potentiels fauteurs de trouble la présence des forces de l'ordre. Présents le matin à l'entrée des cours, les policiers sont revenus en fin de journée : trois ou quatre voitures de police sont garées le long du trottoir ; en sortent des agents qui, par groupes de deux ou trois, interviennent. Leur mission était d'être vigilants sur toutes les infractions au code de la route et de repérer toute présence indésirable dans les parages de l'établissement. Ils ont fait des contrôles de papiers et de sécurité ; ils ont scruté les dealers, guetté les racketteurs et contrôlé les scooters ; ils ont aussi fouillé les sacs des élèves.

« *Je n'ai pas eu de veine* », soupire Arnaud, 17 ans, assis sur son scooter. Il vient de se faire verbaliser pour défaut d'assurance. « *Ils feraient mieux de contrôler les quartiers chauds, là où ça vaut le coup.* »

« *Ça ne sert à rien* », estime Mohamed, en 4e. « *De toute façon, celui qui est contrôlé, il refera la même chose !* »

En effet, les élèves sont circonspects. Si certains jugent l'opération bénéfique, d'autres évoquent « *un coup de publicité* ». Matthieu reste sceptique : « *Cela fait du bien aux parents ; l'objectif est de les rassurer.* » « *C'est bien que les flics soient là ; il y a des personnes qui n'ont rien à faire ici* », note Ornélia, 18 ans. Son amie Caroline, 17 ans, estime également que « *quand on n'a rien à se reprocher, la présence des policiers ne dérange pas.* » Pour Wallid, 16 ans, « *cela ne sert à rien de mettre des policiers partout ; les dealers, en les voyant, ne vont pas venir, c'est sûr ; ce n'est pas en étant là un jour que ça va changer.* »

Un des policiers porte un regard à la fois narquois et approbateur sur sa journée : « *Des contrôles, on en fait toute l'année ! Cette opération est avant tout médiatique. Un proviseur n'attend pas cela pour nous appeler quand il y a des bagarres. Mais de temps en temps, ça fait du bien de rappeler qu'on est là. D'ailleurs, certains s'en réjouissent.* »

Plus de trois cents jeunes gens et jeunes filles ont été contrôlés, ainsi qu'une trentaine de deux-roues. Un lycéen a été trouvé porteur de haschisch. Un autre jeune était en possession d'un couteau caché dans son cartable. Plusieurs cyclomotoristes ont été verbalisés pour engin bruyant, défaut de casque ou d'équipement.

D'après *Nice-Matin*, 7 janvier 2007

SECTION A

TEXTE A – CONTRÔLE AUX PORTES DES COLLÈGES ET LYCÉES

Indiquez dans la case de droite la lettre qui correspond à la réponse correcte.

1 Les contrôles policiers organisés à l'extérieur des établissements scolaires visent …

A les gens qui se comportent mal dans la rue.
B les jeunes qui risquent de faire des actions illégales.
C les chefs d'établissement qui ne respectent pas la loi.
D les véhicules qui sont mal garés.

☐

Répondez aux questions suivantes.

2 À quoi se rapporte « en » dans « en sortent des agents » ? (*ligne 6*)

....

3 D'après le 1er paragraphe, à quoi sert cette opération nationale ?
[2 points]

(a) ....

(b) ....

Certaines des affirmations de la colonne de droite résument les idées des personnes de la colonne de gauche.

Associez chaque personne aux idées qu'elle exprime dans le texte. Indiquez les lettres correspondantes dans les cases. ***Attention :*** *il y a plus d'affirmations que nécessaire. Un exemple vous est donné.*

4 *Arnaud – B [1 point]*

5 Mohamed *[2 points]*

☐ ☐

6 Un policier *[2 points]*

☐ ☐

A Les journaux ne s'intéressent pas à ces opérations.
B *Ce n'est pas mon jour de chance !*
C Notre présence est une chose bénéfique.
D Les proviseurs sont ceux qui exigent des contrôles réguliers.
E Les établissements ont aussi recours à la police à d'autres moments.
F Il serait plus utile de contrôler les quartiers sensibles.
G Même s'il est pris, celui qui a commis une faute ne se gênera pas pour recommencer.
H La présence de la police n'a aucun effet.
I Les bagarres sont une occasion de se réjouir.
J Plus on est contrôlé, plus on a peur.
K Seuls les quartiers chauds sont contrôlés par les forces de l'ordre.

Répondez aux questions suivantes.

7 À quoi ou à qui se rapporte « les » dans « les rassurer » ? (*ligne 19*)

....

8 Quelle expression du 6e paragraphe signifie « absence de » ?

....

CHAPITRE 4
IDENTITÉ NATIONALE ET PATRIOTISME

Objectifs :
- Parler des hymnes nationaux et des symboles identitaires d'un pays
- Aborder les problèmes d'intégration
- La langue comme facteur d'identité
- Aborder le sujet du sacrifice ultime pour un pays

Les mots clés de l'unité : une patrie, une nation, l'identité, la nationalité, l'intégration, les procédures administratives, la fierté, le nationalisme, le sacrifice, le déshonneur

4.1 Des symboles identitaires

Activité interculturelle

Le saviez-vous ?
56 états membres et 19 états observateurs appartiennent à l'Organisation Internationale de la Francophonie (voir aussi page 357 pour en savoir plus).

Connaissez-vous la Francophonie ? Reliez chacun des sept pays francophones suivants à son hymne national, son drapeau et sa situation géographique.

Pays		Hymnes nationaux	
1	la France	**a**	La Marseillaise
2	Haïti	**b**	Une Seule Nuit
3	le Gabon	**c**	La Dessalinienne
4	Monaco	**d**	Le Lion Rouge
5	le Sénégal	**e**	La Concorde
6	la Belgique	**f**	L'hymne Monégasque
7	le Burkina Faso	**g**	La Brabançonne

Situations géographiques

Surfons le net
Pour écouter ces hymnes nationaux et lire les paroles, rendez-vous sur www.pearsonhotlinks.com (*Français B*, lien internet 4.1)

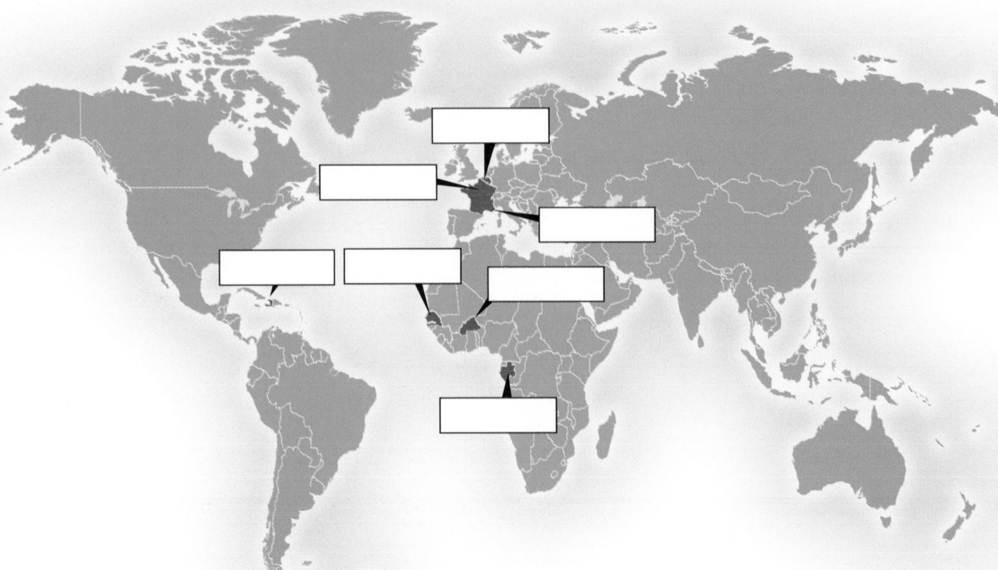

Drapeaux

Activité interculturelle

1 Chaque pays a des emblèmes/des symboles nationaux. Par exemple, le coq est l'emblème de la France ainsi que Marianne. Recherchez les emblèmes et/ou symboles des dix pays francophones suivants :

- le Sénégal
- Madagascar
- le Maroc
- la Tunisie
- l'Algérie
- le Cameroun
- le Congo
- la Suisse
- le Luxembourg
- le Mali

2 On dit souvent que la littérature peut être emblématique d'un pays. Trouvez pour chacun des pays ci-dessus le nom de deux auteurs et de deux œuvres célèbres.

La fête du drapeau au Québec

Le saviez-vous ?
Tous les ans au Québec, au mois de janvier, on célèbre la fête du drapeau. Depuis 1999, l'article 3 de la Loi sur le drapeau et les emblèmes du Québec précise que « le 21 janvier est le jour du drapeau du Québec ».

4.2 Les hymnes nationaux à la loupe

« Pour l'Afrique et pour toi, Mali » a été écrit par Seydou Badian Kouyaté. Cet hymne national a été adopté par la loi 67-72 du 9 août 1962.

Texte 4.2.1

Pour l'Afrique et pour toi, Mali

1 À ton appel Mali
Pour ta prospérité
Fidèle à ton destin
Nous serons tous ....
Un peuple, un but, une foi
Pour une Afrique ....
Si l'ennemi découvre son front
Au dedans ou au dehors
Debout sur les remparts
Nous sommes résolus de mourir

Refrain :
Pour l'Afrique et pour toi, Mali
Notre drapeau sera liberté
Pour l'Afrique et pour toi, Mali
Notre combat sera ....
O Mali d'aujourd'hui
O Mali de demain
Les champs fleurissent d'espérance
Les cours vibrent de confiance

2 L'Afrique se lève enfin
Saluons ce jour nouveau
Saluons la liberté
Marchons vers l'..............
Dignité retrouvée
Soutient notre combat
Fidèle à notre serment
De faire l'Afrique ....
Ensemble debout mes frères
Tous au rendez-vous de l'honneur

3 Debout villes et campagnes
Debout femmes, jeunes et vieux
Pour la patrie en marche
Vers l'avenir radieux
Pour notre dignité
Renforçons bien nos rangs
Pour le salut public
Forgeons le bien commun
Ensemble au coude à coude
Faisons le sentier du bonheur

4 La voie est dure très dure
Qui mène au bonheur commun
Courage et dévouement
Vigilance à tout moment
Vérité des temps anciens
Vérité de tous les jours
Le bonheur par le labeur
Fera le Mali de demain

Compréhension générale du texte

1 Associez chacun des résumés ci-dessous au couplet correspondant.

- **a** un pays unifié et soudé
- **b** un parcours difficile mais qui en vaut la peine
- **c** fraternité et entraide
- **d** patriotisme : se battre pour son pays

2 Quel mot et ses dérivés ont été enlevés de la chanson d'après vous ?

- **a** fiers / fière / fierté
- **b** audacieux / audacieuse / audace
- **c** unis / unie / unité
- **d** égaux / égale / égalité

À l'oral

1. Qu'est-ce qui constitue un bon hymne national tant au niveau linguistique qu'au niveau musical ? Quelles valeurs doit-il accentuer ?
2. Le patriotisme d'un hymne national peut-il être perçu comme exclusif pour les communautés étrangères qui composent la population ?
3. Dans quelle mesure est-ce que connaître son hymne national est important pour les jeunes ?

À l'écrit

Vous venez d'apprendre que le gouvernement de votre pays envisage de changer votre hymne national pour mieux refléter le caractère multiculturel de votre pays. Vous décidez d'écrire une lettre à vos dirigeants dans laquelle vous exprimez vos opinions. Rédigez entre 250 et 400 mots.

4.3 Les facteurs de l'identité nationale

Texte 4.3.1

Lisez le témoignage suivant.

TÉMOIGNAGE

À partir de quand devient-on citoyen de plein droit ?

Nous sommes le 22 octobre 2008. Un jeune homme de 18 ans, né en France de parents français, muni d'une carte d'identité valide, d'un passeport émis en 2004 dans une mairie française, d'un extrait d'acte de naissance se présente dans la mairie de la commune où il vit pour renouveler son passeport car il doit rendre visite à ses parents aux États-Unis.

Là, une employée municipale agit selon « sa pratique » de la loi et lui demande un certificat de nationalité de ses deux parents.

Pourquoi me direz-vous ?

Le père est né à Madagascar, Diego-Suarez devient ainsi un lieu de naissance suspect ; si le père était né à Washington, lui aurait-on réclamé une quelconque pièce justificative ?

La mère a obtenu la nationalité française, par décret de naturalisation, elle a elle-même fourni toutes les pièces justificatives, suivi scrupuleusement le processus requis pour une telle obtention.

Combien de générations devront subir ce type de brimade, devront se justifier sans cesse ?
Quand devient-on français de plein droit ?

Ana Paula Costa Da Silva Paiva, *rue 89*, le 24 octobre 2008

À l'oral

1 Que vous inspire ce fait divers ?
2 Pensez-vous que la demande de justification soit justifiée ou est-ce une forme de discrimination selon vous ? Justifiez votre réponse.
3 Dans certains pays comme la France ou le Québec, les étrangers souhaitant obtenir la nationalité du pays doivent passer des tests de citoyenneté et répondre à des questions spécifiques concernant le pays. Qu'en pensez-vous ?
4 Pensez-vous que l'obtention d'une pièce d'identité ou de la nationalité soit suffisante pour devenir citoyen à part entière d'un pays ?
5 Un bout de papier (carte d'identité, etc.) peut-il définir notre identité et notre appartenance à une identité nationale ?
6 Un simple document administratif tel qu'un passeport ou un visa devrait-il avoir le pouvoir d'octroyer ou de refuser l'entrée dans un pays ?

Voici le formulaire de Madame Bâ tiré du livre *Madame Bâ* d'Érik Orsenna.

Dans ce livre, Madame Bâ, originaire du Mali, pour retrouver son petit-fils préféré qui a disparu en France avalé par l'ogre du football, présente une demande de visa. On la lui refuse. Alors elle s'adresse au Président de la République Française. Une à une, elle répond scrupuleusement à toutes les questions posées par le formulaire officiel 13-0021. Mais nul n'a jamais pu enfermer Madame Bâ dans un cadre.

Texte 

RÉPUBLIQUE FRANÇAISE **MINISTÈRE DES AFFAIRES ÉTRANGÈRES** **FORMULAIRE DE DEMANDE DE VISA DE COURT SÉJOUR/TRANSIT**	**RÉSERVÉE À L'ADMINISTRATION**
CACHET DU POSTE EMPLACEMENT DU TALON	
1. NOM BÂ	
2. AUTRES NOMS DYUMASI	DATE D'INTRODUCTION DE LA DEMANDE
3. PRÉNOM(S) Marguerite 4. SEXE M F X	AGENT(S) TRAITANT LA DEMANDE
5. DATE ET LIEU DE NAISSANCE 10 08 47 À Kayes 6. PAYS Mali	JUSTIFICATIFS PRÉSENTÉS
7. NATIONALITÉ(S) ACTUELLE(S) Malienne NATIONALITÉ D'ORIGINE Malienne 8. SITUATION DE FAMILLE CÉLIBATAIRE MARIÉ(E) X SÉPARÉ(E) DIVORCÉ(E) VEUF(VE) CONJOINT NOM BÂ PRENOM(S) Balewell Gueladio DATE ET LIEU DE NAISSANCE 16 12 37 À Djenné NATIONALITÉ Malienne ENFANTS : NOM, PRÉNOM, ADRESSE (SI DIFFÉRENTE DE CELLE DU DEMANDEUR) ET NATIONALITÉ DE L'AUTORITÉ PARENTALE/DU TUTEUR LÉGAL	**DÉCISION DU POSTE** REJET La requérante est connue des services de police. Militante perpétuelle.
Mme Bâ voyagera seule	Menace pour l'ordre public si acceptée en France.
NOM ET PRÉNOMS DES PARENTS	
9. NATURE DE PASSEPORT OU DU DOCUMENT DE VOYAGE PASSEPORT ORDINAIRE X AUTRE DOCUMENT NUMÉRO 90115 212A DÉLIVRÉ PAR Préfecture de Kayes DATE DE DÉLIVÉRANCE 05 03 98 DATE D'EXPIRATION 05 03 03	CARACTÉRISTIQUES DU VISA DÉLIVRÉ A VTA B Transit C Court séjour
10. ADRESSE PERMANENTE 25, rue Madgebourg – Kayes	
11. PROFESSION Institutrice, inspectrice de l'Éducation nationale	
12. EMPLOYEUR Ministère de l'Éducation nationale, Bamako, Mali	
13. ADRESSE PROFESSIONNELLE Rectorat de Kayes	

Point culture
Érik Orsenna (1947–) : écrivain contemporain français et membre de l'Académie française.
Œuvres les plus célèbres :

- *La grammaire est une chanson douce*
- *Madame Bâ*

À l'écrit (NS)

Voici un extrait de la lettre de Madame Bâ au Président. Réagissez aux questions qu'elle pose sur un blog traitant de la question de la citoyenneté. Écrivez entre 150 et 250 mots.

> *« Que sauriez vous de moi si je me contentais de l'état civil et de sa maigre exactitude ? Il vous manquerait l'essentiel, ma relation familiale avec le patriarche Abraham, les pouvoirs nyama de ma caste des Nomous, les folies incontrôlables de mon fleuve Sénégal et bien d'autres révélations propres à vous éclairer sur la nature véritable de cette Africaine qui se présente à vous, fille, femme, mère et grand-mère. Comment sans me connaître, pouvez-vous décider de me fermer ou de m'ouvrir les portes de la France ? La vie est une, Monsieur. Qui la découpe en trop petits morceaux n'en peut saisir le visage. Qui sait du désert celui qui ne regarde qu'un grain de sable ? »*

Extrait de *Madame Bâ* par Érik Orsenna

La langue facteur d'identité nationale

Entraînement à l'oral interactif

Regardez la photo qui se trouve ci-dessous.

1 Quels problèmes met-elle en valeur ?

1 wallon
\+ 1 flamande
= 2 BELGES
QUE VIVE La BELGIQUE

2 « La langue peut être un facteur d'identité et rapprocher des peuples, mais la langue peut également être un facteur de division. » De quelle(s) façon(s) ?
Comment expliqueriez-vous cette ambiguïté ?
Avez-vous des exemples concrets où la langue est un facteur d'unité ou de discorde ?

Lisez le témoignage suivant.

Texte 4.3.3

Mon pays, c'est la langue

Une histoire d'amour racontée par Stella Baruk

« Je suis née à Yezd, en Iran, par le plus grand des hasards : mes parents – mon père venait de Turquie, ma mère de Palestine –, instituteurs formés en France par l'Alliance israélite, avaient été nommés dans cette petite ville des hauts plateaux. Grâce à l'œuvre extraordinaire de l'Alliance, on pouvait entendre des petits enfants réciter *le Corbeau et le Renard* dans les lieux les plus improbables du monde entier. Mes parents, mon petit frère et moi, longtemps réduits à nous quatre, n'étions enracinés nulle part. Les liens que nous formions sur place étaient éphémères, puisque nous avons bientôt quitté l'Iran pour nous installer en Syrie, puis au Liban. C'est pourquoi mon véritable lieu de naissance, le seul qui m'ait constituée, le seul à garder une permanence face aux hasards ou aux changements, c'est le français.

Quand, vers 10 ans, une petite française m'a assené que, moi, je n'étais pas française – ce qui, administrativement, était vrai –, je suis restée stupéfaite, et bouleversée: que pouvais-je bien être d'autre ? Mon identité, c'était la langue que je parlais ; cette langue c'était le français, et le français c'était la France. Par extraordinaire, je n'avais jamais perçu, chez mes parents, un hiatus, une distance qui m'auraient incitée à imaginer autre chose. Pourtant, pour eux, le français avait dû correspondre à un déracinement. Mais ils me l'ont transmis avec l'intensité particulière d'amour qu'on éprouve pour une langue conquise, tout en faisant de lui ma langue maternelle, la seule que nous parlions à la maison. Or mes parents utilisaient, au quotidien, la langue du grand siècle, superbe, classique.

Chaque phrase avait un début et une fin, la syntaxe était irréprochable, le vocabulaire très étendu. Quand je me suis installée en France, à la fin des années 1950, les gens se retournaient en m'entendant demander une baguette dans une boulangerie. « *Tu parles toujours comme ça ?* », m'avait demandé une amie, sidérée... Alors, j'ai dû apprendre le français de France, truffé de « bof », et de toutes sortes d'approximations ...

Je crois que c'est cette relation familiale à une langue, objet de savoir et d'amour, qui a inspiré la problématique de mon travail. Sans elle, je n'aurais jamais développé une telle attention à la langue mathématique, aux moyens de la faire comprendre, et je n'aurais jamais consacré quatorze années de ma vie à la rédaction d'un dictionnaire de mathématiques. En tant que pédagogue, je rejette l'idée selon laquelle on suscite des confusions dans l'esprit de l'enfant en lui apprenant trop tôt trop de vocabulaire. Privés de matériaux et d'outils linguistiques, les enfants ne peuvent bâtir leur pensée. On ne possède jamais trop de mots. Il n'est jamais trop tôt pour apprendre à les aimer. »

Propos recueillis par Marianne Dubertret.

La Vie, le 16 mars 2006

Manipulation du texte

1 Répondez aux questions suivantes.

a Quel métier exerçaient les parents de Stella ?

b Qui permettait aux enfants d'apprendre les fables de La Fontaine ?

c Quel adjectif du premier paragraphe signifie « passagers » ?

d Quel adjectif du deuxième paragraphe signifie « stupéfaite » ?

2 En vous basant sur le texte, complétez le tableau suivant. Indiquez à qui ou à quoi se rapportent les mots en gras.

Dans la phrase ...	le mot ...	se rapporte à ...
a Mais ils me **l'**ont transmis avec l'intensité particulière d'amour. (2e paragraphe)	« l' »	
b Sans **elle**, je n'aurais jamais développé une telle attention à la langue. (3e paragraphe)	« elle »	
c Il n'est jamais trop tôt pour apprendre à **les** aimer. (fin du 3e paragraphe)	« les »	

À l'oral

Tout comme Stella Baruk, l'écrivain français Jean-Marie Gustave Le Clézio, prix Nobel de littérature 2008, écrit : « La langue française est mon seul pays, le seul lieu où j'habite ».

Comment une langue peut-elle être « le pays » d'une personne. Expliquez. Donnez des exemples tirés de votre propre expérience.

Texte 

Minorités, laïcité et identité nationale : le débat continue au Québec

(De Montréal) Un peu à l'image de la commission Stasi sur la laïcité en France, le Québec s'est penché sur ses « accommodements raisonnables » avec la commission Bouchard-Taylor. Au menu du rapport final, déposé jeudi : immigration, laïcité, interculturalisme et identité québécoise.

Les recommandations

Une fois le problème analysé et le cadre de référence établi, le rapport formule 37 recommandations. Parmi les principales, notons :

- ***Sur la laïcité*** : que le gouvernement produise un livre blanc sur la laïcité, afin de définir précisément l'acception de cette notion au Québec et d'en faire un principe quasi constitutionnel (« comme en France »). Ils recommandent l'interdiction du port de signes religieux pour des fonctions publiques qui exigent un droit de réserve (magistrats, policiers, président de l'Assemblée nationale, etc.), mais pas pour les enseignants, fonctionnaires, professionnels de la santé et autres agents de l'État ;
- ***Sur l'interculturalisme*** : que l'État promeuve l'interculturalisme, notamment par l'adoption d'une loi ou d'un énoncé de principe en ce sens et des programmes d'action intercommunautaires (parrainage, etc.) ;
- ***Sur les inégalités et les discriminations*** : que l'État s'emploie à mieux connaître et combattre les diverses formes de racisme, notamment en interdisant l'incitation publique à la discrimination ;
- ***Sur l'intégration des immigrants*** : que l'État intensifie ses efforts de francisation, la régionalisation de l'immigration (la majorité des immigrants choisissant Montréal comme lieu de vie) et les mesures pour reconnaître les diplômes acquis à l'étranger. Sur ce dernier point, la commission recommande la mise sur pied d'une commission d'enquête sur les pratiques des ordres professionnels ;
- ***Sur l'apprentissage de la diversité*** : que l'État octroie plus de moyens aux organismes de protection de la population et ceux chargés de l'accueil et de l'intégration des immigrants.

Florent Daudens, *Rue 89*, le 25 mai 2008, adapté

À l'écrit

1 Pour chacune des recommandations ci-contre, proposez deux actions concrètes que le gouvernement devrait mettre en place. Un exemple vous est donné.

Sur la laïcité	**a** .... **b** ....
Sur l'interculturalisme	**a** .... **b** ....
Sur les inégalités et les discriminations	**a** .... **b** ....
Sur l'intégration des immigrants	**a** .... **b** ....
Sur l'apprentissage de la diversité	**a** Les établissements scolaires devraient célébrer les fêtes nationales et coutumes des différents élèves qui composent les classes afin de représenter les différentes cultures et d'éduquer les enfants à la tolérance. **b** ....

2 Lisez maintenant les propositions du gouvernement québécois. Comparez-les aux vôtres. Qu'en pensez-vous ?

Texte 4.3.5

Les réactions

La réaction la plus attendue était celle du Premier ministre, puisqu'il avait ordonné la tenue de cette commission. Jean Charest y est allé d'une déclaration devant l'Assemblée nationale, précisant notamment que :

« L'immigration n'est pas un droit. Immigrer au Québec, c'est un privilège. Et l'accueil des immigrants, pour tous les Québécois, est une responsabilité. »

Il a annoncé, dans la foulée, plusieurs mesures :

- Un renforcement de la francisation avant l'arrivée des immigrants ;
- Une déclaration signée par laquelle les candidats à l'immigration s'engageront à adhérer aux valeurs communes de notre société ;
- Un mécanisme qui aidera les décideurs à traiter les questions d'accommodement dans le respect de la laïcité de nos institutions ;
- Un appel aux parlementaires pour collaborer à l'adoption du projet de loi 63 qui vise à amender la Charte des droits et libertés pour affirmer l'égalité des femmes et des hommes ;
- La présentation d'une motion de principes, adoptée à l'unanimité par les députés, qui rejette du même coup l'une des recommandations du rapport : le retrait du crucifix au-dessus du siège du Président de l'Assemblée nationale pour le mettre dans un lieu à valeur patrimoniale. Ce symbole avait suscité bien des discussions auparavant.

Florent Daudens, *Rue 89*, le 25 mai 2008, adapté

Entraînement à l'oral interactif

Mini débat

En vous basant sur le texte sur l'identité nationale au Québec, argumentez avec un(e) camarade. Les « réactions » du gouvernement québecois vont-elles intégrer davantage les étrangers au pays ou vont-elles plutôt décourager l'immigration? Discutez de la meilleure façon d'intégrer les étrangers dans un pays.

Vous pouvez aussi tenir ce débat à plusieurs. Les rôles suivants peuvent alors être adoptés.

Choix de rôles

- Un membre représentatif du gouvernement.
- Un étranger qui vit dans le pays depuis longtemps.
- Un étranger qui voudrait s'installer dans le pays.
- Un autochtone.
- Une personne raciste.

Conseils de l'examinateur

Préparez une liste d'arguments avant de vous lancer dans le débat. Essayez d'anticiper les arguments de vos « adversaires ». Soyez actif/active !

4.4 Mourir pour son pays, sa patrie

Lorsqu'un pays est en guerre avec un autre pays, beaucoup de citoyens s'engagent pour défendre l'honneur de leur patrie et accomplissent des actes de patriotisme.

À l'oral

Quel(s) types d'actes patriotiques est-il possible d'accomplir pour sa patrie ? Considérez les situations suivantes et donnez des exemples concrets :

- Dans la vie de tous les jours.
- Si vous êtes un étranger qui vit dans un pays étranger.
- Le jour de la commémoration d'un événement historique.
- En temps de guerre.

Point culture

Henri Fertet (1926–1943) était un résistant français. Au cours de l'été 1942, il rejoint un groupe de résistants. Sous le matricule Émile-702, il participe à la prise d'un dépôt d'explosifs, à la destruction d'un pylône à haute tension et à l'attaque d'un commissaire des douanes allemand. Il est arrêté début juillet 1943. Il est ensuite torturé et emprisonné avant d'être fusillé par les autorités allemandes. Il avait 16 ans.

Vous lisez ci-contre la lettre d'Henri Fertet, jeune résistant face à l'occupation allemande pendant la Deuxième Guerre mondiale en France. Il rédige cette lettre alors qu'il est sur le point d'être fusillé.

Texte 4.4.1

Besançon, prison de la Butte (Doubs)
26 septembre 1943

Chers parents,

Ma lettre va vous causer une grande peine, mais je vous ai vu si pleins de courage que, je n'en doute pas, vous voudrez bien encore le garder, ne serait-ce que par amour pour moi.

Vous ne pouvez savoir ce que moralement j'ai souffert dans ma cellule, [ce] que j'ai souffert de ne plus vous voir, de ne plus sentir sur moi votre tendre sollicitude que de loin, pendant ces quatre-vingt-sept jours de cellule, votre amour m'a manqué plus que vos colis et, souvent, je vous ai demandé de me pardonner le mal que je vous ai fait, tout le mal que je vous ai fait. Vous ne pouvez douter de ce que je vous aime aujourd'hui, car avant, je vous aimais par routine plutôt mais, maintenant, je comprends tout ce que vous avez fait pour moi. Je crois être arrivé à l'amour filial véritable, au vrai amour filial. Peut-être, après la guerre, un camarade parlera-t-il de moi, de cet amour que je lui ai communiqué ; j'espère qu'il ne faillira point à cette mission désormais sacrée.

Remerciez toutes les personnes qui se sont intéressées à moi, et particulièrement mes plus proches parents et amis, dites-leur toute ma confiance en la France éternelle. Embrassez très fort mes grands-parents, mes oncles, mes tantes et cousins, Henriette. Dites à M. le Curé que je pense aussi particulièrement à lui et aux siens. Je remercie Monseigneur du grand honneur qu'il m'a fait, honneur dont, je crois, je me suis montré digne.

Je salue aussi en tombant mes camarades du lycée. À ce propos, Hennemay me doit un paquet de cigarettes, Jacquin, mon livre sur les hommes préhistoriques. Rendez le « Comte de Monte-Cristo » à Emeurgeon, 3, chemin Français, derrière la gare. Donnez à Maurice Andrey de La Maltournée, 40 grammes de tabac que je lui dois. Je lègue ma petite bibliothèque à Pierre, mes livres de classe à mon cher Papa, mes collections à ma chère Maman, mais qu'elle se méfie de la hache préhistorique et du fourreau d'épée gaulois.

Je meurs pour ma patrie, je veux une France libre et des Français heureux, non pas une France orgueilleuse et première nation du monde, mais une France travailleuse, laborieuse et honnête. Que les Français soient heureux, voilà l'essentiel. Dans la vie, il faut savoir cueillir le bonheur. Pour moi, ne vous faites pas de soucis, je garde mon courage et ma belle humeur jusqu'au bout et je chanterai « Sambre et Meuse » parce que c'est toi, ma chère petite Maman, qui me l'a appris. Avec Pierre, soyez sévères et tendres. Vérifiez son travail et forcez-le à travailler. N'admettez pas de négligence. Il doit se montrer digne de moi. Sur les « trois petits nègres », il en reste un. Il doit réussir.

Les soldats viennent me chercher. Je hâte le pas. Mon écriture est peut-être tremblée, mais c'est parce que j'ai un petit crayon. Je n'ai pas peur de la mort, j'ai la conscience tellement tranquille. Papa, je t'en supplie, prie, songe que si je meurs, c'est pour mon bien. Quelle mort sera plus honorable pour moi ?

Je meurs volontairement pour ma Patrie. Nous nous retrouverons bientôt tous les quatre, bientôt au ciel. Qu'est-ce que cent ans ? Maman rappelle-toi :

« Et ces vengeurs auront de nouveaux défenseurs qui, après leur mort, auront des successeurs. »

Adieu, la mort m'appelle, je ne veux ni bandeau, ni être attaché. Je vous embrasse tous. C'est dur quand même de mourir.

Un condamné à mort de 16 ans.

H. Fertet. (Excusez les fautes d'orthographe, pas le temps de relire.)

Expéditeur: Monsieur Henri Fertet,

Au ciel, près de Dieu.

Itinéraires de citoyenneté

Manipulation du texte

1 Où se trouve Henri lorsqu'il écrit cette lettre ?

2 Citez l'une des raisons de la souffrance d'Henri pendant son incarcération ?

3 Quel verbe du deuxième paragraphe signifie « manquer à/négliger » ?

4 Quel verbe du quatrième paragraphe signifie « faire don de » ?

5 Quel verbe du quatrième paragraphe signifie « faire attention » ?

6 Qui est Pierre ?

7 Que faisait Henri avant la guerre ?

8 D'après le cinquième paragraphe, citez deux des raisons qui ont conduit Henri à commettre des actes de patriotisme.

9 Henri regrette-t-il les choses qu'il a faites avant de mourir ?

10 Pourquoi n'a-t-il pas le temps de relire sa lettre ?

11 En vous basant sur le texte, complétez le tableau suivant. Indiquez à qui ou à quoi se rapportent les mots en gras.

Dans la phrase ...	le mot ...	se rapporte à
a Vous voudrez bien encore **le** garder. (1er paragraphe)	« le »	
b J'ai souffert de ne plus **vous** voir. (2e paragraphe)	« vous »	
c Cet amour que je **lui** ai communiqué. (2e paragraphe)	« lui »	

12 Parmi les phrases suivantes, **cinq** résument les idées exprimées dans la lettre d'Henri. Lesquelles ?

a Cette lettre ne va rendre personne malheureux.
b Son internement a été difficile pour lui, surtout moralement.
c Les colis de ses parents lui ont manqué plus que tout.
d Pendant son séjour en prison, il s'est rendu compte de l'amour qu'il avait pour ses parents.
e Il a perdu tout espoir en la France.
f Il énumère les objets que ses camardes lui doivent et ceux qu'il doit rendre à certains copains.
g Il donne tous ses livres à son père.
h Il meurt pour sa famille.
i Pour lui, le plus important semble être le bonheur des Français.
j Il veut que Pierre s'amuse le plus possible et profite de la vie.
k Il est terrifié à l'idée de mourir.
l Il ne perd pas son honneur et est courageux jusqu'au bout.

Zoom grammaire

Henri s'excuse car il pense avoir fait des fautes d'orthographe. Il en fait une à la première ligne de sa lettre : « Je vous ai vu si pleins de courage. »

Pouvez-vous identifier l'erreur et expliquez la règle de grammaire appropriée ?

À l'oral

Henri Fertet a fait le sacrifice ultime, celui de sa vie, pour défendre son pays. Seriez-vous prêt(e) à mourir pour l'honneur de votre patrie ? Seriez-vous prêt(e) à le faire à 16 ans? Expliquez.

À l'écrit

Choisissez l'un des sujets suivants. Écrivez entre 250 et 400 mots.

1. Vous êtes un jeune qui refuse de mettre sa vie en arrêt pour se battre pour sa patrie. Vous prononcez un discours devant les jeunes de votre village pour les inciter à écrire au gouvernement français afin de le convaincre du besoin de miser sur la paix.
2. Vous êtes un jeune résistant qui se bat pour défendre l'honneur de la France. Vous rédigez un tract qui a pour but d'inciter les jeunes à rejoindre votre mouvement et agir pour la résistance.

Se battre et mourir pour son pays ... une reconnaissance bien tardive !

Texte 4.4.2

Le saviez-vous?

France – Deuxième Guerre mondiale : occupation allemande.

Appel à la résistance : lancé par Le général De Gaulle depuis Londres en 1940.

Armée française : continue à se battre et fait appel aux soldats des colonies françaises (Algérie, Maroc, Sénégal, etc.) qui se battent pour la France, la Mère Patrie aux côtés des soldats français autochtones.

Fin de la guerre : les soldats français ayant combattu pour la France en âge de retraite se voient indemnisés pour leur contribution pendant la guerre. Les soldats français originaires des anciennes colonies, les « indigènes », ne reçoivent pas les mêmes pensions et/ou indemnisation.

2006 : sortie en salle de film « Indigènes » de Rachid Bouchareb qui met en valeur la contribution des soldats issus des anciennes colonies pendant la Seconde Guerre mondiale et souligne le problème inhérent aux inégalités d'indemnisation après la guerre.

2007 : une revalorisation des retraites et pensions des soldats originaires des anciennes colonies est enfin à l'ordre du jour.

Thèmes : inégalité – discrimination – injustice – colonisation – parité

Une scène du film « Indigènes »

Texte 4.4.3

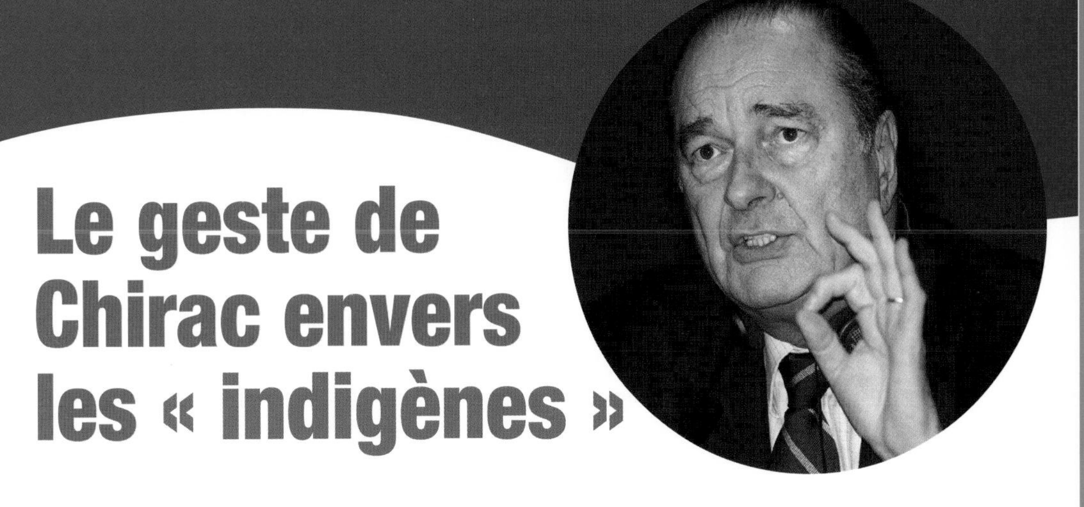

Le geste de Chirac envers les « indigènes »

La revalorisation des pensions des anciens combattants des ex-colonies sera appliquée dès 2007, pour un coût global de 110 millions d'euros par an.

Le président de la République s'était engagé le 14 juillet à annuler le gel du montant des pensions des anciens combattants des colonies. Ce mercredi, il a tenu ses promesses en faisant annoncer par Hamlaoui Mekachéra, que les anciens combattants des colonies allaient percevoir les mêmes pensions que les Français. « *Il n'y aura plus de différences dans ces deux prestations que sont les retraites du combattant et la pension militaire d'invalidité entre les combattants de ces pays (des ex-colonies françaises) et les nationaux français* », a déclaré le ministre des Anciens Combattants à la sortie du Conseil des ministres.

La revalorisation des pensions des anciens combattants des ex-colonies sera appliquée dès 2007, pour un coût global de 110 millions d'euros par an. « *Ils percevront exactement en euros ce que perçoivent les nationaux français* », a-t-il ajouté. Interrogé sur un rattrapage dans le versement des pensions, gelées depuis 1959, Hamlaoui Mékachéra a affirmé que « *ce n'est pas d'actualité pour l'instant* ».

« Nous savons ce que nous leur devons »

Quelques 80 000 anciens combattants de l'armée française de nationalité étrangère, essentiellement d'Afrique noire et du Maghreb, sont concernés par cette mesure de revalorisation des pensions.

Jacques Chirac a déclaré mercredi que cette mise à niveau constituait « *un acte de justice et de reconnaissance envers tous ceux qui sont venus de l'ex-empire français combattre sous notre drapeau* ». Rachid Bouchareb, le réalisateur du film *Indigènes*, sorti en salles ce mercredi, a salué une « *abolition des discriminations qui aura des répercussions dans toute la société française* ». Dominique de Villepin a quant à lui déclaré : « *nous savons ce que nous devons à l'engagement et au courage de tous ceux qui ont défendu notre patrie et ses idéaux dans les conflits du 20ème siècle* ».

TF1 News, le 27 septembre 2006

Texte 4.4.4

La victoire des soldats « indigènes »

Les anciens combattants issus des ex-colonies toucheront les mêmes pensions de retraite que leurs homologues français.

Les anciens combattants de l'armée française originaires des ex-colonies devront recevoir les mêmes pensions d'invalidité ou de retraite que les soldats français, a décrété le Conseil constitutionnel. Saisis par de simples citoyens, des Algériens, grâce à la réforme constitutionnelle de 2008, les « sages » demandent au gouvernement de procéder à cette réforme en janvier 2011 au plus tard.

Dix à quinze fois moins que les Français

Actuellement, les anciens combattants africains peuvent toucher dix à quinze fois moins que les Français. Rappelant que « la loi doit être la même pour tous », le Conseil constitutionnel juge illégale une discrimination fondée sur la seule nationalité. Par exemple, s'il n'est pas anormal, en raison du niveau de vie, de ne pas toucher la même pension selon que l'on habite en France ou en Algérie, il n'est en revanche pas juste qu'un Français résidant en Algérie soit privilégié par rapport aux Algériens.

Plusieurs dizaines de milliers de personnes sont concernées. Les ressortissants des anciennes colonies françaises ont été intégrés en nombre dans les troupes qui ont combattu pour la France durant les deux guerres mondiales, mais aussi dans certains corps expéditionnaires, comme celui d'Indochine. Leurs pensions, gelées en 1958 et 1959, étaient devenues symboliques. Depuis 1981, elles ont été plusieurs fois augmentées, mais elles restaient très en dessous de celles des anciens combattants français.

En 2006, Jacques Chirac avait, lui aussi, procédé à une augmentation après avoir vu le film *Indigènes*, réalisé par Rachid Bouchareb, qui racontait le parcours, en 1943, de quatre soldats oubliés de la première armée française recrutée en Afrique. En tant qu'ancien président de la République, Jacques Chirac siège aujourd'hui au sein du Conseil constitutionnel.

En décembre 1939, des tirailleurs sénégalais à l'entraînement en Afrique. AFP

Ouest France, samedi le 29 mai 2010

Entraînement au travail écrit (NM)

En vous basant sur les trois textes sources ci-dessus, effectuez la tâche suivante.

Vous êtes un ancien combattant originaire d'une colonie française. Suite à l'annonce de Monsieur Chirac, vous décidez d'écrire une lettre au directeur d'« Indigènes » Rachid Bouchareb pour le remercier d'avoir fait connaître votre cause.

Rédigez entre 300 et 400 mots avec un préambule de 100 mots.

Conseils de l'examinateur

Une fois votre travail écrit complété, vérifiez que vous avez rempli les exigences requises.

Avez-vous :

- rédigé entre 300 et 400 mots ?
- choisi un type de texte spécifique ?
- donné un titre à votre travail écrit ?
- rédigé un préambule de 100 mots qui explique votre tâche, vos objectifs, pourquoi vous avez choisi tel type de texte et quels procédés vous avez utilisés pour atteindre vos objectifs et rendre votre travail convaincant ?
- rédigé votre travail écrit et le préambule à la main ?
- respecté le registre à adopter (registre informel avec « tu », registre formel avec « vous ») ?

Ressources en ligne
Pour plus d'activités, consultez le site www.pearsonbacconline.com

ENTRAÎNEMENT À L'EXAMEN

FRANÇAIS B – NIVEAU SUPÉRIEUR – ÉPREUVE 1

Novembre 2003

TEXTE B

Interview d'Henriette Walter, auteur de

Honni soit qui mal y pense :

L'incroyable histoire d'amour entre le français et l'anglais.

JOURNALISTE : [– X –]

HENRIETTE WALTER : Des mots comme *radio, télévision* ou *hôtel* sont compris partout. Cela permet une communication superficielle facile. Cependant, chaque langue possède ses caractéristiques donnant lieu à des comportements spécifiques. Par exemple, un Allemand a moins tendance à couper la parole à son interlocuteur qu'un Français ou un Anglais. Ce n'est pas une question de vocabulaire, mais de syntaxe. En allemand, la place du verbe est à la fin de la phrase. On est donc obligé d'attendre pour comprendre le sens. C'est pourquoi les Allemands donnent l'impression d'être plus polis que les Français qui, au contraire, essayent d'interrompre pour montrer leur intérêt.

JOURNALISTE : [– 1 –]

HENRIETTE WALTER : Oui, mais avec des nuances. Prenez le tutoiement, qui est impossible en anglais. Les Anglais peuvent néanmoins montrer une plus grande familiarité en interpellant leur interlocuteur par son prénom. Or depuis quelque temps déjà, les Français font de même, en particulier à la radio et à la télévision. Lors d'une interview, on m'appelle souvent « Henriette » alors que j'ai encore tendance à dire Monsieur ou Madame. Il s'agit peut-être de l'influence des pays de langue anglaise. C'est plus sympathique, plus vivant. Cela rapproche les gens. De même en Espagne, deux personnes qui ne se connaissent pas, mais qui ont fréquenté la même école autrefois, se tutoient tout de suite. Mais je ne sais pas si ce comportement va « s'exporter » !

JOURNALISTE : [– 2 –]

HENRIETTE WALTER : Je parlerais plutôt d'amour–haine. On s'admire et on s'envie. On s'attire et on se rejette. Cela donne : « Je regarde l'autre, il m'intéresse beaucoup et je vais essayer de l'imiter. Mais finalement, je ne fais pas comme lui ». Par exemple, au XVIIe siècle, le dictionnaire de l'Académie française a influencé le Grand Dictionnaire de Samuel Johnson. Plus tard, au XVIIIe siècle, la *Cyclopaedia* de Chambers conduira à la *Grande Encyclopédie*, de D'Alembert et Diderot. On prend modèle, on s'en inspire, et on fait autre chose, et mieux. On peut parler d'émulation. C'est pourquoi je parle de « l'incroyable histoire d'amour entre les Français et les Anglais ».

JOURNALISTE : [– 3 –]

HENRIETTE WALTER : Oui, mais contrairement à l'opinion générale, c'est surtout le français qui influence l'anglais. La très grande majorité des mots anglais est d'origine française. On ne sait plus que *mushroom* vient de *mousseron*, que *to carry* vient de *charrier*. Cela fait mille ans qu'on donne du vocabulaire à l'anglais, tandis qu'il nous en procure depuis seulement un peu plus de 200 ans : environ 65% du vocabulaire anglais est d'origine française alors que le français n'est que de 5 à 6% d'origine anglaise !

JOURNALISTE : [– 4 –]

HENRIETTE WALTER : L'anglais l'emporte aujourd'hui du point de vue de la communication internationale, surtout dans des domaines précis comme l'économie, la banque ou l'informatique. Il s'agit en fait d'un anglais simplifié, ce qui inquiète d'ailleurs les anglophones. Pendant ce temps, nous, Français, craignons que notre langue ne disparaisse. Mais si l'on regarde de plus près, en particulier le vocabulaire informatique, on constate que 80% des mots anglais de cette technologie sont d'origine latine. Résultat : le grand vainqueur, paradoxalement, c'est le latin, cette langue dite « morte ».

TEXTE B — INTERVIEW D'HENRIETTE WALTER

Remplacez les quatre questions posées à Henriette Walter dans l'ordre de leur apparition dans le texte. Indiquez votre réponse en écrivant la lettre correspondant à votre choix.

A Ces comportements dus à la langue peuvent-ils aussi s'exporter ?
B Peut-on parler d'une langue qui domine ou dominera bientôt ?
C Le français a-t-il évolué ces dernières années ?
D Existe-t-il une influence réciproque entre l'anglais et le français ?
E Un vocabulaire « international » de plus en plus présent risque-t-il d'ôter des caractéristiques liées à une langue, un pays ou une culture ?
F Comment voyez-vous l'avenir du français ?
G Pourrait-on parler d'une « guerre » linguistique entre le français et l'anglais ?

Exemple : *[X] E*

1 ☐ **2** ☐ **3** ☐ **4** ☐

Les phrases suivantes, basées sur les deux premiers paragraphes du texte, sont soit vraies, soit fausses. Cochez [✓] la réponse correcte et justifiez votre réponse par les mots du texte.

	VRAI	FAUX
Exemple : *Il est facile d'avoir une communication superficielle.* *Justification : Cela permet une communication superficielle facile.*	[✓]	
5 La langue d'un peuple influence sa manière d'agir. Justification :	☐	☐
6 Les Allemands sont par nature plus polis que les Français. Justification :	☐	☐
7 Henriette Walter est scandalisée par le fait que les Français utilisent le prénom pour être plus familier. Justification :	☐	☐

Répondez à la question suivante.

8 Dans le 3ème paragraphe, relevez une des expressions utilisées par Henriette Walter pour décrire la relation ambiguë entre les Anglais et les Français.

....

Dans les paragraphes 3 à 5, retrouvez les mots ou expressions qui sont équivalents à ceux proposés ci-dessous.

Exemple : *dirais mieux = parlerais plutôt*

9 on est jaloux l'un de l'autre ....
10 encouragement ....
11 donne ....
12 prédomine ....
13 avons peur ....

Répondez en indiquant la lettre correspondant à votre choix.

14 La dernière phrase signifie que …

A le latin sort gagnant de cette rivalité, comme il fallait s'y attendre.
B le latin n'est pas aussi mort qu'on le croyait.
C le français, comme le latin, va mourir.
D le français vient du latin.

☐

CHAPITRE 5

GROS PLAN SUR LES MÉDIAS

Objectifs :

- Parler des médias
- Aborder le sujet de la presse écrite aujourd'hui
- Discuter de l'impact de la télévision dans la vie de tous les jours
- Parler de l'intérêt suscité par les émissions de télé-réalité
- Les comparaisons de l'adjectif
- Les pronoms relatifs simples
- Le passé simple

Les mots clés de l'unité : un média, la presse écrite, les informations télévisées, un coup médiatique, influencé, influençable, la télé-réalité, suivre un feuilleton, une émission, à la télé

Quels médias pour qui ?

Voici les résultats du sondage « Baromètre de confiance dans les média » réalisé par la Sofres (Institut de sondage français) pour le journal *La Croix* et publié en janvier 2010.

Modes d'information : qui privilégie quoi ?

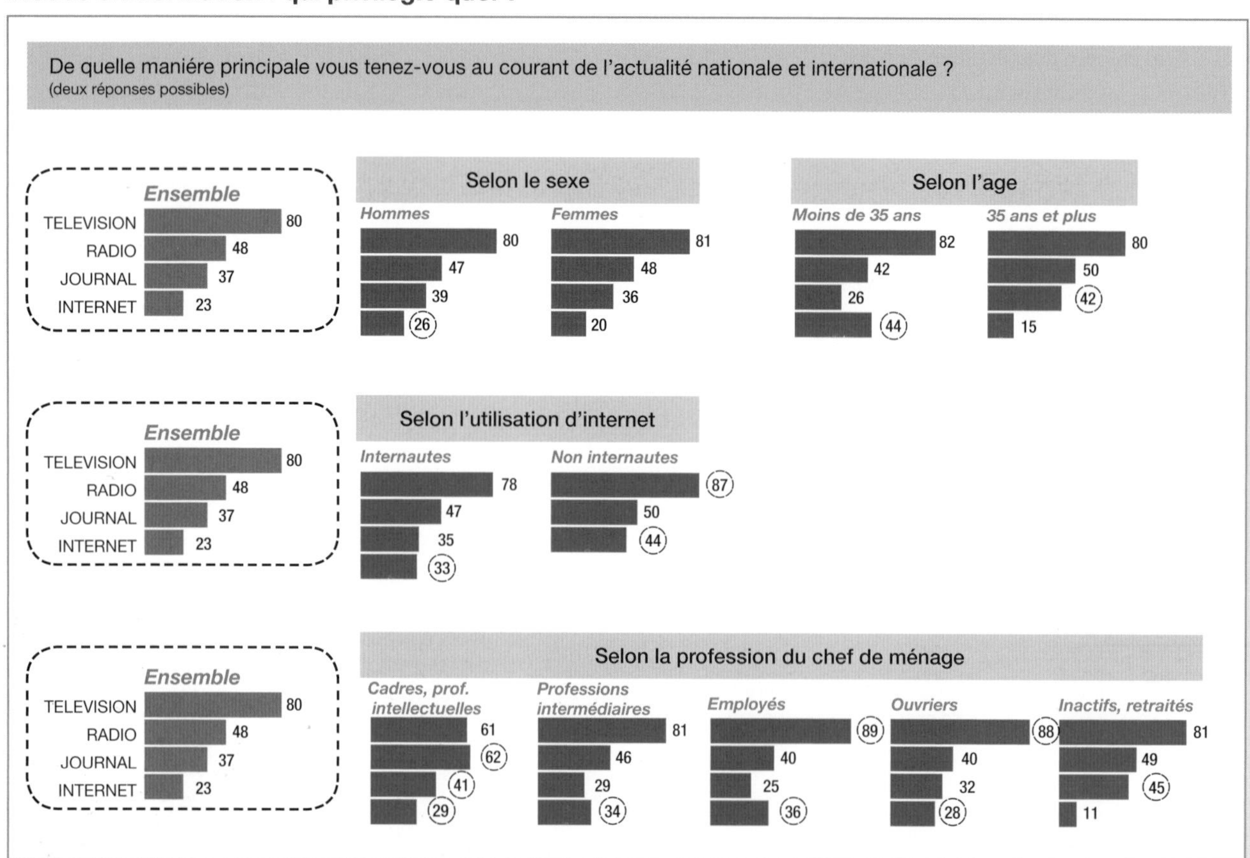

La Croix, janvier 2010

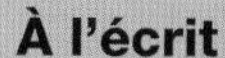

À l'écrit

Avec un(e) camarade observez ces données et faites huit phrases pour résumer les résultats de ce sondage. Faites des comparaisons.

Zoom grammaire

Les comparaisons

- Soit : plus/moins/aussi/autant + **adjectif** + que ...
  Je suis plus attentif en classe que mon frère.
  Les filles sont moins avides de jeux vidéo que les garçons.
- Ou : plus/moins/aussi/autant + **adverbe** + que ...
  Les filles lisent plus souvent que les garçons.
- Ou encore : plus/moins/aussi/autant **de** + nom + que ...
  Les personnes âgées passent moins de temps devant la télé que les jeunes.

À l'oral

1 Les données qui correspondent à votre catégorie (jeunes de 16/17 ans) reflètent-elles vos habitudes ou diffèrent-elles ? Expliquez.
2 Les données recueillies lors de ce sondage reflètent-elles les habitudes de vos parents vis-à-vis des médias ?
3 Quel média utilisez-vous le plus souvent ? Pourquoi ?
4 Si vous deviez prédire l'avenir des médias, lequel, selon vous, serait en voie de disparition ? Pourquoi ?

L'avenir des différents médias

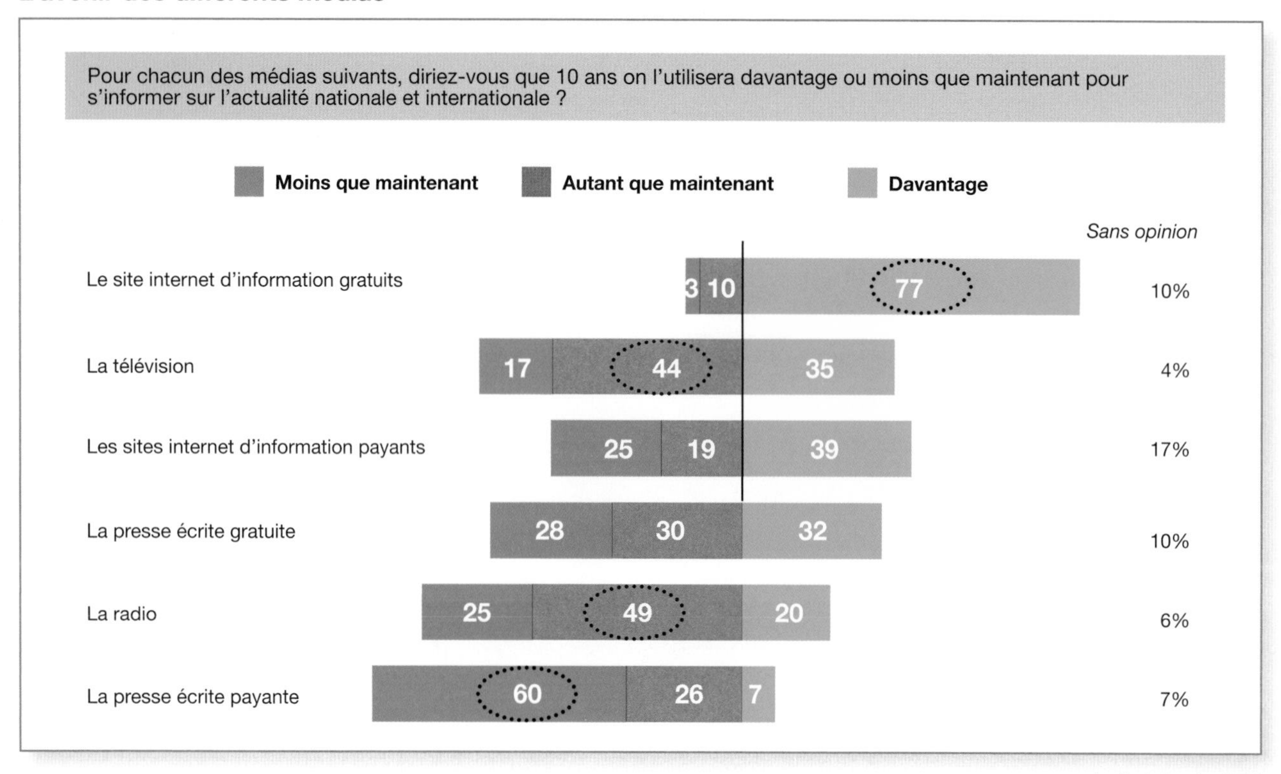

La Croix, janvier 2010

À l'écrit (NS)

En vous appuyant sur votre réponse à la question 4 de la section « à l'oral », rédigez un court texte (entre 150 et 250 mots) dans lequel vous tenterez de plaider la cause du média que vous pensez en danger et essaierez de le sauver d'une mort certaine.

5.2 Zoom sur la presse écrite

© Chappatte, dans *Le Temps*, Genève, www.globecartoon.com

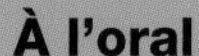

À l'oral

1 Que vous inspire ce dessin de presse ?
2 En quoi est-il humoristique ?
3 Est-il, selon vous, représentatif de la réalité ?
4 Lisez-vous la presse dans un journal ou sur internet ?
5 Combien de fois lisez-vous la presse par semaine ?
6 Quand avez-vous lu la presse ou regardé les informations télévisées pour la dernière fois ?
7 Qu'est-ce qui vous attire en premier lorsque vous regardez les nouvelles ?
8 Quelle est la rubrique (International, Société, Médias, Sport, etc.) que vous lisez le plus souvent ? Le moins souvent ? Pourquoi ?

Entraînement à l'oral interactif

Micro-trottoir . . . Interrogez vos camarades. Posez-leur les questions suivantes pour connaître leurs habitudes vis-à-vis des médias :

Questions	Fille	Garçon	Tous les jours	1 fois par semaine	1 fois par mois	2 ou 3 fois par an	Jamais
1 Combien de fois lis-tu un journal ou un magazine ?							
2 Combien de fois utilises-tu l'internet ?							
3 Quand écoutes-tu la radio ?							
4 Quand regardes-tu la télé ?							
5 Combien de fois utilises-tu l'internet pour lire les nouvelles ?							
6 Combien de fois utilises-tu ton téléphone portable pour lire les infos ?							

NB : Vous pouvez bien sûr adapter cette grille en ajoutant des questions et/ou en changeant les fréquences. Approfondissez votre enquête pour avoir une image claire des habitudes de votre classe.

Exemples : Quel(s) type(s) de programmes écoutes-tu à la radio ou regardes-tu à la télé, etc. ?
Les infos ? Les débats ? Les documentaires ? La musique ? etc.
Profil de l'apprenant : . . .

En groupe, résumez les habitudes de la classe. Qu'est-ce que ces résultats signifient en terme d'être informé sur ce qui se passe autour de soi ?

Texte 5.2.1

Information : pour les jeunes, rien ne presse

Pas facile pour les jeunes de s'atteler à la lecture d'un quotidien. Partie de ce constat, l'association *Graines de citoyens*, à l'origine des Assises de la presse écrite, dont la deuxième édition s'est tenue samedi à Lille Grand Palais, a organisé des rencontres entre des journalistes de quotidiens et les jeunes. Objectif : favoriser la lecture de la presse quotidienne par les 15–25 ans. Quelle place alors pour la presse quotidienne ? Une cinquantaine de jeunes ont tenté de répondre à la question lors d'un atelier-débat. « La presse écrite est beaucoup moins proche de nous. La radio ou la télévision, on l'a chez nous. Le journal, il faut aller le chercher », témoigne une étudiante. D'autant plus « difficile » que la télévision, la radio ou l'internet permettent de zapper et de chatter, des alternatives appréciées des jeunes. En théorie pourtant, la presse écrite reste pour la majorité d'entre eux indispensable. « Pour ceux qui écoutent la radio, ce n'est pas une source exclusive d'information. Ils disent avoir besoin de la presse écrite pour approfondir », résume Béatrice Toulon, animatrice de l'atelier et directrice de la rédaction de Phosphore, qui souligne aussi l'importance du milieu d'origine. « Dans les zones d'éducation prioritaire, la presse mise à disposition des lycéens dans les bibliothèques n'est pas lue. » La presse quotidienne gratuite attire-t-elle ces nouveaux lecteurs ? Le sujet a été traité au même titre que le téléchargement et la consultation des sites Internet.

Sondage

Selon un sondage BVA de 2005, pour 47% des 15–25 ans, la meilleure information se trouve dans la presse quotidienne écrite. Mais seuls 31% l'achèteraient plus souvent si elle était vendue dans leur établissement scolaire.

Fanny Bertrand, © *20 minutes*, le 7 mars 2005

Compréhension générale du texte

1 Relevez dans cet article les atouts et les inconvénients de la presse écrite.

2 En voyez-vous d'autres que vous pouvez rajouter à cette liste ?

3 Faites une liste de suggestions concrètes pour inciter les jeunes à lire la presse.

À l'écrit

Rédigez une proposition à l'attention du Directeur d'une agence de presse. Le but de votre proposition est de proposer des solutions pour la survie de la presse écrite. Écrivez entre 250 et 400 mots.

Théorie de la connaissance

Ces dernières années, on a vu l'apparition de nombreux journaux gratuits.

1 Pensez-vous que la gratuité soit la solution à la survie de certaines formes de médias ?

2 À l'inverse, l'édition en ligne de la plupart des grands journaux n'offre l'accès gratuit qu'à un nombre limité d'articles. Ces éditions en ligne devraient-elles être gratuites ? Pourquoi ?

3 Serait-il possible/souhaitable de vivre dans une société où tout est gratuit ?

Petit tour d'horizon de la presse écrite francophone

Activité interculturelle

Connaissez-vous la presse francophone ? Voici des logos de quelques journaux francophones.
Reliez chaque logo à son pays de publication.

1 le Canada
2 la Suisse
3 la Belgique
4 la France
5 l'Algérie
6 le Liban
7 la Côte d'Ivoire
8 le Luxembourg
9 Haïti
10 le Sénégal

A LE FIGARO

B LE QUOTIDIEN D'ORAN

C La tribune de Genève

D Tageblatt

E Sud quotidien

F LE SOIR

G Haïti en marche

H L'intelligent d'Abidjan

I L'Orient-le jour

J L'Actualité

5.3 Et si la télé n'existait pas ... faudrait-il l'inventer ?

Texte 5.3.1

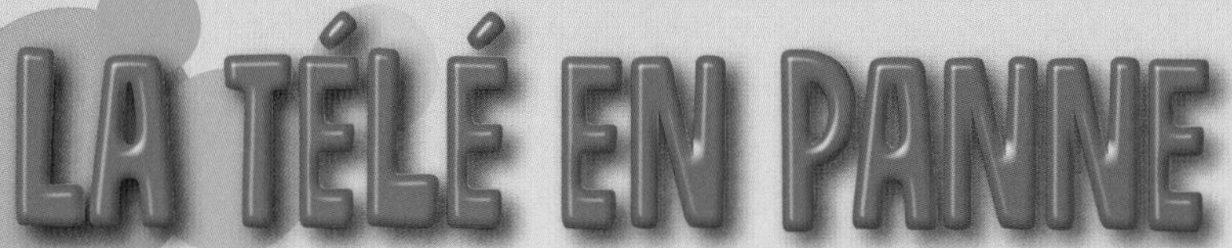

1 *C'était un soir messieurs mesdames*
Où la télé était en panne
Ah je m'en souviendrai longtemps
Ce fut un sacré bon moment
On allait dîner tranquillement
Sans dévorer le petit écran
Sans se barder la chemise de nouilles**
*En regardant causer ces andouilles**

2 *C'était un soir messieurs mesdames*
Où la télé était en panne
On allait louper à coup sûr*
Les attentats tous les coups durs
Tout ce qui dégringole à la ronde
Sur la calebasse du pauvre monde*
Et tout le cortège désabusé
Des mêmes qui sont toujours baisés

3 *C'était un soir messieurs mesdames*
Où la télé était en panne
Sur le coup mes parents pris de court
Voulaient appeler police secours
Ils se sont rués sur le palier
Et le moral salement cisaillé
Prenant leur courage à deux mains
Ils ont parlé à leurs voisins

4 *C'était un soir messieurs mesdames*
Où la télé était en panne
Dans les étages de haut en bas
C'était partout le même tabac
*C'était la panique dans la strasse**
Ils trouvaient ça tous dégueulasse
Qu'un gouvernement libéral
Puisse tolérer un tel scandale

5 *C'était un soir messieurs mesdames*
Où la télé était en panne
On les a tous emmenés chez nous
*Moi j'ai décroché mon biniou**
Papa prit son accordéon
Le voisin du dessus son violon
On a fait un bœuf du tonnerre
Un truc qui vous fout le cul par terre

6 *Pour finir la nuit messieurs dames*
Cupidon se mêlant aux programmes
Incroyablement pour maman
Son époux redevint son amant
Et quand mon vieux lui a dit je t'aime
Ce fut comme un second baptême
Elle avait les calots brillants*
Un coup de grisou dans le palpitant*

7 *C'était un soir messieurs mesdames*
Où la télé était en panne
Pourtant grâce à ce jour funeste
On a monté un chouette orchestre
Nous vendîmes nos télés aux puces
On vit maintenant de nos chorus
Et ça nous fait bien rigoler
Demain on passe à la télé

*se barder = mot familier qui signifie ici se couvrir
nouilles = pâtes
andouilles = idiots
louper = mot familier qui signifie rater/manquer
calebasse = mot familier qui signifie ici la tête
la strasse = la rue
biniou = instrument de musique
calots = yeux
grisou = explosion dans les mines

Paroles et musique : Pierre Perret, 1983

Compréhension générale du texte

Associez chaque couplet de la chanson de Pierre Perret à la phrase qui le résume. Suivez l'exemple donné.

1 1er couplet – *phrase c*
2 2e couplet
3 3e couplet
4 4e couplet
5 5e couplet
6 6e couplet
7 7e couplet

a Ils ont décidé de sortir leurs instruments de musique et ont formé un groupe.
b Tout le monde est perdu sans la télé.
c Pour une fois, on n'aura pas le nez collé à la télé pendant le dîner comme des idiots.
d Depuis la panne de télé, ils jouent dans des concerts et gagnent de l'argent.
e Tout le monde crie au scandale.
f Les parents sont retombés amoureux comme au premier jour.
g Aux infos, on ne montre que des événements malheureux et dramatiques.

Point culture

Pierre Perret (1934–) est auteur-compositeur-interprète français. Auteur maîtrisant les subtilités de la langue française et de l'argot (il a réécrit les fables de La Fontaine), ses chansons posent des questions sur un ton enfantin et apparemment naïf, avec un sourire malicieux mais souvent pertinent.

(*Wikipédia*)

Manipulation du texte

1 Quel mot du premier couplet montre que le chanteur ne tient pas en haute estime les présentateurs télé ?

2 Quelle est la première réaction des personnes à l'annonce de la panne de télé ?

3 Quelle expression du troisième couplet montre que les habitants de l'immeuble ont dû faire un effort pour aller vers leurs voisins ?

4 Quel mot du quatrième couplet prouve que le chanteur habite dans un immeuble ?

5 À qui ou à quoi se réfère « les » dans « on les a tous emmenés chez nous » (cinquième couplet) ?

6 L'expression « on a fait un bœuf » (sixième couplet) signifie :

a on a fait cuire un rôti pour le dîner.
b ça a été un grand succès.
c c'était un échec total, un bide.
d on a tous mangé du steak.

7 Quelle expression familière du sixième couplet montre que leur concert improvisé était un succès surprenant ?

8 Comment la famille gagne-t-elle sa vie maintenant ?

Zoom grammaire

Les pronoms relatifs simples : qui, que, dont, où

Les pronoms relatifs permettent de relier deux phrases pour n'en faire qu'une.

Exemples : C'était un soir messieurs mesdames **où** la télé était en panne.
Un truc **qui** vous fout le cul par terre

- « **Qui** » remplace le sujet du verbe.
  La série passe en ce moment à la télé. C'est **une série** sud-américaine.
  → La série **qui** passe en ce moment à la télé est sud-américaine.
- « **Que** » remplace le complément d'objet direct.
  Les femmes préfèrent **les feuilletons télé. Ces feuilletons télés** parlent du quotidien.
  → Les feuilletons télés **que** les femmes préfèrent parlent du quotidien.

NB : « que » peut devenir « qu' » devant une voyelle ; « qui » ne se contracte jamais.

- **Dont :** avec les verbes suivis de la préposition « de » (avoir envie de, parler de, avoir besoin de, etc.).
  Je te parle **d'un article de presse**. Cet **article de presse** est paru hier.
  → L'article de presse **dont** je te parle est paru hier.
- **Où :** le temps ou le lieu.
  Je passerai à la télé **un jour**. **Ce jour-là** je préviendrai tout le monde !
  → Le jour **où** je passerai à la télé je préviendrai tout le monde !

Il existe aussi les trois pronoms relatifs suivants :

- **Ce qui :** pour remplacer un sujet abstrait.
  Ce qui est embêtant, c'est qu'il faut sortir de chez soi pour acheter le journal.
- **Ce que :** pour remplacer le complément d'objet direct lorsqu'il s'agit d'un contexte.
  Ce que les producteurs appellent la télé réalité n'a en fait rien de réel.
- **Ce dont :** même règle que pour « dont » mais pour les concepts abstraits ou peu précis.
  Je ne comprends pas **ce dont** tu parles.

Pour les pronoms relatifs voir aussi pages 391-2.

Grammaire en contexte

Faites six phrases pour résumer les idées exprimées dans la chanson de Pierre Perret. Utilisez un pronom relatif dans chaque phrase.

Surfons le net

Pour savoir comment former le passé simple, consultez www.pearsonhotlinks.com (*Français B*, lien internet 5.1).

À l'oral

1. Quel message le chanteur essaie-t-il de faire passer dans cette chanson ?
2. En quoi cette chanson est-elle ironique ?
3. L'absence de télévision affecte-t-elle la communication et les contacts humains dans votre famille ?

Pour aller plus loin …

4 Quelles émissions/quels types de programmes ne pouvez-vous absolument pas rater ? Pourquoi ?
5 Y a-t-il des émissions ou des programmes dont vous pourriez facilement vous passer ? Lesquelles/lesquels ? Pourquoi ?
6 Qu'est que c'est un « bon programme » pour vous ?
7 Pourriez-vous vous passer de l'écran ?
8 Trouvez-vous que les jeunes d'aujourd'hui passent trop de temps devant leurs écrans ? Comment expliqueriez-vous ce phénomène ?
9 Pourriez-vous passer une semaine sans écran ? Que feriez-vous du temps normalement passé devant la télé ou l'ordinateur ?

Zoom grammaire

Le passé simple

« Papa **prit** son accordéon »

Temps de la narration au passé. Ce temps appartient au registre de langue soutenu. Il faut le maîtriser si vous apprenez le français au Niveau Supérieur.

À l'écrit

1 Voici une liste des programmes regardés habituellement. Faites une phrase pour suggérer une activité de remplacement. Variez vos structures.

Type d'émission	Activité de remplacement
Émission littéraire	Lisez un bouquin !
Émission culinaire	
Émission sportive	
Le film du dimanche soir	
Le programme déco et rénovation	
Le journal	
Questions pour un champion (jeu télévisé)	
Émission débats de société	
Feuilleton quotidien	
Programme de divertissement	
Grands reportages : documentaire sur les voyages au bout du monde	

2 Trouvez cinq autres stratégies qui pourraient vous permettre de vivre sans télé.

À l'écrit

Choisissez l'un des sujets suivants. Écrivez entre 250 et 400 mots.

1 Rédigez un guide de recommandations qui aura pour titre « Comment survivre sans écran ? »
2 Rédigez un article pour le magazine *Les Médias en question* dans lequel vous vous interrogerez sur la place de la télévision dans la vie de tous les jours.

Serge Ernst, *Les Zappeurs*, Éditions Dupuis

Conseils de l'examinateur

Le sujet est assez vague donc :

- Choisissez votre audience (ados, enfants, tout public).
- Essayez de démontrer que la télé n'est pas indispensable dans la vie de tous les jours.
- Proposez des activités alternatives.
- Soyez convaincant(e).

Quelques idées d'approche de la question :

- Parlez des points positifs et négatifs de la télé.
- Mentionnez les effets potentiels sur les enfants.
- Faites des suggestions pour un quotidien sans télé.
- Adoptez le point de vous que vous souhaitez puisqu'il n'est pas imposé dans l'énoncé.

5.4 Il n'y a vraiment rien d'intéressant à la télé ?

Texte 5.4.1

LES TÉLÉNOVELAS ELLES KIFFENT

Tous les jours ou presque à la même heure, ces feuilletons sud-américains tiennent en haleine des millions de téléspectatrices africaines. Pour comprendre ce phénomène, Planète Jeunes a rencontré quatre « fans » de ces séries à l'eau de rose. Témoignages et décryptage.

Moucharathou, 21 ans, étudiante, Cotonou (Bénin)

Passionée, mais pas fanatique

De quand date ta passion pour les télénovelas ?

J'ai commencé à y prendre goût à l'âge de 13 ans. C'est ma mère qui m'a transmis cette passion.

Quelle est ta série préférée ?

J'aime bien « Saborati »,« Lux Clarita », « Clap », «Terra Nostra », « Mu'eca Brava », « Marimac », « Sous les tropiques », etc. Je les suis aussi bien sur les chaînes béninoises que sur celles du Burkina, du Mali et du Sénégal! Mais la série que j'aime le plus est « La belle-mère ». C'est l'histoire d'une mère qui cherche à retrouver l'amour de ses enfants après vingt ans de prison.

Pourquoi aimes-tu tant ces films ?
L'histoire est souvent émouvante. À travers les comportements des acteurs, j'apprends à connaître la nature des hommes, et aussi comment me conduire face à des actes de trahison, de jalousie …

Tu crois que ce qui se passe dans ces séries est la réalité ?
Pas du tout, mais j'observe et j'en tire des leçons. Et je ne suis pas fanatique au point de copier les acteurs ou de sacrifier mes autres occupations.

Micro tenu par Fernand Nouveligheto

Tchoumba Chasmine, collégienne, Douala (Cameroun)

On en parle entre filles

Quelle est ta télénovela préférée ?
« La beauté du diable ». C'est passionnant. Une femme trompe son fiancé avec son frère. Un scandale qui amène l'homme à épouser, malgré les coups bas de son ex-, l'employée de maison qu'il aime et respecte beaucoup. Cette série permet aux pauvres d'espérer. Elle nous enseigne que les différences sociales ne peuvent influencer l'amour. Mais j'aime aussi « Paloma » et « La belle-mère », « Destins croisés », « Monica Brava », « La femme de Lorenzo», « Terra nostra », « Au cœur du péché », ou encore « La rue des mariés ».

Tu manques parfois des épisodes ?
Souvent. Mais il y a les rediffusions. Quand je n'ai vraiment pas le temps, je me fais raconter l'épisode par les camarades. On en parle entre filles.

Reproches-tu quelque chose à ces séries ?
Les scènes de crime, de banditisme, de nu (proches parfois de la pornographie), la fréquence de l'infidélité peuvent donner un mauvais exemple. Mais elles sont instructives. En revanche, on y rencontre des unions entre cousins et des infidélités à l'intérieur des familles. Ce n'est pas africain, ça. Rien ne peut justifier des actes pareils.

Entretien mené par Dominik Fopoussi

Kognoba Touré, 20 ans ; étudiante, Abidjan (Côte d'Ivoire)

Découvrir une autre culture

Pourquoi aimes-tu ces séries ?
Elles évoquent le quotidien, l'amour, la haine, la jalousie. Bref, tout ce que nous vivons. Ces feuilletons me permettent de découvrir une autre culture. Ils aident surtout à appréhender la vie de couple, les conflits entre un homme et une femme.

As-tu déjà raté un rendez-vous à cause des télénovelas ?
Oui. Un vendredi, je devais aller faire des achats avec me grande sœur : quand le feuilleton a commencé, j'ai renoncé à la suivre.

T'identifies-tu aux acteurs ?
Oui. J'admire beaucoup Maria, qui joue le rôle principal dans « La belle-mère ». Je l'aime pour son calme, son courage. Je voudrais vraiment lui ressembler. Pour moi, c'est la mère de famille idéale.

Djeneba Konfé, lycéenne, Ouagadougou (Burkina Faso)

« J'y trouve mes modèles de tenues »

Que penses-tu des télénovelas?
Je les adore toutes : « Rubis », « La belle-mère », « Destins croisés », « Maria la del bano » … Et j'aime l'élégance des actrices. J'y prends mes modèles de tenues.

Elles t'apportent autre chose ?
On y apprend les bonnes manières. Elles présentent des personnages de milieu aisé. On voit comment bien se tenir à table, gérer une maison, tenir une conversation avec des invités, etc. Pour nous, les filles, c'est important de connaître tout ça pour ne pas être ridicules quand on sort. Mais ce qui me plait par-dessus tout, c'est qu'elles nous font découvrir les coups bas des hommes et leurs stratégies pour nous tromper : ça instruit.

Cela correspond-il à notre culture africaine ?
Même s'il y a des réalités qui nous sont étrangères, cela nous apprend quelque chose. Ce serait bien si des Africains faisaient aussi ce genre de séries.

Entretien réalise par Mohamed Kandji

Propos recueillis par Yacouba Songaré, *Planète Jeunes*, n° 96, décembre - janvier 2008, adapté

Compréhension générale du texte

1 Les télénovelas sont :

- **a** des émissions de télé réalité
- **b** des documentaires sur la vie dans les bidonvilles en Amérique du sud
- **c** des films
- **d** des feuilletons

2 Le verbe « elles kiffent » signifie :

- **a** adorent
- **b** détestent
- **c** apprécient
- **d** regardent

3 À qui ou à quoi se réfère « elles » dans le titre ?

Manipulation du texte

Répondez aux questions suivantes.

1 Associez chaque personne à la phrase résumant le mieux ses opinions ou actions.

- **a** Tchoumba
- **b** Moucharathou
- **c** Kognoba
- **d** Djeneba

1 Ces séries sont comme des miroirs de notre propre vie.
2 Je regarde ces séries depuis 8 ans.
3 Ça me permet de découvrir et comprendre la nature humaine.
4 Je copie ce que les acteurs portent dans la série.
5 Je tire mon exemple de maman idéale d'un des personnages de mon feuilleton préféré.
6 C'est une série qui donne de l'espoir aux plus défavorisés.
7 Je regrette que ce genre de séries ne soit pas produit dans mon pays.
8 Certains sujets abordés dans ces séries ne sont pas représentatifs de ma culture.

2 Que fait Tchoumba lorsqu'elle est trop occupée pour regarder un épisode ?

3 D'où vient l'influence de Moucharathou ?

4 D'après Kognoba, citez **deux** avantages de ces feuilletons.

5 À qui ou à quoi se réfère « la » dans « J'ai renoncé à la suivre » (paragraphe de Kognoba) ?

6 À qui ou à quoi se réfère « lui » dans « je voudrais vraiment lui ressembler » (paragraphe de Kognoba) ?

À l'oral

Pour aller plus loin ...

1 Faites une liste de toutes les opinions positives exprimées sur ces feuilletons sud-américains par ces quatre jeunes filles. Qu'en pensez-vous ?
2 Êtes-vous accros à une série particulière ? Si « oui », pourquoi ?
3 Qu'est-ce qui vous attire dans ce genre de programme ?

5.5 La télé-réalité

Texte 5.5.1

Le phénomène télé-réalité

Au printemps 2001, *Loft Story*, petite sœur du programme hollandais *Big Brother* propulse en France la télé-réalité. Les jeunes (15–34 ans) consomment avec boulimie cette télévision dont ils sont le cœur de cible. *Loft Story 1 et Star Academy* 1 ont chacune réuni en moyenne 7,3 millions de téléspectateurs.

Les bandes-annonces vendant ces programmes nous promettent du réalisme. La base du genre, c'est de montrer des « gens ordinaires dans des situations extraordinaires ». Cet argumentaire de John de Mol utilisé pour lancer sa première émission a évolué. On est passé du divertissement au jeu.

Le concept est décliné en plusieurs versions pour toucher un large public : l'enfermement dans un 225 m^2, « marivaudage érotique sympathique » en passant par l'aventure extrême, pour aboutir à la nécessité de maigrir en direct. La télé-réalité s'impose comme un spectacle dont les nombreux éléments sont écrits à l'avance. Le casting de candidats très télégéniques, soi-disant représentatifs de la société, les règles du scénario basique avec répartition des rôles se fondent sur les mécanismes de la fiction. Les situations sont construites pour créer du suspense, des tensions, des relations « torrides ». Autant d'actions qui rapprochent ce genre des séries avec quiproquos, coups de théâtre, etc.

Même la promesse du temps réel est artifice : le direct est diffusé avec un léger différé pour éviter tout excès incontrôlable. Un résumé de quelques minutes découpe et reconstruit la réalité en dramatisant pour captiver le téléspectateur. Les émissions sont pour les jeunes de véritables « parcours initiatiques » par procuration où ils se retrouvent et s'impliquent émotionnellement. De plus, un dispositif interactif permet au public de choisir son « champion », véritable héros populaire, star de salon que tout le monde peut devenir sans talent particulier.

Document adapté des *Clés du monde*, édition 2008

Compréhension générale du texte

1 Relevez dans le texte toutes les techniques employées pour intéresser le public.
Exemple : promesse de réalisme.
Donnez votre opinion sur chacune de ces techniques.

2 Relevez les limites de ces techniques.

3 Que pensez-vous du concept suivant : « montrer des gens ordinaires dans des situations extraordinaires » ?

4 « De plus, un dispositif interactif permet au public de choisir son 'champion', véritable héros populaire, star de salon que tout le monde peut devenir sans talent particulier ». Que pensez-vous de ce phénomène ?

5 La notoriété confère-t-elle trop de pouvoir/puissance aux personnes célèbres ?

6 Est-ce juste/normal de pouvoir devenir célèbre du jour au lendemain même si l'on n'a pas de talent particulier ?

Texte 5.5.2

Pour ou Contre

LA TÉLÉ-RÉALITÉ DANS UN BIDONVILLE

Inde : Une chaîne de télé indienne a organisé une émission de télé-réalité dans un bidonville de Bombay. Elle a envoyé des célébrités indiennes « survivre » dans une grande maison construite au centre du bidonville dans lequel a été tourné le film *Slumdog Millionaire*. Ces stars locales ont subi des épreuves qui consistaient à faire ce que font tous les jours les habitants du bidonville : fouiller des ordures, garder des chèvres, etc., et elles parrainaient un des habitants pour lui faire gagner de l'argent. Et toi, est-ce que tu es pour : tu penses qu'un jeu dans un bidonville est un moyen comme un autre de dénoncer la misère humaine ; ou est-ce que tu es contre : tu penses que c'est un manque de respect envers les gens pauvres qui y vivent ?

Géo Ado, 2009

À l'écrit (NS)

Lisez le texte ci-dessus et réagissez en rédigeant une réponse personnelle qui prendra la forme d'une dissertation. Écrivez entre 150 et 250 mots.

Des arguments pour vous aider ...

Classez les arguments suivants en deux catégories : Pour ou contre.

1 C'est de très mauvais goût ; la misère humaine n'est pas un spectacle.

2 Ça permettra aux gens de se rendre compte de la chance qu'ils ont. Ils arrêteront peut-être de se plaindre autant !

3 Quel manque de respect pour les gens qui sont démunis. La misère quotidienne n'est pas un jeu mais une réalité !

4 Je pense que ça peut aider à servir la cause des gens démunis.
5 Les gens prendront conscience d'autres réalités que la leur.
6 On divertit en se moquant de la misère des gens ! Ça frise l'indécence !
7 Au moins, ça sera peut-être la première émission de télé-réalité éducative et respectable.
8 Ça incitera peut-être les téléspectateurs à faire des dons ou à s'engager dans des causes humanitaires valables.
9 Encore de la manipulation médiatique. Les chaînes de télévision ne cherchent qu'à augmenter leur taux d'audimat.
10 C'est ridicule ! Même si les personnalités vont soi-disant expérimenter les conditions difficiles des habitants des bidonvilles, le but est bien de gagner et elles retrouveront leur petite vie dorée et douillette dès le jeu terminé.
11 Ils ne savent vraiment plus quoi trouver pour se faire du pognon !
12 Je trouve plutôt amusant et divertissant que des personnalités choyées se salissent les mains et vivent enfin dans la réalité

5.6 La violence à la télé

Texte 

Courrier des lecteurs

FASCINATION MORBIDE

Je ne comprends pas votre fascination pour la télévision d'aujourd'hui. Avez-vous calculé le nombre de morts sur les écrans par semaine ? Scènes violentes, morbides dans les séries ... sans parler des émissions mortifères style « Faites entrer l'accusé » qui plombe le dimanche soir souvent triste ... Peut-être n'avez-vous pas d'enfants, d'adolescents ou de personnes âgées autour de vous ? Dire que le président Sarkozy a supprimé la publicité, à mes yeux le seul programme regardable : pas de morts, belle musique, belle mise en scène, propos resserré* ! Bon, je ne suis pas obligée de la regarder, ni de lire le supplément « TéléVisions », ni d'acheter *Le Monde* qui s'interroge dans ses nombreux articles « société » sur la violence des jeunes et la maladie d'Alzheimer. Pourquoi ne pas lancer la journée sans télé, mobiliser vos lecteurs autour d'actions symboliques pour retrouver votre esprit d'avant-garde et critique ? Que la fiction trouve d'autres ressorts dramatiques que l'éternel flic qui résout des trucs horribles ... Inventez. **V. Muller**

*resserré = abrégé/condensé

Le Monde, le 5 décembre 2010

Compréhension générale du texte

Parmi les idées suivantes, lesquelles sont exprimées dans le texte ?

1 Il y a trop de morts sur les écrans.
2 Les séries télévisées sont les seuls programmes où la violence n'a pas sa place.
3 Les programmes diffusés à la télé le dimanche soir sont nuls.
4 Je regrette la suppression de la publicité à la télévision.

5 Tous les programmes diffusés sont décents à l'exception de la publicité.

6 Personne ne me force à regarder la télé : c'est mon choix.

7 L'idée d'une journée sans télé est inutile et ridicule. Ça ne résoudra aucun problème.

8 Les programmes fictionnels sont généralement très créatifs et divertissants.

Point de départ : regardez cet extrait de planche de bande dessinée tiré de l'album *Les Zappeurs - DO RÉ MI FA SOL ZAP SI DO*. Que vous inspire-t-elle ? Notez dix mots qui vous viennent à l'esprit en le lisant.

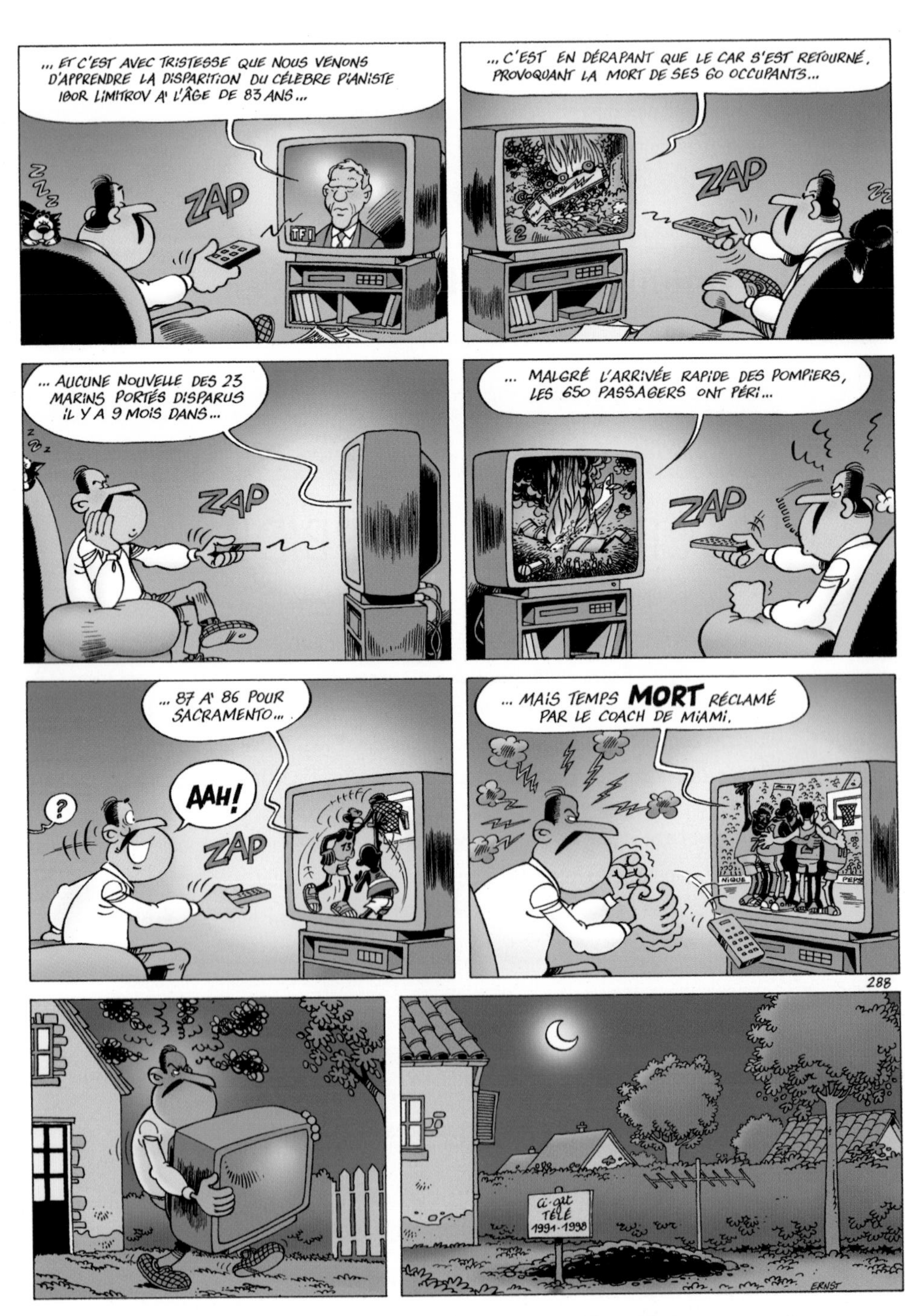

Serge Ernst, *Les Zappeurs*, Éditions Dupuis

Entraînement à l'oral interactif

Mini débat

« Il y a trop de violence à la télé. Il faut supprimer les images de scènes de violence, en particulier au journal télévisé ». Qu'en pensez-vous ? Êtes-vous pour ou contre ?

Divisez la classe en deux camps opposés et lancez le débat. Vous pouvez par exemple adopter les rôles suivants.

Choix de rôles

- Deux parents.
- Un éducateur.
- Un ado.
- Un journaliste.
- Un directeur des programmes.
- Un psychologue.

Conseils de l'examinateur

Réfléchissez d'abord à des arguments et des exemples concrets. Vous pouvez vous inspirer des textes précédents et élargir le débat.

Exemples :

Pour	Opinion mitigée/neutre	Contre
Ça peut traumatiser les jeunes enfants.	La signalisation devrait peut-être être plus claire.	C'est aux parents de contrôler ce que leurs enfants regardent.

À l'écrit (NS)

Les parents ont-ils un rôle à jouer dans ce que regardent leur enfant ? Rédigez un paragraphe entre 150 et 250 mots dans lequel vous argumentez votre opinion sur la question. Vous pouvez faire référence au débat fait en classe.

Entraînement au travail écrit (NM)

En vous basant sur les trois textes suivants :

- « Les télénovelas : elles kiffent » (page 88)
- « Le phénomène télé-réalité » (page 91)
- « Fascination morbide » (page 93)

Rédigez un travail écrit de votre choix entre 300 et 400 mots et un préambule de 100 mots. Voici quelques suggestions de tâches possibles.

Suggestions

1 Lettre au directeur/à la directrice d'une chaîne de programmes télé pour vous plaindre de la qualité des émissions diffusées.

2 Guide de recommandations destiné aux enfants ou aux parents sur le bon usage de la télé.

3 Éditorial sur la qualité des programmes diffusés.

Conseils de l'examinateur

Une fois votre travail écrit complété, vérifiez que vous avez rempli les exigences requises.

Avez-vous :

- rédigé entre 300 et 400 mots ?
- choisi un type de texte spécifique ?
- donné un titre à votre travail écrit ?
- rédigé un préambule de 100 mots qui explique votre tâche, vos objectifs, pourquoi vous avez choisi tel type de texte et quels procédés vous avez utilisés pour atteindre vos objectifs et rendre votre travail convaincant ?
- rédigé votre travail écrit et le préambule à la main ?
- respecté le registre à adopter (registre informel avec « tu », registre formel avec « vous ») ?

Théorie de la connaissance

1 Pour aller plus loin... Charade

« Mon premier est la narration de l'intime banalité humaine par des moyens libidineux.

Mon deuxième est le nivellement par le bas de toute cohabitation forcée lorsqu'elle tente de rendre homogène un groupe hétérogène d'individus en se fondant sur leur plus petit dénominateur commun.

Mon troisième est l'avènement extraordinaire de célébrités dont la popularité ne repose sur rien.

Mon quatrième est « l'hamstérité » déconcertante et grandissante de la jeunesse.

Enfin, mon tout est un narcotique d'une envoûtante complexité, sidérant la France entière sans qu'elle sache bien pourquoi, sans qu'elle comprenne ce qui lu arrive. »*

Extrait de *I Loft You* par Vincent Cespedes

a De quoi s'agit-il? Comment avez-vous trouvé la solution de cette charade ?

b Quels sont les éléments linguistiques qui vous ont permis d'arriver à cette conclusion.

c Que pensez-vous de cette définition ? Est-elle juste ? Correcte ?

d Le choix des mots n'est pas innocent. Que révèle-t-il ?

2 La partialité des médias

a Les médias défendent souvent une opinion, un point de vue. Certains soutiennent des partis politiques spécifiques et/ou revendiquent des valeurs spécifiques (par exemple journaux catholiques en France). La neutralité devrait-elle leur être imposée selon vous ? Justifiez vos opinions.

b Choisissez un fait d'actualité courant. Cherchez trois articles tirés de journaux différents qui traitent de ce fait. Relevez les différences de traitement de l'information par vos trois sources (détails, différence de points de vue/d'angle d'approche, langage utilisé, etc.). Quel article vous semble traiter le sujet le plus partiellement possible ? Pourquoi ? Comment ? Quelles conclusions pouvez-vous retirer de cet exercice ?

*Réponse: Le phénomène de la télé-réalité (ici l'émission « Loft Story » en particulier).

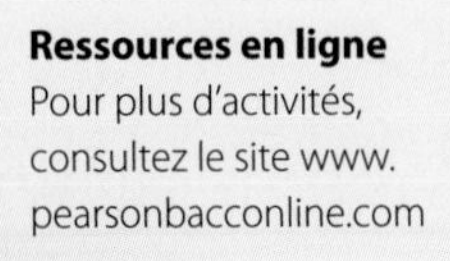

Ressources en ligne
Pour plus d'activités, consultez le site www.pearsonbacconline.com

ENTRAÎNEMENT À L'EXAMEN

FRANÇAIS B – NIVEAU MOYEN – ÉPREUVE 1
Mai 2009

TEXTE B

BIENVENUE SUR LE SITE : www.cedric-klapisch.com

C'est pas moi qui ai eu l'idée de faire ce site sur moi. Un jour, Cécile et Sylvain m'ont appelé pour me dire qu'ils avaient mis en place un site sur moi et mes films. Au début, ça m'a fait flipper. Je me demandais à quoi ça pourrait bien servir ; et puis rapidement, je me suis dit que cette question stupide correspondait à peu près à se demander si l'internet servait en fait à quelque chose.

5 Quand j'avais 20 ans (en 1981), mon père a acheté le premier Macintosh. À l'époque, les gens se demandaient à quoi ça allait servir. Tout le monde voyait cela comme une machine à écrire luxueuse ou comme un gadget qui pouvait vaguement aider à faire des calculs bancaires. En fait, cette machine existait sans que personne ne sache où elle allait nous mener. C'est une des rares machines qui n'a pas été inventée pour remplir une fonction. Cette fonction, c'est l'usage des ordinateurs
10 au cours des 20 dernières années qui l'a trouvée. Comme pour l'ordinateur personnel, l'internet fabrique aujourd'hui des fonctions, et je suis le premier épaté de voir que ça finit toujours par servir à quelque chose. Mon site regroupe un très grand nombre de documents qui jalonnent mon parcours personnel.

Mes films parlent beaucoup de la diversité humaine. De tous ces gens qui se croisent avec chacun son
15 parcours propre. Chacun chemine avec sa propre logique complexe. Internet a ceci de très humain qu'il ressemble beaucoup à ces quais de gare remplis de gens qui s'agitent, chacun vers sa voie, à ces trottoirs remplis de destins qui se croisent, à ces échangeurs d'autoroutes remplis de voitures qui sont pressées d'aller là où elles vont. Pour cette raison, je remercie les inconnus qui parcourent ce site. C'est pour moi la magie d'internet de savoir que, quelque part, quelqu'un, dans le cours
20 de sa promenade virtuelle, finit par tomber ici. Vous qui lisez cette page, dans le cours de votre promenade : Bienvenue sur ce site.

www.cedric-klapisch.com

TEXTE B – BIENVENUE SUR LE SITE : www.cedric-klapisch.com

Indiquez dans la case de droite la lettre qui correspond à la réponse correcte.

1 « C'est pas moi » *(ligne 1)* est une expression …

A littéraire.
B vulgaire.
C poétique.
D familière.

☐ ☐ ☐

Complétez le tableau suivant en indiquant à qui ou à quoi se rapportent les mots en gras.

Dans la phrase …	le mot …	se rapporte à
Exemple : ***m'****ont appelé (ligne 1)*	*« m' »*	*Cédric Klapisch*
2 **ça** pourrait bien servir *(ligne 3)*	« ça »	
3 à quoi **ça** allait servir *(ligne 6)*	« ça »	

En vous basant sur les lignes 5 à 19, répondez aux questions suivantes ou indiquez dans la case de droite la lettre qui correspond à la réponse correcte.

4 Lorsque Cédric Klapisch avait 20 ans

A le premier Macintosh avait pour but de remplir une fonction.
B on ne pouvait imaginer l'importance qu'une machine de ce type pourrait prendre.
C rares étaient les personnes qui se servaient d'un Macintosh.
D on ne pouvait pas savoir que le premier Macintosh empêcherait d'autres inventions plus utiles.

☐

5 À qui ou à quoi se rapporte « l' » dans « qui l'a trouvée » ? *(ligne 10)*

....

Reliez chacun des mots ou expressions du texte figurant dans la colonne de gauche avec son équivalent qui se trouve dans la colonne de droite. ***Attention :*** *il y a plus de mots proposés que de réponses possibles. Un exemple vous est donné.*

Exemple : *Macintosh (ligne 5) D*

6 fabrique *(ligne 10)*
7 épaté *(ligne 11)*
8 jalonnent *(ligne 12)*

A usine
B détruisent
C déçu
D *ordinateur*
E surpris
F marquent
G machine à écrire
H crée

Vous avez des débuts de phrase à gauche et des fins possibles à droite. En vous basant sur les lignes 14 à 21, remettez le début avec la fin qui lui correspond. ***Attention :*** *il y a plus de fins que de débuts et chaque fin ne peut être utilisée qu'une seule fois. Un exemple vous est donné.*

***Exemple** : En tant que cinéaste, Cédric Klapisch s'intéresse … C*

9 Cédric Klapisch aime que ses personnages

10 L'activité qui règne sur les quais de gare, les trottoirs et les échangeurs d'autoroutes ressemble

11 Cédric Klapisch souhaite particulièrement la bienvenue aux abonnés d'internet

A qui visiteront son site par hasard.

B au cinéma contemporain.

C à la diversité humaine.

D utilisent l'internet.

E aient un caractère distinct et une vie particulière.

F qu'il rencontrera en promenade.

G à celle que génère l'internet.

CHAPITRE 6
LE POUVOIR DES MÉDIAS

Objectifs :
- Analyser le rôle des journalistes et leurs responsabilités
- Discuter de la validité des informations diffusées
- Aborder le thème de la liberté de la presse
- Les adverbes

Les mots clés de l'unité : un droit, un devoir, le respect de la vie privée d'autrui, un journaliste, un scoop, s'informer, un reportage, la liberté d'expression, le sensationnalisme des médias, un événement médiatique

Les droits et devoirs des journalistes

La charte des devoirs professionnels des journalistes français

C'est dans ces conditions qu'un journaliste digne de ce nom :

- Prend la responsabilité de toutes ses productions professionnelles, mêmes anonymes ;
- Respecte la dignité des personnes et la présomption d'innocence ;
- Tient l'esprit critique, la véracité, l'exactitude, l'intégrité, l'équité, l'impartialité, pour les piliers de l'action journalistique ; tient l'accusation sans preuve, l'intention de nuire, l'altération des documents, la déformation des faits, le détournement d'images, le mensonge, la manipulation, la censure et l'autocensure, la non vérification des faits, pour les plus graves dérives professionnelles ;
- Exerce la plus grande vigilance avant de diffuser des informations d'où qu'elles viennent ;
- Dispose d'un droit de suite, qui est aussi un devoir, sur les informations qu'il diffuse et fait en sorte de rectifier rapidement toute information diffusée qui se révèlerait inexacte ;
- N'accepte en matière de déontologie et d'honneur professionnel que la juridiction de ses pairs ; répond devant la justice des délits prévus par la loi ;
- Défend la liberté d'expression, d'opinion, de l'information, du commentaire et de la critique ;
- Proscrit tout moyen déloyal et vénal pour obtenir une information. Dans le cas où sa sécurité, celle de ses sources ou la gravité des faits l'obligent à taire sa qualité de journaliste, il prévient sa hiérarchie et en donne dès que possible explication au public ;
- Ne touche pas d'argent dans un service public, une institution ou une entreprise privée où sa qualité de journaliste, ses influences, ses relations seraient susceptibles d'être exploitées ;
- N'use pas de la liberté de la presse dans une intention intéressée ;
- Refuse et combat, comme contraire à son éthique professionnelle, toute confusion entre journalisme et communication ;
- Cite les confrères dont il utilise le travail, ne commet aucun plagiat ;
- Ne sollicite pas la place d'un confrère en offrant de travailler à des conditions inférieures ;
- Garde le secret professionnel et protège les sources de ses informations ;
- Ne confond pas son rôle avec celui du policier ou du juge.

Paris, juillet 1918 ; révisée en 1938 et 2011, *Lire la presse*, Éditions Gallimard

Manipulation du texte

Complétez chaque phrase en vous référant au texte « la Charte des journalistes ». Utilisez les mots qui se trouvent ci-dessous.

1 La Charte des Journalistes précise les .... et les .... de chaque journaliste.

2 Un journaliste est .... de ses articles.

3 Il faut que les missions soient .... avec l'éthique du métier du journaliste.

4 Un journaliste doit toujours être ....

5 Un journaliste ne doit pas .... ses confrères journalistes.

6 Un journaliste est très ...., il ne dévoile aucun .... professionnel.

7 Un journaliste est .... de publier toute information véridique.

8 Un journaliste ne se prend jamais pour un ....

policier	copier	droits	secret	compatibles
discret	devoirs	responsable	libre	honnête

6.2 Les Français et le journal télévisé de 20h

Texte 6.2.1

Le JT de 20h reste la principale source d'information pour plus d'un tiers des Français

En effet, 34% des personnes interrogées déclarent qu'il s'agit de leur principale source d'information pour s'informer sur l'actualité de tous les jours et 30% d'une source d'information importante ....[1]......... pas la principale (soit un total de 64%). Il s'agit ....[2]......... d'une source secondaire pour 16% des Français et 20% déclarent le regarder rarement voire jamais (soit un total de 36%). *In fine*, le JT tient ....[3]......... une place *a minima* importante pour près des deux-tiers des Français (64%).

Tout se passe comme si le rite de 20h avait conservé une place fondamentale dans une population plus rurale, plutôt âgée et moins diplômée, ...[4]......... pour une population plus jeune, plus diplômée et plus urbaine, ce rendez-vous n'a plus rien de sacré. Parmi les plus familiers de la grand-messe de 20h, on retrouve ....[5]......... davantage de personnes sans diplôme (la principale source d'information pour 51% d'entre eux, soit 17 points de plus que la moyenne des Français), de femmes au foyer (45%, +11), de seniors (43% des 65 ans et plus, +9) et d'habitants de zones rurales (43% également). En revanche, les diplômés d'un 2e ou 3e cycle universitaire (la principale source d'information pour 17%, soit –17 points), les cadres (18%, –16), les habitants des grands pôles urbains que sont Paris, Lyon et Marseille (19%, –15) et les jeunes de 18 à 24 ans (23%, –11) se révèlent être des téléspectateurs moins assidus.

La grand-messe du 20h, une place importante dans le cœur de la moitié des Français : il manquerait à 52% des Français s'il venait à disparaître

15 Interrogés sur leurs réactions en cas de disparition du JT, 52% des Français déclarent qu'il leur manquerait beaucoup ou assez, contre 48% pour lesquels le JT leur manquerait peu ou pas du tout. L'opinion se révèle donc très partagée sur son niveau d'attachement au journal télévisé et particulièrement structurée, avec un Français sur cinq (22%) déclarant que le JT leur manquerait beaucoup, et 24% qu'il ne leur manquerait au contraire pas du tout.

Sofres, *Points de vue*, le 30 mars 2011

Manipulation du texte

Répondez aux questions suivantes.

1 Parmi les phrases suivantes, deux sont conformes aux résultats de ce sondage exprimés dans le premier paragraphe. Lesquelles ?

a Un tiers des Français regarde le JT quotidiennement.
b Un quart des Français ne regarde jamais le JT.
c Ceux sont les jeunes qui regardent le JT en priorité.
d À la campagne, les gens aiment regarder le JT.
e Les jeunes qui ont fait des études aiment regarder le JT tous les jours.

2 Ajoutez les mots manquants dans le premier paragraphe en les choisissant dans la liste proposée ci-dessous.

Attention : il y a plus de mots que d'espaces et chaque mot ne peut être utilisé qu'une seule fois.

alors que	sans que	donc	malgré	mais
en revanche	après	en effet	pourvu que	

3 À qui ou à quoi se réfère « le » dans « 20% déclarent le regarder rarement voire jamais » ? (ligne 3–4)

4 À qui ou à quoi se réfère « leur » dans « le JT leur manquerait peu ou pas » ? (ligne 15)

À l'oral

Informations télévisées, informations à la radio, informations sur internet ou presse écrite ; lequel de ces médias trouvez-vous le plus efficace ? Pourquoi ?

Activité interculturelle

1 Faites des recherches sur les habitudes médiatiques dans votre pays et comparez-les avec le reste de la classe.
2 Y a-t-il des différences importantes à noter en fonction des différentes nationalités ?
3 À quoi ces différences peuvent-elles être attribuées ? Discutez.

Zoom grammaire

Les adverbes

« 20% déclarent le regarder **rarement** voire **jamais** ».

Les adverbes apportent des informations complémentaires sur le verbe/l'action.
Ils sont invariables (ils ne changent pas).

Il y a trois catégories principales d'adverbes :

- Les adverbes de manière (comment ?)
  Exemples : Elle court. Elle court lentement.
- Les adverbes de temps (quand ?)
  Exemples : rarement, alors, avant, après
- Les adverbes de fréquence (combien de fois ?)
  Exemples : souvent, jamais

On les forme généralement de la façon suivante :
lent (adjectif au masculin) ⟶ lent**e** (forme féminine de l'adjectif) ⟶ lente**ment** (adverbe)

Exemples : frais ⟶ fraî**che** ⟶ fraîche**ment**
simple ⟶ simple ⟶ simple**ment**

Exceptions :

- Si l'adjectif se termine par une voyelle, on **n**'utilise **pas** la forme féminine de l'adjectif :
  joli ⟶ joli**ment**
  vrai ⟶ vrai**ment**
- Lorsque l'adjectif se termine en « **-ent** », l'adverbe se termine en « **-emment** » et on **n**'utilise **pas** la forme féminine de l'adjectif :
  différent ⟶ différ**emment**
  récent ⟶ réc**emment**
- Si l'adjectif se termine en « **-ant** », l'adverbe se termine en « **-amment** » et on **n**'utilise **pas** la forme féminine de l'adjectif : courant ⟶ cour**amment**.

Attention : certains mots sont des adverbes qui ne sont pas formés à partir de l'adjectif.

Exemples : souvent, jamais, bien

Grammaire en contexte

1 En gardant à l'esprit que les adverbes sont des mots **invariables** qui apportent des informations complémentaires sur le **verbe**/l'action, décidez si les mots suivants sont des adverbes.

a explicitement
b comportement
c violemment
d rapide
e silencieusement
f parfois
g ouvertement
h appartement
i vite
j fiable
k méchamment
l injustement
m pertinemment
n rarement
o mal
p bruyant
q médicament
r librement
s mauvais
t vêtement

2 Employez chacun des adverbes de l'exercice précédent dans un paragraphe de 150 mots qui aura pour titre : « Je ne fais pas confiance aux médias ! »

Avant de rédiger votre paragraphe, décidez si les phrases suivantes pourraient vous servir dans votre paragraphe et adaptez-les ! Vous pouvez aussi vous inspirer du document qui se trouve ci-dessous.

- **a** Les médias montrent une réalité déformée des événements.
- **b** Les journalistes vérifient leurs sources.
- **c** Les médias essaient d'influencer le public.
- **d** Le but des journalistes est d'informer le public.
- **e** Le plus important c'est la part d'audimat ou le nombre de lecteurs ou le chiffre d'affaire.
- **f** Ce qui compte c'est d'intéresser le public sans se soucier de l'exactitude des faits avancés.
- **g** La partialité devrait être une priorité.
- **h** Les médias ont trop de pouvoir. Il faut les contrôler.
- **i** Les médias reflètent une image déformée de l'opinion publique.
- **j** Aucun média n'est neutre.

La fiabilité d'internet en question ...

Peut-on toujours faire confiance à l'information que l'on trouve dans les médias ?

Valider l'info en ligne

Identifier, vérifier, faire des choix

Article 19 de la Déclaration universelle des droits de l'homme

« Tout individu a droit à la liberté d'opinion et d'expression, ce qui implique le droit de ne pas être inquiété pour ses opinions et celui de chercher, de recevoir et de répandre, sans considération de frontières, les informations et les idées par quelque moyen d'expression que ce soit. »

1

- **Par quel moyen ?**
Utilise des moteurs de recherche comme Google ...

- **Comment ?**
Évite d'écrire de longues questions et utilise plutôt des mots-clefs les plus pertinents possibles.

- **Pour quels résultats ?**
Dans les réponses, il faut bien différencier les liens commerciaux (sites qui paient pour apparaître en priorité et qui sont souvent en haut ou sur le côté), les publicités, et les résultats qui sont classés selon différents critères : pertinence, nombre de visites, etc. La lecture du texte accompagnant la réponse te permettra de faire un premier tri.

- **Quelles pistes pour faire le tri ?**

- Repère l'extension du site : « .fr » ; « .com » (= commerce) ; « .org » (= organisation non commerciale)
- Regarde son intitulé : *www.lesitedesuzette.free.fr* ou *www.histoiredefrance.fr*
- Cherche les informations légales obligatoirement présentes (rubrique « Qui sommes-nous ? » par exemple).

Des fautes d'orthographe, une profusion de publicité ou de « gadgets », un site très mal fait ... amènent à s'interroger sur la qualité des informations qu'il contient.

2

- est cohérente : repère les éventuels anachronismes, contradictions ... ;
- se retrouve sur plusieurs sites ou médias : ne te contente pas d'une réponse mais croise tes sources afin de vérifier la fiabilité de celles-ci ;
- est légitime : celui qui propose des infos ou des ressources comme des images, des vidéos ou des sons, doit être en droit de les diffuser, sinon il y a atteinte au droit d'auteur et tu peux t'interroger sur le sérieux ou la déontologie du site en question ;
- répond à tes attentes : un extrait de thèse n'est pas adapté à un exposé d'élève même si l'information en elle-même est juste.

3

- **Qui écrit ?**

Un particulier ? Un professionnel ? L'absence de renseignements sur l'auteur ou sur l'organisme auquel il appartient doit te questionner.

- **Pourquoi ?**

Quel est le but du site et de l'information donnée ? Informer ou renseigner ? Se mettre en valeur ? Vendre des biens matériels ou des idées ?

- **À quel type de site ai-je affaire ?**

- Un site institutionnel comme le site du ministère de l'Éducation nationale ?
- Un site personnel fait par des particuliers ?
- Un site commercial ?
- Un blog ?
- Un forum ?

Blogs, forums

Sur les blogs et les forums, des internautes s'échangent des informations, parfois riches et intéressantes, tirées de leur expérience. Attention cependant pour les sujets médicaux, de droit et de sécurité, les conseils ne suffisent pas, rien ne remplace la consultation d'un professionnel.

Un exemple : Wikipédia

Cette encyclopédie en ligne arrive le plus souvent en tête des recherches car elle est très consultée. C'est un projet participatif aux auteurs multiples : tout le monde peut proposer un article sur son sujet de prédilection, l'article est ensuite validé par un des administrateurs et mis en ligne. Une fois publié, il est soumis aux commentaires des internautes qui peuvent l'enrichir, rectifier des erreurs, ou donner un point de vue différent.

Ainsi, tous les articles sont « en construction » permanente.

Alors Wikipédia, une encyclopédie fiable ? Oui, autant que les encyclopédies « classiques » mais attention à l'évolution des articles, aux corrections et discussions autour de ceux-ci. Pour cela n'hésite pas à consulter l'historique de l'article.

http://fr.wikipedia.org

4

Apprends à repérer les informations « intéressées » : un site commercial ou financé par un certain type de publicité ne sera pas forcément objectif. Par exemple, un site de musique appartenant à une grande maison de disques fera d'abord la louange des artistes qu'elle produit.

5

Sur Internet on trouve tout et n'importe quoi : de la blague de potache au site franchement illicite.

Parfois, l'information se propage et s'amplifie dans la blogosphère, tout le monde en parle mais... est-ce si important ? On parle alors de « buzz » , sorte de « bouche à oreille » à grande échelle.

Internet est aussi le lieu idéal pur la circulation des rumeurs, qui peuvent être amplifiées et relayées de site en site sans que l'information n'ait été vérifiée. Certaines rumeurs, souvent de fort mauvais gout, sont des canulars informatiques, diffusés ensuite de bonne foi via la messagerie et les blogs. On les appelle communément « hoax ».

Comment s'y repérer ? Tout d'abord un peu de bon sens permet d'éliminer le plus gros canulars. Ensuite tu peux consulter des sites spécialises, comme Hoaxbuster, qui décortiquent les informations a priori douteuses et démontent ainsi le mécanisme de propagation.

Document adapté du Fiche mémotice, Ministère de l'éducation nationale

Compréhension générale du texte

Répondez aux questions suivantes.

1 Ce texte est :

- **a** un article sur la liberté de la presse en France
- **b** une publicité pour inciter les jeunes à lire la presse
- **c** une liste de conseils sur la façon d'aborder la presse écrite en général
- **d** un guide de recommandations qui visent à aider les jeunes à être sélectifs dans leur recherche d'informations sur internet.

2 Dans ce document, le mot « info » signifie :

- **a** les actualités que l'on trouve sur le net
- **b** des renseignements personnels
- **c** des scoops et rumeurs
- **d** toutes sortes d'information que l'on peut trouver sur la toile

3 Reliez chacun des titres ci-dessous à la rubrique correspondante.

- **a** Une « bonne info » ...
- **b** Chercher l'info
- **c** Attention
- **d** Les questions à se poser

4 Parmi les phrases suivantes, **trois** sont conformes aux idées exprimées dans ce document. Lesquelles ?

- **a** Lorsque l'on effectue des recherches sur la toile, il est judicieux d'entrer des mots clés.
- **b** On peut faire confiance à un site qui ne mentionne pas le nom de son auteur.
- **c** On ne trouve jamais d'informations valides sur un blog.
- **d** *Wikipédia* n'est contrôlé par personne.
- **e** Le contenu de certains sites est influencé par la publicité.
- **f** Il faut faire preuve de bon sens face aux informations que l'on peut trouver sur internet.

5 Quel adjectif du paragraphe 5 signifie « illégal » ?

6 Quel mot du paragraphe 5 signifie « blague » ?

À l'oral

1 Regardez la liste de sources d'information données ci-dessous. Classez ces sources de la plus fiable à la moins fiable. Justifiez vos choix.

- **a** un journal
- **b** un site web
- **c** une affiche
- **d** une bibliothèque
- **e** une interview
- **f** un tract
- **g** un annuaire
- **h** un espion
- **i** une lettre anonyme
- **j** une encyclopédie
- **k** une conférence
- **l** une rumeur

2 Regardez la liste d'information à rechercher ci-dessous. Décidez de la meilleure source à consulter dans chaque cas. Justifiez vos choix.

Exemple:

Vous préparez une thèse sur l'influence de l'anglais au Québec.

Source(s) consultée(s) : internet – Je n'habite pas au Canada, l'internet me permettra d'accéder à des articles, des études sur le sujet de chez moi.

- **a** Vous souhaitez vous tenir au courant de l'actualité du monde francophone.
- **b** Vous recherchez les coordonnées d'une entreprise.
- **c** Vous recherchez un ami perdu de vue.
- **d** Vous préparez un exposé sur le réchauffement climatique.
- **e** Vous rédigez un article pour le journal de votre école sur l'opinion des élèves concernant le port de l'uniforme scolaire.
- **f** Vous cherchez des informations sur votre voisin.
- **g** Vous voulez vous procurer les plans d'une nouvelle invention technologique.
- **h** Vous devez écrire un article sur un chanteur célèbre après son passage dans votre ville.

6.4 Journaliste ... un métier sans risque ?

Texte 6.4.1

Quels sont les risques D'INFORMER ?

La recherche d'informations comporte de nombreux risques et difficultés, allant de l'erreur à la manipulation, et parfois jusqu'à la mise en danger du journaliste.

Les journalistes exercent des métiers très variés. Les conditions de travail diffèrent considérablement entre le journaliste de « bureau », qui met en forme l'information à partir de dépêches et de témoignages rapportés, et le reporter qui, sur le terrain, recueille et analyse des données brutes. Entre eux, beaucoup d'intermédiaires effectuent des choix dans la sélection des sujets ou la façon de les traiter. À chaque fois, ces décisions impliquent certains risques, physiques ou moraux, pour le journaliste lui-même ou pour la qualité de l'information qu'il transmet.

Reporter de guerre. Le sort des journalistes en Irak, dont témoigne la disparition depuis plus d'un mois de la Française Florence Aubenas et de son guide, Hussein Hanoun Al Saadi, rappelle de façon dramatique les risques encourus par les reporters de guerre.

Course. La course à l'audience peut aussi conduire à des traitements irréguliers et désastreux de l'information. Ainsi, le 3 février 2004, David Pujadas ouvre le journal télévisé de 20 heures sur France 2 en annonçant le retrait de la vie politique d'un homme condamné par la justice ; au même moment, ce dernier est l'invité du journal de TF1, où il annonce ... qu'il reste.

Arrangements. Parfois, c'est l'information elle-même qui peut être arrangée pour la rendre plus claire ou ... plus spectaculaire. Et pour gagner du temps, des vérifications peuvent être omises. La fausse agression

d'une jeune femme dans le *RER en juillet 2004 illustre ces deux aspects. L'affaire fit la une de tous les journaux pendant cinq jours, jusqu'à ce que la prétendue victime avoue avoir tout inventé. Et afin de pouvoir illustrer cette information imaginaire, TF1 alla jusqu'à reconstituer la scène en images de synthèse.

Pression économique. Publier une information peut aussi s'avérer dangereux sur le plan financier. Mais les réparations obtenues en justice figurent désormais parmi les risques calculés des médias, en particulier pour la presse people, prête à verser des centaines d'euros à une personne dont la photo a été publiée sans son accord, mais dont la publication rapporte dix fois plus.

*Réseau Express Régional

Les Clés de l'actualité, n° 609, 2005

Compréhension générale du texte

1 Quels sont les deux types de journalistes mentionnés dans cet article ?

2 Voici les risques encourus par les journalistes qui sont mentionnés dans l'article. Reliez chaque risque à sa cause.

a risque de kidnapping

b risque de divulguer des informations erronées

c risque de bâcler le travail au profit d'un gain de temps

d risque de pertes financières

1 course à l'audimat

2 exposition d'une vérité dérangeante

3 droit à l'info – volonté de faire passer l'information même depuis des zones dangereuses

4 être le premier à divulguer une info

À l'oral

1 Quels autres risques les journalistes encourent-ils ?

2 Quelles peuvent être les conséquences sur le public de la divulgation d'une information erronée ?

3 De quelles façons les actions des journalistes peuvent-elles porter atteinte à un individu ?

6.5 La liberté de la presse en question

À l'oral

Pour aller plus loin ...

1 Regardez cette photo et décrivez-la.

2 D'après vous, que représente-t-elle?

3 Quel message essaie-t-on de faire passer par rapport au métier de journaliste ?

4 Cette photo fait partie d'une campagne de sensibilisation. Pour quelle cause à votre avis ?

5 Imaginez un slogan pertinent qui pourrait accompagner cette photo.

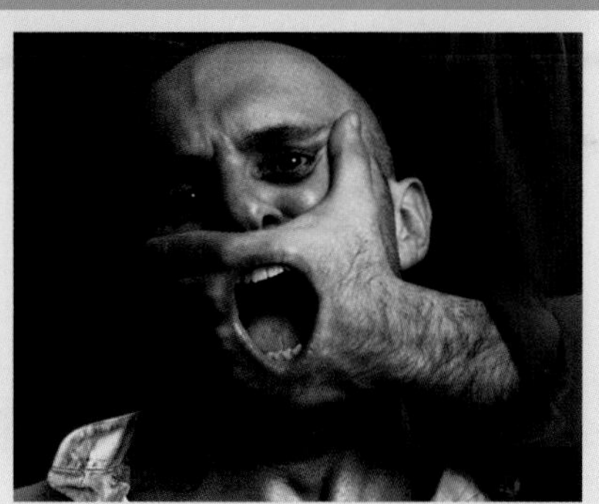

Le saviez-vous ?

La liberté de la presse : 2010 chiffres

- 57 journalistes tués (-25% par rapport à 2009)
- 51 journalistes enlevés
- 535 journalistes arrêtés
- 1374 journalistes agressés ou menacés
- 504 medias censurés
- 127 journalistes ont fui leur pays
- 152 blogueurs et Net-citoyens arrêtés
- 52 blogueurs agressés
- 62 pays touchés par la censure d'Internet

Reporters sans Frontières, Bilan de la liberté de la presse 2010

À l'oral

Voici l'affiche dans son intégralité :

1 Trouvez-vous cette affiche efficace ? Pourquoi ?
2 Qui peut empêcher un journaliste de s'exprimer ? Qu'est-ce qu'il y a à gagner à vouloir faire taire un journaliste ?
3 Dans quels contextes la liberté de la presse peut-elle être menacée ? Pouvez-vous citer des exemples récents ?

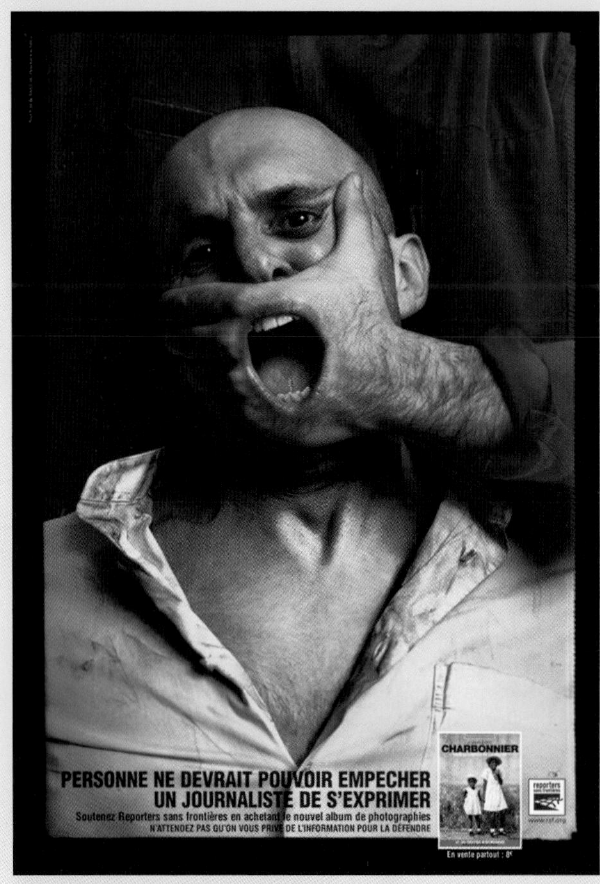

Reporters sans frontières

Théorie de la connaissance

« Personne ne devrait pouvoir empêcher un journaliste de s'exprimer. »

1 Qu'en pensez-vous ? Partagez-vous cette opinion ?
2 N'y a-t-il aucune limite à la liberté de la presse ?
3 Un journaliste peut-il/doit-il/devrait-il pouvoir tout dire ou tout montrer au nom de la liberté de la presse ?
4 A-t-on encore besoin des journalistes pour s'informer aujourd'hui ?
5 Une image a été utilisée ici pour faire passer un message très précis au public et l'interpeller. Les images sont-elles, d'après vous, plus efficaces que les mots ?
6 *Paris-Match*, un célèbre magazine français a pour devise « le choc des mots, le poids des photos ». Qu'en pensez-vous ? Les mots doivent-ils être choquants pour attirer l'attention ? Et que dire des images ou photos ?

Entraînement au travail écrit (NM)

En vous basant sur les trois textes suivants :

- « La charte des devoirs professionnels des journalistes français » (page 100)
- « Valider l'info en ligne » (page 104)
- « Quels sont les risques d'informer ? » (page 108)

Choisissez l'une des tâches suivantes et effectuez-la. Rédigez un texte entre 300 et 400 mots et un préambule de 100 mots.

Type de texte	Objectif	Public visé	Titre du travail écrit
Discours	Faire prendre conscience aux journalistes de leurs responsabilités	Une assemblée de journalistes réunie à l'occasion de la semaine de la presse	Que cessent enfin la désinformation et les atteintes à la vie privée !
Interview avec un(e) journaliste	Donner une voix au/à la journaliste Mieux comprendre le métier de journaliste	Cette interview sera publiée	Un métier parfois mal compris
Guide de recommandations	Donner des conseils sur la carrière de journaliste (risques encourus et responsabilités)	Futurs journalistes	Le guide du parfait journaliste

Conseils de l'examinateur

Une fois votre travail écrit complété, vérifiez que vous avez rempli les exigences requises.

Avez-vous :

- rédigé entre 300 et 400 mots ?
- choisi un type de texte spécifique ?
- donné un titre à votre travail écrit ?
- rédigé un préambule de 100 mots qui explique votre tâche, vos objectifs, pourquoi vous avez choisi tel type de texte et quels procédés vous avez utilisés pour atteindre vos objectifs et rendre votre travail convaincant ?
- rédigé votre travail écrit et le préambule à la main ?
- respecté le registre à adopter (registre informel avec « tu », registre formel avec « vous ») ?

Entraînement à l'oral interactif

Mini débat

« Les médias doivent-ils tout dire et tout montrer ? » Qu'en pensez-vous ? Êtes-vous pour ou contre ?

L'article 11 de La déclaration des droits de l'homme de 1789 stipule que :

> « La libre communication des pensées et des opinions est un des devoirs les plus précieux de l'homme ; tout citoyen peut donc parler, écrire, imprimer librement sauf à répondre de l'abus de cette liberté dans les cas déterminés par la loi ».

À vous … Divisez la classe en deux camps opposés et lancez le débat. Que le plus convaincant gagne !

Conseils de l'examinateur

Réfléchissez d'abord aux questions suivantes.

1. Avec un(e) camarade, établissez une liste de cinq cas qui d'après vous constitueraient des situations d'abus du pouvoir de la presse. Justifiez vos choix.
2. Quels types d'images ne devrait-on pas avoir le droit de diffuser ? Pourquoi ?
3. Quels types d'informations ne devraient jamais être divulgués ? Pourquoi ?
4. Quels genres d'événements doivent absolument être couverts ?
5. La violence dans les médias devrait-elle être censurée ? (Aux infos par exemple.)
6. Un journaliste devrait-il vraiment mettre sa vie en danger au nom de l'information et de la liberté de la presse ?
7. Sous couvert de la liberté d'expression, doit-on vraiment avoir le droit de tout dire et de tout montrer ?
8. La presse doit-elle être contrôlée ? Par qui ? Pourquoi ?
9. Quels seraient les dangers (mais aussi les bienfaits) d'un contrôle exercé sur les médias ?
10. Récemment, l'affaire « Wikileaks » a secoué le monde des médias. Le public a-t-il le droit, au nom de la transparence, de tout connaître/tout savoir ? Certaines informations devraient-elles restées « secret d'état » et ne jamais être révélées ? Pourquoi ?
11. Tous les moyens sont-ils bons pour obtenir des informations exclusives et top confidentielles ?
12. Avec l'avènement du « journalisme citoyen » (tout le monde peut diffuser librement n'importe quelle information sur le net), peut-on envisager un monde sans journaliste ?

À l'écrit

Choisissez l'une des questions suivantes. Écrivez entre 250 et 400 mots.

1. Vous avez eu l'opportunité de faire un stage pour un journal reconnu et de travailler avec un journaliste professionnel. Rédigez le compte-rendu de votre expérience. Dans ce compte-rendu, vous tirerez également les conclusions de votre expérience.
2. Le journal *L'info sinon rien* recherche un nouveau/une nouvelle journaliste. Vous pensez être le/la candidate(e) idéal(e) pour ce job. Vous écrivez une lettre à la direction du journal pour postuler à ce poste.

Conseils de l'examinateur

Structurez vos devoirs. Référez-vous à la liste des connecteurs logiques qui se trouve page 448 pour vous aider.

À l'écrit (NS)

Lisez le texte suivant et réagissez en rédigeant une réponse personnelle qui prendra la forme d'une dissertation. Écrivez entre 150 et 250 mots.

> « De nos jours, les journalistes ont trop de pouvoir. Un contrôle des médias devient urgent et indispensable afin d'éviter les dérives. »

Ressources en ligne
Pour plus d'activités, consultez le site www.pearsonbacconline.com

ENTRAÎNEMENT À L'EXAMEN

FRANÇAIS B – NIVEAU SUPÉRIEUR – ÉPREUVE 1

Novembre 2005

TEXTE A

Créer un journal

Quelques stylos, du papier et une photocopieuse suffisent à lancer un journal de lycée. Mais n'oubliez pas les rédacteurs, sans eux le titre n'existe pas ...

❶ Quoi de plus passionnant que de traquer l'info, la bonne idée, de passer des heures à préparer son article, de chercher les moyens de le diffuser, de distribuer son journal à tue-tête, et fin du fin, de voir ses copains le lire ? Si l'aventure vous tente, ne vous précipitez pas tout de suite ! Un journal demande d'abord une grande organisation.

❷ À l'origine du journal, il y a souvent une bande d'amis qui veut s'exprimer. Du fanzine de BD au journal d'idées en passant par le simple compte rendu des initiatives lycéennes, le journal a une unité qui doit être définie. C'est la formule du journal. En fonction de cette formule, les lecteurs ne seront pas les mêmes, le papier utilisé non plus. Les moyens mis en œuvre seront donc différents.

❸ Une fois la formule et le lectorat soigneusement définis, la ligne rédactionnelle doit être discutée : quel est le but du journal ? Doit-il être indépendant financièrement ? Quels genres d'articles seront, ou ne seront pas, traités ? Dans quelles rubriques apparaîtront-ils ? Quelles seront les illustrations (photos, dessins...) ? Faudra-t-il de la couleur ? Autant de questions qui constituent l'armature du projet.

❹ À ce stade, l'équipe peut être créée. Un journal, c'est bien sûr des rédacteurs et un rédacteur en chef, mais c'est aussi un maquettiste chargé de donner forme au titre, un trésorier et un directeur de publication. Ce dernier est responsable devant la loi, il doit donc être majeur.

❺ Reste maintenant à trouver les moyens matériels pour que le journal voie le jour. Des fonds sont disponibles dans chaque lycée pour financer ce genre de projet. Une photocopieuse au centre de documentation peut servir à publier le journal. D'autres pistes sont envisageables : les collectivités locales ou la publicité des commerçants du quartier. La vente des numéros, outre une valeur donnée à vos écrits, peut vous rapporter un peu d'argent. Plongez-vous, enfin, dans les textes juridiques pour connaître les contraintes légales et lancez votre numéro 0. Il permet de roder l'équipe tout en effectuant les derniers ajustements.

❻ La tâche n'est pas simple, mais vous n'êtes pas seuls : environ 600 journaux lycéens existent en France !

Tiré et adapté du site www.vie-lyceenne.education.fr

SECTION A – TEXTE A – CRÉER UN JOURNAL

Indiquez dans la case de droite la réponse choisie par une lettre.

1 Ce texte est …

A une publicité pour le journal d'un lycée.
B une série de conseils pour aider des élèves à créer un journal.
C une annonce pour recruter des journalistes.
D une pétition pour obtenir la permission de créer un journal dans un lycée.

☐

Répondez à la question suivante.

2 Dans le 1er paragraphe, de quelle « aventure » s'agit-il ?

....

3 Selon le texte, **trois** des sept phrases suivantes sont vraies. Indiquez les lettres correspondantes dans les cases de droite.
[3 points]

A Il est plus passionnant de créer un journal que de passer des heures à préparer son article.
B Pour créer un journal, il faut d'abord trouver de l'argent.
C Se joindre à l'équipe du journal du lycée est une bonne façon de se faire des amis.
D Les lecteurs vont varier selon le type de publication.
E Le directeur de publication doit être majeur.
F La vente du journal ajoute un certain prestige à la publication.
G Lancer un numéro 0 permet de se familiariser avec les contraintes légales.

☐
☐
☐

Répondez aux questions suivantes.

4 Quelle expression du 2e paragraphe signifie « utilisés » ?

....

5 Quel mot du 3e paragraphe désigne les différentes sections d'un journal ?

....

6 Quel mot du 5e paragraphe signifie « possibles » ?

....

Indiquez dans la case de droite la réponse choisie par une lettre.

7 La dernière phrase du texte veut dire que …

A les jeunes qui veulent créer un journal recevront de l'aide du gouvernement français.
B le journal du lycée se bat contre la concurrence des autres journaux lycéens.
C l'existence de 600 journaux lycéens montre qu'il est relativement facile de créer un journal de lycée.
D les journaux lycéens sont là pour sortir les jeunes de leur isolement.

☐

International Baccalaureate, November 2005

CHAPITRE 7
LA PUBLICITÉ

Objectifs :
- Aborder le sujet de la publicité en Afrique francophone
- Discuter de l'influence de la pub sur les jeunes
- Parler du lien entre la pub et l'obésité
- Le conditionnel présent

Les mots clés de l'unité : la publicité, un publiciste, une agence publicitaire, une publicité mensongère, l'obésité, la sédentarité, vanter les mérites d'un produit, la tentation, créer le besoin, duper le public

7.1 On se retrouve juste après la pub

> *« Le problème de la publicité, c'est qu'elle ne présente pas le monde et la vie tels qu'ils sont, mais en fonction d'impératifs de consommation. »*

Catherine Pinet-Fernandes, *Les Ados et les Médias*, Éditions éclairages

À l'oral

1 Qu'est-ce qui vous attire en premier dans une publicité ?

2 Réfléchissez à une publicité que vous aimez particulièrement (ou que vous aimiez). Expliquez ce qui a retenu votre attention.

3 Préférez-vous les pubs audiovisuelles ou les pubs papier ? Pourquoi ?

4 Qu'est-ce qui contribue à l'efficacité d'une pub ? Classez les éléments ci-dessous par ordre d'importance et justifiez votre classement.

- **a** des informations générales sur le produit
- **b** le prix du produit
- **c** l'utilité du produit
- **d** le visuel du produit
- **e** le slogan
- **f** la couleur
- **g** la bande son
- **h** le jeu des acteurs ou le graphisme
- **i** le réalisme
- **j** l'originalité
- **k** les stéréotypes véhiculés
- **l** la marque
- **m** les infos sur les conditions de vente
- **n** l'humour

5 Avez-vous déjà acheté un produit après en avoir vu la pub ?

6 On dit souvent que la publicité crée le besoin. Qu'en pensez-vous ?

7 Devrait-on interdire la publicité ou la publicité est-elle indispensable ?

8 La publicité est omniprésente dans la société actuelle (dans le métro, à la télé, à la radio, sur internet, dans les magazines, dans les boîtes aux lettres, sur les terrains de sport, à l'école, etc.). Y a-t-il des lieux où, selon vous, la publicité devrait être interdite ? Lesquels ? Pourquoi ?

La pub : un secteur en pleine expansion dans les pays francophones

Texte 

JEUNE AFRIQUE

Toute l'actualité africaine en continu

Sous l'effet des moyens considérables mis en jeu par les opérateurs de télécoms, les budgets publicitaires se sont envolés dans le nord comme dans le sud du continent. Un secteur qui a par ailleurs stimulé la créativité et professionnalisé les métiers de publicitaires.

La pub explose ! C'est par ce slogan que l'on serait tenté de résumer la formidable envolée que connaît la publicité en Afrique francophone. Les deux principaux marchés de la zone, le Cameroun et la Côte d'Ivoire, ont doublé de taille en l'espace de quelques années pour atteindre environ 35 millions d'euros pour le premier et davantage encore pour le second. Le Sénégal, qui arrive en troisième position, a également vu son marché multiplié par deux en l'espace de trois à quatre ans, pour dépasser les 20 millions d'euros. 5

Difficile d'être plus précis toutefois. Ces chiffres ne restent que des évaluations, car aucune institution ne mesure aujourd'hui les budgets publicité en Afrique de l'Ouest et centrale. Mais les faits sont là. « Au Sénégal, beaucoup de structures qui ne communiquaient pas ont pris le train en marche. Le nombre d'agences a fortement augmenté, pour atteindre la quarantaine. Les compétences se sont enrichies et les supports se sont diversifiés : il y a désormais cinq chaînes de télévision, de plus en plus de radios, et l'internet est devenu un moyen de communication », souligne Aziz Barry, directeur média de McCann au Sénégal et pour l'Afrique subsaharienne francophone. 10 15

Un marché de 500 millions d'euros au Maghreb

En Afrique du Nord, le phénomène est encore plus impressionnant. Selon le cabinet Sigma Conseil, les investissements publicitaires au Maghreb en télé, en radio, dans la presse écrite et par affichages auraient frôlé les 500 millions d'euros en 2007. En Algérie, le pays de la zone le plus en retard dans ce domaine, ils ont augmenté de 53% ces deux dernières années ! 20

La croissance du secteur de la pub francophone semble désormais inscrite durablement dans le temps. Et, plus que tout, c'est le boom de la téléphonie mobile qui a favorisé l'émergence d'un véritable marché publicitaire, au Nord comme au Sud.

Les annonceurs ont modifié les habitudes

Au sud du Sahara, le phénomène est similaire, même si les montants en jeu sont généralement moindres. Les plus gros budgets publicitaires au Cameroun, en Côte d'Ivoire ou au Sénégal atteignent entre 5 millions et 7 millions d'euros dans les télécoms, soit cinq fois plus que ceux consentis par les autres annonceurs. Mais l'inflation des budgets n'est pas le seul changement. Les annonceurs télécoms ont radicalement modifié les méthodes de travail des agences. Les délais de 25 production se raccourcissent : de plusieurs semaines pour concevoir et réaliser une campagne, les professionnels passent à quelques jours seulement. Le ton a également évolué. Terminé les publicités standardisées, sans originalité et sans saveur imposées par les annonceurs agroalimentaires, le métier accède désormais à un certain degré de liberté. Les professionnels n'hésitent pas à faire entrer les dialectes dans la publicité ou à mélanger allègrement français et arabe. 30

Avec les télécoms, le marché voit également apparaître les publicités déclinées en « séries » : une même histoire décomposée en plusieurs spots diffusés à un rythme régulier sur les antennes. Et ce n'est pas tout. Dans presque tous les pays, la publicité télécom investit de nouveaux lieux. Au Cameroun, c'est MTN qui a lancé la mode des affiches géantes dans les rues. La pub quitte également le seul univers du produit pour construire des images de marque et nouer des liens presque affectifs avec le public. Un pas de plus vers la maturité. 35 40

'Un marché qui décolle grâce aux Télécoms', Jeune Afrique, 15 juillet 2008

Manipulation du texte

Répondez aux questions suivantes.

1 D'après l'introduction, qu'est-ce qui a été encouragé par le développement de l'industrie publicitaire en Afrique ?

2 Quel mot du premier paragraphe signifie « le développement/l'essor » ?

3 Que signifie l'expression « prendre le train en marche » dans « [ils] ont pris le train en marche » ? (ligne 12)

- **a** sauter dans un train qui roule
- **b** voyager en train
- **c** rejoindre un projet dès le début
- **d** rejoindre un projet qui a déjà commencé

4 Vrai ou faux ? Justifiez vos réponses.

- **a** Les chiffres avancés dans l'article sont fiables.
- **b** Il y a de plus en plus d'agences publicitaires en Afrique.
- **c** L'évolution du secteur de la pub francophone est encore fragile et incertain.

5 Quel mot du deuxième paragraphe signifie « expansion » ?

6 D'après le troisième paragraphe, citez trois changements apportés par l'expansion du secteur publicitaire en Afrique francophone.

À l'écrit (NS)

Réagissez à la question suivante sous forme d'une dissertation entre 150 et 250 mots.
Faut-il se réjouir de ce boom du secteur publicitaire en Afrique francophone ? Pourquoi ? Réfléchissez aux avantages de ce boom ainsi qu'à ses inconvénients.

Zoom grammaire

Le conditionnel présent

Il exprime l'hypothèse, le doute.

On le forme: radical du futur + terminaisons de l'imparfait (-ais, -ais, -ait, -ions, -iez, -aient).

Exemples : « on serait tenté » (ligne 1)
nous achèterions
vous vendriez
ils pourraient

Exceptions : Mêmes exceptions qu'au futur.

Dans les structures en « si », le conditionnel présent va de pair avec l'imparfait.

Grammaire en contexte

Complétez les phrases suivantes avec le verbe de votre choix conjugué au conditionnel présent.

1. Si ce produit n'était pas aussi cher, …
2. Si les campagnes publicitaires n'étaient pas aussi agressives, …
3. Si tu exerçais davantage ton esprit critique, …
4. Si la publicité n'existait pas, …
5. Si le gouvernement prenait enfin des mesures adéquates, …
6. Si la publicité n'avait pas le droit de cité dans les établissements scolaires, …

7.3 L'influence de la pub sur les jeunes

Texte 7.3.1

Suite à l'émission de notre sondage sur internet entre le 13 et 15 novembre 2002, qui a été soumis aux étudiants du vieux Montréal, donc seulement à de jeunes adultes, la cueillette de nos résultats nous a permis de vérifier notre hypothèse de départ, soit que l'habitude de consommation des jeunes Montréalais au XXIème siècle est influencée par la publicité, quelle qu'elle soit.

Ici nous remarquons que c'est la télévision qui est le meilleur média publicitaire, celui qui a le plus d'impact sur les jeunes consommateurs. À 72% les gens ont décidé que le contact visuel est l'approche la plus importante en publicité.

1 Où trouvez-vous qu'une publicité est la plus efficace ?

Réponse	Nombre	Pourcentage	Graph
A) À la télévision	31	72%	
B) À la radio	0	0%	
C) Dans les journaux et magazines	6	14%	
D) Dans les dépliants	1	2%	
E) Dans les circulaires	2	5%	
F) Lorsqu'il y a des symboles	3	7%	

Nombre total de réponses: 43

2 Le comédien Benoît Brière est connu de tous grâce à une campagne publicitaire très populaire. Quel est cette pub souvent très drôle?

Réponse	Nombre	Pourcentage	Graph
A) Pepsi	1	2,5%	
B) Déli-cinq	1	2,5%	
C) Bell	40	95%	
D) Gap	0	0%	

Nombre total de réponses: 42

www.cvm.qc.ca/glaporte/metho/a02/a213/a213.htm#Résultats

Théorie de la connaissance

1 Ces chiffres correspondent-ils à vos habitudes en matière de publicité ?
2 Ce genre de sondage est-il une source fiable ? Représentatif de la réalité ? Pourquoi ?
3 Qu'est-ce qu'une source fiable selon-vous ?
4 Une publicité est-elle une source fiable ?

7.4 La pub et l'obésité chez les jeunes

Texte 7.4.1

Les trois textes suivants s'occupent du problème de l'influence de la publicité sur les enfants.

La pub responsable de l'obésité ?

Trop gras et trop sucrés, les goûters de nos enfants le sont toujours, malgré les lourdes campagnes d'information et de prévention. L'OMS a même publié des recommandations aux gouvernements pour éviter d'alimenter davantage le problème mondial d'obésité.

Confiseries, viennoiseries, biscuits ... Les petits Français mangent toujours trop gras et trop sucré. C'est le constat alarmant de l'association UFC-Que Choisir, qui dénonce les publicités télévisées destinées aux plus jeunes. Toujours aussi nombreuses, elles ne respectent pas, selon l'association de consommateurs, les engagements pris en 2009 par l'industrie alimentaire. UFC-Que Choisir réitère donc sa demande de réglementation des messages publicitaires.

Elle réclame « *une mesure réglementaire d'encadrement des publicités aux heures de grande écoute des enfants, basée sur la qualité nutritionnelle des aliments* ». En effet, l'autorégulation défendue par l'industrie agroalimentaire ne fonctionnerait pas. Pour preuve, 80% des spots ciblant les enfants vantent encore des produits (trop) gras et (trop) sucrés. Et si leur nombre a diminué pendant les émissions infantiles, 93% de ces réclames figurent désormais sur les écrans à toute heure de la journée.

Des goûters et en-cas trop gras

La conséquence ne s'est pas fait attendre. L'association de consommateurs a comparé les résultats de deux études menées en 2006 et en 2010. À la maison comme à l'école, le contenu des assiettes et des cartables des enfants est moins sain aujourd'hui qu'en 2006. La proportion de produits gras et sucrés consommés pour le petit déjeuner, notamment, a progressé de 17% ! Et dans les cours de récréation, 76% des goûters et en-cas sont trop riches en sucres ou en matières grasses ...

Le sujet, d'ailleurs, fait également débat au niveau international. En avril dernier, l'Organisation mondiale de la santé (OMS) a publié une série de recommandations aux gouvernements. On y retrouvait notamment, la « *réduction de l'exposition des enfants aux messages commerciaux en faveur des aliments à haute teneur en graisses saturées, en acides gras trans, en sucres ou en sel* » ...

Destination Santé, le 12 décembre 2010

Texte 7.4.2

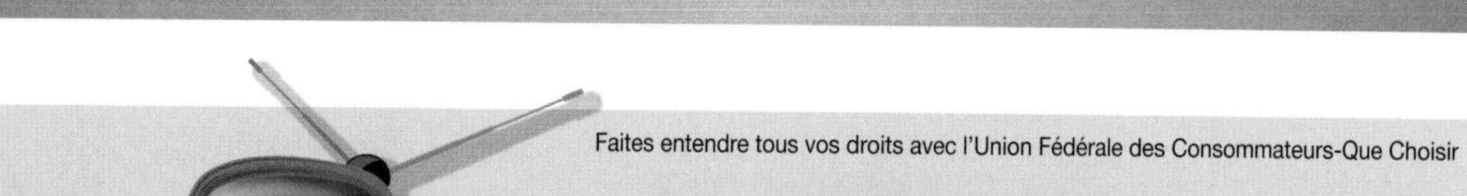

AGISSEZ pour que la publicité arrête de faire avaler n'importe quoi à nos enfants !

En un an, alors que la France comptabilise 330 000 personnes obèses supplémentaires, rien n'a changé sur les écrans : la publicité gave toujours autant le jeune public de produits trop gras ou trop sucrés !

ÉCRIVEZ en 1 clic à vos parlementaires !

> cliquez ici

L'enquête annuelle de l'UFC-Que Choisir sur le contenu des spots publicitaires, diffusés lors des programmes pour enfants, est accablante. Sur les 1039 publicités analysées, 87% des spots pour les produits alimentaires (89% l'an dernier) portent sur des produits particulièrement sucrés ou gras : yaourts, crèmes desserts et céréales dans leurs versions les plus sucrées, glaces, confiseries, gâteaux, etc. en contradiction complète avec les recommandations des nutritionnistes !

Bien que l'obésité, avec un taux de croissance annuelle de 5,7%, soit une pandémie qui n'épargne plus la France, et malgré les alertes successives de l'UFC-Que Choisir, certaines entreprises de l'industrie agroalimentaire n'ont pas pris leurs responsabilités et n'ont pas modifié leurs pratiques publicitaires.

Aidez-nous à mettre fin à ce harcèlement alimentaire en écrivant un courriel aux parlementaires pour dénoncer le laxisme des annonceurs et leur demander d'encadrer par la loi la publicité à destination des enfants.

Agir aujourd'hui, c'est agir pour nos enfants et pour préserver la bonne santé des générations futures !

Chiffres clef :

87% des publicités à destination des enfants portent sur des produits trop riches en graisse, sucre ou sel.

60% des enfants regardent la télévision en rentrant de l'école.

77% des enfants préfèrent les céréales promues à la télévision plutôt que celles ne bénéficiant d'aucune publicité.

84% des parents achètent les céréales promues à la télévision dès lors que leur enfant les réclame.

71% des parents estiment que leur enfant est influencé par la publicité dans ses préférences alimentaires.

Compréhension générale du texte

Répondez aux questions suivantes.

1 Ce document est :

a un appel contre l'obésité enfantine

b un guide de conseils pour aider les parents à prévenir l'obésité enfantine

c une brochure pour conseiller les enfants sur les régimes alimentaires équilibrés

d un appel contre les publicités alimentaires aux heures de grande écoute

2 À qui s'adresse ce document ? Justifiez votre réponse.

Publicité alimentaire destinée aux enfants

En France, plus de 14% des enfants sont en surpoids et 3.5% sont obèses. Le fait que les jeunes générations soient plus corpulentes que leurs aînés n'est pas anecdotique. L'excès de poids les prédispose en effet à de nombreuses maladies chroniques. À ce risque sanitaire s'ajoute une injustice économique et sociale puisque toutes les statistiques montrent que l'obésité est plus fréquente dans les milieux modestes.

La progression de l'obésité s'explique par des facteurs multiples : sédentarité, nouveaux comportements, recul du savoir-faire culinaire. Mais cela n'exonère en rien les professionnels de leur part de responsabilité. Il est bien établi que la publicité et le marketing façonnent les goûts et les habitudes alimentaires des plus jeunes.

En 2006 déjà, la CLCV (Association nationale de consommateurs et usagers) pointait du doigt la forte pression publicitaire dans les écrans « jeunesse » ainsi que l'omniprésence des produits riches en sucre et/ou en graisses. Nous soulignions également l'inefficacité de l'autorégulation dans ce domaine.

Dans le cadre des discussions actuelles ouvertes par le Ministère de la Santé sur l'encadrement de la publicité, nous veillerons à ce que cesse la promotion abusive des aliments les plus déséquilibrés.

Par ailleurs, il est essentiel de prendre en compte la montée en puissance d'internet comme nouveau support commercial. Alors que les grands noms de l'agroalimentaire se disent prêts à moins communiquer sur le petit écran, ils investissent largement le Web. Kellog's, Nestlé, Haribo, Lu ont tous développé des sites dédiés aux enfants. On y retrouve d'ailleurs bien souvent les bons vieux spots télévisés ...

Pour vendre, Internet est sans doute devenu plus stratégique que la télévision. Sur les sites des marques, les enfants s'abonnent à des newsletters, créent leurs espaces personnels et sont invités à diffuser l'information auprès de leur entourage.

« Télécharge la nouvelle pub sur ton mobile et partage-la avec tes amis » propose par exemple Coca-Cola. Quel meilleur porte-parole d'une marque auprès d'un enfant ou d'un adolescent qu'un de ses copains ?

C'est pourquoi la CLCV s'associe à l'initiative de Consumers international en faveur d'un code relatif à la commercialisation des produits alimentaires auprès des enfants. Ce texte prévoit notamment que toutes les formes de publicité, actuelles, potentielles et quelque soit le média en jeu, soient traitées de la même façon.

CLCV, le 15 mars 2008

Entraînement au travail écrit (NM)

En vous basant sur les trois textes suivants :

- « La pub responsable de l'obésité ? » (page 120)
- « Halte au harcèlement alimentaire de nos enfants ! » (page 121)
- « Publicité alimentaire destinée aux enfants » (page 122)

Rédigez une lettre ou brochure suivant l'une des deux options offertes.

Suggestions

1. Une lettre au Ministre de la santé pour vous plaindre de l'influence de la publicité alimentaire sur les jeunes et lui demander l'interdiction de la publicité aux heures de grande écoute.
2. Une brochure à l'intention des ados pour les mettre en garde contre les dangers de la publicité et les éduquer à une approche critique de la publicité.

Conseils de l'examinateur

Une fois votre travail écrit complété, vérifiez que vous avez rempli les exigences requises.

Avez-vous :

- rédigé entre 300 et 400 mots ?
- choisi un type de texte spécifique ?
- donné un titre à votre travail écrit ?
- rédigé un préambule de 100 mots qui explique votre tâche, vos objectifs, pourquoi vous avez choisi tel type de texte et quels procédés vous avez utilisés pour atteindre vos objectifs et rendre votre travail convaincant ?
- rédigé votre travail écrit et le préambule à la main ?
- respecté le registre à adopter (registre informel avec « tu », registre formel avec « vous ») ?

7.5 Les stéréotypes dans la pub

À l'oral

Quels sont les stéréotypes les plus courants véhiculés par les publicités concernant les catégories suivantes ?

1. les femmes
2. les hommes
3. les grands-parents
4. les enfants (filles et garçons)
5. les hommes politiques
6. les blondes
7. les Français
8. votre nationalité

Texte 

Voici un extrait du roman *99F* de Frédéric Beigbeder. Cet extrait est le scénario d'un projet publicitaire pour la firme Danone qui a été refusé.

LA SCÈNE SE PASSE À LA JAMAÏQUE

Trois Rastas sont allongés sous un cocotier, le visage planqué sous leurs dreadlocks. Ils ont visiblement fumé d'énormes joints de ganja et sont complètement défoncés. Une grosse black s'approche d'eux en s'écriant.

– Hey boys, il faut aller travailler maintenant !

Les trois reggae men ne bronchent pas. Ils sont évidement trop cassés pour lever le petit doigt. Ils lui sourient et haussent les épaules mais la grosse dondon insiste :

– Debout ! Finie la sieste ! Au boulot les gars !

Comme elle voit que les trois « brothers » ne bougent toujours pas, en désespoir de cause, elle brandit un pot de Danette. En voyant la crème dessert au chocolat, les trois Rastamen se lèvent instantanément en chantant la chanson de Bob Marley : « Get up, Stand up. » Ils dansent sur la plage en dégustant le produit.

Packshot Danette avec signature : « On se lève tous pour Danette. »

(projet refusé par Danone en 1997.)

Point culture

Frédéric Beigbeder
(né le 21 septembre à Neuilly-sur-Seine) est un écrivain et critique littéraire français. Ses œuvres les plus célèbres :

- *Windows on the World*
- *Un roman français*

À l'oral

1. À votre avis, pourquoi ce scénario a-t-il été refusé ?
2. Quels stéréotypes véhiculent-ils ?
3. Avez-vous d'autres exemples de publicité qui véhiculent des stéréotypes ?
4. Trouvez-vous que le refus de ce scénario soit justifié ?
5. Les stéréotypes ont-ils leur place dans la pub ?
6. Certaines pubs sont censurées (par exemple la pub Benetton). La censure de la publicité est-elle souhaitable selon vous ?

7.6 La responsabilité des publicistes

À l'oral

Commentez la citation sur cette carte publicitaire :

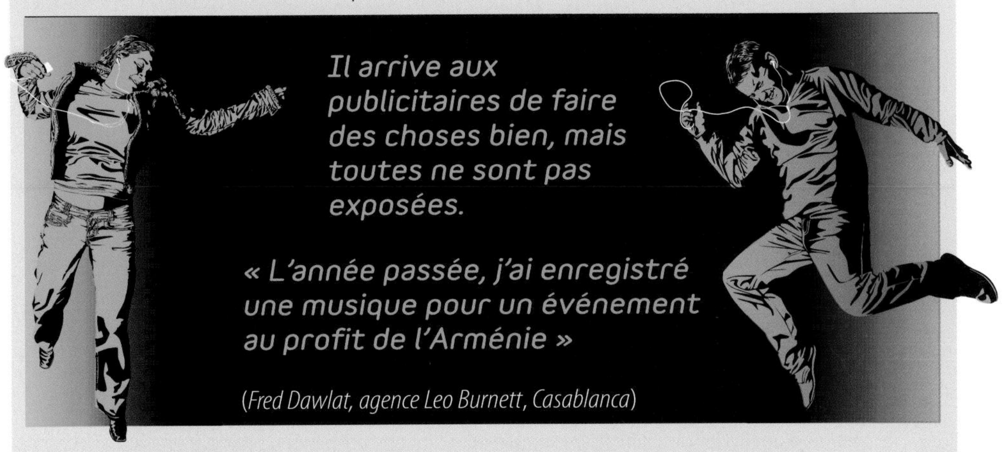

Carte postale publicitaire à l'occasion de « L'expo du meilleur de la pub belge et internationale 2006 »

À l'écrit

Choisissez l'un des sujets suivants. Écrivez entre 250 et 400 mots.

1 Vous venez de voir une publicité qui vous a choqué(e). Vous écrivez une lettre au responsable de la programmation de la chaîne en question pour lui faire part de votre indignation.

2 En tant que militant(e) anti pub convaincu(e), rédigez un tract à l'attention des élèves pour les convaincre de l'importance de bannir la pub dans votre école.

Entraînement à l'oral interactif

Mini débat

Fiche technique de l'oral

Buts : réaliser une campagne de pub convaincante et vendre un produit

Produit : au choix mais ce produit doit être original et/ou révolutionnaire (à vous d'être inventifs !)

Qui : travail d'équipe (deux ou trois personnes par groupe)

Public visé : un jury de spécialistes de la pub

Détails de la campagne de pub :

- Une affiche/un visuel (simple) représentant le produit et ses avantages ainsi quelques détails de la campagne de pub.
- Votre pub : un clip vidéo ou audio (de 30 secondes à 1 minute environ).
- Une présentation à la quelle tous les membres de l'équipe doivent participer qui visent à expliquer les objectifs et les atouts de votre campagne de pub.

Rôle du jury : préparer des questions pour l'interview des publicistes. Vous voulez recruter les meilleures personnes pour votre entreprise et investir dans du solide.

Dans vos questions, vous pouvez aborder les points suivants :

- la validité du produit
- l'efficacité de la campagne
- le rapport qualité–prix/la rentabilité
- la fiabilité du produit et de l'équipe
- la capacité à travailler en équipe
- le professionnalisme, etc.

Le saviez-vous ?

En France, une loi vient d'être votée. Cette loi interdit la publicité sur France Télévisions avant 20h. Elle entrera en vigueur le 1er janvier 2016.

Théorie de la connaissance

La pub et son langage

1 Voici huit slogans publicitaires. Avec un(e) camarade, décidez quel produit est vanté par chacun des ces slogans et expliquez vos choix. Allez ensuite vérifier sur internet si vous aviez tort ou raison.

- **a** « Vous ne viendrez plus chez nous par hasard »
- **b** « Paris – Londres d'un seul trait »
- **c** « Parce que je le vaux bien »
- **d** « Faire du ciel le plus bel endroit de la terre »
- **e** « À vous d'inventer la vie qui va avec »
- **f** « À fond la forme ! »
- **g** « À nous de vous faire préférer le train »
- **h** « Mon partenaire minceur »

2 Observons ces slogans à la loupe. Lesquels vous paraissent les plus représentatifs du produit vanté ? Les moins représentatifs ? Pourquoi ?

3 Sélectionnez trois publicités francophones de votre choix. Ces publicités peuvent vanter les mérites d'un produit similaire (par exemple un téléphone portable) ou complètement différent. Quelles stratégies sont utilisées pour attirer votre attention et vous convaincre d'acheter le produit/les produits en question ?

4 On parle souvent de publicité mensongère. Une pub est faite pour séduire le client potentiel. Elle déforme souvent la réalité. Peut-on alors faire confiance aux pubs ?

Réponses : a Total ; b Eurostar ; c l'Oréal ; d Air France ; e Twingo (voiture) ; f Décathlon (magasin de sport) ; g SNCF ; h Contrex (marque d'eau minérale)

Ressources en ligne
Pour plus d'activités, consultez le site www.pearsonbacconline.com

ENTRAÎNEMENT À L'EXAMEN

EXTRAIT DE *99F* DE FRÉDÉRIC BEIGBEDER

À un moment, il faut bien que quelqu'un fabrique les publicités que vous voyez partout : le Président de l'agence et ses directeurs commerciaux les vendent à leurs clients annonceurs, on en parle dans la presse, on les parodie à la téloche, on les dissèque dans les bureaux d'études, elles font grimper la notoriété du produit et ses chiffres de vente par la même occasion. Mais à un moment, il y a un jeune con assis
5 sur sa chaise qui les a imaginées dans sa petite tête et ce jeune con il vaut cher, très cher, parce qu'il est le Maître de l'Univers, comme je vous l'ai déjà expliqué. Ce jeune con se situe à la pointe extrême de la chaîne productiviste, là où toute l'industrie aboutit, là aussi où la bagarre économique est la plus âpre. Des marques imaginent des produits, des millions d'ouvriers les fabriquent dans des usines, on les distribue dans des magasins innombrables. Mais toute cette agitation ne servirait à rien si le jeune
10 con sur sa chaise ne trouvait pas comment écraser la concurrence, gagner la compétition, convaincre les acheteurs de ne pas choisir une autre marque. Cette guerre n'est pas une activité gratuite, ni un jeu de dilettante. On ne fait pas ces choses-là en l'air. Il se passe quelque chose d'assez mystérieux quand, avec Charlie, le directeur artistique assis en face de moi, nous sentons que nous avons trouvé une idée pour fourguer une fois de plus un produit inutile dans le panier de la ménagère pauvre. Tout d'un coup,
15 on se regarde avec des yeux complices. La magie est accomplie : donner envie à des gens qui n'en ont pas les moyens d'acheter une nouvelle chose dont ils n'avaient pas besoin dix minutes auparavant. À chaque fois, c'est la première fois. L'idée vient toujours de nulle part. Ce miracle me bouleverse, j'en ai les larmes aux yeux. Il devient vraiment urgent que je me fasse lourder*.

*lourder (mot familier) = virer/licencier/mettre à la parte

En vous basant sur l'extrait de « 99F », répondez aux questions suivantes.

1 À qui ce texte s'adresse-t-il ?

....

2 À qui ou à quoi se réfère « les » dans « le président de l'agence et ses directeurs commerciaux les vendent à leurs clients » ? *(ligne 2)*

....

3 Que signifie le mot familier « téloche » ? *(ligne 3)*

....

4 Quel mot signifie « popularité/la célébrité » ?

....

5 Quel terme péjoratif l'auteur utilise-t-il pour faire référence aux publicistes ?

....

6 Quel adjectif signifie « difficile » ?

....

7 À qui ou à quoi se réfère « les » dans « des millions d'ouvriers les fabriquent » ? *(ligne 8)*

....

8 Quel est, selon l'auteur, le but de la publicité ?

....

CHAPITRE 8
INTERNET ET SES DANGERS

Objectifs :
- Explorer les habitudes des ados sur le net
- Discuter des dangers liés à l'utilisation d'internet
- L'impact d'internet et du langage SMS sur la langue
- Traiter le thème des réseaux sociaux
- La structure « il faut »
- Le passé composé et le plus-que-parfait

Les mots clés de l'unité : se connecter, surfer le net, un réseau social, naïf, la vigilance, télécharger, le téléchargement, surveiller, mal agir, respect de la vie privée

8.1 Internet : un outil de communication incontournable

Texte 

Internet et les jeunes

Ce que nos adolescents font vraiment sur le net

Les adolescents de 2010 sont peut-être plus sages qu'on ne le pense lorsqu'ils surfent sur le net. Cela ne les empêche pas d'en être de très gros consommateurs, révèle une étude publiée aujourd'hui.

Les parents le savent bien. Les adolescents passent un temps fou sur le net à chatter, jouer et regarder « on ne sait quoi ». On les voit débouler au dîner les yeux rougis, peu bavards, regagnant vite leur tanière pour finir la soirée en tête à tête avec leur ordinateur. Parfois, on se demande ce qu'ils peuvent bien faire sur le net, et puis on se dit qu'on ne va pas se transformer en gendarmes, qu'on leur a clairement interdit certains sites et qu'il faut leur faire un peu confiance. Or, une enquête réalisée auprès de 2000 collégiens de Charente-Maritime, que nous dévoilons en exclusivité, éclaire les adultes sur le rapport réel des ados avec internet : combien de temps ils y passent, ce qu'ils regardent vraiment ... Cette étude, qui sera rendue publique cet après-midi lors d'une conférence à Paris sur « l'usage problématique des jeux vidéo et d'internet chez les jeunes », et organisée par la Mutuelle nationale des hospitaliers et des professionnels de santé (MNH), révèle plusieurs phénomènes.

Plus de la moitié des élèves de 3e passent plus de trois heures par jour sur internet. Un temps qui paraît considérable, surtout quand on réalise qu'ils sont la même proportion (51%) à le faire avec l'autorisation parentale. En 3e toujours, ils sont 12,5% à rester trois heures sur le net, 22,5% à rester deux heures et seulement 3% à se limiter à une heure. Plus inquiétant, 3% des jeunes adeptes de la Toile y surfent plus de dix heures par jour ! Le rapport révèle aussi que « les ados les plus en souffrance sont ceux qui passent le plus de temps sur internet et sont aussi ceux qui fument, boivent, prennent des risques. » Mais attention à la confusion : « internet n'est pas la cause du mal-être, mais un indicateur au même titre que les autres manifestations ou symptômes », expliquent les auteurs de l'enquête.

Garçons et filles n'ont pas du tout les mêmes centres d'intérêt sur le net. E-mails, blogs, chats et Facebook représentent 80% de la consommation des internautes féminins. Et les 20% restants concernent la musique. De leur côté, les ados mâles passent environ 40% de leur temps de connexion à jouer à des jeux en ligne, et environ 30% à regarder des vidéos. Le reste est consacré aux forums et aux achats. Une petite minorité adepte de contenus extrêmes. Plus sages qu'on ne le croit, nos ados ? Sans doute, à en croire les chiffres révélés par l'enquête. En effet, 62% des filles et 31% des garçons, tous âges confondus, affirment ne jamais aller sur des sites pornographiques. À l'inverse, 16% des garçons et 2% des filles avouent s'y rendre très souvent. Côté sites violents, « choquants », voire « horribles », 46% des internautes féminins et 28% de leurs homologues masculins les évitent, contre respectivement 7% et 18% qui vont souvent y faire un tour. 13–14 ans est un âgé clé. Marion Haza, psychologue clinicienne spécialiste de l'enfance et l'un des auteurs de l'étude, révèle à la lecture des résultats que « tout se joue à l'âge de la classe de 4e. C'est un passage critique, pour les garçons comme les filles ».

Le Parisien, le 25 novembre 2010

Le saviez-vous ?

Le système scolaire en France

« Plus de la moitié des élèves de 3e passent plus de trois heures par jour sur Internet. »

En France, après l'école primaire (jusqu'à l'âge de 10–11 ans), les élèves vont au collège.

Les années sont divisées de la manière suivante :

Sixième = élèves de 11 ans

Cinquième = élèves de 12 ans

Quatrième = élèves de 13 ans

Troisième = élèves de 14 ans

Ensuite, c'est les années lycée :

Seconde = 15 ans

Première = 16 ans

Terminale = 17 ans

NB : Il n'est pas rare qu'un élève faible qui n'a pas obtenu la moyenne (les notes sont sur 20 en générale) refasse une classe. On dit alors que cet élève « redouble ».

À l'oral

1 Et vous? Qu'est-ce que vous faites sur le net?

2 Les chiffres de l'enquête vous surprennent-ils ?

3 Réalisez une enquête auprès des jeunes qui étudient le français dans votre établissement et comparez les résultats que vous avez trouvés avec ceux du sondage réalisé auprès des jeunes français.

Voici un exemple de questions possibles.

1 Combien de temps passez-vous connectés à internet par jour ?

a	moins de 30 minutes	☐
b	entre 1 et 2 heures	☐
c	entre 2 à 4 heures	☐
d	plus de cinq heures	☐

2 Pour vous, l'internet c'est avant tout :

a	un moyen de communication	☐
b	un moyen d'information	☐
c	un moyen de consommation	☐
d	un moyen de divertissement	☐

3 Pourquoi vous servez-vous le plus souvent de votre ordinateur ?

- **a** écouter ou lire les infos ☐
- **b** écouter de la musique ☐
- **c** télécharger de la musique ☐
- **d** télécharger des films ☐
- **e** poster des vidéos sur des sites comme YouTube ☐
- **f** jouer à des jeux en ligne ☐
- **g** chatter en ligne sur des sites comme Facebook ou Skype ☐
- **h** envoyer des courriels ☐
- **i** faire des recherches pour mon travail scolaire ☐
- **j** comparer des prix ☐
- **k** faire des achats ☐
- **l** autre ? ☐

4 Consultez-vous parfois des sites francophones ?

- **a** tous les jours ☐
- **b** de temps en temps ☐
- **c** rarement ☐
- **d** jamais ☐

5 Vos parents savent-ils ce que vous faites sur le net ?

- **a** Je leur donne une liste de tous les sites que je visite. ☐
- **b** Je leur dis de temps en temps quels sites je consulte régulièrement. ☐
- **c** Je leur parle rarement de mes activités en ligne. ☐
- **d** jamais ! ☐

6 Combien de temps pourriez-vous vivre sans internet ?

- **a** toute ma vie ☐
- **b** un an maximum ☐
- **c** une semaine maximum ☐
- **d** un jour maximum ☐
- **e** quelques heures maximum ☐
- **f** ce n'est même pas envisageable ! ☐

8.2 Attention internet : les dangers pour la langue

Conseils de l'examinateur

Même s'il peut s'avérer utile de comprendre ce type de langage texto, n'utilisez pas ce langage lors de votre examen !

À l'oral

1 Lisez cette bande dessinée. Les personnages communiquent par le biais du langage SMS. Avec un(e) camarade, essayez de déchiffrer ce qu'ils s'écrivent.

2 Voici quelques abréviations couramment utilisées dans les messages envoyés sur les téléphones portables. À votre avis, que veulent-ils dire ?

a Je T'M
b A+
c Ki C ?
d T'ou ?
e Tufékoi ?
f G1pb
g Kdo
h GHT
i DPCH
j Pk pa ?

3 Utilisez-vous le langage SMS et les abréviations lorsque vous envoyez des courriels ou des messages ?

4 Qu'est-ce qui vous pousse à utiliser ce type de langage écrit ?

5 Quels peuvent en être les inconvénients ?

6 Avez-vous remarqué que votre niveau en orthographe et en grammaire avait baissé depuis que vous utilisez le langage texto ?

7 Le langage texto est souvent rendu responsable de la baisse du niveau des élèves en orthographe et en grammaire. Pensez-vous que cette crainte soit justifiée ?

Texte 

cé 1 Forum
pa 1 portabl
Ici on parl 1 langag ke
lé um1 pev komprendr…
si tu ve 1 respons a ta
kestion essé 2 te fR komprendr

komiT contr le langag SMS
é lé fot volontR

bjr sava ?

1 Vous arrivez à lire, vous, le langage SMS ? Pour ma part, je fuis les forums où les intervenants l'utilisent, et j'ai même parfois du mal à lire des textos envoyés par les moins de 25 ans ... ça donne un sacré coup de vieux ! Car on a beau râler, dire que les « djeunes » ne savent plus écrire, que y a plus de jeunesse ... et si justement c'était ça être jeune au 21ème siècle ? Et que ne pas savoir lire le SMS c'est tout simplement ringard ...

2 Je viens de lire à ce sujet une réflexion intéressante sur Médiapart. Un prof voit dans le langage SMS non pas une méconnaissance de la langue française, ni même une menace pour elle, mais une source de créativité et d'expression qui permettrait aux jeunes de tout simplement nous dire que nous sommes des idiots, incapables de trouver des solutions pour leur avenir. Le langage texto serait donc le symptôme d'une rébellion de la jeunesse d'aujourd'hui ?

3 Il écrit : « *Cette génération nouvelle que je vois changer un peu à chaque rentrée scolaire, avec certaines tendances lourdes qui ne cessent de s'accentuer, cette génération qui se construit année après année, cette génération qui est notre futur est bien fâchée. Elle ne nous fait aucunement confiance. Elle se méfie de nous. Elle cherche en elle-même les solutions que nous n'avons pas su lui proposer.* »

4 En inventant cette nouvelle forme de communication écrite, les jeunes nous excluent de leur univers. Nous sommes coupés de ces ados que nous ne pouvons plus comprendre, et qui, plus grave, n'ont pas besoin d'être compris de nous. Si nous voulons les comprendre, à nous de nous adapter, de faire tomber la barrière de la langue.

5 ....[1]......... l'on adhère à cette explication, alors il n'y a pas de raison de croire que le langage SMS met en danger le Français écrit, ...[2]......... le pense au Québec le président du Conseil supérieur de la langue française, Conrad Ouellon. C'est vrai, on pourrait imaginer une parfaite cohabitation du français traditionnel et du langage texto. Encore faut-il que le français soit correctement enseigné et appris à l'école ... Ceci est un autre débat, ...[3]......... qui révèle tout de même l'importance de savoir écrire correctement, conformément aux règles d'orthographe et de grammaire.

6 ....[4]......... je crois (*et c'est pour cela que je passe du temps à parler d'orthographe et que je souhaite développer une activité autour de l'aide à la rédaction*) qu'écrire correctement est non seulement une façon de se faire comprendre, mais ....[5]......... une marque de respect pour celui qui nous lit. À ceux qui se posent – légitimement – la question de l'intérêt d'écrire sans faute, je répondrais que l'orthographe est un code de communication à respecter pour rendre possible notre intégration et la création d'un lien social.

7 Sur Médiapart, le prof parle, lui, de « *contrat social* » : « *Ou pourquoi l'orthographe ... C'est bien sûr un ensemble de règles communes qui permettent aux possesseurs d'une même langue de communiquer ensemble par l'écriture. Bien. Ceci impliquerait donc que ces jeunes, en refusant l'orthographe des vieux, s'inventant leurs propres règles secrètes, refuseraient le dialogue écrit avec eux. Notons au passage que ce refus ne concerne pas la lecture ; les jeunes sont de plus en plus des lecteurs assidus.* »

Alors les vieux, accrochez-vous ...

orthozen.blogspirit.com/archive/2008/07/30/langage-texto-la-rebellion-des-jeunes.html

Manipulation du texte

Répondez aux questions suivantes.

1 Ce texte est :

- **a** un article de magazine
- **b** une page de journal intime
- **c** une lettre à la rédaction d'un journal
- **d** un blog

2 À qui s'adresse ce texte ?

3 Quel adjectif du premier paragraphe signifie « vieux jeu » ?

4 Selon le professeur qui a posté une remarque sur Médiapart, que représente le langage SMS ?

5 Quel mot du deuxième paragraphe signifie « signe/marque » ?

6 Quel mot du troisième paragraphe signifie « courant/mode » ?

7 Quel mot du troisième paragraphe signifie « en colère » ?

8 Ajoutez les mots qui manquent dans les cinquième et sixième paragraphes en les choisissant dans la liste suivante.

Attention : il y a plus de mots que d'espaces et chaque mot ne peut être utilisé qu'une seule fois.

bien que	mais	qui	car	malgré
aussi	comme	pour que	si	pendant

9 Selon le dernier paragraphe :

- **a** il n'est pas nécessaire d'écrire sans faute
- **b** une bonne maîtrise de l'orthographe ne sert qu'à la communication
- **c** ne pas écrire correctement est une marque de mépris envers notre lecteur
- **d** une bonne maîtrise de la langue n'a aucun impact sur la création de liens sociaux

10 Selon le dernier paragraphe :

- **a** les jeunes utilisent le langage SMS pour faciliter la communication avec les adultes
- **b** les jeunes rejettent la communication écrite avec les adultes en ayant recours au langage SMS
- **c** les règles du langage SMS sont connues de tous
- **d** les jeunes lisent de moins en moins aujourd'hui

Théorie de la connaissance

Qu'en pensez-vous ?

1 Pensez-vous que les jeunes « ne savent plus écrire » ?
2 Le langage SMS est « une menace » pour la langue française. Partagez-vous cet avis ?
3 Pensez-vous que les jeunes utilisent le langage SMS par esprit de rébellion envers les adultes ?
4 Une « parfaite cohabitation entre le français traditionnel et le langage texto » est-elle possible ? Souhaitable ? Justifiez vos opinions.
5 Est-il important, d'après vous, de savoir écrire correctement dans la société d'aujourd'hui ? Donnez des exemples de situations qui nécessitent une maîtrise impeccable de la langue écrite.
6 Pensez-vous que, comme l'auteur de ce blog, écrire correctement soit une marque de respect pour la personne qui nous lit ? Pourquoi ?
7 Faut-il interdire l'utilisation du langage SMS dans les courriels et/ou toute communication écrite autre que les textos sur le portable ?
8 À l'inverse, estimez-vous que l'utilisation du langage SMS devrait se répandre plus largement ? Justifiez votre opinion.
9 Comment expliqueriez-vous l'engouement des jeunes pour la lecture par contraste à leur obstination d'utiliser le langage texto ?

À l'écrit

Pour s'amuser … Rédigez un court texte de dix lignes en version SMS sur le sujet de votre choix. Échangez ensuite votre texte avec un partenaire qui va essayer de le traduire en français « traditionnel ».

Texte  8.2.2

Langue-française échec scolaire trop compliqué langage texte email discriminatoire

Et si, au contraire, le langage SMS représentait l'avenir de la langue française ?

SMS + Email = 95% de l'expression écrite en France. Simplifions notre langue avant que nos enfants ne l'oublient.

1 Grâce à internet, il suffit à 500 personnes motivées consacrant 10 minutes par mois à un projet militant, par exemple la sauvegarde du français, pour susciter un débat en France et alimenter l'actualité dans les médias et auprès des pouvoirs publics.

2 **Devenez e-militant de la langue française** et recrutez vos amis : pour faire aboutir le projet, il suffira de quelques minutes par mois à militer par internet selon nos conseils (parlez-en à vos amis, écrivez à votre député, écrivez à un journaliste, demandez à vos amis qui ont un site web de mettre un lien vers notre site, etc.).

3 **En quoi consiste notre projet ?** Simplifier la langue française de certaines difficultés inutiles en tolérant les fautes les plus courantes (orthographe complexe, exception grammaticale) et surtout diminuer le poids du français dans les critères de sélection et surtout dans l'échec scolaire.

À quoi sert ce site ?

4 La langue française est en danger. Alors que plus de 95% de l'expression écrite en France se fait par SMS, mail ou message instantané, notre ligne Maginot linguistique, l'Académie Française, est ancrée dans ses conservatismes et condamne par son inaction notre belle langue.

5 Aujourd'hui, les lettres postales ne représentent plus que **5% de la communication écrite**, remplacée peu à peu par mails, SMS et messagerie instantanée. Et pourtant le langage texto ou la mort des accents et de la ponctuation ne sont pas inéluctables. Si vous êtes attachés à notre belle langue, et si vous pensez qu'elle doit **évoluer et se simplifier pour ne pas mourir**, alors soutenez notre action !

6 Si vous pensez également qu'elle est discriminatoire dans la mesure où elle exclut de la vie professionnelle tous ceux qui ont des difficultés à l'écrit (les élèves dyslexiques ont entre 4 et 12 fois plus de chance d'être au chômage que ceux qui ne le sont pas), alors aidez-nous.

7 Ce site tente d'obtenir un assouplissement de la grammaire et de l'orthographe française. 10 bonnes raisons de militer en ce sens :

- les formes d'écritures ne sont plus les mêmes qu'auparavant (mail et SMS remplacent la lettre)
- il faut faire évoluer une langue menacée de disparition
- c'est une **machine à échec** scolaire peu adaptée et un facteur d'exclusion (notamment pour les dyslexiques)
- il y a à l'heure actuelle de **nouvelles priorités** en matière d'enseignement (anglais, informatique)
- orthographe et grammaire doivent résulter d'un **choix démocratique** : il n'est pas normal que sur certains mots d'usage courant, la majorité des gens se trompent
- l'Académie Française, temple du conservatisme, ne doit pas décider seule des aménagements de la langue
- il faut limiter le **coût humain** et économique dû à l'échec scolaire qui touche 20% d'une classe d'âge
- la langue française a été enrichie en partie pour séparer les lettrés du reste des gens
- il faut donner plus de libertés en linguistique : dédramatisons l'importance d'une faute linguistique
- le français est de moins en moins appris à l'étranger du fait de sa **complexité**

8 En pleine crise économique, il n'est plus acceptable aujourd'hui que tout notre système éducatif et professionnel repose sur la maîtrise d'un français inutilement complexe.

www.langue-francaise-en-danger.com/accueil.php

Manipulation du texte

Répondez aux questions suivantes.

1 De quel type de texte s'agit-il ?

2 Quel verbe du premier paragraphe signifie « soulever » ?

3 Quel verbe du deuxième paragraphe signifie « réussir » ?

4 Quel verbe du deuxième paragraphe signifie « se battre » ?

5 Quel adjectif du quatrième paragraphe signifie « enracinée » ?

6 Quel adjectif du cinquième paragraphe signifie « inévitables » ?

Point culture
La ligne Maginot est une ligne de fortifications construite sur la frontière nord-est par la France dont le but était d'empêcher l'invasion allemande pendant la Seconde Guerre mondiale. André Maginot, l'homme qui a donné son nom à la ligne, était un homme politique français.

Conseils de l'examinateur

Pour la question 1, justifiez votre réponse en identifiant les éléments de forme caractéristiques de ce type de texte. Ce travail ne vous sera pas demandé dans l'épreuve 1 du BI mais c'est une bonne préparation pour l'épreuve 2 et la reconnaissance des types de textes.

Surfons le net

L'Académie française

Institution fondée en 1635 par le Cardinal de Richelieu. Elle est composée de 40 membres élus par leurs pairs.

Sa principale mission : protéger la langue française en décidant notamment des nouvelles entrées au dictionnaire.

Pour plus d'informations consultez le site www.pearsonhotlinks.com (*Français B*, lien internet 8.1) et effectuez les recherches suivantes :

1 De quoi se compose le célèbre « habit vert » ?

2 Recherchez les écrivains célèbres que vous connaissez qui ont fait partie de l'Académie française et trouvez leurs dates ainsi que le titre d'une de leurs œuvres.

À l'oral

Réfléchissons un peu ...

1 À votre avis, à qui s'adresse ce texte ?

2 Qu'est-ce qui vous permet de l'affirmer ?

3 Parmi la liste d'arguments avancés dans la dernière partie du texte, choisissez les deux arguments qui vous paraissent les plus valides et justifiez votre choix.

4 Quels sont, d'après vous, les arguments, parmi ceux avancés dans le texte, qui vous paraissent absurdes, grotesques ou faux ? Justifiez votre réponse.

5 Quels arguments pourriez-vous ajouter à cette liste ?

6 Partagez-vous l'opinion avancée dans le texte ? Pensez-vous que la simplification de la langue française soit nécessaire ? Souhaitable ?

7 Que pensez-vous de l'Académie française ? Une institution de ce type a-t-elle encore sa place dans la société actuelle ou est-elle archaïque ?

8 En tant qu'apprenant du français, que trouvez-vous le plus difficile dans l'apprentissage de la langue française ? Donnez des exemples de difficultés particulières que vous avez rencontrées au fil de votre apprentissage.

9 D'après vous, le français est-il « inutilement complexe » ?

10 Une langue « doit évoluer et se simplifier pour ne pas mourir ». Êtes-vous d'accord avec cette affirmation ?

11 Si oui, est-ce que, selon vous, l'utilisation du langage SMS serait la solution ? Auriez-vous d'autres solutions à proposer ?

Zoom grammaire

- **Il faut + infinitif**

  Il faut protéger la langue française !

  Il faut interdire aux jeunes d'utiliser le langage SMS

- Mais :

  Il faut que + subjonctif

  Il faut que nous protégions la langue française !

  Il faut que nous interdisions l'utilisation du langage SMS aux jeunes.

8.3 Internet ... Restons vigilants !

Sécurité et abus

À l'oral

Observez cette photo. À votre avis, quel problème lié à l'utilisation d'internet met-elle en valeur ?

À l'écrit

Cette photo fait partie d'une affiche pour une campagne de sensibilisation aux dangers d'internet. Quelle légende pourrait l'accompagner d'après vous ?

Voici l'affiche complète :

Action innocence

À l'oral

1. Qu'en pensez-vous ? La jugez-vous efficace ? Pourquoi ?
2. Ce genre de campagne est-il efficace en général ?
3. Quels sont, selon vous, quelque soit la cause, les ingrédients indispensables pour qu'une campagne soit efficace ? Justifiez-vous.

Les réseaux sociaux ... un moyen de communication à double tranchant

Texte 

ÉDITO

Veux-tu être mon ami(e) ?

On se croirait dans la cour de récréation de la maternelle mais pas du tout, cela se passe sur Facebook et c'est très hype que de chercher à se faire des amis pour augmenter sa popularité. Le seul problème, c'est que parfois, dans la vraie vie comme sur Facebook, les amis ne sont pas toujours de vrais amis et peuvent même devenir très ... encombrants !

Lorsque Fleur nous a raconté l'histoire d'Esther, amie avec sa mère sur Facebook, chacun s'est mis à raconter l'histoire qu'on lui avait racontée, d'Untel à qui il était arrivé un drôle de truc, et d'Unetelle qui ..., et ce gars et cette fille ... bref, la réunion tournait à la conversation de potes autour d'un café.

Il était impossible de nous arrêter. Alors, l'idée m'est venue, et si on racontait toutes ces histoires à nos lecteurs ? Des fois, les conversations de café, ça donne de bonnes idées ! Enfin, maintenant, c'est à vous d'en juger. Et à votre tour de nous raconter. Car nous, à la rédaction, on aime bien papoter en se racontant les histoires qui vous sont arrivées.

Agnès Rochefort-Turquin

Rédactrice en chef

Phosphore, février 2011

À l'écrit (NS)

1 Écrivez pour chacun des titres proposés ci-contre des textes appropriés de 150 à 200 mots pour un dossier dans cette édition du magazine *Phosphore*.

Divisez le travail dans la classe (chacun rédige une ou deux histoires).

a Je suis ami(e) avec ma mère sur Facebook.

b Je suis ami(e) avec un(e) prof sur Facebook.

c Un groupe a été crée contre moi.

d Une vidéo m'a collé la honte au lycée.

e Je n'ai pas été pris(e) pour un job d'été à cause de certaines photos publiées sur Facebook.

f J'ai été victime de harcèlement sur Facebook.

2 Imaginez maintenant que pour compléter le dossier qui paraîtra dans ce magazine, des réponses/réactions à vos histoires soient également publiées.

Échangez vos textes dans la classe. Chacun réagira à l'histoire qui lui est remise en écrivant un texte entre 150 et 250 mots en suivant les instructions suivantes :

a Réaction d'une personne outrée qui ne comprend pas que l'on puisse être copain avec ses parents sur Facebook.

b Réaction mitigée d'une personne qui essaie de vous convaincre qu'être copain avec un prof sur Facebook n'est pas une super idée.

c Réaction d'une personne qui essaie de donner des conseils pour vous aider à résoudre votre problème.

d Réaction d'une personne qui a eu une histoire similaire.

e Réaction d'une personne qui pense que votre situation est méritée : après tout ; vous devriez être plus prudent(e) et moins naïf/naïve !

f Réaction d'une personne qui a un(e) ami(e) qui a eu le même problème.

Zoom grammaire

Rappel : les temps

Utilisez :

- le passé composé pour expliquer ce qui s'est passé (les actions/les événements)
- l'imparfait pour les descriptions dans le passé ou ce que vous aviez l'habitude de faire
- le plus-que-parfait pour les actions les plus éloignées dans le passé
- le présent pour les opinions et ce qui se passe maintenant
- le futur pour les actions qui changeront.

Zoom grammaire

Le passé composé

« Lorsque Fleur nous **a raconté** l'histoire . . . »

On l'utilise pour parler d'événements uniques et brefs dans le passé.

On le forme :

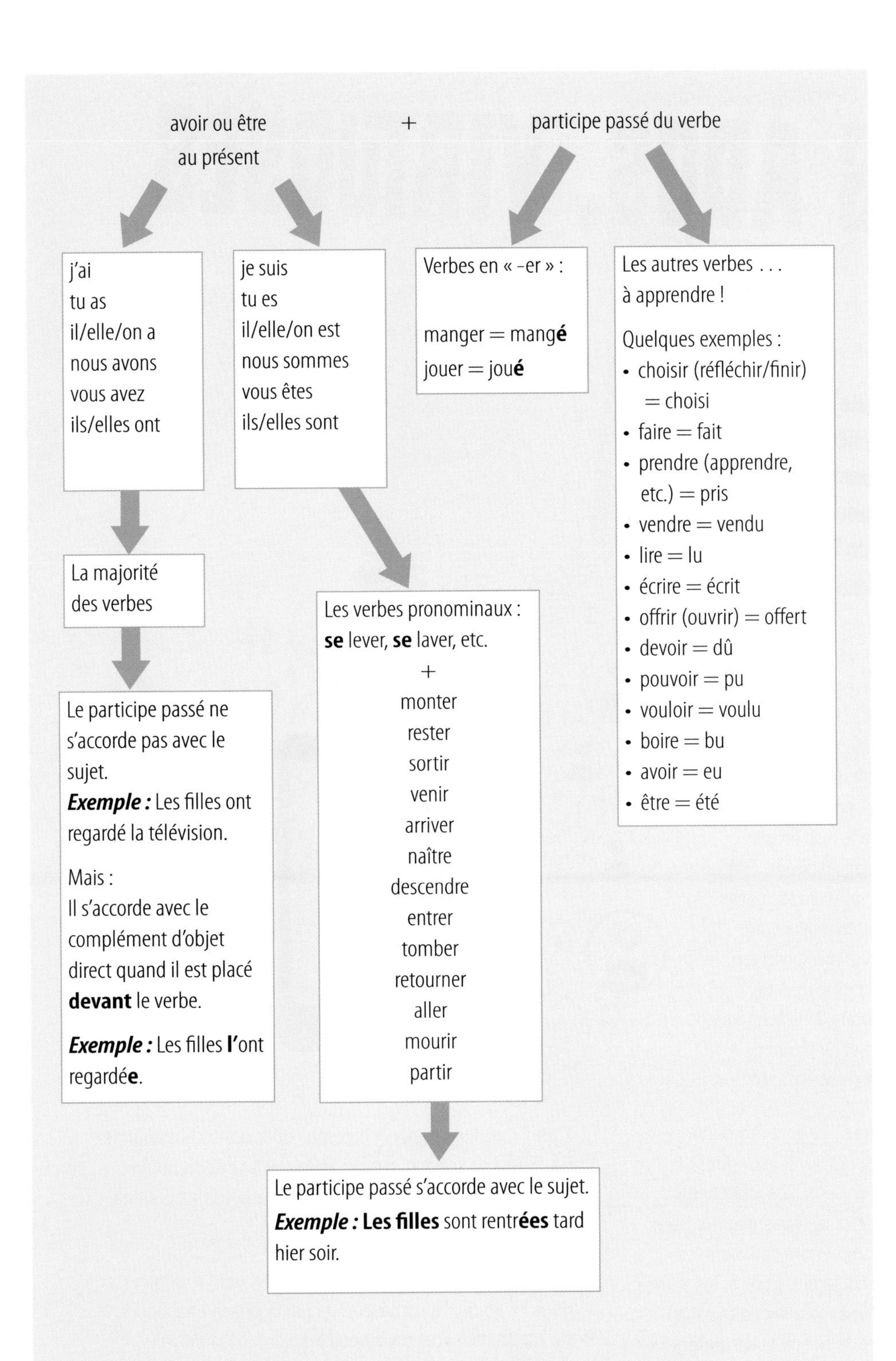

NB : Le plus-que-parfait

- indique une action terminée/déjà accomplie dans le passé avant qu'une autre action se soit produite dans le passé.
- se forme de la même façon que le passé composé sauf qu'« avoir » et « être » sont conjugués à l'imparfait.

  Exemples : j'**avais** regardé, elles **étaient** sorties
- utilise les mêmes règles que pour le passé composé.

Faites-vous une liste des participes passés des verbes au fur et à mesure que vous les rencontrez. Rendez-vous sur le site www.pearsonhotlinks.com (*Français B*, lien internet 8.2).

Texte 8.3.2

« LES ADOS, VIRTUOSES DE LA COMMUNICATION »

Entretien avec Cécile Moulard, chargée d'enseignement à HEC Telecom Paris, créatrice et dirigeante de Carat Interactif, d'amazon.fr, et de la société de conseil Sixième Continent.

1 Oui, mais de celles qui ne nous étonnent pas. Le naturel et la facilité avec lesquels nous avons adopté cet outil en dit long. En moins de 5 ans, l'e-mail s'est imposé, trouvant sa place naturelle dans la palette des outils de communication ... Comme si nous avions attendu avec impatience que le mail et ses acolytes digitaux (chats, forums, blogues, SMS, messagerie instantanée) remplissent les cases laissées vacantes par les autres moyens de communication. En fait, la vraie révolution est que nous sommes passés de « moyens de communication » à des « moyens d'interconnexion ». La différence est profonde et structurante ; désormais, chacun peut dire ce qu'il pense.

2 Les ados sont nos maîtres ! Ils sont nés dans ce monde-du-bout-des-doigts, ils sont des virtuoses de la communication à deux pouces. Les fabricants d'électronique font de plus en plus souvent appel à eux pour tester leurs produits, comprendre comment les natifs du monde digital s'en emparent. Et puis, les jeunes trouvent un bénéfice immédiat à maîtriser cette « mail connexion » : elle leur permet de définir et de protéger une forme d'intimité digitale.

3 La constellation digitale (l'e-mail et ses acolytes digitaux) crée une forme d'humanité interconnectée qui s'exprime et se parle de manière différente. Le contact physique est moins important ... mais le contact humain au sens large est magnifié.

Cette « mail connexion » crée des occasions nouvelles de se mettre en rapport, de garder le contact et de nourrir la relation. Il faudra veiller à lui faire une place à côté des autres modes de communication.

4 Je suis indéfectiblement optimiste, car j'ai confiance dans l'homme. Nous passerons par la phase chaotique de l'apprentissage, mais nous trouverons les moyens, collectivement, en prenant chacun notre part de responsabilité, pour que la technologie ne prenne pas le contrôle de notre quotidien.

C'est aux natifs du monde digital, à vous donc, de contribuer à trouver la bonne place que doit prendre la technologie dans vos vies.

Pascal Alquier, *Les Clés de l'actualité*, n° 614, 31 mars - 6 avril 2005

Manipulation du texte

Répondez aux questions suivantes.

1 Reliez chacune des questions suivantes au paragraphe correspondant.

a La constellation digitale, que vous évoquez dans votre dernier ouvrage, ne déshumanise-t-elle pas les rapports humains ?

b Êtes-vous optimiste quant à l'utilisation de ces nouveaux modes de communication ?

c Peut-on parler de révolution au sein des sociétés depuis l'apparition de l'outil internet ?

d Comment expliquez-vous la grande maîtrise de cette évolution par les jeunes ?

2 Quel mot du premier paragraphe signifie « complices » ?

3 Quel adjectif du premier paragraphe signifie « libres » ?

4 D'après le premier paragraphe, quel avantage principal présentent les mails, chats et autres forums ?

5 D'après le deuxième paragraphe, pourquoi les jeunes aiment-ils tant les mails ?

6 Quel mot du quatrième paragraphe signifie « éternellement » ?

7 En vous basant sur le texte, complétez le tableau suivant. Indiquez à qui ou à quoi se rapportent les mots en caractères gras.

Dans la phrase …	le mot …	se rapporte à …
a « Oui, mais de **celles** qui ne nous étonnent pas » (1e paragraphe)	« celles »	
b « Les fabricants électroniques font de plus en pus appels à **eux** » (2e paragraphe)	« eux »	

À l'écrit (NS)

Lisez ce texte et réagissez. Vous devez écrire entre 150 et 250 mots.

Suggestions de types de texte

- Dissertation (vous pouvez choisir le parti du pour/du contre ou exprimer une opinion mitigée).
- Lettre à un ami qui expose sa vie privée sur le net pour lui exprimer vos opinions.
- Un discours (public visé : des jeunes qui sont au collège).
- Un guide de recommandations à l'intention des jeunes.
- Un appel aux parents à être vigilants et contrôler ce que leurs ados font sur le net (ou l'inverse !).

Texte 8.3.3

La vie privée sur Internet...

Etats-Unis ▶ Jessica a 11 ans, elle est américaine, et vit en Floride. Elle adore chatter avec ses ami(e)s grâce à sa Webcam. Elle poste souvent des photos et des vidéos d'elle. Ses envois, pas toujours de bon goût, provoquent des critiques de la part d'internautes. Jessi leur répond par des insultes. Tout s'emballe quand des internautes trouvent l'adresse postale et le téléphone de la jeune fille, le harcèlent et la menacent. Jessi craque, pleure ; ses parents insultent à leur tour les internautes, qui eux s'amusent bien. Aujourd'hui, Jessi est sous protection policière. Penses-tu qu'il faut interdire aux mineurs d'exposer leur vie privée sur Internet ou qu'il faut les laisser s'exprimer librement, peu importe les risques ?

Géo Ado, 2010

Entraînement au travail écrit (NM)

En vous basant sur les trois textes suivants :

- « bjr sava ? » (page 132)
- « Et si, au contraire, le langage SMS représentait l'avenir de la langue française ? » (page 135)
- « Les ados, virtuoses de la communication » (page 142)

Rédigez un travail écrit de votre choix entre 300 et 400 mots et un préambule de 100 mots.

Conseils de l'examinateur

Une fois votre travail écrit complété, vérifiez que vous avez rempli les exigences requises.

Avez-vous :

- rédigé entre 300 et 400 mots ?
- choisi un type de texte spécifique ?
- donné un titre à votre travail écrit ?
- rédigé un préambule de 100 mots qui explique votre tâche, vos objectifs, pourquoi vous avez choisi tel type de texte et quels procédés vous avez utilisés pour atteindre vos objectifs et rendre votre travail convaincant ?
- rédigé votre travail écrit et le préambule à la main ?

Entraînement à l'oral interactif

Mini débat

Le pour et le contre des médias. À deux, débattez entre 3 et 5 minutes sur chacun des sujets proposés. Prenez à tour du rôle une opinion différente (pour ou contre).

Choix de sujets

- On peut tout dire sur internet.
- Il faut réglementer et contrôler l'utilisation d'internet.
- Les dangers de l'internet sont exagérés.
- Internet : un moyen de communication qui déshumanise les relations entre personnes.
- Vivre sans internet aujourd'hui : impensable !
- Courriels, forums, blogs et textos : la langue en danger !
- Facebook : une idée formidable !
- Internet : un outil qui creuse les fossés entre les générations.

Conseils de l'examinateur

Allez faire des recherches complémentaires sur les aspects abordés dans ces sujets pour vous aider à préparer des arguments solides.

8.4 Internet : des risques et pièges à éviter

Regardez les planches de bande dessinée ci-dessous tirées d'une campagne de prévention concernant l'utilisation d'internet (*Le Netcode*) lancée par Action innocence.

À l'écrit

Pour chaque planche de bande dessinée, créez un slogan pour expliquer le danger qui est mis en avant.

VENGEANCE EN LIGNE
HÉ ZOÉ?! TU VEUX SORTIR AVEC MOI?
HEIN?
TU T'ES VU?
HEU... MAIS!
OH! J'VAIS LA CALMER!!!
charmeXX.com
annonces xx
Fille facile cherche mecs
Appelez Zoé
au 06 00 00 00 00
4

C'EST POUR QUI LA PHOTO ?
TU PENSES À MA P'TITE PHOTO?
T'ES TROP CANON LÉA AUJOURD'HUI!
OK J'T'EN ENVOIE UNE CE SOIR
COOL!
J'pense à toi
Fais de beaux rêves ♥
Léa
transferer
ENZO! ELLE EN VEUT TA MEUF!
WOUAH! TROP FORT MEC!
ENVOIE LA PHOTO QUE J'LA FASSE TOURNER!
6

WEBCAM SURPRISE
LEILA! JE TCHATTE AVEC UN MEC TROP COOL!
VIENS TE MARRER AVEC MOI!
ON ACCEPTE SA WEBCAM?
BOGOSSE 17
Salut! Trop mignonne sur cette photo!
LOLITA POP
Merci
Et toi, t'es comment?
BOGOSSE 17
Allume ta webcam!!!
webcam accepter
ETEINS ÇA DAPHNÉ!
HÉ MAIS, C'EST DÉGUEU!!! QUEL PORC!
TU PARLES D'UN BEAU GOSSE!
10

CASTING À HAUT RISQUE
CASTING
Casting recherche
jeunes filles
14-18 ans
pour photos de mode
LOLA
16 ans
16

Le Netcode, livret produit par Action innocence

Manipulation du texte

Reliez chacun des slogans ci-dessous à la bonne image présentée dans l'exercice précédent.

A

B

JE M'OPPOSE AUX AGRESSIONS. JE NE LES FILME PAS. JE NE FAIS PAS CIRCULER D'IMAGES VIOLENTES OU HUMILIANTES.

C

D

INTERNET C'EST BIEN, MAIS JE N'OUBLIE PAS LE RESTE.

E

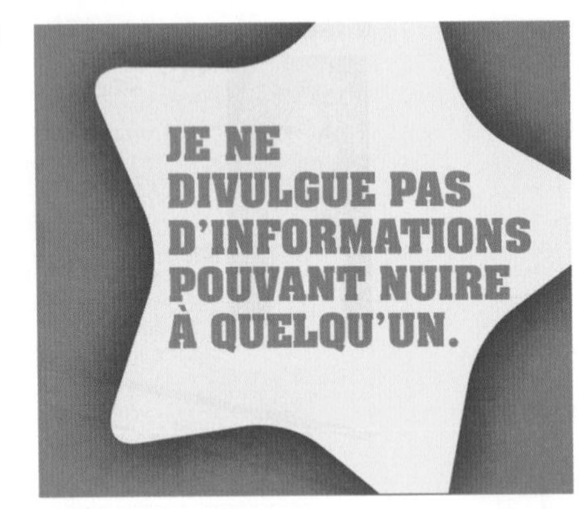

F

G

H

JE COUPE TOUT CONTACT AVEC LES INTERNAUTES DONT LE COMPORTEMENT ME CHOQUE.

Le *Netcode*, livret produit par Action innocence

À l'écrit

Choisissez l'un des sujets suivants. Inspirez-vous des planches de bande dessinée de la campagne d'Action innocence. Écrivez entre 250 et 400 mots.

1 Rédigez un guide de recommandations à l'intention des jeunes pour les mettre en garde au sujet des risques encourus sur internet et leur donner des conseils pratiques pour les aider à éviter les pièges tendus sur la toile et en minimiser les risques.

2 Maintenant étudiant(e) à l'université, vous avez été la victime malheureuse d'abus sur internet lorsque vous étiez au lycée. Vous avez accepté de revenir dans votre ancien établissement faire un discours devant la classe. Le but de votre discours est de partager votre expérience et mettre les élèves en garde contre les dangers liés à l'utilisation d'internet.

3 Rédigez un article pour le journal de votre école qui aura pour titre : « Internet : Il faut vous en méfier ! »

Ressources en ligne
Pour plus d'activités, consultez le site www.pearsonbacconline.com

ENTRAÎNEMENT À L'EXAMEN

FRANÇAIS B – NIVEAU MOYEN – ÉPREUVE 1
Novembre 2005

TEXTE C

PIRATAGE : ÊTES-VOUS UN « CYBERBANDIT » ?

Le piratage est aujourd'hui l'ennemi numéro un des industries de créations culturelles. Vous participez largement au phénomène par vos copies et téléchargements illégaux.

❶ Les maisons de disques et les éditeurs de jeux vidéo le répètent sans cesse : les copies illégales de CD et autres DVD et les téléchargements illégaux sur internet leur font perdre beaucoup d'argent. La consommation de musique augmente, plus de CD sont produits mais les compagnies enregistrent cette année des pertes de vente de 18% : en effet, 250 millions de chansons ont été piratées en un an. 5

❷ En France, les plus intéressés par le piratage sont les 16 à 25 ans. Les CD sont très chers car l'État prélève une taxe de 19,5%. Pourquoi payeraient-ils si cher quelque chose qu'ils peuvent obtenir gratuitement ? Leur piratage leur permet aussi de découvrir de nouveaux styles de musique, de se créer de nouveaux goûts musicaux et de les partager avec leurs amis. Ils ne se rendent pas compte qu'au bout de la chaîne, ce sont les artistes 10 et les créatifs qu'ils aiment qui y perdent.

Quand on aime un artiste, on ne le vole pas. Il faut donc sensibiliser les jeunes au problème mais ils ne peuvent pas être les seuls à se policer.

❸ Depuis quelque temps, les industriels multiplient sans trop de succès les recours en justice contre les sites d'échanges et les copieurs et tentent de protéger leurs CD par 15 plusieurs systèmes. Cette attitude est de moins en moins appréciée par les internautes. Il existe aussi des téléchargements payants mais seuls 800 000 Français ont accepté de payer l'année dernière. Les industriels demandent donc la mise en place de procédés de filtrage pour limiter l'accès aux sites d'échanges. Ils espèrent également la collaboration des constructeurs de graveurs et des fournisseurs d'accès à Internet. La partie s'annonce 20 difficile !

Les Clés de l'actualité (du 27 juillet au 27 août 2003)

TEXTE C — PIRATAGE : ÊTES-VOUS UN « CYBERBANDIT » ?

Vous avez des débuts de phrase à gauche et des fins possibles à droite. En vous basant sur le texte, remettez chaque début avec la fin qui lui correspond. ***Attention*** *: il y a davantage de fins que de débuts et chaque fin ne peut être utilisée qu'une fois.*

Exemple : *Le journaliste demande ... C*

1 En France, l'industrie du disque et des jeux vidéo souffre ...
2 Les grands responsables de cette situation ...
3 Les 16 à 25 ans ne comprennent pas ...
4 Les industriels de la création culturelle veulent ...

A sont les chanteurs.
B à cause du piratage.
C *si nous sommes des pirates de l'informatique.*
D protéger les jeunes.
E que les artistes perdent de l'argent.
F sont les 16 à 25 ans.
G les nouveaux goûts musicaux.
H trouver un système pour limiter le piratage.
I parce que 250 millions de chansons sont produites chaque année.

Répondez aux questions suivantes ou indiquez dans la case de droite la réponse choisie par une lettre.

5 Dans le 1er paragraphe, trouvez l'expression qui veut dire « continuellement ».

....

6 À la ligne 9, « les » se réfère ...

A aux amis.
B aux CD.
C aux artistes.
D aux goûts.

☐

7 Selon le 3e paragraphe, les industriels proposent plusieurs solutions au problème du piratage. Citez-en **deux**.
[2 points]

(a) ....
(b) ....

8 Quelle expression ou phrase du 3e paragraphe indique que les industries de la création mettront encore du temps à gagner contre les cyberbandits ?

....

9 L'intention de ce texte est ...

A d'accuser les maisons de disques de piratage.
B d'expliquer aux jeunes comment pirater.
C de faire comprendre la difficulté de trouver une solution au piratage.
D d'encourager l'État à augmenter la taxe sur les CD.

☐

International Baccalaureate, November 2005

CHAPITRE 9

LA MONDIALISATION ET SES EFFETS

Objectifs :

- Aborder le thème de l'expatriation et de l'ouverture des frontières
- Discuter du thème des droits de l'enfant et des jeunes enfants travailleurs
- Aborder le thème de la pauvreté
- Le futur simple
- Le conditionnel présent

Les mots clés de l'unité : l'ouverture des frontières, l'expatriation, l'exploitation, bafoué, respect des droits de l'homme, le travail, l'abus, la pauvreté, l'espoir, l'aide humanitaire

9.1 L'homme et sa planète

Texte 9.1.1

À LA QUESTION : « VOICI DIX BONNES NOUVELLES CONCERNANT L'HOMME ET SA PLANÈTE. CHOISISSEZ CELLE QUE VOUS CONSIDÉREZ COMME LA PLUS IMPORTANTE », NOS LECTEURS ONT RÉPONDU :

1. LE **SIDA** MARQUE LE PAS — 20.1%
2. LE **GÉNOME HUMAIN** EST ENTIÈREMENT DÉCRYPTÉ — 15.1%
3. VIVE LE **PÉTROLE CHER** — 14.1%
4. LES **RÉSERVES NATURELLES** COUVRENT 10% DE LA PLANÈTE — 11%
5. **TROU D'OZONE** : IL RESTE STABLE — 9.9%
6. La **LOI DE MOORE** toujours valable — 9.3%
7. LE **TRAVAIL DES ENFANTS** RECULE — 8.7%
8. IL N'Y AURA PAS DE **SURPOPULATION** — 5.5%
9. COMMERCE DES **ARMES**, ÇA BAISSE — 5.5%
10. LE **RHINOCÉROS BLANC** NE DISPARAÎTRA PAS — 0.5%

Science et vie Junior, n° 203, août 2006

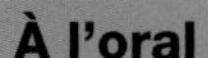

À l'oral

1 Et vous? Êtes-vous d'accord avec ce classement? Que changeriez-vous ?

2 Quelles bonnes nouvelles pourriez-vous/aimeriez-vous rajouter à cette liste ?

Zoom grammaire

Rappel : le futur simple

Le futur simple exprime la certitude.

On le forme : infinitif du verbe + terminaisons.

je – **ai**	nous – **ons**
tu – **as**	vous – **ez**
il/elle/on – **a**	ils/elles – **ont**

Exemple : bouger → je bouger**ai**

réfléchir → tu réfléchir**as**

Attention : prendre → prendr- → nous prendr**ons**

Il y a des exceptions. Voici les principales :

aller – **j'irai**	pleuvoir – **il pleuvra**
avoir – **j'aurai**	pouvoir – **je pourrai**
envoyer – **j'enverrai**	savoir – **je saurai**
être – **je serai**	venir – **je viendrai**
faire – **je ferai**	voir – **je verrai**
falloir – **il faudra**	vouloir – **je voudrai**

Grammaire en contexte

Pensons à l'avenir ! Prédisez l'avenir de la planète. Faites des phrases avec les thèmes ci-dessons en utilisant le futur simple (pour exprimer des convictions ou certitudes) ou le conditionnel présent (pour émettre des hypothèses).

Exemple : Le cancer → Les scientifiques **trouveront** un vaccin contre cette maladie qui **reculera** enfin. (futur)

Ou : Les médecins **pourraient** réussir à mettre au point un vaccin efficace pour lutter contre cette maladie et la faire reculer. (conditionnel présent)

1 La paix dans le monde
2 La pénurie d'eau
3 Le racisme
4 Les ours polaires
5 La faim dans le monde
6 Le terrorisme
7 La maltraitance
8 La pauvreté
9 L'exploitation de la personne humaine (prostitution, esclavage moderne, etc.)
10 La mondialisation

Zoom grammaire

Rappel : le conditionnel présent

Le conditionnel présent exprime le doute, l'incertitude (peut-être mais ce n'est pas sûr).

On le forme : radical du futur + terminaisons de l'imparfait.

je – **ais**	nous – **ions**
tu – **ais**	vous – **iez**
il/elle/on – **ait**	ils/elles – **aient**

Exemples : je regarderais, elle partirait, vous liriez

Bonne nouvelle : toutes les exceptions du futur sont les mêmes au conditionnel présent.
Il suffit de changer la terminaison du verbe !

Grammaire en contexte

1 Futur ou conditionnel présent ? À vous de décider.

- **a** Je le connais ; il .... (ne pas venir) à ce colloque sur les dangers des OGM.
- **b** En tant que représentant de l'association « Aidons les sans-abris », peut-être .... (pouvoir)-vous essayer de les convaincre que la lutte contre la pauvreté .... (devoir) être une priorité ?
- **c** Si les gouvernements des pays touchés par la sécheresse laissaient les organisations humanitaires faire leur travail, autant de femmes et d'enfants .... (ne pas mourir) de faim.
- **d** Si nous n'agissons pas aujourd'hui et rapidement, les ours polaires .... (disparaître) dans les dix prochaines années.
- **e** Je suis optimiste. Je pense que d'ici à l'année 2030, le terrorisme .... (ne plus être) qu'un mauvais souvenir.
- **f** Il me semble que la paix dans le monde reste un idéal que nous .... (ne jamais parvenir) à atteindre tant que l'intolérance, les actes de racismes ordinaires et d'exploitation de la personne humaine .... (être) encore monnaie courante.
- **g** D'après certains scientifiques, la pénurie d'eau .... (mettre) en péril la vie de milliers d'individus et animaux dans les années à venir. Leurs prédictions n'ont cependant pas encore été vérifiées.
- **h** En Suisse, comme les années précédentes, 70 000 personnes âgées .... (souffrir) cette année encore de mauvais traitements. Brisons enfin le silence sur ce tabou inacceptable !

2 Jouons avec les mots. Pour chacun des douze mots clés ci-dessous, remplissez (si possible) le tableau suivant.

Nom	Verbe	Adjectif	Participe passé	Autres mots dérivés et/ou synonymes	Anonymes (contraires)
(la) paix	pacifier	paisible	pacifié	apaisant	la guerre/le conflit/le combat/la bataille
(la) pénurie					
(le) racisme					
(la) faim					
(le) terrorisme					
(la) maltraitance					
(la) pauvreté					
(l')exploitation					
(l')humanité					
(la) prostitution					
(l')esclavage					
(la) mondialisation					

Conseils de l'examinateur

Prenez l'habitude de faire automatiquement ce genre d'exercice lorsque vous apprenez de nouveaux mots. Cela vous permettra d'améliorer et d'élargir vos connaissances lexicales et se révélera très utile, en particulier pour la rédaction des épreuves écrites.

9.2 Une touche d'optimisme ... un monde toujours plus ouvert

À l'oral

Dans son livre *Tchao la France*, Corinne Maier passe en revue 40 raisons qui peuvent pousser une personne à quitter son pays et aller vivre et s'installer ailleurs.

1. Avec un(e) camarade trouvez dix raisons qui peuvent inciter quelqu'un à s'expatrier pour aller vivre à l'étranger.
2. Quelles sont selon vous les qualités que l'expat idéal devrait posséder ?
3. Donnez cinq exemples. Justifiez vos réponses.
   Exemple : Un expat doit être **ouvert d'esprit** car il est confronté à des cultures et coutumes différentes des siennes au quotidien.
4. Reprenez maintenant la liste de qualités que vous venez de compiler et expliquez ce qui pourrait se passer si un expat ne possède pas les qualités en question.
   Exemple : S'il n'est pas ouvert d'esprit, il risque d'offenser les gens du pays et de donner une mauvaise image de son pays à l'étranger.

Texte 9.2.1

EXPAT – Vivre en France ? Plus jamais !

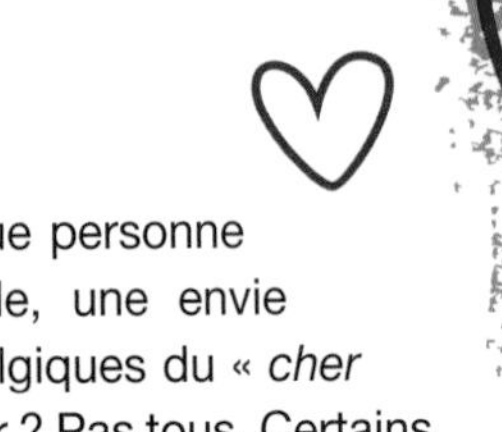

1 Pour quelle raison quitte-t-on son pays ? Chaque personne a son histoire. Une opportunité professionnelle, une envie d'ailleurs, une histoire d'amour … Sont-ils nostalgiques du « *cher pays de leur enfance* »,* ces Français de l'étranger ? Pas tous. Certains n'envisagent même plus de rentrer. Ils témoignent.

2 Les Français sont de plus en plus nombreux à partir. Plus de 2,5 millions ont fait leurs valises, un phénomène migratoire en constante progression depuis le début du 3e millénaire. Si, pour beaucoup d'expatriés français, la vie à l'étranger n'est que temporaire, pour d'autres, un retour dans l'Hexagone est inenvisageable. Bien loin des clichés, ces expatriés ne partent pas pour raisons fiscales, mais bien parce qu'ils ont trouvé dans leur pays d'accueil une meilleure qualité de vie. D'autres encore ne se reconnaissent plus dans la société française actuelle.

No future

3 Diplômés ou non, les jeunes partent en nombre travailler à l'étranger, loin d'un pays qu'ils jugent vieillissant et sclérosé. D'après Olivier Rimmel, contributeur dans Agoravox, « *ceux qui partent sont généralement des forces vives, des individus potentiellement proactifs, des investisseurs, des entrepreneurs, des ingénieurs.* »

4 Les jeunes ne sont pas les seuls à tenter leur chance à l'étranger. Raymond voulait s'expatrier : « *J'ai répondu à des annonces et passé des entretiens. On m'a dit que j'étais trop vieux. C'est quoi ce pays de fous ?! TROP VIEUX À 40 ANS ! Je suis parti quand même, bien m'en a pris. Je suis tombé amoureux de l'Asie où les gens me considèrent comme un être humain à potentiel normal en dépit de mes cheveux blancs (ce n'est pas le cas en France). J'ai maintenant 57 ans.* »

Quel pays !

5 Sous d'autres cieux, on a tendance à juger sévèrement les travers de nos compatriotes. Nrudd, habitant la Grande-Bretagne, a quitté la France il y a 12 ans : « *J'ai fait ma vie ici, ce n'est pas rose tous les jours, et tout doucement, sans que la coupure soit marquée, je me suis aperçue que je ne voudrais plus vivre en France. Autant j'adore les vacances en France, la géographie de la France, son héritage historique, culturel et gastronomique pour ne citer qu'eux, autant j'ai maintenant honte de l'attitude des Français. […] J'ai honte du mauvais service client que je reçois quand je vais en France faire les courses, en comparaison par exemple avec le service américain impeccable. J'ai honte des histoires d'arnaques faciles aux touristes anglais, que mes amis anglais me content … Les Français semblent ne plus respecter beaucoup de choses … quel dommage !* »

*Référence culturelle à la chanson de Charles Trenet intitulée « Douce France ».

Marie Pierre Parlange, *Le petit journal* 2011, adapté

Manipulation du texte

Répondez aux questions suivantes.

1 Quel mot du deuxième paragraphe est un synonyme pour « la France » ?

2 Dans le deuxième paragraphe, la phrase « Bien loin des clichés, ces expatriés ne partent pas pour raisons fiscales », sous entend que :

a les Français qui s'expatrient cherchent à éviter de payer des taxes
b les Français qui s'expatrient le font pour payer davantage d'impôts
c les Français qui s'expatrient ne le font pas dans le but d'éviter de payer plus d'impôts
d Les Français qui s'expatrient cherchent à se faire de l'argent

3 D'après le deuxième paragraphe, citez l'une des raisons pour lesquelles des Français partent s'installer à l'étranger.

4 D'après le quatrième paragraphe, en France, Raymond a été victime :

a de sexisme
b d'âgisme
c de vieillissement
d de xénophobie

5 Dans le cinquième paragraphe, l'expression « ce n'est pas rose tous les jours » signifie :

a il aime les roses car c'est l'un des emblèmes de l'Angleterre
b Il est impossible d'acheter des roses tous les jours
c tout se passe bien au quotidien
d tout n'est pas facile ni parfait tous les jours

6 Quel mot du cinquième paragraphe signifie « escroquerie » ?

À l'oral

1 La vie d'expatrié(e) a beau avoir ses charmes, elle a aussi ses inconvénients. Avec un(e) camarade, faites une liste de dix problèmes qu'un expat peut rencontrer au quotidien.
Exemple : difficulté à communiquer si on ne connaît pas la langue

2 Échangez votre liste avec un autre groupe.

3 Pour chaque problème qui figure sur la liste que vous avez devant les yeux, faites une suggestion et/ou donnez un conseil concret qui permettra de résoudre au mieux la situation.

Texte 9.2.2

TU SERAS UNE FEMME D'EXPAT', MA FILLE

Si tu peux accepter qu'on te nomme oisive,
Et sans même rétorquer, continuer sans dérive
À fréquenter salons d'coiffure et manucure
En criant fort « Je n'en ai cure ! » ;

Si tu peux chaque jour sembler overbookée,
Cancaner sans verser dans la méchanceté,*
Enchaîner coffee mornings, cocktails et thés
Tout en gardant un air blasé ;

Si tu peux recevoir toute la hiérarchie
De ton homme sans bâiller ni montrer quelqu'ennui
Et, embrassant tout le monde sans connaître personne
Ne jamais jouer les sauvageonnes ;

Si tu peux rester simple avec ton personnel
Sans te montrer injuste, exigeante ou cruelle,
Garder la tête froide sans prendre de grands airs
Même au pays du dromadaire ;

Si tu peux supporter d'être en « économie »
Avec le chat, le chien et le hamster du p'tit
Alors que seul en « first » se morfond ton mari
Sans faire montre d'aucune jalousie ;

Si tu peux rester zen lorsque dans un cocktail
On te présente comme « la femme de monsieur Untel »
Voire même sourire que l'on te croit un peu bécasse
Car ta carrière est dans l'impasse ;

Si tu admets que ton homme ne soit pas présent
Pour les accouchements, les déménagements,
Et que bras cassés, varicelle, appendicite

Seront ton lot, pauvre petite ;
Si tu sais prendre en charge les nouvelles arrivantes,
Distiller tes conseils, te montrer compétente,
T'occuper d'une assoc, jouer les taxis
Donner de ton temps sans répit ;

Si tu sais te garder de susciter l'envie
Sans jamais prendre pour quelque cause partie,
Louvoyer entre algarades* et jérémiades**
Sans pratiquer la rebuffade ;*

Tu mériteras toutes nos louanges, femme exemplaire,
Et nul doute que, parfois, ton auréole te serre,
Mais sache que, simplement, sans esbroufe, ni épate,*
Tu seras une vraie femme d'expat ...
... ma fille !

Hélène Boibien

Amicale des Français du Koweit, le 25 avril 2008

*cancaner = passer son temps à bavarder
louvoyer = naviguer/passer d'une chose à une autre
algarade = querelle/dispute
jérémiade = plainte/lamentation
rebuffade = mauvais accueil
esbroufe = manière

Compréhension générale du texte

1 En quoi ce poème est-il à la fois humoristique et ironique ?

2 Faites une liste de tous les mots clés utilisés. Classez-les en deux catégories : ceux qui ont une connotation positive et ceux qui ont une connotation négative.

3 Faites une liste de toutes les qualités nécessaires à la femme d'expat qui sont mentionnées dans ce poème.

À l'écrit

Rédigez un guide de recommandations à l'intention des personnes (familles, adolescents ou jeunes professionels) qui aspirent s'installer à l'étranger. Le but de ce guide est de les aider à se préparer à leur nouvelle vie et de leur donner des conseils concrets qui les aideront à anticiper tout problème pratique qui pourrait se présenter à elles. Rédigez entre 250 et 400 mots.

9.3 À propos des enfants…

À l'oral

1 D'après-vous, quels sont les droits fondamentaux reconnus aux enfants ? En groupes, faites une liste des droits possibles. Échangez vos idées dans la classe pour compléter votre liste.

2 Que savez-vous sur les droits de l'enfant ? Vrai ou faux ?

- **a** Vivre avec sa famille est un droit.
- **b** Chaque enfant a le droit à sa propre identité.
- **c** La citoyenneté d'un enfant est déterminée par sa nationalité.
- **d** Un enfant né en France de parents étrangers obtient obligatoirement la nationalité française.
- **e** Aller à l'école gratuitement est un droit fondamental.
- **f** Un enfant ne peut pas aller en prison.
- **g** En France, les parents peuvent être jugés et condamnés pour des crimes commis par leurs enfants.
- **h** Lorsque ses parents divorcent, un enfant n'a pas le droit de s'exprimer ni de donner son avis sur son futur lieu de résidence.
- **i** Le loisir est un droit.
- **j** La Convention internationale des Droits de l'enfant a été signée par tous les pays du monde.
- **k** En France, un enfant ne peut que porter le nom de son père.
- **l** Un enfant délinquant peut être jugé comme un adulte.
- **m** Un enfant peut décider seul de son éducation.
- **n** Il y a un défenseur des enfants dans tous les pays qui ont ratifié la Convention internationale des Droits de l'enfant.
- **o** Le droit au repos est l'un des droits fondamentaux qui figurent sur la Convention internationale des Droits de l'enfant.

Lisez les trois documents suivants à propos des enfants travailleurs.

TRAVAIL DES ENFANTS : UNE SITUATION ALARMANTE

Ils étaient 250 millions en 1995. Ils seraient 211 millions en 2000. Ils ? Ce sont les enfants de 5 à 14 ans astreints à un travail dans les pays en développement. Tels sont les chiffres de l'Organisation Internationale du Travail, rendus publics a la veille du Sommet des Nations Unies sur les enfants à New York.

Près des trois quart d'entre eux, soit 179 millions, sont soumis aux pires formes de travail. Celles où leur santé mentale et physique sont en danger. Et ils seraient 9 millions en situation d'esclavage. Dans certains pays la culture du cacao, du thé, du café, du coton ou du caoutchouc utilise entre 25 et 30% de main-d'œuvre enfantine. D'autres sont exploités dans les mines, dans la prostitution, dans d'autres activités illicites, participent à des confits armés ou sont soumis à une servitude pour rembourser une dette contractée par leurs parents. Un drame humain planétaire !

Entre 5 et 14 ans, c'est en Asie et dans le Pacifique qu'ils sont les plus nombreux à travailler : 127 millions. Puis viennent l'Afrique subsaharienne (48 millions), l'Amérique Latine (17,4 millions), le Moyen-Orient et l'Afrique du Nord (13,4 millions), l'ancien bloc soviétique (2,4 millions). Et 2,5 millions dans les pays industrialisés. A ceux-là peuvent s'ajouter 141 millions de jeunes âgés de 15 a 17 ans.

Marc Béziat

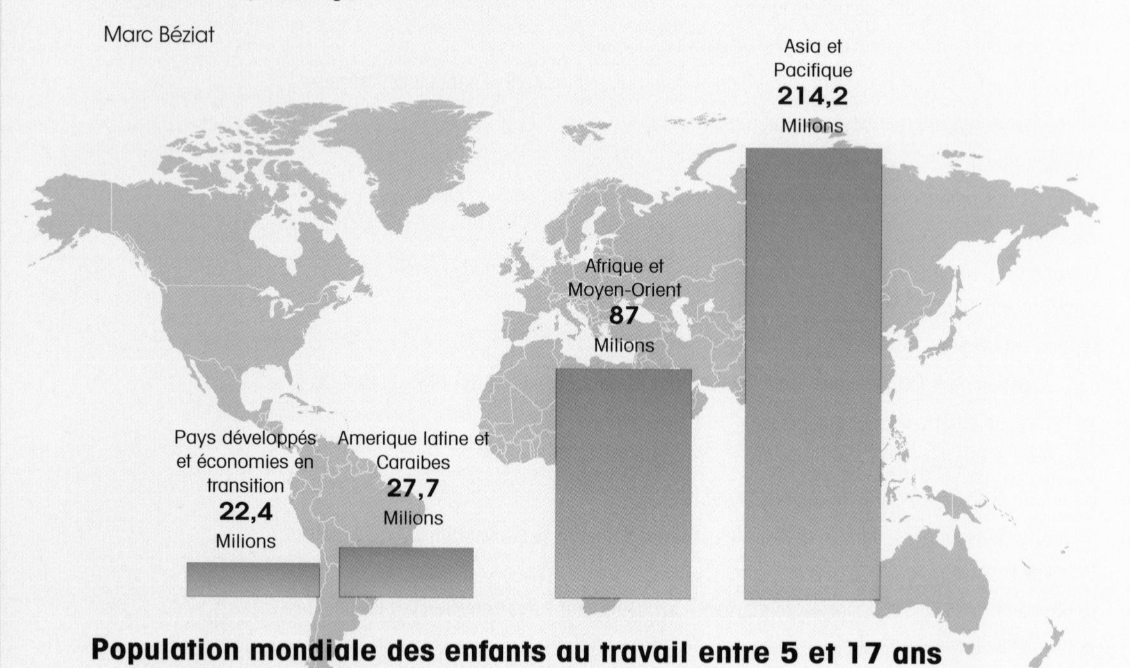

Population mondiale des enfants au travail entre 5 et 17 ans

Source : OIT

Marc Béziat, lettre trimestrielle du comité contre L'Esclavage Moderne, n° 14, juin 2002

Texte 9.3.2

BAYTI : 10 ANS AUX CÔTÉS DES ENFANTS DU MAROC

Elles ont six ou sept ans quand, encore des petites filles, elles sont arrachées à leur enfance par des parents trop pauvres qui les placent en ville avec l'aide d'intermédiaires. Là, elles servent de bonnes à tout faire dans des familles plus aisées et, pour certaines, finissent dans la rue. L'association Bayti se bat en première ligne sur le front du refus de l'indifférence depuis dix ans.

Elles font partie de la « culture marocaine », dit-on à Casablanca ou Rabat, la capitale, pour masquer le silence consensuel qui s'abat sur le destin tragique de ces enfants. Les petites bonnes ne vont pas à l'école comme nombre d'enfants de leur âge. À la place, elles sont exploitées sans vergogne*, de l'aube au crépuscule, se levant avant la maisonnée et s'endormant longtemps après, dans des conditions souvent indignes. Elles doivent toujours être corvéables* pour effectuer les tâches pénibles contre une somme misérable perçue le plus souvent par leurs parents. Elles doivent subir les insultes ou les brimades avant les coups, et rester silencieuses devant l'humiliation. Plus grave encore, elles doivent se résigner à des viols répétés. À qui parler ? Qui les croira ? Deux questions qui font grandir l'angoisse jusqu'au jour où, excédées, elles se révoltent.

Celles qui s'échappent trouvent dans la rue la protection de celles qui les ont précédées et qui leur servent de logeuses et de tutrices. En fait de proxénètes. Sous les lumières rouges des lieux de la vie nocturne se prolongent d'interminables veilles dans la consommation d'alcool et de cigarettes. Le premier client, souvent amené par la tutrice, elles ne s'en souviennent pas tellement elles étaient saoules. Ou bien elles cherchent à l'oublier. Puis c'est la descente aux enfers à 100 dirhams la passe, protégée ou non, 500 si le client est riche (100dhs – 10 €). La suite est prévisible : risques de grossesse, avortement ou abandon d'enfant, maladies sexuellement transmissibles que l'on croit guérir avec des traitements de fortune. Celles qui gardent leur enfant seront des parias à vie.

Dans ce paysage peu amène Najat M'jid, une femme médecin, a osé lever le voile sur la situation précaire des enfants au Maroc. En créant l'association Bayti il y a dix ans, elle a pris l'engagement d'aider ces jeunes, filles et garçons. Sans jamais baisser les bras devant leur nombre grandissant, ni désespérer de les replacer dans une perspective de réinsertion scolaire, professionnelle et sociale, elle dit sa révolte, interpelle les autorités, alerte l'opinion. Avec elle, près de 50 travailleurs sociaux et éducateurs sillonnent les rues de Fès, Tanger, Casablanca ou Essaouira. Ils détectent, écoutent, accompagnent, assistent et protègent des milliers d'enfants. « Le but essentiel de Bayti est d'outiller le jeune pour dépasser l'échec », dit Najat M'jid. Un travail de très longue haleine.

■ *Marc Béziat*

(d'après le site www.bayti.net)

*sans vergogne = sans honte/scrupule
corvéables = obligés d'effectuer un travail pénible

Marc Béziat, *Esclaves encore*, lettre trimestrielle du Comité Contre L'Esclavage Moderne, n° 21, mai 2004

Texte 9.3.3

Moins d'enfants travailleurs

En Colombie, en Amérique du Sud, des mineurs de dix ans, recrutés pour leur petite taille, piochent le charbon. Aux Philippines, des fillettes se prostituent dans les grandes villes. Au Pakistan, des esclaves tissent de somptueux tapis d'Orient « faits main » dans des conditions épouvantables. Les enfants, choisis très jeunes en raison de leurs petites mains, travaillent plus de douze heures par jour, courbés, avalant la poussière, parfois enchaînés, toujours mal nourris ... Dociles, habiles et pas cher payés, des enfants travaillent partout dans le monde.

Mais cette exploitation n'est pas inéluctable : le travail des enfants de moins de 17 ans a diminué de 11% ces quatre dernières années. Mieux : la baisse atteint 26% si l'on ne considère que les travaux dangereux. Encore mieux : le nombre des moins de 14 ans qui effectuent ces tâches dangereuses a diminué de plus d'un tiers ! Et que font les enfants lorsqu'ils ne sont plus obligés de travailler ? Ils vont davantage à l'école et se construisent un avenir meilleur !

Les raisons de cette évolution positive sont multiples : d'abord la croissance économique mondiale, surtout en Asie et en Amérique du Sud, a amélioré les revenus des parents. Ceux-ci sont moins contraints qu'auparavant de faire travailler leurs enfants pour subvenir aux besoins de la famille. Autre facteur : le développement des écoles, partout dans le monde, grâce à l'argent des organisations internationales ou des pays les plus riches. Lorsqu'il y a un établissement scolaire pas trop cher et pas trop loin, même les parents très pauvres essaient de scolariser leurs enfants. Enfin, le succès de plusieurs campagnes internationales de boycottage des produits fabriqués par les enfants, comme les ballons de football au Pakistan, a forcé certains industriels à renoncer à cette main d'œuvre bon marché. Selon l'Organisation internationale du travail qui coordonne la lutte contre le travail des enfants, à ce rythme, l'objectif de voir disparaître cette forme d'exploitation d'ici dix ans, est tout à fait réaliste.

Oui mais...
Il y a toujours 218 millions d'enfants au travail dont 126 millions qui effectuent des travaux dangereux pour leur santé et leur croissance.

Science et vie Junior, n° 203, août 2006

Entraînement au travail écrit (NM)

Avant de vous lancer dans la rédaction de votre travail écrit, effectuez le travail suivant :

1 Pour chaque document, résumez les idées principales.

2 Quel est le thème commun ?

3 Faites une liste des mots clés.

Rédigez un travail écrit entre 300 et 400 mots plus un préambule de 100 mots. N'oubliez pas de donner un titre à votre travail écrit.

Voici quelques suggestions générales pour vous aider. À vous de choisir !

Il vous faut aussi déterminer le public que vous visez et le but de votre travail.

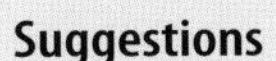

Suggestions

1 Un tract pour dénoncer le travail des enfants.
2 Un discours pour dénoncer le problème du travail des enfants.
3 La page de journal intime d'un enfant exploité.
4 La lettre à sa famille d'une petite bonne du Maroc.
5 Une lettre aux « propriétaires » d'une petite bonne.
6 Une proposition pour trouver des solutions à l'exploitation des enfants.

Conseils de l'examinateur

Une fois votre travail écrit complété, vérifiez que vous avez rempli les exigences requises.

Avez-vous :

- rédigé entre 300 et 400 mots ?
- choisi un type de texte spécifique ?
- donné un titre à votre travail écrit ?
- rédigé un préambule de 100 mots qui explique votre tâche, vos objectifs, pourquoi vous avez choisi tel type de texte et quels procédés vous avez utilisés pour atteindre vos objectifs et rendre votre travail convaincant ?
- rédigé votre travail écrit et le préambule à la main ?
- respecté le registre à adopter (registre informel avec « tu », registre formel avec « vous ») ?

9.4 La pauvreté

Texte 9.4.1

Édito

Assez de promesses, des actes !

En 2000, dans l'espoir suscité par l'effondrement du bloc communiste, 189 états se réunissaient à New York, sous l'égide des Nations Unies, et s'engageaient, en adoptant les Objectifs du Millénaire pour le développement (OMD), à éradiquer l'extrême pauvreté et à réduire les inégalités d'ici 2015. À cinq ans de l'échéance, la promesse d'un monde meilleur a-t-elle été tenue ? Une question bien naïve ...

« *Il est clair que la vie des pauvres ne s'est améliorée que très lentement et certains progrès, difficiles à réaliser, ont été affectés par les changements climatiques et les crises alimentaire et économique* », affirme Ban Ki-moon, Secrétaire général de l'ONU, dans la préface du Rapport 2010 de suivi des OMD. Du 20 au 22 septembre, les chefs d'État se réuniront de nouveau à New York pour dresser le bilan et tracer les plans d'action pour que les objectifs soient réellement atteints. De nouvelles promesses qui n'engagent que celles et ceux qui y croient ? Faut-il se résigner à l'échec et abandonner sur le bord de la route les milliards de personnes, sempiternelles victimes d'une crise qu'ils n'ont jamais provoquée ? En aucun cas. C'est le message qu'il faut marteler à celles et ceux qui gouvernent, dans les pays du Nord comme du Sud. C'est le message que distille ce numéro spécial *d'Altermondes*, diffusé en partenariat avec *Libération*.

Revue de la solidarité internationale, du développement durable et des droits humains, *Altermondes* propose à ses lectrices et lecteurs un autre regard sur le monde, en donnant la parole aux sans voix, à celles et ceux qui, inlassablement et souvent dans l'ombre, œuvrent à la construction d'un monde juste, durable et solidaire. À la veille du Sommet de New York, *Altermondes* a donc rassemblé vingt-sept des plus importantes associations de solidarité internationale et les principaux syndicats, pour rappeler l'État français à ses responsabilités. Un message unique que nous vous invitons à relayer à travers la pétition diffusée dans ce numéro : « *Assez de promesses, des actes !* »

David Eloy, Rédacteur en chef d'*Altermondes*, http://altermondes.org/spip.php?article865

À l'écrit (NS)

En vous inspirant de cet édito, réagissez à l'énoncé suivant. Écrivez entre 150 et 250 mots. Votre réponse prendra la forme de votre choix (article, discours, dissertation, etc.).

> « La pauvreté dans les pays en voie de développement est une réalité. Toutefois, la pauvreté touche également nos sociétés développées. Le nombre de sans-abris ne cessent de grossir sur nos trottoirs. 'Assez de promesses, des actes !' Oui ! Mais avant d'aller aider les autres, il vaudrait mieux s'occuper de résoudre le problème de la pauvreté dans notre pays. »

Comme point de départ lisez l'interview ci-dessous.

Texte 9.4.2

Ne pas avoir peur des responsabilités

Entretien avec Françoise André,

co-rédactrice de la publication Onisep « Les métiers de l'humanitaire »

« Quelles sont les questions essentielles à se poser avant de s'engager dans la voie humanitaire ? »

Tout d'abord, voir si sa personnalité et sa motivation correspondent bien à ce que l'on attend de quelqu'un qui part en mission. Il est important de posséder une grande ouverture d'esprit pour comprendre, s'adapter, accepter et respecter les personnes d'autres cultures. Lors des missions d'urgence, on peut être confronté à la détresse, la souffrance, ou se retrouver dans des conflits armés. Autant de situations qui exigent de savoir garder son sang-froid et de gérer son stress. Il faut aussi savoir s'adapter, aussi bien en mission d'urgence qu'en mission de développement, pour faire face à des conditions de vies inhabituelles en termes de confort, de climat et de promiscuité. Enfin, une grande capacité de travail et une grande résistance physique et psychologique sont indispensables. Et il ne faut pas avoir peur de prendre des responsabilités car sur le terrain, il est souvent demandé d'encadrer des équipes, de gérer des budgets et de négocier.

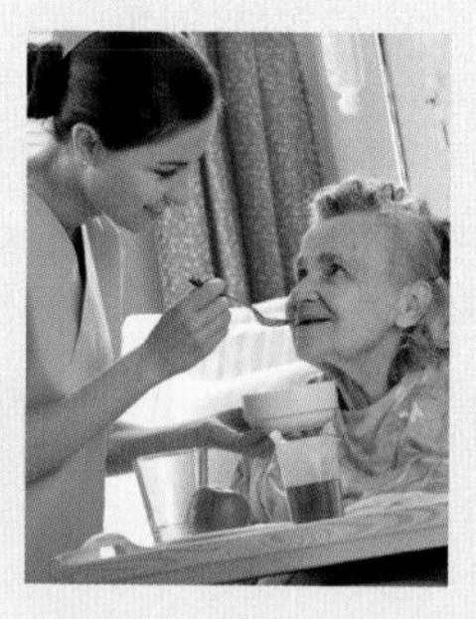

Polyvalence et capacité de s'adapter sont des qualités indispensables.

« Comment se préparer ? »

Pour tester et prouver son envie d'aider les autres on peut, par exemple, faire du bénévolat dans des associations ou des ONG en France. Les chantiers de jeunes sont aussi un moyen de se tester. Ils permettent aux plus de 18 ans de participer à des projets (la reconstruction d'une école par exemple) sur une courte durée. Le service européen propose aux 18–25 ans de participer 6 mois durant à une activité d'intérêt générale (culturel, social, économique, etc.) en Europe, sans condition de formation. Mais cela ne suffit pas. La plupart des volontaires possèdent un bac + 4 et une expérience professionnelle. Il faut aussi savoir parler au moins deux langues étrangères, l'anglais et une autre langue, comme l'espagnol, ou une langue rare.

« Quelle formation est recommandée ? »

On peut avoir une formation médicale ou paramédicale, en agronomie, dans le bâtiment ou l'enseignement, et partir avec en général deux ans d'expérience. Il existe des formations spécifiques aux métiers de l'humanitaire, à l'université ou dans des écoles comme Bioforce ou l'EICD 3A à Lyon qui, à partir du bac, forment des administrateurs et des logisticiens. Ou encore comme le Cnearc (Centre national d'études agronomiques des régions chaudes), à Montpellier, ou l'Ifaid (Institut de formation de d'appui aux initiatives de développement) à Bordeaux, qui intègrent des ingénieurs agronomes pour le premier, des diplômés bac + 2 avec expérience pour le second.

L'humanitaire s'exerce aussi en France, à travers des associations comme le Secours populaire.

Les Clés de l'actualité

Entraînement à l'oral interactif

Mini débat

Vous avez vu l'annonce suivante sur le site internet : solidaritemonde.

> L'association Solidarité Monde recherche des bénévoles pour continuer son action auprès des personnes les plus démunies et vulnérables dans le monde.
>
> Lieu du projet : Mali
> Durée : un minimum de 3 mois
> Projet : enseigner le français et l'anglais aux enfants en âge d'aller à l'école primaire

Imaginez que vous participiez à un interview pour recruter de nouveaux bénévoles. Divisez la classe en deux groupes et lancez l'interview.

Choix de rôles

- Un panel de deux ou trois membres de l'association chargés de recruter de nouveaux bénévoles.
- Les bénévoles potentiels.

Les bénévoles doivent :

- préparer une mini présentation d'une à deux minutes dans laquelle ils vont essayer de « se vendre » et de convaincre les membres du panel de les enrôler.
- essayer d'anticiper les questions qui vont leur être posées afin de s'y préparer.

Les membres de l'association doivent :

- se mettre d'accord sur le profil du bénévole idéal.
- préparer une liste de questions pertinentes.

Pour vous aider ...

- Faites une liste des qualités énumérées dans l'interview à la page précédente.
- Relevez les expériences utiles.
- Relevez les conseils dispensés.

Texte 

À la Une > Économie

La difficile mesure du bien-être des populations

L'Organisation de coopération et de développement économiques (OCDE) a mis en ligne, mardi 24 mai, un indicateur destiné à mesurer le bien-être des habitants de ses trente-quatre pays membres.

Le Monde avec AFP, mis à jour le 25 mai 2011

Théorie de la connaissance

Un peu d'optimisme ...

1 Est-il possible de mesurer le « bien-être », d'après vous ?

2 Voici la liste des indicateurs utilisés par l'OCDE :

a	le logement	**f**	l'environnement
b	le travail	**g**	le gouvernement ou régime politique
c	le revenu	**h**	l'équilibre entre le travail et la vie sociale
d	l'éducation	**i**	la vie communautaire
e	la santé	**j**	la sécurité

Classez ces facteurs selon (d'après vous) leur ordre d'importance et/ou d'efficacité en ce qui concerne la mesure du bien-être. Justifiez vos choix.

3 Quel(s) facteur(s) ajouteriez-vous à cette liste ? Pourquoi ?

4 Ce genre de questionnaire mis en ligne peut-il vraiment constituer une source fiable d'informations ? Justifiez votre réponse.

Pour aller plus loin ...

5 « Bien-être » rime-t-il d'après vous avec « bonheur » ?

6 Réfléchissez à la dernière fois où vous vous êtes senti(e) bien ? Étiez-vous heureux/heureuse ?

7 Qu'est-ce que le bonheur ?

Voici la liste compilée par le personnage d'Hector dans le roman de François Lelord (auteur contemporain français) *Le voyage d'Hector ou la recherche du bonheur.* Dans ce livre, Hector parcourt le monde dans le but de comprendre ce qu'est le bonheur. Voici un extrait de ses conclusions :

Leçon n°1 :	Un bon moyen de gâcher son bonheur, c'est de faire des comparaisons.
Leçon n° 2 :	Le bonheur arrive souvent par surprise.
Leçon n° 3 :	Beaucoup de gens voient leur bonheur seulement dans le futur.
Leçon n° 4 :	Beaucoup de gens pensent que le bonheur, c'est d'être riche ou plus important.
Leçon n° 5 :	Le bonheur, parfois, c'est de ne pas comprendre.
Leçon n° 6 :	Le bonheur c'est une bonne marche au milieu des belles montagnes.
Leçon n° 7 :	L'erreur c'est de croire que le bonheur est le but.
Leçon n° 8 :	Le bonheur c'est d'être avec des gens qu'on aime.
Leçon n° 9 :	Le bonheur, c'est que sa famille ne manque de rien.
Leçon n° 10 :	Le bonheur, c'est d'avoir une occupation qu'on aime.

Le voyage d'Hector ou la recherche du bonheur, François Lelord

Point culture
Maryse Condé (1937–) est auteure francophone née à Pointe-à-Pitre en Guadeloupe.
Œuvres les plus connues :
- *Traversée de la Mangrove*
- *Victoire, les saveurs et les mots*

Théorie de la connaissance

1. Pour chacun des enseignements ci-dessus, réfléchissez à un exemple concret auquel cette leçon s'applique/pourrait s'appliquer dans votre vie personnelle. Partagez vos exemples avec le reste de la classe.
2. Que pensez-vous de cette liste ? Quelles autres leçons pourriez-vous y ajouter ?
3. « Le malheur des uns fait le bonheur des autres. » (dicton populaire)
   Remplacez ce dicton dans le cadre de la mondialisation. En quoi est-il vrai/vérifié ? Donnez des exemples précis. Proposez éventuellement des solutions possibles.
   Exemple : Le travail des enfants et leur exploitation dans les pays en voie de développement permet aux pays riches de baisser leur prix de production et donc d'avoir une marge de profit plus importante.
4. « À part le bonheur, il n'est rien d'essentiel ». Commentez.
   (Chanson martiniquaise citée par Maryse Condé en ouverture de son roman *Desirada*.)

Créativité, action, service

Considérez votre environnement et les activités CAS déjà offertes pour aider les personnes qui font partie de votre communauté immédiate et/ou améliorer leur quotidien.
Exemple : visite hebdomadaire à une personne âgée dans le but de l'aider à rompre sa solitude.

Considérez également les activités (voyages et/ou actions humanitaires, etc.) mises en place à une échelle internationale/mondiale.

En quoi ces activités/actions sont-elles bénéfiques ? Contribuent-elles à l'amélioration des personnes/communautés concernées ? Pourriez-vous en proposer d'autres ?

Rédigez le texte d'une proposition (écrivez entre 250 et 400 mots) dans lequel vous proposerez de nouvelles actions concrètes à votre directeur d'école. Soyez convaincant(e) !

Ressources en ligne
Pour plus d'activités, consultez le site www.pearsonbacconline.com

ENTRAÎNEMENT À L'EXAMEN

FRANÇAIS B – NIVEAU MOYEN – ÉPREUVE 1

Novembre 2009

TEXTE C

Suisse ou Italien ?

Le narrateur est fils d'immigrés italiens établis en Suisse. Chaque été, la famille va en Italie dans le village natal du père.

C'est la fin de l'été

1re partie

À l'heure des retours en Suisse, les séparations d'avec les miens deviennent de plus en plus
5 insupportables. On se dit au revoir. Mais avec les aînés ce sont avant tout des adieux. On se quitte comme pour toujours. On se penche par la fenêtre du train et on agite les mouchoirs. Ceux qui restent sur le quai s'éloignent. Ils deviennent de plus en plus petits. Minuscules. L'immense main de Zi'Olindo peut contenir les deux miennes en entier. Je la vois qui s'agite, encore, encore et puis tout disparaît.

10 *Quelque temps plus tard, en Suisse ...*

2e partie

Papa et Maman vont vite. Ils décident d'obtenir la naturalisation suisse. La décision a été prise suite à de nombreux conseils d'amis suisses : posséder « le rouge », c'est quelque chose. Il vous met à l'abri de tout. Vous pourrez voter. Il n'y a que des avantages, aucun inconvénient. Pour le gamin*, c'est mieux, il pourra travailler partout. Il fera son armée. Ça lui
15 fera le plus grand bien.

3e partie

Une fois dépassé le traumatisme de la facture – « le rouge » coûte très cher – Papa et Maman deviennent suisses et fiers de l'être. Ils obtiennent le poste de concierges des bâtiments communaux de l'école de Jussy. Ils ont certes gardé un peu d'accent, mais ils maîtrisent désormais parfaitement le français. Ils vont jusqu'à enrichir la langue avec quelques
20 néologismes, comme le verbe « adopérer », un synonyme d'utiliser. Ils font même du zèle et continuent de parler français avec les membres de la famille qui, perplexes, se demandent à quels drôles de zèbres ils ont a aire.

4e partie

À l'époque, l'obtention du « rouge » entraînait la perte du « vert », le passeport italien. Je suis furieux. Ce n'est pourtant qu'un morceau de papier. Et puis, je suis né en Suisse, je vis en
25 Suisse, j'ai l'accent genevois. Avec mes rousseurs[2], je ne ressemble même pas à un Italien. J'ai plutôt l'aspect d'un Britannique. Alors, pourquoi cette terrible impression de trahison ? Pourquoi ce soudain abyssal manque d'Italie ? Ce sentiment d'appartenance presque morbide à une nation qui désormais ignore jusqu'à mon existence ?

*gamin = enfant
rousseurs = caractéristiques d'une personne rousse (cheveux roux, taches de rousseur)

Germano Zullo, *Quelques années de moins que la lune*, Éditions La joie de lire, 2006

TEXTE C – SUISSE OU ITALIEN ?

Parmi les propositions de la colonne de droite, choisissez celle qui résume le mieux chacune des parties du texte. Indiquez les lettres correspondantes dans les cases. ***Attention :*** *il y a plus de propositions que de parties du texte. Un exemple vous est donné.*

Exemple : *1re partie D*

1 2e partie ☐
2 3e partie ☐
3 4e partie ☐

A Les arguments en faveur d'un changement de nationalité sont variés.
B Le narrateur est en colère parce que ses parents n'ont pas obtenu le passeport suisse.
C Les parents sont incapables d'apprendre une nouvelle langue.
D C'est la fin des vacances en Italie.
E Les parents s'intègrent bien en Suisse.
F Le narrateur se pose des questions sur son identité.
G Toute la famille est heureuse de rentrer en Suisse.
H La décision des parents est irrationnelle.

En vous basant sur la 1re partie du texte, répondez aux questions suivantes.

4 Quel mot montre que le narrateur trouve les adieux « très difficiles » ?

....

5 Citez **un** geste que les gens font pour se dire au revoir.

....

Indiquez dans la case de droite la lettre qui correspond à la réponse correcte.

6 D'après le contexte, on peut comprendre que « le rouge » *(lignes 12 à 15)* désigne …

A le drapeau suisse.
B le permis de conduire suisse.
C un couteau de l'armée suisse.
D le passeport suisse.

☐

Complétez le tableau suivant en indiquant à qui ou à quoi se rapportent les mots en gras.

Dans la phrase …	**le mot …**	**se rapporte à**
Exemple : *Je la vois qui s'agite … (ligne 8)*	*« la »*	*la main de Zi'Olindo*
7 **Ils** décident d'obtenir la naturalisation suisse. *(ligne 11)*	« ils »	
8 **Il** vous met à l'abri de tout. *(ligne 13)*	« il »	
9 Ça **lui** fera le plus grand bien. *(lignes 14 à 15)*	« lui »	

Reliez chacun(e) des mots ou expressions du texte figurant dans la colonne de gauche avec son équivalent qui se trouve dans la colonne de droite. ***Attention :*** *il y a plus de mots ou expressions proposé(e)s que de réponses possibles. Un exemple vous est donné.*

Exemple : *certes (ligne 18) H*

10 néologismes *(ligne 20)*
11 perplexes *(ligne 21)*
12 drôles de zèbres *(ligne 22)*

A animaux sauvages
B confus
C individus bizarres
D malheureusement
E méchants
F exercices
G mots nouveaux
H quand même

Répondez à la question suivante.

13 À quel pays le narrateur fait-il référence lorsqu'il écrit « une nation qui désormais ignore jusqu'à mon existence » ? *(ligne 28)*

....

CHAPITRE 10

L'ENVIRONNEMENT EN QUESTION

Objectifs :

- Parler des conséquences de nos actions sur notre environnement
- Se pencher sur l'état actuel de la planète
- Explorer des solutions pour lutter contre la pollution
- La forme négative
- Donner des conseils

Les mots clés de l'unité : l'environnement, le réchauffement de la planète, espèces menacées, la sécheresse, les catastrophes naturelles, pollué, les déchets, la destruction, la fonte des glaces, agir

10.1 La planète en danger

Texte 10.1.1

Plus rien*

Il ne reste que quelques minutes à ma ....[1].........
Tout au plus quelques heures, je sens que je faiblis
Mon frère est ....[2]......... hier au milieu du désert
Je suis maint'nant le dernier ....[3]......... de la Terre

On m'a décrit jadis, quand j'étais un ....[4].........
Ce qu'avait l'air le monde il y a très très longtemps
Quand vivaient les parents de mon arrière-grand-père
Et qu'il tombait encore de la ....[5]......... en hiver

En ces temps on vivait au rythme des ....[6].........
Et la fin des étés apportait la moisson
Une ....[7]......... pure et limpide coulait dans les ruisseaux
Où venaient s'abreuver chevreuils* et orignaux*

Mais moi je n'ai vu qu'une ....[8]......... désolante
Paysages lunaires et ....[9]......... suffocante
Et tous mes amis mourir par la ....[10]......... ou la faim
Comme tombent les mouches ...
Jusqu'à c'qu'il n'y ait plus rien ...
Plus rien ...
Plus rien ...

*un chevreuil = un animal de la famille des cerfs
un orignal/des orignaux = animal (élan) qui vit au C

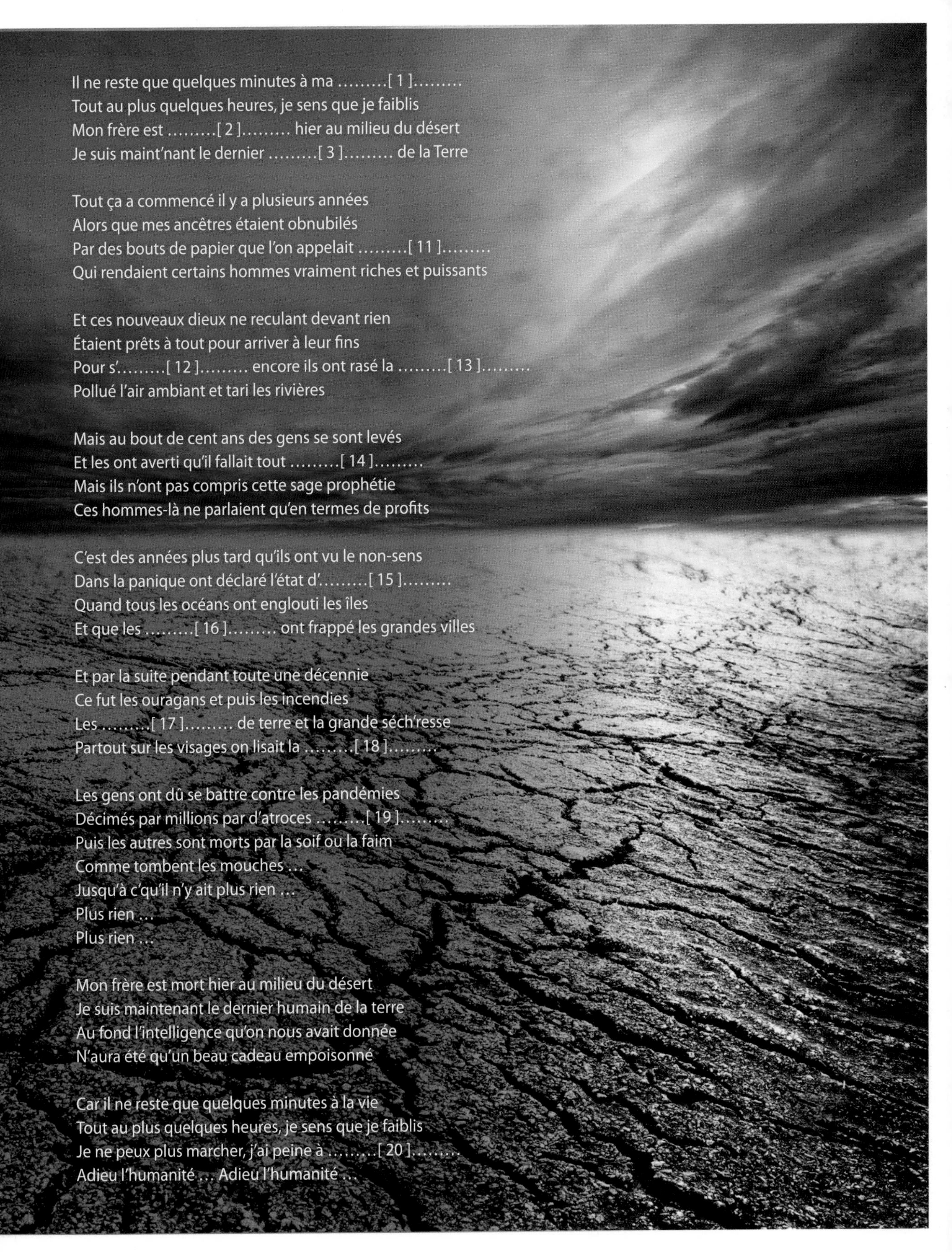

Il ne reste que quelques minutes à ma ....[1].........
Tout au plus quelques heures, je sens que je faiblis
Mon frère est ....[2]......... hier au milieu du désert
Je suis maint'nant le dernier ....[3]......... de la Terre

Tout ça a commencé il y a plusieurs années
Alors que mes ancêtres étaient obnubilés
Par des bouts de papier que l'on appelait ....[11].........
Qui rendaient certains hommes vraiment riches et puissants

Et ces nouveaux dieux ne reculant devant rien
Étaient prêts à tout pour arriver à leur fins
Pour s'.........[12]......... encore ils ont rasé la ....[13].........
Pollué l'air ambiant et tari les rivières

Mais au bout de cent ans des gens se sont levés
Et les ont averti qu'il fallait tout ....[14].........
Mais ils n'ont pas compris cette sage prophétie
Ces hommes-là ne parlaient qu'en termes de profits

C'est des années plus tard qu'ils ont vu le non-sens
Dans la panique ont déclaré l'état d'.........[15].........
Quand tous les océans ont englouti les îles
Et que les ....[16]......... ont frappé les grandes villes

Et par la suite pendant toute une décennie
Ce fut les ouragans et puis les incendies
Les ....[17]......... de terre et la grande séch'resse
Partout sur les visages on lisait la ....[18].........

Les gens ont dû se battre contre les pandémies
Décimés par millions par d'atroces ....[19].........
Puis les autres sont morts par la soif ou la faim
Comme tombent les mouches ...
Jusqu'à c'qu'il n'y ait plus rien ...
Plus rien ...
Plus rien ...

Mon frère est mort hier au milieu du désert
Je suis maintenant le dernier humain de la terre
Au fond l'intelligence qu'on nous avait donnée
N'aura été qu'un beau cadeau empoisonné

Car il ne reste que quelques minutes à la vie
Tout au plus quelques heures, je sens que je faiblis
Je ne peux plus marcher, j'ai peine à ....[20].........
Adieu l'humanité ... Adieu l'humanité ...

Chanson *Plus rien* par Les Cowboys Fringants

Surfons le net
Les Cowboys Fringants sont un groupe Québécois formé en 1994. Leur style de musique est le rock (et la Folk). Rendez-vous sur le site www.pearsonhotlinks.com (*Français B*, lien internet 10.1) pour en savoir plus.

Compréhension générale du texte

1 Remplacez les mots manquants dans le texte.

neige	inondations	eau	détresse	vie
stopper	enrichir	soif	respirer	urgence
maladies	enfant	Terre	saisons	chaleur
mort	argent	planète	tremblements de terre	
humain				

Conseils de l'examinateur

Pour vous aider, en plus de vous appuyer sur le sens général du texte, utilisez vos connaissances en grammaire. Posez-vous les questions suivantes :

- Ai-je besoin d'un verbe ? D'un nom ? D'un adjectif ? etc.
- Si c'est un nom ou un adjectif, est-il un nom/adjectif masculin ? Féminin ? Pluriel ?

Vous pourrez ainsi éliminer d'office certaines propositions et réduire le choix de solutions possibles pour chaque question.

2 Le but de cette chanson est :

a d'alerter le public sur les menaces qui pèsent sur la planète
b de raconter un épisode tragique de la vie du chanteur
c de proposer des solutions pour lutter contre les effets du réchauffement climatique
d une critique féroce des actions humaines responsables des problèmes environnementaux actuels et futurs

3 Cette chanson fait-elle référence à des événements passés, présents ou futurs ? Justifiez votre réponse.

4 Relevez dans le texte les catégories de mots suivants :

- **a** les mots qui font référence à une catastrophe naturelle
- **b** les mots qui sont reliés au thème de l'environnement
- **c** les mots qui sont reliés au pessimisme et au négatif

5 Remue-méninges : complétez les catégories ci-dessus en ajoutant les mots que vous connaissez sur
le thème de l'environnement.

6 Reliez chacune des images ci-dessous à la phrase correspondante.

- **a** Et qu'il tombait encore de la neige en hiver
- **b** Et la fin des étés apportait la moisson
- **c** Où venaient s'abreuver chevreuils et orignaux
- **d** Paysages lunaires et chaleur suffocante
- **e** Et tous mes amis mourir par la soif ou la faim
- **f** Pour s'enrichir encore ils ont rasé la Terre
- **g** Pollué l'air ambiant et tari les rivières
- **h** Ce fut les ouragans et puis les incendies

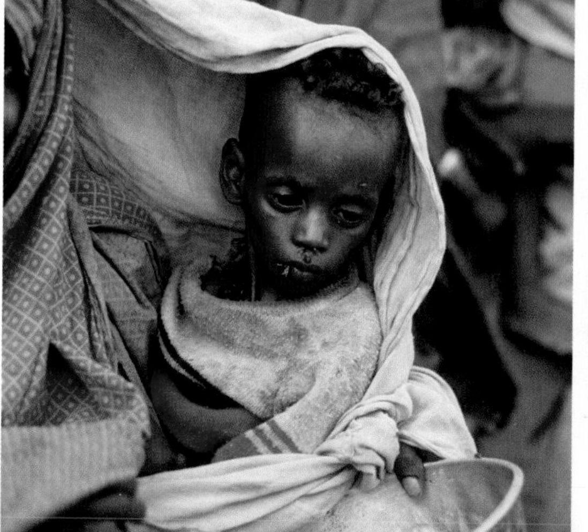

7 Relisez le texte de la chanson et faites une liste des conséquences du réchauffement climatique qui y sont présentées. Pouvez-vous compléter cette liste en donnant d'autres exemples ?

Exemple : les ouragans et les incendies

8 Comparez le passé et le présent et/ou l'avenir en finissant les phrases suivantes.

Exemple : Avant, il tombait encore de la neige en hiver, aujourd'hui il n'y a plus de saisons.

a Avant on vivait au rythme des saisons, …
b Avant une eau pure et limpide coulait dans les ruisseaux, …
c Avant, les chevreuils et les orignaux venaient s'abreuver dans les ruisseaux, …
d Avant, tout le monde mangeait à sa faim, …
e Avant, les paysages étaient beaux, …
f Avant, on pouvait respirer, …

Zoom grammaire

La forme négative

« Il **ne** reste **que** quelques minutes à ma vie. »

La forme négative se place autour du verbe : Je **ne** veux (verbe) **pas** travailler aujourd'hui.

Attention aux temps composés (passé composé, plus-que-parfait, conditionnel passé, futur antérieur) :
Il **n'**était **pas** allé à ses cours ce matin là.
Attention : les verbes modaux sont toujours suivis d'un verbe infinitif.

Exemple: Il n'avait pas voulu **venir** à la soirée.

Il existe plusieurs formes négatives.

- Ne . . . pas : Nous **ne** sommes **pas** arrivés à l'heure.
- Ne . . . plus : Il **n'**y a **plus** de gâteau ; je l'ai fini cet après-midi.
- Ne . . . rien : Si tu **n'**as **rien** à faire, je peux te trouver du travail ?
- Ne . . . jamais : Elle **ne** répond **jamais** au téléphone. C'est pénible !
- Ne . . . que : Dépêchons-nous, nous **n'**avons **que** trois heures pour finir ce travail.
- Ne . . . personne ou personne ne : Il **ne** fait confiance à **personne**. **Personne ne** lui fait confiance.
- Ne . . . aucun(e) : Si ce que tu dis est la vérité, tu **n'**as **aucune** raison de t'inquiéter.
- Ne . . . ni . . . ni : Je **n'**ai **ni** envie de t'écouter **ni** de te parler.
- Ne . . . pas encore : Je **n'**ai **pas encore** rédigé mon devoir de français. Je suis en retard.

La double négation :
Il **ne** fait **jamais** confiance à **personne**.
Nous **ne** comprenons **jamais rien** quand elle parle. Elle devrait articuler !

Grammaire en contexte

1 Complétez les phrases suivantes avec la forme négative appropriée.

a Si nous n'agissons pas maintenant, dans une cinquantaine d'années, il . . . y aura peut-être . . . d'eau potable disponible.
b . . . soyez . . . si pessimiste ! Il . . . faut . . . désespérer !
c L'incendie de la nuit dernière a tout dévasté. Il . . . reste . . . .
d Je pense qu'il . . . y a . . . solution viable au problème du réchauffement climatique. Il faut l'accepter !
e . . . . . . imaginait que les inondations annoncées par Météo France fassent de tels dégâts !

2 Changez les phrases suivantes en les transformant à la forme négative afin d'exprimer l'idée contraire. Les mots en gras devraient vous donner un indice quant à la forme négative à employer.

Exemple : Je prends **toujours** une douche au lieu d'un bain.
⟶ Je **ne** prends **jamais** de douche.

a **Tout le monde** est pessimiste en ce qui concerne l'avenir de la planète.
b Le gouvernement a **déjà** trouvé une solution au problème du traitement des déchets ménagers.
c Ils mangent de tout **sauf** les produits issus de l'agriculture biologique.
d Vous recyclez **tout** ?
e La marée noire qui s'est produite au large des côtes bretonnes a causé de grands dégâts.
f La faune et la flore locale sont **encore** en danger.

À l'oral

1 D'après cette chanson, qui est responsable de la situation décrite ? Justifiez votre réponse.
2 Êtes-vous d'accord ou partagez-vous l'avis de ceux qui affirment que les changements climatiques s'inscrivent dans des cycles naturels ?
3 Sommes-nous responsables de tous les problèmes environnementaux d'après vous ?

10.2 L'état de la planète

À l'occasion de son 35e Anniversaire, Le journal *L'Actualité* a publié une liste de 35 chiffres clés sur l'état de la planète. En voici une sélection de 20.

Texte 10.2.1

Vingt chiffres sur l'état de la planète

1. Selon l'ONU, **6% de l'aide internationale** va à la gestion de l'eau, alors que d'ici 2030 la moitié de la population de la planète vivra dans une région qui manque d'eau.
2. L'agriculture consomme **70% de l'eau douce** utilisée dans le monde.
3. Les **deux tiers** des zones arides de la planète sont menacées de désertification.
4. À Montréal, la qualité de l'air est mauvaise près d'un jour sur cinq. La pollution atmosphérique est moins importante dans le reste du Québec.
5. En 2004, le réchauffement climatique qui a eu lieu depuis les années 1970 provoquait plus de **140 000 morts** supplémentaires par an, selon l'OMS.
6. Au Québec, le transport est de loin la première source d'émission de GES, avec plus de **40% des émissions totales.**
7. Chaque Québécois parcourt en moyenne **9 181 km par an** à bord d'une automobile. C'est bien moins qu'un Albertain (13 759 km). La moyenne canadienne est de 10 076 km.
8. Selon l'industrie canadienne de l'énergie éolienne, le **cinquième** de l'électricité produite au Québec pourrait être fournie par le vent en 2025.

9 En 2008, le monde a consommé **8,4 milliards** de tonnes d'énergie équivalent au pétrole. Le pétrole a fourni 41% de cette énergie, l'électricité 17%, le gaz 16% et le charbon 10%.

10 Au rythme actuel de la consommation, les réserves de charbon dureront environ **150 ans**.

11 Dans la dernière décennie, des forêts d'une superficie de la taille de l'Angleterre ont disparu chaque année dans le monde. De 2000 à 2005, **14% des forêts russes** ont été détruites.

12 La population de gorilles des montagnes du parc national des Virunga, en République démocratique du Congo, a **augmenté de 26%** depuis 2003. Ce parc est le plus important refuge au monde pour cet animal menacé.

13 La population de la planète s'accroît chaque année de **80 millions d'habitants**.

14 Sur les **32 espèces en péril** que compte officiellement le Canada, seulement 4 se portaient mieux en 2010 qu'en 2000.

15 Douze pays abritent à eux seuls 70% du **1,75 million** d'espèces d'êtres vivants connus : Australie, Brésil, Chine, Colombie, Costa Rica, Équateur, Inde, Indonésie, Madagascar, Mexique, Pérou et République démocratique du Congo.

16 En 2006, un tiers des Canadiens buvaient surtout de l'eau embouteillée, alors que **87%** sont approvisionnés en eau par leurs municipalités.

17 En 2008, **52% des déchets** domestiques ont été recyclés. Pour la première fois, les Québécois ont recyclé plus de déchets domestiques qu'ils n'en ont jeté.

18 **73%** des foyers au Canada ne compostent pas leurs déchets de table ou de jardin.

19 Environ **40 millions de tonnes** de déchets électroniques sont générés chaque année dans le monde.

20 **90% des détaillants** du Québec offrent des sacs réutilisables.

Valérie Borde, *L'Actualité*, le 18 février 2011

Compréhension générale du texte

Classez chaque point du texte dans l'une des catégories ci-dessous.

Attention : il y a plus de catégories qu'il n'est nécessaire.

- **a** La déforestation
- **b** Les énergies renouvelables
- **c** La sécheresse ou la pénurie d'eau
- **d** La pollution électronique
- **e** La pollution sonore
- **f** Espèces en voie de disparition
- **g** La protection de la faune et la flore
- **h** La marée noire
- **i** Des gestes écologiques
- **j** Les ressources énergétiques en danger
- **k** La surpopulation
- **l** La pollution atmosphérique

À l'oral

1 Quelles informations/quels chiffres pourriez-vous ajouter à cette liste ?

2 Avec un(e) partenaire, choisissez les trois points qui vous semblent être les plus alarmistes et qui d'après vous constituent une priorité voire une urgence. Préparez un mini discours pour défendre vos choix que vous présenterez au reste de la classe. Soyez prêts à défendre vos choix !

À l'écrit

Choisissez dix des chiffres/informations listés dans l'article et avancez une solution concrète. Variez vos structures et vos temps.

Exemple :

1 Selon l'ONU, **6% de l'aide internationale** va à la gestion de l'eau, alors que d'ici 2030 la moitié de la population de la planète vivra dans une région qui manque d'eau.

Il est urgent que nous arrêtions de gaspiller l'eau ! Il faudrait développer plus de centres de traitement et de recyclage des eaux usées.

Conseils de l'examinateur

Citez directement ou indirectement vos sources pour supporter vos arguments. Formulez des hypothèses pour donner des exemples ou faire voir les conséquences possibles de ce que vous présentez.

Zoom grammaire

Donner des conseils

Vous pouvez utiliser :

- des verbes/structures suivies du subjonctif : il faut que, il est important que, etc.
- des verbes/structures suivies d'un infinitif : il faut, il est important de, etc.
- des verbes à l'impératif : arrêtons de gaspiller !
- des verbes au conditionnel : on pourrait arrêter de gaspiller, etc.
- des questions : pourquoi ne pas arrêter de gaspiller les ressources naturelles dont nous disposons ?

10.3 Le manque d'eau en question

Texte  10.3.1

Que fait l'Europe ?

Stop à la pollution

Les faits

Industrielles, agricoles, domestiques, les pollutions n'ont cessé de dégrader la qualité de l'eau en Europe. Ces atteintes entraînent de graves déséquilibres environnementaux au sein des écosystèmes et constituent une menace directe pour la santé des populations.

.........[1].........'une diminution de l'emploi de pesticides et de fertilisants dans l'agriculture, leur concentration n'en persiste pas moins dans les eaux souterraines, ...[2]......... délai souvent très long de l'infiltration des polluants jusqu'aux nappes phréatiques. Cette situation est d'autant plus préoccupante que ces dernières constituent le réservoir des deux tiers de la population européenne et que leur réhabilitation, en cas de dommage important, demanderait des décennies.

Les eaux usées d'origine industrielle ou urbaine contribuent, elles ....[3]........., aux taux excessifs de phosphates et autres composés organiques responsables de l'eutrophisation des eaux de surfaces. ....[4]......... plusieurs directives européennes, qui ont permis de réduire ces pollutions, leur niveau reste trop élevé dans de nombreuses zones.

Stop au gaspillage

La consommation d'eau a diminué de 25% à Madrid, entre 1992 et 1994. 100 millions de mètres cubes d'eau par an ont ainsi été économisés ....[5]......... à une stratégie intelligente d'utilisation. Ce résultat peut être aisément transposé et les solutions sont souvent des plus simples :

- si les chasses des W-C utilisaient 6 litres au lieu de 9, la consommation domestique baisserait de 10%;
- les pertes dans les systèmes de distribution d'eau sont estimées, en moyenne, à 30% dans l'ensemble de l'Europe et, dans certains réseaux urbains, les fuites peuvent atteindre 70 à 80%.

Une utilisation plus rationnelle de l'eau dans les secteurs industriels et agricoles permettrait également – et à une échelle importante – de maîtriser le gaspillage de cette ressource.

Des progrès concrets

L'eau, un bien précieux, pollué, gaspillé, convoité, surexploité à l'échelle mondiale ... Si la communauté internationale ne prend pas des mesures sérieuses et urgentes pour préserver cette ressource vitale, elle risque de se trouver confrontée à des tensions majeures – tant sur les plans écologique qu'économique, voire politique – dès le début du prochain siècle.

Face à un tel enjeu, l'UE soutient des partenariats européens multidisciplinaires qui permettent des progrès considérables pour la protection des ressources, la sauvegarde de leur qualité, la lutte contre le gaspillage, ainsi que la compréhension des mécanismes complexes du cycle naturel de l'eau.

Ces actions ne concernent pas les seuls pays de l'Union. Dans un domaine où le savoir-faire européen est mondialement reconnu, la Communauté apporte son aide à des recherches dont l'objectif est de répondre aux problèmes spécifiques posés à ses frontières – en Europe centrale et orientale et dans le bassin méditerranéen – et sur d'autres continents – en Afrique et en Asie.

http://ec.europa.eu/research/leaflets/water/fr/05.html, adapté

Manipulation du texte

Répondez aux questions suivantes.

1 En vous basant sur la première section, citez les **deux** conséquences négatives liées à la pollution de l'eau.

2 Quel adjectif de la deuxième section signifie « citadin » ?

3 Parmi les phrases suivantes, **trois** sont conformes aux idées exprimées dans le texte. Lesquelles ?

a La qualité de l'eau en Europe reste inchangée.
b Le niveau des pollutions liées aux phosphates est désormais sous contrôle et satisfaisant.
c Il est possible de réduire le gaspillage en adoptant des solutions pratiques et simples.
d Il y a beaucoup de fuites dans les systèmes de tuyauteries qui acheminent l'eau aux particuliers.
e La pénurie d'eau pourrait créer des tensions politiques à l'échelle globale.
f Il n'y a que les pays de l'EU qui ont besoin de s'inquiéter de cette situation.

4 Ajoutez les **cinq** mots manquants en les choisissant dans la liste ci-dessous.

Attention : il y a plus de mots que d'espaces. Chaque mot ne peut être utilisé qu'une seule fois.

grâce à	pourvu que	si	aussi	en raison d'
donc	en dépit d'	malgré	bien que	à cause d'

Entraînement au travail écrit (NM)

En vous basant sur les trois textes suivants:

- « Plus rien » (page 170)
- « Vingt chiffres sur l'état de la planète » (page 176)
- « Stop à la pollution » (page 179)

Rédigez un travail écrit de votre choix entre 300 et 400 mots et un préambule de 100 mots.

Type de texte	**Titre**	**Public visé**	**But**	**Préambule**
Discours	« Il serait temps d'agir ! »	Hommes politiques réunis pour un sommet du G8 (sur l'environnement)	• Les sensibiliser aux problèmes environnementaux et à l'urgence de la situation • Les inciter à agir plus	• But • Pourquoi le choix de l'audience ? (Ils sont les décideurs, ils ont le pouvoir donc, etc.) • Pourquoi le choix du discours ? • Comment avez-vous fait pour rendre votre discours efficace ?

Guide de recommandations	« Prenons notre futur en main ! »	Jeunes/ adolescents	• Sensibiliser les jeunes aux problèmes environnementaux • Faire des suggestions concrètes et pratiques pour la protection de l'environnement au quotidien	• But • Pourquoi s'adresser aux jeunes ? (Future génération, avenir de la planète, etc.) • Pourquoi le choix du guide ? • Comment avez-vous fait pour le rendre efficace ?
Lettre officielle		Au maire de votre commune/ville/ village	• Vous indigner contre le gaspillage d'eau et autres problèmes environnementaux dans votre ville • Proposer une liste de solutions concrètes pour protéger l'environnement dans votre ville	• But • Pourquoi le maire ? • Pourquoi la lettre ? (Propositions concrètes/ document plus « officiel » et personnelle à la fois) • Procédés employés pour structurer la lettre et la rendre convaincante ?

À l'écrit (NS)

Lisez le texte suivant et réagissez en rédigeant une réponse personnelle qui prendra la forme de votre choix (dissertation, lettre, discours, etc.). Écrivez entre 150 et 250 mots.

> « Art. 9 : La recherche et l'innovation doivent apporter leur concours à la préservation et à la mise en valeur de l'environnement. »
>
> (*Charte de L'environnement,* Ministère de l'environnement)

Entraînement à l'oral interactif

Mini débat

Situation : Vous habitez dans une jolie petite ville tranquille sur la côte Atlantique. Un promoteur industriel vient de faire une proposition alléchante de développement d'un complexe touristique comprenant hôtels, restaurants, casinos, boîtes de nuit, etc. sur votre littoral. Le maire de votre ville a organisé une réunion afin de discuter du projet et de donner l'opportunité à tous de s'exprimer avant de prendre la décision finale.

Choisissez l'un des rôles ci-dessous et organisez la réunion.

- Le/la maire.
- Le promoteur.
- Un habitant pour.
- Un habitant contre.
- Un jeune en faveur du projet.
- Un jeune opposé au projet.
- Le président/la présidente de la région.

NB : Adaptez les rôles en fonction du nombre de participants. Si vous faites cette activité à deux, alors l'un de vous peut être le promoteur qui essaie de vendre son concept au maire hésitant et sceptique par exemple.

Conseils de l'examinateur

Commencez par établir une liste des avantages/bénéfices et inconvénients d'un tel projet pour la ville.

Bénéfices	Inconvénients
• Plus de touristes donc plus d'argent pour la ville et la région • Développement des infrastructures • Plus d'animation/plus de choses à faire pour les jeunes • Opportunité de faire connaître la culture et les traditions locales • Développement et création d'emploi • Dynamisme de la région, etc.	• Plus de touristes donc plus de pollution et de bruit • Plus d'embouteillages pendant les mois d'affluence • Augmentation probable du crime ? • Perte des traditions locales au profit des grands magasins • Emplois saisonniers seulement • Augmentation probable des taxes, etc.

DISCOURS
DE MONSIEUR JACQUES CHIRAC PRÉSIDENT DE LA RÉPUBLIQUE DEVANT L'ASSEMBLÉE PLÉNIÈRE DU SOMMET MONDIAL DU DÉVELOPPEMENT DURABLE

***

JOHANNESBURG – AFRIQUE DU SUD – LUNDI 2 SEPTEMBRE 2002

Monsieur le Président, Mesdames, Messieurs,

Notre maison brûle et nous regardons ailleurs. La nature, mutilée, surexploitée, ne parvient plus à se reconstituer et nous refusons de l'admettre. L'humanité souffre. Elle souffre de mal-développement, au nord comme au sud, et nous sommes indifférents. La terre et l'humanité sont en péril et nous en sommes tous responsables.

Il est temps, je crois, d'ouvrir les yeux. Sur tous les continents, les signaux d'alerte s'allument. L'Europe est frappée par des catastrophes naturelles et des crises sanitaires. L'économie américaine, souvent boulimique en ressources naturelles, paraît atteinte d'une crise de confiance dans ses modes de régulation. L'Amérique latine est à nouveau secouée par la crise financière et donc sociale. En Asie, la multiplication des pollutions, dont témoigne le nuage brun, s'étend et menace d'empoisonnement un continent tout entier. L'Afrique est accablée par les conflits, le SIDA, la désertification, la famine. Certains pays insulaires sont menacés de disparition par le réchauffement climatique.

Nous ne pourrons pas dire que nous ne savions pas ! Prenons garde que le XXIe siècle ne devienne pas, pour les générations futures, celui d'un crime de l'humanité contre la vie.

Extrait du discours de Monsieur Jacques Chirac, le 2 septembre 2002

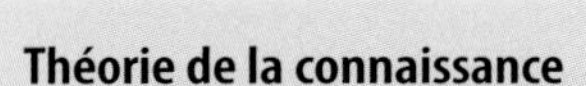

Théorie de la connaissance

Le mot de la fin . . .

1. Pensez-vous, comme l'affirme Monsieur Chirac, que nous « refusons de l'admettre » ?
2. « La terre et l'humanité sont en péril et nous sommes tous responsables. » Qu'en pensez-vous ? Partagez-vous cette opinion ? « Sommes-nous (vraiment) tous responsables » ? Comment ?
3. « Sur tous les continents des signaux d'alerte s'allument. » À quels signaux fait-il référence ? Nous était-il vraiment possible à nous, les hommes, de prévoir le réchauffement climatique et ses conséquences ?
4. « Prenons garde que le XXIe siècle ne devienne pas, pour les générations futures, celui d'un crime de l'humanité contre la vie ». Commentez.

Ressources en ligne
Pour plus d'activités, consultez le site www.pearsonbacconline.com

ENTRAÎNEMENT À L'EXAMEN

FRANÇAIS B – NIVEAU SUPÉRIEUR – ÉPREUVE 1

Mai 2009

TEXTE B

Quel avenir pour la Terre ?

De tous les Suisses engagés dans la défense de l'environnement, Mathis Wackernagel est sans doute un des plus visionnaires et des plus influents. Il est le cofondateur – avec le professeur canadien William Rees – de l'« empreinte écologique », le principal indicateur du développement durable. Interview d'un homme engagé.

Que montre votre indice ?

Que l'humanité ponctionne la Terre 30% plus vite qu'il ne faut à cette dernière pour régénérer les ressources que nous consommons et pour absorber les déchets que nous produisons.

Que faire, alors ?

Prendre plus au sérieux, **[– X –]**, la croissance démographique. Pour beaucoup de gens, une humanité à neuf milliards de personnes, telle qu'on nous l'annonce pour 2050, sera assimilable sans gros choc. Je le dis sans détour : c'est un crime contre l'humanité de ne pas inverser l'explosion démographique à l'œuvre dans certains pays. Une légère décroissance de la population nous serait même à tous salutaire. **[– 2 –]** nous ne le faisons pas, nous condamnerons les générations à venir à des existences très difficiles et possiblement violentes.
Améliorer la condition féminine serait un moyen efficace de changer la donne. Ce serait bien pour les femmes, qui y gagneraient en influence économique et politique, bien pour les enfants, dont la santé et l'éducation s'amélioreraient et, **[– 3 –]**, bien pour tout le monde, **[– 4 –]** cela ferait chuter le taux de fécondité, **[– 5 –]** dans les régions qui souffrent actuellement de la misère.

Cela coûterait-il cher de mieux respecter l'environnement ?

Il y a un coût, c'est certain. Mais ce coût est un investissement. Une étude récente assure que chaque dollar investi dans la protection des oiseaux en rapporterait 100 à l'humanité.
Et je suis prêt à gager avec vous que les sommes engagées dans le développement durable s'avéreraient encore bien plus profitables. Tout banquier rêverait d'un tel retour.
Le problème, le vrai problème, n'est pas que ces investissements ne rapporteraient pas, c'est qu'ils ne rapporteraient pas directement à ceux qui les ont réalisés.

Comment voyez-vous le monde de demain ?

Le monde peut prendre différentes formes, ce sera à nous d'en décider. Il pourra ressembler à Haïti, où tous les arbres ou presque ont été coupés, où les ressources sont devenues minimales. À Haïti en pire, en réalité, parce que ce pays bénéficie actuellement de l'aide extérieure alors que notre Terre n'aura rien à attendre de nulle part. C'est ce qui nous attend si nous ne prenons pas de mesures sérieuses. Mais le monde pourra être aussi beaucoup plus souriant, à l'image de certaines villes européennes. Avec un tissu urbain compact, des transports publics bien connectés, des campagnes environnantes consacrées aux cultures vivrières et une population investissant dans les activités sociales, ces villes utilisent relativement peu de ressources par personne tout en assurant une excellente qualité de vie.

L'envie de posséder toujours plus, qui est le principal ressort de la croissance économique, n'est-elle pas trop profondément ancrée dans la nature humaine pour pouvoir être modérée ?

C'est un ressort puissant, effectivement. Mais il en existe d'autres. Les gens tirent par exemple de la satisfaction du sentiment d'appartenance à une communauté et de la possibilité de mener des activités collectives.Une participation plus forte à l'espace public pourrait bien être une des clés d'une vie plus heureuse et du développement durable.

D'après Étienne Dubuis, « L'humanité doit penser la planète en fermier », *Le Temps*, 29 décembre 2007

TEXTE B – QUEL AVENIR POUR LA TERRE ?

Indiquez dans la case de droite la lettre qui correspond à la réponse correcte.

1 Selon les deux premiers paragraphes, Mathis Wackernagel …

A est, comme tous les Suisses, engagé dans la défense de l'environnement.

B a été très influencé par le concept d'« empreinte écologique » élaboré par William Rees.

C a inventé le concept de « développement durable ».

D a développé une manière de mesurer l'impact des activités humaines sur les ressources de la planète.

☐

Ajoutez les mots qui manquent dans le 3e paragraphe en les choisissant dans la liste proposée. Un exemple vous est donné. ***Attention :*** *il y a plus de mots que d'espaces et chaque mot ne peut être utilisé qu'une seule fois.*

car	contrairement à	étant donné	notamment	pourvu que
cependant	*d'abord*	finalement	pourtant	si

Exemple : *[X] d'abord*

2 .... **4** ....

3 .... **5** ....

Reliez chacun des mots du 4e paragraphe figurant dans la colonne de gauche avec son équivalent qui se trouve dans la colonne de droite. Un exemple vous est donné. ***Attention :*** *il y a plus de mots proposés que de réponses possibles.*

Exemple : *assure F*

6	rapporterait	A	conteste	G	rendement
7	gager	B	coûterait	H	seraient
8	engagées	C	discuter	I	rendrait
9	s'avéreraient	D	empruntées	J	réciprocité
10	retour	E	investies	K	s'ajouteraient
		F	*montre*	L	parier

En vous basant sur le 5e paragraphe, répondez aux questions suivantes.

11 Selon Mathis Wackernagel, pour quelle raison l'avenir de la Terre pourrait-il être pire que la situation actuelle en Haïti ?

....

12 Citez **deux** des mesures qui favoriseraient un « monde plus souriant », selon Mathis Wackernagel.
[2 points]

(a) ....

(b) ....

En vous basant sur le 6e paragraphe, répondez aux questions suivantes.

13 Quelle caractéristique de la nature humaine semble difficile à concilier avec l'idée de développement durable ?

....

14 Citez **un** des moyens de concilier bonheur et développement durable, selon Mathis Wackernagel.

....

CHAPITRE 11
RESSOURCES ALIMENTAIRES ET SANTÉ

Objectifs :
- Parler du problème de la faim dans le monde
- Discuter du problème des épidémies
- Discuter du problème de l'inégalité face à la famine et aux épidémies
- La structure « en + participe présent »

Les mots clés de l'unité : la faim, la famine, la malnutrition, une crise alimentaire, une épidémie, un fléau, un médicament, un vaccin, l'espoir

11.1 Le monde a faim

LES PAYS LES PLUS VULNÉRALES À LA HAUSSE DES PRIX ALIMENTAIRES

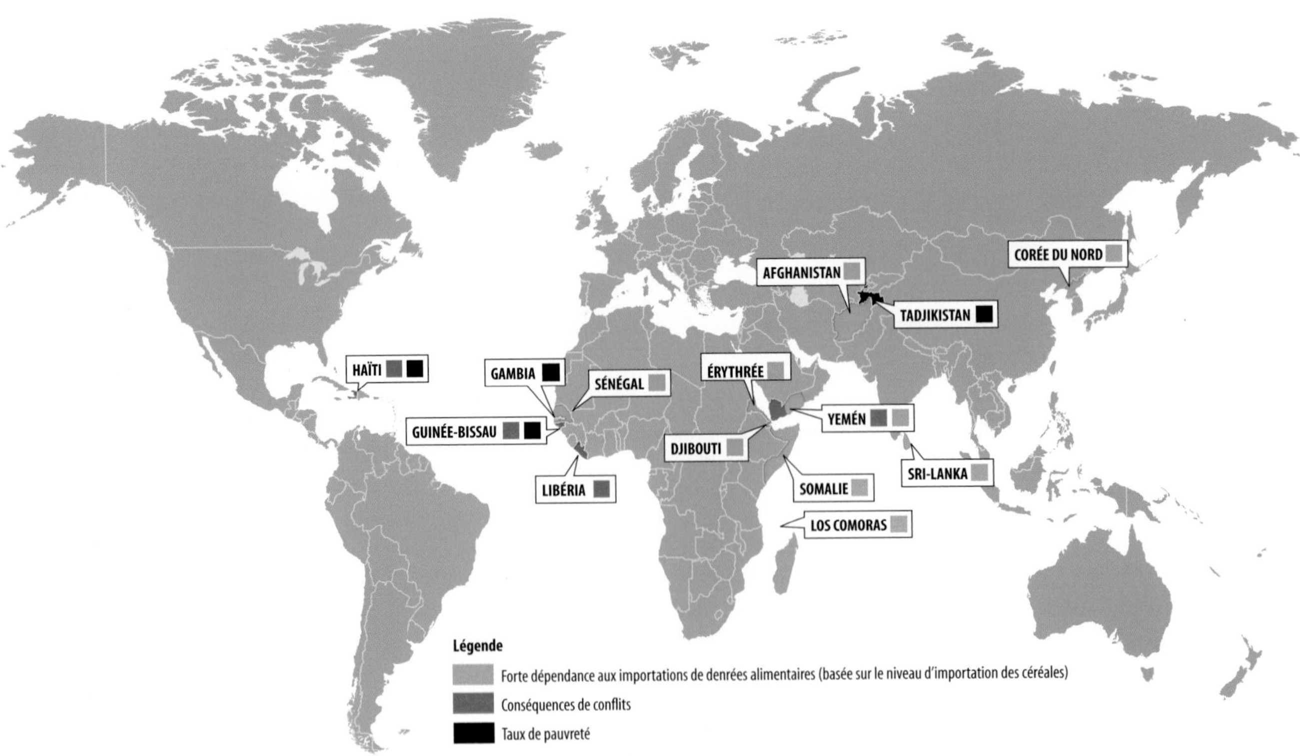

France 24, le 17 février 2011

Texte 11.1.1

Un milliard de personnes souffrent de la faim

Des récoltes excellentes, le cours des matières premières en baisse... Et pourtant l'accès aux denrées alimentaires demeure problématique pour beaucoup de populations du Sud, comme au Cameroun ou en Birmanie. La faim ne cesse d'augmenter dans le monde.

« Je pourrais passer de deux à un repas par jour », confie Léonie Nga, enseignante et chef d'une famille monoparentale de six personnes. L'an dernier, déjà, elle a dû supprimer l'électricité dans les chambres à coucher et se passer de petit déjeuner. « Celui-ci est certes indispensable à l'équilibre alimentaire de ma famille mais je ne pouvais plus le servir avec la hausse des prix du sucre, du café, du beurre et du lait », explique-t-elle. Après avoir payé les charges fixe : loyer, eau, électricité et transport, il reste à Léonie à peine 500 000 francs CFA (84 €), le tiers de son salaire mensuel, pour nourrir sa famille, en prendre soin et gérer les imprévus. Sa situation est pourtant beaucoup moins précaire que celle de nombreaux autres Camerounais, notamment ceux qui vivent en dessous du seuil de pauvreté. Ils sont au nombre de 7.1 millions, soit près de 40 % de la population, selon une enquête réalisée en 2007 par l'Institut nationale de la statistique (INS), a être les plus fragilisés par la crise alimentaire.

Cette crise pourrait prendre des proportions beaucoup plus alarmantes à cause du manque de maïs qui frôlera les 120 000 tonnes cette année, soit deux fois plus qu'en 2008. « Si ce deficit n'est pas résorbe, le Cameroun connaîtra sa crise alimentaire la plus grave en 2009 », a récemment averti dans un rapport l'Association citoyenne de défense des intérêts collectifs (Acdic), une organisation de défense des intérêts des producteurs. Son leader, Bernard Njonga, est actuellement poursuivi en justice pour avoir organisé une marche non autorisée afin de protester contre le détournement des fonds alloués au subventionnement de la culture du maïs. Cette céréale reste incontournable pour les ménages : deux Camerounais sur trois la consomment régulièrement. Par ailleurs, le maïs, qui compose à 70 % la provende pour volaille, est très demandé par les fermiers avicoles. En un an, leurs besoins ont bondi de 40 % avec la reprise de l'aviculture qui avait été fragilisée par la grippe aviaire. Faute d'aliments, plusieurs éleveurs ont commencé à annuler les commandes de poussins chez les accouveurs. Pour l'Acdic, l'insuffisance de maïs risque de renchérir le coût de la vie et d'exposer le Cameroun à de nouvelles émeutes de la faim.

Après celles de février 2008 qui avaient entraîné la mort d'au moins 40 personnes, le gouvernement avait supprimé les taxes d'importations sur le riz, la farine et le poisson et relevé de 20 % les salaires des fonctionnaires, qui représentent 10 % de la population active. L'impact de ces mesures a été insignifiant : les revenus des ménages restent maigres et la conjoncture internationale n'a pas permis aux commerçants de respecter les tarifs officiels.

Reinnier Kaze

CHIFFRE

363

millions d'euros, c'est le montant du financement européen affecté en 2008 à l'aide alimentaire. Cette aide devrait passer à 1 milliard d'euros en 2009.

Reinnier Kaze, *Les Clés de l'actualité*

Compréhension générale du texte

1 Dans quel pays vit Léonie ?

2 Quel métier exerce-t-elle ?

3 Quelle est la caractéristique de sa famille ?

Manipulation du texte

1 Voici des débuts de phrases à gauche et des fins possibles à droite. En vous basant sur le premier paragraphe, reliez chaque début de phrase à la fin correspondante.
Attention : il y a plus de fins que de débuts et chaque fin ne peut être utilisée qu'une seule fois.

a L'année dernière, Léonie n'a pas pu …
b C'est la hausse du prix des denrées de base …
c Elle n'a pas beaucoup d'argent …
d Cette année la pénurie va …

1 pour loger sa famille.
2 aggraver la crise alimentaire.
3 qui a forcé Léonie à prendre la décision d'arrêter de chauffer les chambres.
4 servir le petit-déjeuner à sa famille.
5 améliorer la crise alimentaire.
6 pour donner à manger à sa famille.
7 qui a permis à Léonie de faire des économies de chauffage.

2 Quel mot du premier paragraphe signifie « fragile » ?

3 En vous basant sur le texte, complétez le tableau suivant. Indiquez à qui ou à quoi se rapportent les mots en gras.

Dans la phrase …	le mot …	se rapporte à …
a Notamment **ceux** qui vivent en dessous (1er paragraphe)	« ceux »	
b Deux Camerounais sur trois **la** consomment régulièrement (2e paragraphe)	« la »	
c Après **celles** de février 2008 (fin 3e paragraphe)	« celles »	

4 D'après le deuxième paragraphe, le leader de l'association Acdic est poursuivi en justice pour :

a avoir organisé une grève de la faim
b avoir organisé des émeutes
c avoir organisé une manifestation
d avoir distribué des tracts interdits

5 D'après le deuxième paragraphe, pourquoi certains agriculteurs ont-ils arrêté de commander des poussins ?

6 D'après le troisième paragraphe, citez une des mesures mise en place par le gouvernement camerounais.

Le saviez-vous ?

Faits et chiffres

- 1,1 milliard de personnes vivaient avec moins de 1 dollar par jour et 923 millions étaient mal nourris, avant même que les crises alimentaires, énergétiques et financières ne commencent.
- Les prix alimentaires restent instables. Dans de nombreux pays, les prix locaux des aliments n'ont pas baissé, même si les prix ont chuté au niveau international.
- Lorsque les prix alimentaires sont élevés, les gens pauvres sont forcés soit de manger moins, soit de se rabattre sur des aliments moins chers et de moindre qualité, soit encore de renoncer aux dépenses de santé et d'éducation.

Banque mondiale, avril 2010

Texte 11.1.2

Le saviez-vous ?

Le riz, grain de richesse

Le riz nourrit près d'un humain sur deux. Il est également la principale source de revenus pour des centaines de milliards de petits producteurs dans les pays du sud. Il est d'abord produit pour subvenir à la consommation locale de ces pays avant d'être négocié sur le marché mondial.

D'après un dossier paru dans le journal *L'actu*, avril 2010

Une solution à la crise alimentaire en Inde : manger du rat !

Un secrétaire d'État indien de la région du Bihar (Nord-Est) a dévoilé, mercredi, son plan pour lutter contre les effets de la crise alimentaire mondiale : manger du rat. Ce n'est pas un canular*.

Vijay Prakash est en charge du département du Bien-être social de l'État du Bihar (Nord-Est), l'un des plus pauvres de l'Inde. Pour sortir la région de la crise, il vient d'annoncer une solution pour le moins originale, pour ne pas dire répugnante : inciter la population à manger de la viande de rat. C'est ce qu'il a expliqué à la BBC.

Pour le secrétaire d'État, l'affaire est sérieuse. Après un « *long travail de terrain* », Vijay Prakash explique avoir trouvé cette solution en visitant la communauté Musahar (des Dalits ou Intouchables), extrêmement démunie, qui mange traditionnellement la viande de rat. Pour lui, un régime alimentaire à base de viande de rongeur ne présente que des avantages.

« *Cette viande, qui a bon goût, est très riche en protéine. Surtout, il y a au moins huit rats par habitant, en Inde,* » explique-t-il. Largement de quoi rassasier les plus démunis. Encore mieux, « *en attrapant et mangeant les rats, on pourrait sauver la moitié des stocks de grains à l'échelle nationale.* » Assurément, pour lui, la consommation de viande de rats conduirait à une amélioration considérable des conditions de vies au Bihar et dans l'ensemble du pays : « *Cela contribuera à atténuer les effets de la crise alimentaire mondiale en Inde. Nous sommes certains que cela fera merveille !* »

Seul problème, en Inde comme ailleurs, le rat est sujet à répulsion. « *La seule question, c'est la façon dont les gens réagiront à la viande de rat,* » admet Vijay Prakash. « *Cela ne posera pas de problème !* », assure-t-il pourtant, confiant. « *Les gens pauvres du Bihar ont toujours mangé des rats. Si eux peuvent en manger, pourquoi pas le reste de la planète ?* », analyse-t-il.

Vijay Prakash a tout prévu pour populariser sa stratégie. Il a ainsi déclaré vouloir créer des fermes d'élevage de rats, « *une fois que sa consommation sera aussi répandue que celle du poulet* » et distribuer de « *délicieuses* » recettes à base de rongeurs à l'ensemble des hôtels et restaurants routiers du Bihar.

*un canular = une blague

Thomas Pekish, *Aujourd'hui l'Inde (France)*, le 2 septembre 2008

Zoom grammaire

En + participe présent

« en attrapant et en mangeant des rats »

Pour le former :

- forme « nous » du verbe au présent : nous allons, nous choisissons, nous écrivons
- garder le radical : choisiss-, écriv-
- **en** all**ant**, **en** choisiss**ant**, **en** écriv**ant**

Exceptions : en étant (être), en ayant (avoir), en sachant (savoir)

Grammaire en contexte

Complétez les phrases suivantes avec la forme du participe présent des verbes.

1 On arrivera à limiter les effets de la crise alimentaire (distribuer) des matières premières aux populations touchées par la famine.

2 (limiter) la flambée de la hausse des prix des matières premières, les gouvernements réussiront à limiter les problèmes engendrés par la crise alimentaire.

3 (vendre) les produits alimentaires de base à un prix plus raisonnable, les gouvernements permettront aux populations de pouvoir continuer à se nourrir adéquatement.

11.2 Les OGM : une solution alternative ?

Texte 11.2.1

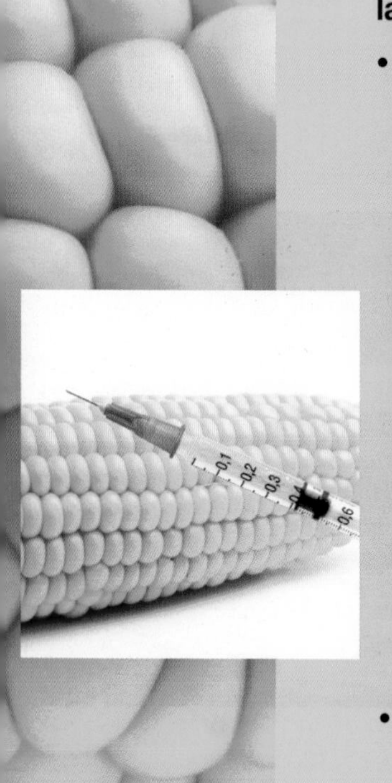

« Une crispation excessive »

Marcel Kuntz, biologiste et directeur de recherche au CNRS, membre du laboratoire Plastes et Différentiation cellulaire, est un spécialiste des OGM.

• Quels avantages offrent les OGM par rapport à une plante « classique » ?

Pour le moment, les OGM offrent surtout un intérêt pour les agriculteurs. Ces plantes génétiquement modifiées servent à gagner en productivité. Prenons le cas du maïs : on lui a apporté des caractéristiques lui permettant de résister aux attaques de certains insectes et de certaines maladies. Par conséquent, on utilise moins de pesticides, et cela facilite la vie de l'agriculteur. Mais il y a aussi un intérêt pour le consommateur. On s'en est rendu compte par hasard : le maïs OGM est capable de se défendre contre l'attaque de champignons microscopiques qui produisent des substances cancérigènes. À l'avenir, les OGM pourront devenir hypoallergéniques ou être enrichis en vitamines. Dans les pays pauvres, ce dernier aspect a son importance.

• Quels sont les risques ?

Cela fait dix ans que l'on cultive des OGM en France. Des centaines d'études ont été conduites : on n'a toujours pas constaté de maladies ou de conséquences négatives. Dix ans, est-ce suffisant ? C'est subjectif. En tout cas, je ne crois vraiment pas que les organisations françaises de contrôle laisseraient cultiver une plante qui empoisonnerait les gens. En France, il me semble que l'on a affaire à une crispation excessive, à l'origine d'une législation beaucoup plus restrictive qu'aux États-Unis.

• Qu'en est-il du risque de dissémination ?

En France, seul le maïs OGM est cultivé. Donc, déjà, pour toutes les autres plantes, il n'y a pas de risque. Ensuite, en effet, le pollen de cultures OGM peut, par dissémination, affecter des plantes non OGM. Mais ces risques peuvent être très largement réduits si les agriculteurs y mettent de la bonne volonté, notamment en respectant des distances suffisantes ou encore en ne cultivant pas d'OGM près de plantations non OGM.

Propos recueillis par G.R.

Les Clés du monde, hors série, Édition 2008, Milan Presse

Compréhension générale du texte

1 Après avoir lu l'interview avec Marcel Kuntz, choisissez les phrases qui résument les idées qu'il exprime.

- **a** Les OGM permettent de produire plus et plus vite.
- **b** Les plantes génétiquement modifiées sont plus résistantes aux attaques en tout genre.
- **c** Les agriculteurs qui cultivent des OGM sont stressés.
- **d** Les OGM présentent un risque pour la santé ; elles sont cancérigènes.
- **e** Les craintes liées aux risques que pourraient représenter les OGM sont exagérées.
- **f** En France, les OGM sont largement répandus.

2 D'après le dernier paragraphe, quelles sont les deux façons d'éviter la contamination des plantes non OGM ?

Surfons le net
Pour aller plus loin ...
Allez écouter l'article « Les OGM : une solution à la crise alimentaire mondiale ? » sur le site www.pearsonhotlinks.com (*Français B*, lien internet 11.1).

Texte 

LE GASPILLAGE FAIT PERDRE UN TIERS DE LA PRODUCTION ALIMENTAIRE MONDIALE

Dans un récent rapport, les experts de la FAO* estiment à 1,3 milliard de tonnes le montant des produits alimentaires perdus ou gaspillés chaque année sur la planète. Soit un tiers de la production mondiale.

Alors que les prix des matières premières alimentaires et notamment des céréales flambent et que des révoltes de la faim pourraient à nouveau embrasser certains pays émergents, la nouvelle laisse un goût amer : jamais le gaspillage alimentaire n'a été aussi important dans le monde. Chaque année, le tiers des aliments produits sur la planète pour la consommation humaine, soit environ 1,3 milliard de tonnes, est perdu ou gaspillé, selon un rapport de la FAO. Un chiffre effrayant puisque le volume total de nourriture perdu tous les ans est équivalent à plus de la moitié de la production céréalière mondiale. Les fruits et légumes ainsi que les tubercules et les racines ont le taux de gaspillage le plus élevé.

Pour les auteurs onusiens* du rapport, cette situation totalement indécente touche aussi bien les pays riches que les régions en développement, puisqu'ils gâchent respectivement 670 millions et 630 millions de tonnes de nourriture chaque année. Reste que les consommateurs européens et nord-américains sont nettement moins nombreux. Rapporté au nombre d'habitants, le gaspillage alimentaire dans les pays riches est donc choquant. En Europe et en Amérique du Nord, chaque consommateur gaspille ainsi entre 95 et 115 kg par an, contre 6 à 11 kg seulement pour le consommateur d'Afrique subsaharienne et d'Asie du Sud et du Sud-Est. Résultat, le gaspillage alimentaire des pays riches représente autant de nourriture que l'ensemble de la production alimentaire d'Afrique sub-saharienne.

Dans les pays en développement, il s'agit majoritairement de pertes dues à « des infrastructures défaillantes, à des technologies dépassées et à la faiblesse des investissements dans les systèmes de production alimentaires ». À l'opposé, dans les pays riches, ce sont les comportements des grandes surfaces et des consommateurs qui sont en cause : les fameuses dates limites de consommation et les normes de qualité qui exacerbent l'aspect extérieur du produit sont sources d'un gaspillage effréné. S'y ajoutent toutes les incitations marketing à acheter davantage. « Les promotions du type trois pour le prix de deux poussent le client à remplir son caddy alors qu'il n'en a pas forcément besoin », ajoutent les experts de la FAO. « Il est aujourd'hui plus rentable de réduire le gaspillage de nourriture que d'accroître la production agricole pour nourrir une population mondiale croissance », conclut la FAO.

Béatrice Mathieu, *L'Express*, le 1 juin 2011

* FAO = Food and Agriculture Organization (Organisation des Nations Unies pour l'alimentation et l'agriculture – ONUAA)
onusiens = de l'ONU (Organisation des Nations Unies)

Compréhension générale du texte

1 Reliez chaque chiffre au fait correspondant.

a 1,3 milliards de tonnes
b 670 millions de tonnes
c 630 millions de tonnes
d entre 95 kg et 115 kg par an
e entre 6 kg et 11 kg par an

1 le poids total de nourriture gâchée dans les pays du sud chaque année
2 le poids de nourriture gaspillée par an et par habitant dans les pays riches
3 le poids total de nourriture perdue dans le monde tous les ans
4 le poids de nourriture gaspillée par an et par habitant dans les pays en voie de développement
5 le poids total de nourriture gaspillée dans les pays développés chaque année

2 D'après le dernier paragraphe, citez **deux** des causes responsables du gâchis alimentaire dans les pays en voie de développement.

Entraînement au travail écrit (NM)

En vous basant sur les trois textes suivants :

- « Un milliard de personnes souffrent de la faim » (page 187)
- « Une crispation excessive » (page 190)
- « Le gaspillage fait perdre un tiers de la production alimentaire mondiale » (page 191)

Rédigez un travail écrit de votre choix entre 300 et 400 mots et un préambule de 100 mots.

Choisissez parmi les suggestions suivantes :

Type de texte	Objectif	Public visé	Titre du travail écrit
Discours lors du Sommet du G8	• Faire prendre conscience aux hommes politiques de leurs responsabilités et de l'urgence de la situation	Des homes politiques rassemblés à l'occasion du G8	Arrêtons de fermer les yeux devant un tel gâchis !
Un appel de l'association humanitaire « Tous ensemble contre la faim »	• Faire prendre conscience de la situation liée à la faim dans le monde au grand public • Convaincre d'apporter un soutien	Grand public	Agissons pour que personne ne crie plus jamais famine !
Un éditorial d'un grand magazine économique	• Informer sur la réalité de la crise alimentaire • Exprimer une opinion	Lecteurs du magazine	Au choix (mais attention, cela va changer le point de vue/l'angle d'approche du sujet) : « Comment peut-on tolérer un tel gâchis ! » Ou : « Crise alimentaire : des solutions à portée de main »

Conseils de l'examinateur

Une fois votre travail écrit complété, vérifiez que vous avez rempli les exigences requises.

Avez-vous :

- rédigé entre 300 et 400 mots ?
- choisi un type de texte spécifique ?
- donné un titre à votre travail écrit ?
- rédigé un préambule de 100 mots qui décrit votre tâche, vos objectifs, pourquoi vous avez choisi tel type de texte et quels procédés vous avez utilisés pour atteindre vos objectifs et rendre votre travail convaincant ?
- rédigé votre travail écrit et le préambule à la main ?
- respecté le registre à adopter (registre informel avec « tu », registre formel avec « vous ») ?

Point culture

Le Sommet du G8

Le G8 (pour « Groupe des huit ») est un groupe de discussion et de partenariat économique de huit pays parmi les plus puissants économiquement du monde : États-Unis, Japon, Allemagne, France, Royaume-Uni, Italie, Canada et Russie.

Les dirigeants des pays du G8 se réunissent chaque année lors d'un sommet réunissant les chefs d'État ou de gouvernement, ainsi que les présidents de la Commission et du Conseil européens.

(*Wikipédia*)

11.3 Le monde ne va pas bien

Texte 11.3.1

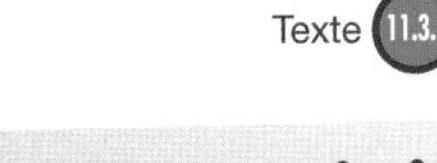

Une grave épidémie de rougeole frappe le Congo

Depuis septembre dernier, la République démocratique du Congo (RDC) est confrontée à une épidémie de rougeole jugée « incontrôlable » par l'organisation Médecins sans frontières.

Info rédaction, le 29 mars 2011

Grippe aviaire au Canada : des médicaments pour tous en cas de pandémie

Actualités, le 15 mai 2006

L'obésité, nouveau fléau des pays émergents

L'obésité devient un problème de santé publique dans les pays émergents Dans les grandes villes chinoises, un adolescent sur cinq en souffre déjà. Un Thaïlandais sur dix pourrait en être atteint en 2025, et elle ne cesse d'augmenter en Inde : dans tous les pays émergents d'Asie, l'obésité gagne du terrain.

La faute, principalement, à Pizza Hut, KFC, McDonald's et autres fast-foods aux stratégies agressives et aux prix imbattables.

Le Monde, le 18 janvier 2009

Inquiétude après des cas mortels de grippe porcine au Mexique

L'Express, le 25 avril 2009

Le choléra, fléau des pays pauvres

Le Figaro, le 25 octobre 2010

Grave épidémie d'infections à la bactérie E. coli en Allemagne, trois cas suspects en France

Paris–Normandie, le 29 mai 2011

Le saviez-vous ?

LE SIDA DANS LE MONDE

L'épidémie de sida est globale et aucun pays ou territoire n'est épargné :

- 33,2 millions (30,6–36,1 millions) de personnes sont infectées par le VIH
- Seulement 1,3 millions de malades des pays pauvres bénéficient de traitements
- 6800 personnes par jour sont infectées par le VIH :
  - Plus de 95% des cas dans les pays à revenu faible et moyen
  - 2000 cas chez les enfants de moins de 15 ans
  - 12000 cas, environ chez l'adulte (15–49 ans) dont 50% environ chez les 15–24 ans
- 5700 personnes par jour meurent du sida
- 2,1 millions (1,9–2,4 millions) de personnes sont mortes du sida en 2007
- 1 personne est contaminée toutes les 6 secondes
- 50% des nouvelles contaminations touchent des femmes
- Depuis le début de l'épidémie, 25 millions de personnes sont mortes du sida
- 2,5 millions (2,2–2,6 millions) d'enfants de moins de 15 ans vivent avec le VIH

Donnée 2007 de l'onusida

Sidaction

Texte 11.3.2

DES MÉDICAMENTS POUR (PRESQUE) TOUS

D'ici à 2015, les antirétroviraux devraient être gratuits partout sur le continent. Certains pays sont encore à la traîne pour atteindre l'objectif.

Sandrine, 32 ans, est séropositive. Depuis quatre ans, elle fait la queue, tous les trois mois, dans un centre hospitalier universitaire d'Abidjan pour ses antirétroviraux (ARV). « Avant, je participais. Au moment de payer, on se rend compte que 1500 FCFA [environ 2,30 euros], c'est beaucoup. Entre se soigner et nourrir ses enfants, on choisit les enfants ... », explique cette mère célibataire. Depuis 2008, tout est gratuit et cela a changé sa vie. « Maintenant, je ne m'inquiète plus », dit-elle.

Avec 22,4 millions de personnes vivant avec le sida, l'Afrique subsaharienne est la zone la plus touchée par la pandémie. Selon les Objectifs du millénaire pour le développement, tous les séropositifs doivent avoir accès gratuitement aux ARV d'ici à 2015. Mais les progrès en matière d'accès aux médicaments restent inégaux. Si au Botswana et au Rwanda 80% des malades sont traités et suivis régulièrement, au Cameroun, en RD Congo ou encore en Côte d'Ivoire, ils ne sont pas encore 50% à recevoir de traitement gratuit.

La précarité dans laquelle vivent certains malades est parfois plus difficile à gérer que l'accès aux ARV. « Ici, il y a longtemps que tout est gratuit, mais il faut presque aller chercher les malades chez eux, parce qu'ils ne peuvent

pas se déplacer jusqu'aux centres de distribution, trop malades ou par manque de moyens financiers », explique Didier Kamerhe, coordinateur pour la province de Kinshasa du programme congolais de lutte contre le sida. Sur les 40000 personnes qui devraient, selon les estimations, recevoir un traitement dans la province de Kinshasa, seules 11700 sont sous ARV.

Le ventre vide

La difficulté est la même au Burkina, où les ARV sont gratuits depuis le 1er janvier dernier. Avant, il fallait dépenser 1500 FCFA par mois pour les médicaments, plus 15 000 à 17 000 FCFA, plusieurs fois par an, pour les examens biologiques. « Le revenu minimum au Burkina Faso est de 32500 FCFA. C'est impossible de se soigner dans ces conditions », explique Issoufou Tiendrébéogo de l'Association African Solidarité. La nouvelle mesure suscite donc bien des espoirs, avec tout de même une inquiétude sur les délais de mise en route.

« La gratuité du traitement ARV ne doit être qu'une étape », estime Penda Traoré, assistante sociale à Bouaké, dans le centre de la Côte d'Ivoire. Il est temps de s'attaquer à un autre problème tout aussi important : l'alimentation. « Le traitement ARV a beaucoup de contraintes. Il doit être pris à heures fixes, avec des repas équilibrés », poursuit-elle. Alors que la majorité des malades ne peut s'offrir plus d'un repas par jour ...

Malika Groga-Bada, *Jeune Afrique*, le 4 mars 2010

Compréhension générale du texte

1 Pourquoi les adultes séropositifs, comme Sandrine, font-ils parfois le choix de ne pas se soigner ?

2 Pourquoi Sandrine a-t-elle cessé de s'inquiéter ?

3 Pourquoi certains malades qui ont accès à des médicaments gratuits ne les prennent-ils pas ?

Texte 11.3.3

Des médicaments pour tous

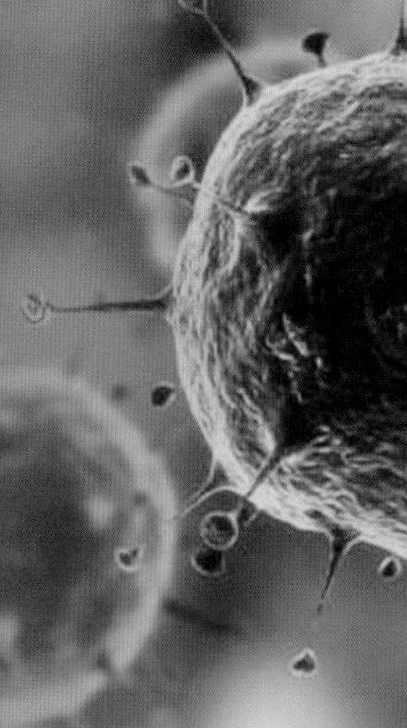

Imaginez une visite chez le médecin. Vous apprenez que vous avez contracté une maladie mortelle, et qu'un traitement existe. Mais imaginez maintenant que le médecin vous annonce que le prix du traitement dépasse votre salaire annuel ... et que malheureusement personne n'est prêt à payer pour vous. Imaginez encore que ce même traitement soit disponible gratuitement dans des pays où le pouvoir d'achat est 100 fois supérieur au vôtre. Pour finir, imaginez que vous pourriez bénéficier de traitements efficaces contre votre maladie qui coûtent 3 fois moins chers, mais que certains pays parmi les plus riches au monde font tout pour vous en empêcher.

Pour vous comme pour des millions d'autres la non-accessibilité aux médicaments (95% des malades en sont privés) est encore la triste et commune réalité de ce début de 21ème siècle.

Aujourd'hui, en matière de soins, le monde est divisé en deux. Celui des pays industrialisés qui bénéficient d'un large choix de médicaments. Et celui des pays les plus pauvres, où les médicaments vitaux sont souvent beaucoup trop chers ou indisponibles. Rien qu'en 2004, cette révoltante réalité va condamner à mort 3 millions de nouvelles personnes.

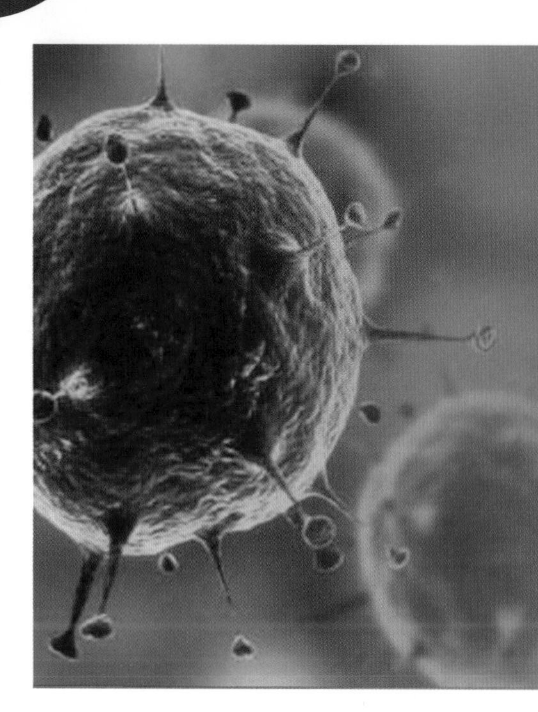

La non-assistance à peuples en danger doit cesser

L'industrie pharmaceutique, les pays riches comme de nombreux pays en développement, l'ONU et ses agences doivent faire un choix : laisser mourir des millions de personnes (comme c'est déjà le cas) et porter publiquement la responsabilité d'une catastrophe sanitaire sans précédent, ou agir, enfin.

Solidarité Sida a décidé de monter au créneau et de mobiliser le plus grand nombre autour de ce combat pour le respect du droit à la santé. Alors, si vous partagez notre colère et souhaitez vous engager à nos cotés, inscrivez-vous sur notre réseau « Des médicaments pour tous ». Un programme d'actions (newsletter, cyberactions, manifestations, ...) est en cours de préparation.

On compte vraiment sur vous !

Solidarité Sida

Le saviez-vous ?

Vaccination
Selon l'OMS (Organisation Mondiale de la Santé), la vaccination sauverait 3 millions de personnes dans le monde chaque année. Elle stoppe également la propagation des maladies infectieuses à l'échelle d'un pays et du monde même si elle n'est pas sans risque.

(D'après *Les Clés du monde*, Édition 2008, Milan Presse)

Compréhension générale du texte

1 De quel type de texte s'agit-il ?

2 Quels sont les arguments proposés dans ce texte ? Faites une liste.

3 Trouvez-vous ce texte convaincant ? Efficace ? Pourquoi ?

À l'oral

Le sida est une maladie qui fait encore peur.

1 Quelles sont les idées reçues concernant le sida ?
Exemple : On peut l'attraper en s'embrassant.

2 Avec un(e) camarade, trouvez un argument pour contrecarrer chacune des idées reçues sur le sida que vous venez de lister.

Entraînement à l'oral interactif

Mini débat

L'organisation humanitaire Médecins sans frontières lance un concours du meilleur clip de sensibilisation à un problème humanitaire.

Voici les thèmes possibles au choix :

- L'épidémie de sida dans le monde.
- Les préjugés liés au sida.
- L'accès inégal à la vaccination et aux médicaments.
- La famine dans le monde.

En équipes, choisissez l'un des thèmes ci-dessus. Réalisez un court clip vidéo ou une scène à interpréter sur le thème que vous avez choisi. (Écrivez d'abord le scénario.)

Votre clip sera joué devant un jury des membres de Médecins sans frontières qui vous poseront ensuite des questions sur, entre autres :

- la raison de votre choix
- l'organisation
- la réalisation, etc.

À vous de vendre votre clip !

À l'écrit (NS)

Lisez l'affirmation ci-dessous et le texte qui suit. Rédigez ensuite une réponse personnelle à cette affirmation. Écrivez entre 150 et 250 mots.
Votre réponse pourra prendre la forme de votre choix (voir la section « Les types de textes » (chapitre 25) pour vous aider).

> « Ça ne sert à rien de donner. L'argent ne va jamais là où il faut.
> Les personnes qui en ont besoin n'en profitent jamais. »

Texte 

Parce que chaque vie est précieuse ...

À l'instant précis où vous lisez ces lignes, des milliers de personnes sont nourries et sauvées par les équipes d'Action contre la faim. Et auprès de nous, pour soutenir ce combat quotidien pour la vie, il y a ... vous !

Nous savons combien un legs ou une donation est avant tout l'héritage d'une histoire familiale ou individuelle, et la transmission de valeurs humaines. Cette histoire est une richesse que nous respectons infiniment.

Par un legs, une donation, une assurance-vie, vous pouvez aujourd'hui offrir à votre existence le plus beau des cadeaux : le don de la vie.

Appel aux dons, Action contre la faim

Conseils de l'examinateur

Choisissez un type de texte avec lequel vous avez des difficultés, histoire de pratiquer un peu plus vos faiblesses.

Lisez cet extrait de L'Appel de Cotonou contre les faux médicaments.

Texte 

De toutes les inégalités, la plus blessante est l'inégalité devant la santé.

Je me suis battu dans mon propre pays pour que les plus démunis aient accès aux soins ; pour que les traitements pionniers ne soient pas réservés aux privilégiés ; pour que nous trouvions des solutions afin d'abaisser le coût des médicaments destinés aux pays les plus pauvres, et des financements innovants permettent d'atteindre les objectifs sanitaires du millénaire.

L'économie criminelle des faux médicaments me révolte.

- Parce qu'elle s'attaque aux pays les plus pauvres, et, en leur sein, à des familles sans protection sociale et sans moyens ;
- Parce qu'elle concerne les médicaments les plus indispensables à la santé individuelle et collective : ceux qui soignent le paludisme, la tuberculose, le SIDA ;
- Parce qu'elle s'insinue partout, sur les marchés des rues, comme sur internet, et qu'elle grossit au point que ses revenus dépassent ceux du trafic de la drogue ;
- Parce que les faux médicaments ne se contentent pas de tromper l'espérance des patients et qu'ils sont souvent des poisons qui tuent ou handicapent.

Qu'on ne me dise pas qu'il ne s'agit pas d'un crime.

Appel adressé au président du Bénin par Monsieur Jacques Chirac le 12 Octobre 2009

Théorie de la connaissance

1. S'agit-il d'un crime ? Pourquoi ?
2. Qu'est-ce qu'un crime ?
3. S'il s'agit d'un crime, qui en sont les responsables ?
4. Trouvez-vous juste/normal que des critères économiques prévalent sur des questions de santé ?
5. Est-il possible de l'éviter ?
6. S'agit-il ici d'une question d'éthique ?

Ressources en ligne
Pour plus d'activités, consultez le site www.pearsonbacconline.com

ENTRAÎNEMENT À L'EXAMEN

FRANÇAIS B – NIVEAU MOYEN – ÉPREUVE 1

Novembre 2008

TEXTE C

Montréal, le 21 octobre 2008

M. le Gérant de l'Épicerie du Coin
4519, avenue du Verger
Montréal (Québec)
H4A 3B8

Objet : Produits équitables

Monsieur,

En faisant mes courses dans votre commerce, j'ai remarqué que vous n'offriez pas de café, de thé, de sucre, de cacao et de chocolat équitables. Je vous écris aujourd'hui pour vous inciter à ajouter ces produits à votre sélection.

Au fait, connaissez-vous le commerce équitable ? Il s'agit d'un partenariat commercial qui vise plus
5 d'équité dans le commerce international. Comme moi, de plus en plus de consommateurs sont séduits par les différents principes qui régissent ce commerce alternatif : entre autres, un juste prix pour les producteurs, un souci de protection de l'environnement et l'investissement d'une partie des profits dans des projets de développement locaux, par exemple dans le domaine de la santé et de l'éducation.

D'ailleurs, saviez-vous que les ventes de café certifié équitable ont fait un bond spectaculaire ces deux
10 dernières années, passant de 8,3 millions à 19,4 millions de dollars ? D'année en année, l'augmentation de la demande se poursuit. Je pense donc que vous serez intéressé par ce marché en pleine progression.

Comment expliquer ce succès ? Simplement par le fait que de plus en plus de consommateurs décident d'encourager cette forme de commerce. Voyant les limites des politiques de subventions et des programmes de charité à l'intention des pays en voie de développement, ils choisissent d'utiliser le
15 commerce comme mode d'action pour permettre aux producteurs des pays du Sud de se sortir de la pauvreté.

[– X –] appuyer les commerçants qui s'engagent dans ce nouveau secteur, l'organisme Transfair Canada certifie les importateurs de façon indépendante. [– 9 –] cette certification, les consommateurs peuvent être sûrs que les produits qu'ils achètent proviennent véritablement du commerce équitable.
20 Cette certification (voir logo ci-contre) représente donc un avantage concurrentiel pour les commerçants qui veulent profiter de ce nouveau marché. Plusieurs grandes entreprises en profitent déjà, [– 10 –] joignez-vous aux leaders de votre secteur et impliquez-vous dans le commerce équitable !

Pour obtenir la liste des distributeurs de produits certifiés équitables, contactez

25 Transfair Canada : www.transfair.ca ou (1-888-663-3247).

Convaincue que vous prendrez en considération ma demande, je vous prie d'agréer, Monsieur, l'expression de mes sentiments distingués.

Mélanie Dubé

Image retirée pour des raisons de droits d'auteur

D'après le site www.equiterre.org

FRANÇAIS B – NIVEAU MOYEN – ÉPREUVE 1

Indiquez dans la case de droite la lettre qui correspond à la réponse correcte.

1 Selon le 1er paragraphe, le but de cette lettre est …

A d'inciter les clients d'un commerce à réclamer un choix de produits plus vaste.

B de sensibiliser les consommateurs aux avantages du commerce équitable.

C de se plaindre de la mauvaise qualité des produits offerts dans cette épicerie.

D d'encourager un commerçant à vendre des produits équitables.

☐

Répondez à la question suivante.

2 Citez **deux** des caractéristiques du commerce équitable mentionnées dans le 2e paragraphe.

[2 points]

(a) ………………………………………………………………………

(b) ………………………………………………………………………

Reliez chacun des mots du texte figurant dans la colonne de gauche avec son équivalent qui se trouve dans la colonne de droite. Un exemple vous est donné. ***Attention :*** *il y a plus de mots proposés que de réponses possibles.*

Exemple : *vise (ligne 4) B*

3 séduits *(ligne 5)*

4 régissent *(ligne 6)*

5 bond *(ligne 9)*

6 se poursuit *(ligne 11)*

A attirés

B a pour but

C déterminent

D effort

E progrès

F reconnaissent

G continue

H se lève

I trompés

J voit

Répondez aux questions suivantes.

7 Dans le 4e paragraphe, Mélanie Dubé laisse entendre que le commerce équitable est peut-être une solution préférable à d'autres formes d'aide aux pays du Sud. Citez ces formes d'aide.

[2 points]

(a) ………………………………………………………………………

(b) ………………………………………………………………………

8 À la ligne 14, à qui ou à quoi se réfère « ils » dans la phrase « ils choisissent d'utiliser le commerce » ?

………………………………………………………………………

Ajoutez les mots qui manquent dans le 5e paragraphe en les choisissant dans la liste proposée. Un exemple vous est donné. ***Attention :*** *il y a plus de mots que d'espaces et chaque mot ne peut être utilisé qu'une seule fois.*

à cause de alors *pour* à force d' grâce à voilà pourquoi

Exemple : *[X] pour*

9 ....

10 ....

Indiquez dans la case de droite la lettre qui correspond à la réponse correcte.

11 Mélanie Dubé est …

A la directrice de Transfair Canada.
B une cliente de l'Épicerie du Coin.
C une productrice de café équitable.
D la responsable du marketing du commerce équitable au Canada.

☐

12

CHAPITRE 12
UN MONDE EN GUERRE

Objectifs :

- Aborder le thème du terrorisme
- Être enfant soldat aujourd'hui
- Aborder le thème de la défense nationale et internationale
- Réviser les pronoms d'objet direct et indirect

Les mots clés de l'unité : la pauvreté, les enfants soldats, armé, une zone de conflit, un pirate, le terrorisme, l'innocence, la culpabilité, la guerre, la paix

12.1 Terrorisme et conflits en chansons et par les textes

Texte 12.1.1

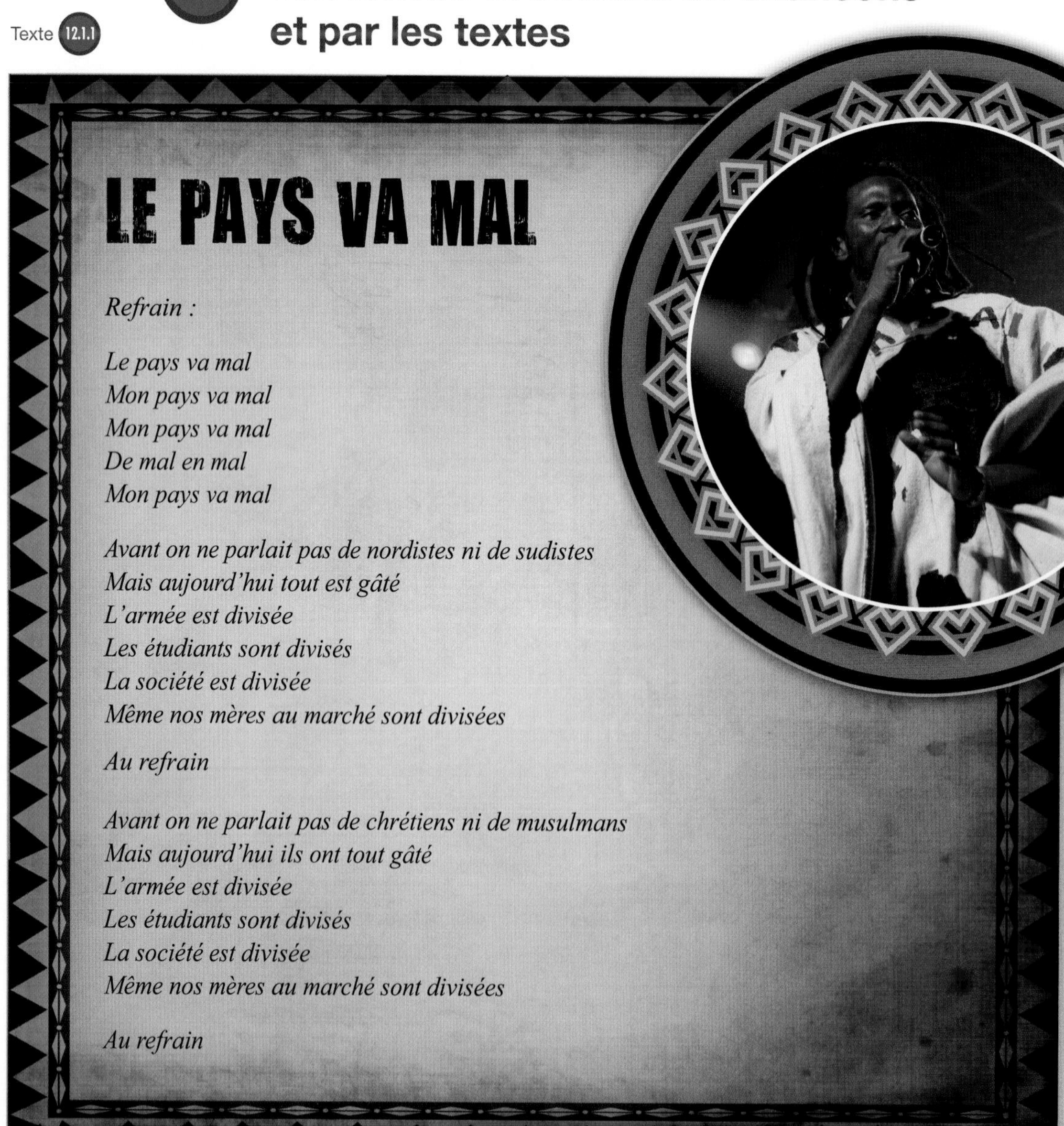

LE PAYS VA MAL

Refrain :

Le pays va mal
Mon pays va mal
Mon pays va mal
De mal en mal
Mon pays va mal

Avant on ne parlait pas de nordistes ni de sudistes
Mais aujourd'hui tout est gâté
L'armée est divisée
Les étudiants sont divisés
La société est divisée
Même nos mères au marché sont divisées

Au refrain

Avant on ne parlait pas de chrétiens ni de musulmans
Mais aujourd'hui ils ont tout gâté
L'armée est divisée
Les étudiants sont divisés
La société est divisée
Même nos mères au marché sont divisées

Au refrain

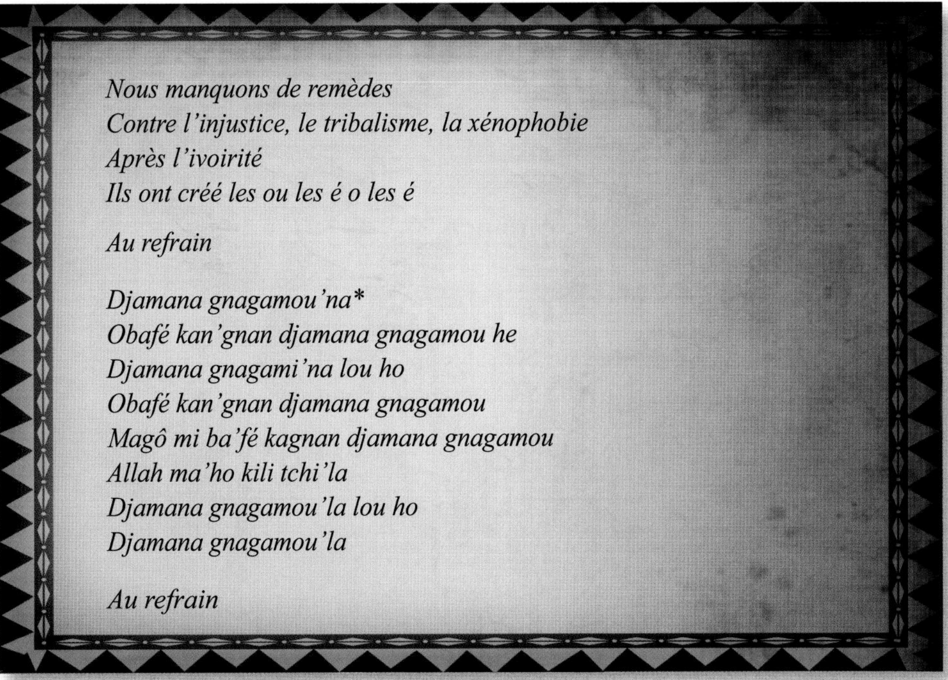

Nous manquons de remèdes
Contre l'injustice, le tribalisme, la xénophobie
Après l'ivoirité
Ils ont créé les ou les é o les é

Au refrain

*Djamana gnagamou'na**
Obafé kan'gnan djamana gnagamou he
Djamana gnagami'na lou ho
Obafé kan'gnan djamana gnagamou
Magô mi ba'fé kagnan djamana gnagamou
Allah ma'ho kili tchi'la
Djamana gnagamou'la lou ho
Djamana gnagamou'la

Au refrain

***** Traduction : Le pays est dans la confusion
Ils veulent foutre le bazar chez nous
Que tous ceux qui veulent la perte de notre patrie
Soient châtiés par Dieu
La confusion règne
C'est le sauve-qui-peut général

Chanson *Le pays va mal* par Tiken Jah Fakoly

Point culture
Tiken Jah Fakoly est chanteur ivoirien qui se bat au travers de ses chansons contre l'injustice. C'est un chanteur engagé.

À l'oral

1 Quels types de conflits sont décrits par Tiken Jah Fakoly dans cette chanson ? Pouvez-vous donner des exemples de l'actualité pour chacun de ces conflits ?
2 Citez d'autres types de conflits qui touchent la société et le monde en ce moment.
3 Les conflits sont-ils inévitables, d'après vous ?

Surfons le net
Allez sur le site www.pearsonhotlinks.com (*Français B*, lien internet 12.1) pour écouter la chanson « Le pays va mal » et pour en savoir plus sur le chanteur et ses combats.

12.2 De si jeunes soldats ...

Compréhension générale du texte

Lisez le texte de la chanson « Chambre de gosses » par Passi Ballende et répondez aux questions.

1

Chambre de gosses*

« Tant de mômes* naissent,
Et grandissent sans enfance, »

*gosse/môme = enfant

a En repensant à votre « chambre de gosses » (quand vous aviez 9–10 ans), que contenait-elle ? Que représentait-elle pour vous ?

b Que représente l'enfance pour vous ? Faites une liste de mots-clés que vous associez à l'enfance.

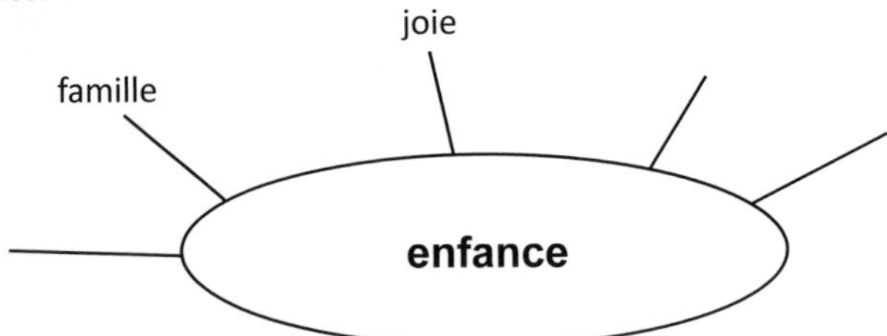

c Que veut-dire le chanteur ? De quelles façons un enfant peut-il grandir « sans enfance » ? Listez **dix** situations qui illustreraient les propos du chanteur.

Exemple : les enfants orphelins, abandonnés à la naissance …

2

« Un monde fait d'enfants soldats,
Sans base, sans repère,
Dans la ville, vla le kid,
Une vie speed, les kids speed,
Ouais, c'est vrai qu'aujourd'hui nos p'tits sont rapides. »

a « Ouais, c'est vrai qu'aujourd'hui nos p'tits sont rapides. » Expliquez et donnez des exemples.

3

« J'ai tout vu, j'ai tout fait,
Une pensée pour l'enfant perdu,
Et des choses j'en connais,
L'enfant d'la zone de la zup* ou la rue,
Mais je voudrais retourner
Dans ma chambre de gosse.
Une pensée pour l'enfant au combat,
Dans ma chambre de gosse,
Pour l'enfant seul dans le monde perdu. »

*zup = zone d'urbanisation prioritaire

a À quoi la première ligne fait-elle référence d'après vous ? À quel type d'enfants ?

b « J'ai tout vu, j'ai tout fait … Et des choses j'en connais, … Mais je voudrais retourner dans ma chambre de gosse. » Expliquez le sens de cette citation.

c À quoi les enfants aspirent-ils d'après le chanteur ?

4

« Le vice dans les BD, dessins animés,
Les guerres, les catastrophes et le crime à la télé,
Le biz*, les bédos*, si jeunes à la récré,
Les jeux violents sur ma planète j'rêve de t'allumer,
Dialecte sur portable, sur le net, je télécharge,
C'est l'Erste of Movie sur GTA* j'fais un carnage,
Plus speed aujourd'hui, le jeune gladiator* développé,
Grand corps, plein de corne-flakes et les longs pieds,
L'enfant soldat grandit vite pour le magot, sort les crocs*,
Niquer la vie quant à la voir de derrière les barreaux :
Les vieux parlent des années yéyé*, là c'est les années yoyo*,
Plus d'repères, trop de haine, on tombe du nid très tôt. »

*le biz = le « business »/les affaires
les bédos = cigarettes de cannabis (langage familier)
GTA = nom d'un jeu vidéo
gladiator = gladiateur
les crocs = les dents (les chiens ont des crocs)
les années yéyés = les années 60
les années yoyos = les années 2000

a Quelle expression du couplet ci-dessus signifie « tirer sur quelqu'un » ?

b Quelle expression signifie « tout démolir/détruire » ?

c Quelle mot signifie « argent » ?

d Quelle expression signifie « en prison » ?

5

« Je n'oublierai jamais,
Une pensée pour l'enfant perdu,
Les bons et les mauvais,
L'enfant d'la zone de la zup ou la rue,
Maintenant je veux retourner
Dans ma chambre de gosse.
Une pensée pour l'enfant au combat,
Dans ma chambre de gosse,
Pour l'enfant seul dans le monde perdu.

Dur et fragile, mais en voir l'allure,
Quand ça bute* pur, tête brulée, le sale gosse joue le dur,
Partout dans c'monde de plus en plus de mômes prêts à tirer,
La violence est gratuite, on est des privilégiés,
Plus énervés, plus vexés dans les ghettos et les cités,
On traîne tard et en groupe on jette le pavé,
Inspirés par ceux qui ont manié l'acier, par le cinéma,
On tombe de haut dans nos rêves de ....* et de biyatch*. »

*buter = ici : frapper/tuer
… on entend le bruit d'une mitraillette
biyatch = mot argotique signifiant le mal

a Quelle expression désigne une personne qui n'a peur de rien ?

b « La violence est gratuite, on est des privilégiés. » Expliquez en vous référant au texte de la chanson.

« J'ai tout vu, j'ai tout fait,
Une pensée pour l'enfant perdu,
Et des choses j'en connais,
L'enfant d'la zone de la zup ou la rue,
Mais je voudrais retourner
Dans ma chambre de gosse.
Une pensée pour l'enfant au combat,
Dans ma chambre de gosse,
Pour l'enfant seul dans le monde perdu.

Treize ans l'enfant soldat, en avant armé jusqu'aux dents,
Traumatisé dans l'régiment violent au cou un nœud coulant,
Si on kidnappe ton fils, petit frère, on vole son enfance,
On lui fournit le fusil, on le pousse, on le drogue et on le forme,
Vif, tranché et à terre, sort fort jeune militaire,
Il faut faire face à la mort, et ne pas tomber,
Enrôlé de force par les rebelles, ou les forces armées,
Voir le sang de l'ennemi, braver le feu et sacrifier.
Tuer, mourir trop jeune, l'arme en main, le gamin sans expérience,
Neurones explosés, explosé sur le terrain,
C'est l'horrible destin, d'un jeune cobaye humain,
À peine connaître la vie, et si vite en voir la fin.

Je n'oublierai jamais,
Une pensée pour l'enfant perdu,
Les bons et les mauvais,
L'enfant d'la zone de la zup ou la rue,
Maintenant je veux retourner
Dans ma chambre de gosse.
Une pensée pour l'enfant au combat,
Dans ma chambre de gosse,
Pour l'enfant seul dans le monde perdu

Ouais, j'ai entendu un p'tit,
Comme un militaire qui disait :
Enfant soldat, ça veut rien dire,
Soit on est enfant, soit on est soldat. »

Chanson *Chambre de gosses* par Passi Ballende

Point culture
Passi (Ballende) est un rappeur franco-congolais né en 1972.

Surfons le net W
Allez écouter la chanson « Chambre de gosses » et regarder le clip sur le site www.pearsonhotlinks.com (*Français B*, lien internet 12.2).

a Commentez les deux dernières lignes de cette chanson. Le terme d'« enfant soldat » est-il un non-sens ? De quel point de vue ? Linguistique ? Sens ?

À l'écrit (NS)

En vous inspirant de la chanson, écrivez un court paragraphe dans lequel vous ferez la description d'un enfant soldat type. Ce texte sera publié dans le journal de l'école dans la rubrique « Portraits d'enfants du monde entier ». Écrivez entre 150 et 250 mots.

3 J'ai gravi tous les échelons
Bombardez-moi de tous les sons
Envoyez-moi en excursion
Dans la quatrième dimension
C'est la société des loisirs
Et chaque année c'est encore pire
J'ai besoin je crois d'une pause
Mais j'ai trop besoin de ma dose
J'enlèverais tellement ce chapeau
Je m'effacerais du tableau
Je retournerais en arrière
Balancerais tout haut dans les airs
Mais je suis pris comme un agneau
Dans le nœud coulant d'un lasso
Je suis écrasé par l'assaut
Vraiment écrasé par l'assaut

Refrain :
Car je vis dans la société des loisirs
Donnez-moi jusqu'à satiété le plaisir
Car je vis dans la société des loisirs
Donnez-moi jusqu'à satiété le plaisir

Surfons le net

Alfa Rococo est le nom du duo canadien formé en 2004. Les auteurs-compositeurs-interprètes s'appellent Justine Laberge et David Buissières. Le premier album s'intitule « Lever l'ancre ».

Pour plus d'informations et pour écouter la chanson, consultez le site www.pearsonhotlinks.com (*Français B*, lien internet 13.1).

Compréhension générale du texte

Après avoir lu la chanson, répondez aux questions suivantes.

1 Donnez **deux** types de loisirs évoqués dans la chanson.

2 Quel mot du deuxième couplet est un synonyme du mot « folie » ?

3 Quel adjectif du deuxième couplet signifie « final » ?

4 Quel adjectif du deuxième couplet signifie « imaginaire » ?

5 Trouvez **deux** mots dans la chanson qui suggèrent que le besoin de loisirs est devenu une drogue.

Texte 

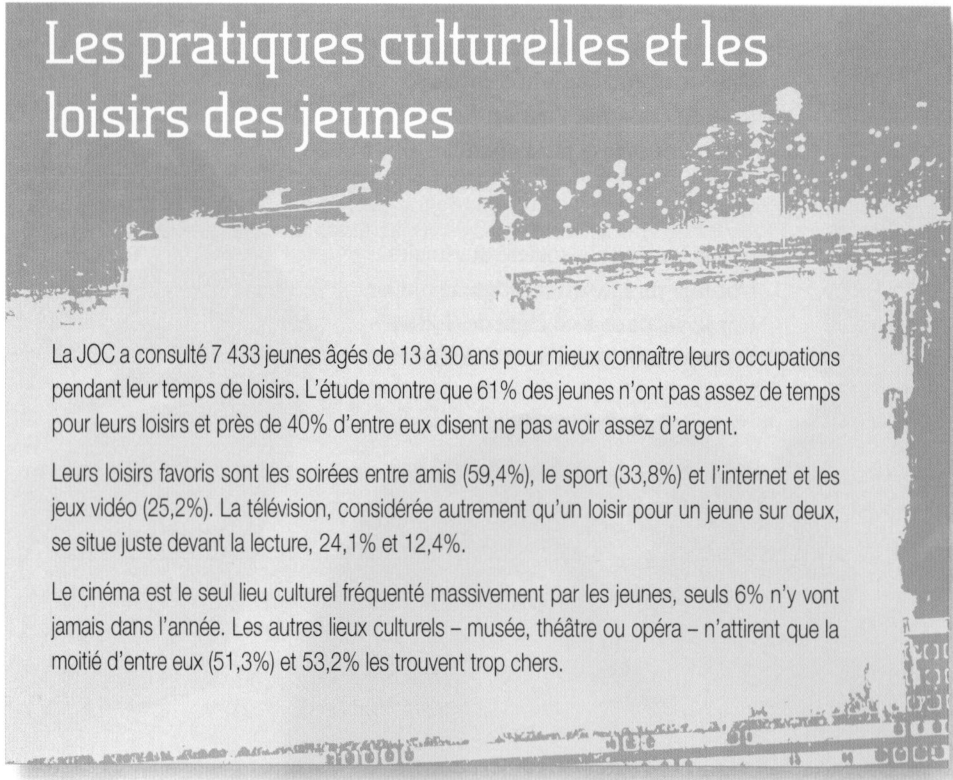

Les pratiques culturelles et les loisirs des jeunes

La JOC a consulté 7 433 jeunes âgés de 13 à 30 ans pour mieux connaître leurs occupations pendant leur temps de loisirs. L'étude montre que 61% des jeunes n'ont pas assez de temps pour leurs loisirs et près de 40% d'entre eux disent ne pas avoir assez d'argent.

Leurs loisirs favoris sont les soirées entre amis (59,4%), le sport (33,8%) et l'internet et les jeux vidéo (25,2%). La télévision, considérée autrement qu'un loisir pour un jeune sur deux, se situe juste devant la lecture, 24,1% et 12,4%.

Le cinéma est le seul lieu culturel fréquenté massivement par les jeunes, seuls 6% n'y vont jamais dans l'année. Les autres lieux culturels – musée, théâtre ou opéra – n'attirent que la moitié d'entre eux (51,3%) et 53,2% les trouvent trop chers.

JOC, avril 2009

À l'oral

1 Quels loisirs pratiquez-vous ? Vos loisirs sont-ils similaires à ceux mentionnés dans l'article ci-dessus ? Rencontrez-vous les mêmes contraintes (manque de temps/d'argent, etc.) dans la pratique de vos loisirs ?

2 Dans la classe, choisissez chacun(e) un loisir différent (et pourquoi pas insolite ?) et préparez un mini discours pour le présenter et l'expliquer à vos camarades. Essayez de les convaincre d'adhérer à votre choix de loisirs. Votez pour la personne la plus convaincante.

3 Pensez-vous que nous vivons dans « la société des loisirs » ?

4 Est-il possible, d'après vous, de consacrer trop de temps aux loisirs ou de vivre sans loisirs ?

5 Quel message le duo Alfa Rococo essaie-t-il de faire passer dans cette chanson ? Partagez-vous leur point de vue ?

Entraînement à l'oral interactif

Mini débat

Divisez la classe en deux côtés opposés. Chaque côté choisit un des loisirs dans chaque pair. Vous avez 3 minutes pour défendre votre loisir et ainsi de suite jusqu'à ce que vous ayez épuisé tous les loisirs de la liste. Top chrono !

Choix de loisirs

• Lecture	**ou**	jeux vidéo.
• Collectionner des timbres		collectionner des cartes postales.
• Jouer aux échecs		jouer au foot.
• Jouer au tennis		jouer au basket.
• Faire du parapente		faire du skate.
• Aller au ciné		regarder la télé.
• Faire du ski		faire du surf.
• Faire de la voile		faire de l'équitation.
• Faire de la danse		faire du théâtre.
• Photographie		peinture.
• Cours de cuisine		visite d'un musée.
• Sortir en boîte		aller à l'opéra.
• Judo		boxe.
• Course à pied		balade.
• Écouter de la musique		chanter.

Zoom vocabulaire

Rappel

- Ne pas confondre « entendre » et « écouter » :
  « J'entends du bruit » mais « J'écoute de la musique. »
- On utilise le verbe « faire » lorsque l'on parle du sport en général : « Je fais trois heures de sport par semaine ».
  Mais on peut utiliser le verbe « faire » ou le verbe « jouer » lorsqu'il s'agit d'un sport individuel : « Je fais du basket » ou « Je joue au basket ».

Texte 13.1.3

Les Canadiens et les loisirs

Les loisirs, c'est le temps dont nous disposons pour avoir des relations sociales, exercer notre esprit et notre corps, et faire ce qui nous plaît. Nous sommes alors libérés de notre travail et d'autres engagements tels que les travaux ménagers et les soins à autrui, ainsi que de nos besoins personnels quotidiens tels que le sommeil et la nourriture. Avoir des loisirs et une certaine latitude pour choisir la façon dont nous allons passer notre temps sont d'importants composants de notre mieux-être mental et physique.

L'indicateur de temps consacré aux loisirs est le total de deux catégories de loisirs : *loisirs actifs* et *loisirs passifs*.

Résumé

- **Portrait national** – Le temps que les Canadiens ont consacré en moyenne à leurs loisirs en 2005 a été de 5,5 heures par jour. Entre 1998 et 2005, ce temps libre moyen quotidien a baissé.
- **Différences entre les sexes** – En 2005, les hommes ont eu plus de temps à consacrer aux loisirs que les femmes. Ils y ont consacré en moyenne 5,7 heures par jour et les femmes environ 5,3 heures par jour.
- **Âge** – Les adultes plus âgés et plus jeunes ont eu tendance à s'accorder plus de loisirs en 2005, tandis que ceux qui vivaient leurs années d'activité professionnelle maximale et élevaient leurs enfants y ont consacré moins d'heures par jour.
- **Régions** – En 2005, le temps consacré en moyenne aux loisirs allait de 5,0 heures par jour en Alberta à 5,9 heures par jour à Terre-Neuve-et-Labrador.

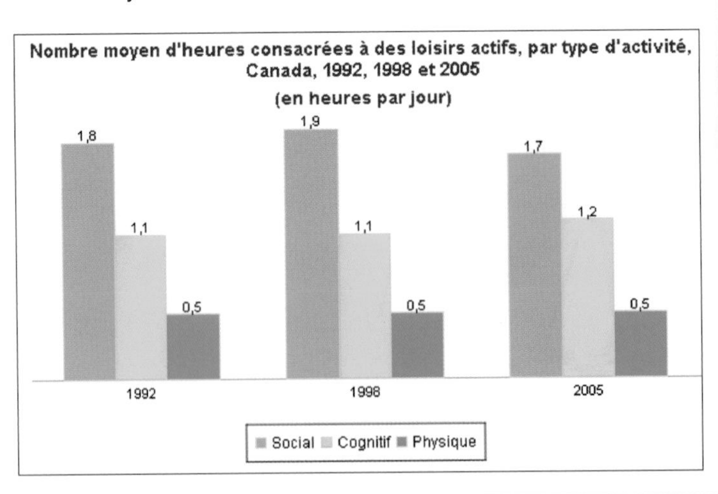

http://www4.hrsdc.gc.ca/.3ndic.1t.4r@-fra.jsp?iid=51.

À l'oral

1. Ces chiffres datent de 2005. Pensez-vous que la situation soit différente aujourd'hui ? Justifiez votre réponse.
2. Comparez ces chiffres et habitudes concernant les loisirs avec les habitudes dans vos pays respectifs. Y a-t-il des différences majeures ? Si oui, comment les expliqueriez-vous ?

13.2 La lecture

À l'oral

Utilisez les questions ci-dessous et réalisez un sondage dans la classe et/ou autour de vous. Présentez vos résultats au reste de la classe.

1. Combien de livres lisez-vous par mois ? Par an ?
2. Combien d'heures consacrez-vous à la lecture (en moyenne) par mois ?
3. Comment choisissez-vous un livre ?
   - **a** Vous êtes attiré(e) par la couverture.
   - **b** Vous lisez le résumé sur la quatrième de couverture.
   - **c** C'est la réputation de l'auteur qui vous attire.
   - **d** Un(e) ami(e) vous l'a recommandé.
   - **e** Vous n'achetez que des livres qui ont reçu un prix littéraire.
   - **f** Autre ?
4. Quel est votre genre et auteur préféré ?
5. Quel est le dernier livre que vous avez lu ?
6. Préférez-vous la version papier d'un livre ou la version numérique ?
7. Aimez-vous lire des livres en français ?
8. Pourquoi lisez-vous ? Quelle est votre principale motivation ?
9. Vous arrive-t-il de ne pas finir un livre ? En général, qu'est-ce qui vous pousse à en abandonner la lecture ?

Zoom grammaire

Poser des questions

Il y a plusieurs façons de poser des questions en français. On peut :

- élever la voix en fin de phrase : Tu aimes la lecture ? ↗
- inverser le sujet et le verbe en début de phrase : Aimes-tu la lecture ?
- utiliser « Est-ce que » en début de phrase : Est-ce que tu aimes la lecture ?
- utiliser un pronom interrogatif pour les questions ciblées.

  Qui ? Qui aime lire dans la classe ?

  Quand ? Quand lisez-vous ? Le soir avant de vous coucher ?

  Où ? Où préférez-vous lire ?

  Comment ? Comment lisez-vous ? Sur des supports numériques ?

  Pourquoi ? Pourquoi lisez-vous ?

  Combien ? Combien de livres lisez-vous par mois ? Combien coûte un livre en moyenne ?

  Quel/quelle/quels/quelles ? Quel livre emporteriez-vous avec vous sur une île déserte ?

À l'oral

1 Commentez la photo ci-contre.
2 Pourquoi lire ? Lisez-vous plutôt par obligation ou pour votre plaisir ?
3 Que vous apporte la lecture ?
4 Que pensez-vous des citations suivantes ?

a « Lire est le seul moyen de vivre plusieurs fois. » (Pierre Dumayet)
b « Quand je pense à tous les livres qu'il me reste à lire, j'ai la certitude d'être encore heureux. » (Jules Renard)
c « Lisez pour vivre. » (Gustave Flaubert)
d « Dès qu'on se pose la question du temps de lire ; c'est que l'envie n'y ait pas. La question n'est pas de savoir si j'ai le temps de lire ou pas (temps que personne d'ailleurs ne me donnera), mais si je m'offre ou non le bonheur d'être lecteur. » (Daniel Pennac, *Comme un roman)*

5 En quoi l'acte de lire peut rimer avec « bonheur » ? Est-ce le cas pour vous ?

À l'écrit

1 D'après Daniel Pennac, auteur français contemporain, le lecteur a des droits. Avec un(e) camarade, réfléchissez et établissez la liste des droits fondamentaux du lecteur.
2 Regardez ensuite la liste des droits imprescriptibles ci-dessous pour la comparer à la vôtre. Devrait-on en rajouter ? Si oui, lesquels ? Argumentez vos propositions.

Droits du lecteur

1 Le droit de ne pas lire.
2 Le droit de sauter des pages.
3 Le droit de ne pas finir un livre.
4 Le droit de relire.
5 Le droit de lire n'importe quoi.
6 Le droit de lire n'importe où.
7 Le droit de grappiller.
8 Le droit de lire à haute voix.

3 Regardez ensuite la liste des raisons de lire données par Daniel Pennac. Pensez-vous que ces raisons soient valides ? Donnez des exemples précis.

Raisons de lire

1 Pour apprendre.
2 Pour réussir nos études.
3 Pour nous informer.
4 Pour nous évader.
5 Pour nous distraire.
6 Pour nous cultiver.
7 Pour communiquer.
8 Pour conserver la mémoire du passé.

13.3 Les jeunes et la lecture

Texte 

Lettre d'information

Février 2011

En février les Éditions Talents Hauts vous proposent de découvrir la suite de la série Ligne 15, des romans ados contre le sexisme et l'homophobie.

Joséphine, Benoit, Sarah et Dorian, Justine, Mehdi, Clotilde et Corentin forment une bande d'amis très soudée. Ensemble, ils prennent le bus de la ligne 15, pour aller au collège où ils sont en 3e. Ils décident de tenir a tour de rôle le journal de leurs 15 ans.

En librairie le 3 février

5 JUSTINE – *Une fille sans faille*

de Florence Hinckel

Justine a appris à être ce que ses parents attendent d'elle : une fille douce et calme lors d'un stage dans une librairie, elle tombe sous le charme de Simon, un beau jeune homme au look gothique. Elle adopte un temps l'apparence de son nouvel ami et fait voler en éclats son image de jeune fille sage avant de trouver au fond d'elle-même la vraie Justine.

Une description fine du poids des stéréotypes féminins sur la construction identitaire d'une fille. Des personnages plus vrais que nature et des épisodes rocambolesques.

12,5 x 19 cm – 128 pages – 12–16 ans

En librairie le 17 février

6 MEDHI – *Zéro commentaire*

de Florence Hinckel

Mehdi décide de tenir un blog, pour continuer le carnet de bord lancé par Joséphine. Il s'intéresse beaucoup aux mangas, à la technologie, à la mode, mais il est aussi très attentif à ses copains et copines. Joséphine et Corentin lui parlent, chacun de leur côté, de leurs amours chaotiques. Tout à son amitié pour ces deux derniers, il aura du mal à se rendre compte que ses sentiments, très doucement, ont évolué dans un sens ... imprévu.

Un sujet très important : l'homosexualité, abordé avec tendresse, pudeur et réalisme.

12,5 x 19 cm – 128 pages – 12–16 ans

L'actualité du mois

- Du 2 au 6 février, l'equipe de Talents Hauts participera à la **Fête du Livre de jeunesse de Saint-Paul-Trois-Châteaux**
- Samedi 18 février, à partir de 15 heures, Gaël Aymon dédicacera La princesse Rose-Praline et Une place dans la cour, à l'Espace Culturel Leclerc de **Quimper** (29).

Si vous ne souhaitez plus recevoir cette lettre d'information, veuillez nous le faire savoir par mail.

Talents Hauts – 79 avenue Sainte-Marie 94 160 Saint-Mandé – 01 41 93 16 64
contact@talentshauts.fr www.talentshauts.fr

Éditions Talents Hauts, février 2011

Manipulation du texte

Lisez la lettre d'information (page 229) et répondez aux questions suivantes.

1 Vrai ou faux ? Justifiez vos réponses.

a Ces deux livres sont les premiers tomes d'une série pour ados.
b Ces livres sont des nouvelles qui traitent de sujets de société importants.
c Les personnages principaux de la série ne s'entendent pas.
d Chaque livre est le journal intime d'un des ados de la bande.

2 L'expression « sans faille » du troisième paragraphe signifie :

a sans intelligence
b sans problème
c sans défaut

3 L'adjectif « rocambolesques » du troisième paragraphe signifie :

a incroyables
b ordinaires
c amusantes

Surfons le net
Pour vérifier si vous avez deviné les thèmes correctement, rendez-vous sur le site www.pearsonhotlinks.com (*Français B*, lien internet 13.2).

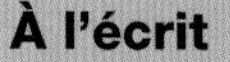

À l'écrit

Voici six autres titres dans la série *Ligne 15*. Pour chaque titre, décidez du thème qui va être traité dans le livre et écrivez un résumé pour le livre.

1 *Ma métamorphose*
2 *Plus belle tu meurs*
3 *Toutes les filles de la terre*
4 *Révoltée*
5 *Grave in love*
6 *T'es pas cap*

À l'oral

1 Ces livres s'adressent à un public de jeunes ados et traitent de thèmes variés tels que la sexualité, l'amitié ou encore l'image de soi ou le racisme. Pensez-vous que ce genre de livres attire davantage les jeunes vers la lecture ? Pourquoi ?
2 Un livre peut-il être un médium efficace pour faire passer un message ?
3 Si les livres attirent moins les jeunes aujourd'hui, que faudrait-il faire pour inverser cette tendance ? Proposez cinq solutions concrètes et argumentez-les.

À l'écrit

Choisissez l'un des sujets suivants. Écrivez entre 250 et 400 mots.

1 Imaginez que l'on vous donne l'opportunité de rencontrer et d'interviewer votre auteur préféré. Rédigez le texte de cette interview.

2 Vous êtes professeur de français et vous avez constaté que vos élèves sont de moins en moins attirés par la lecture. Vous décidez de leur faire une présentation pour les convaincre de l'utilité et l'importance de la lecture.

3 Vous venez de terminer la lecture d'un livre qui vous a tenu en haleine jusqu'à la fin mais son dénouement vous a déçu. Vous décidez d'écrire à son auteur pour lui donner vos opinions sur ce livre et lui exprimer votre déception quant au dénouement.

Entraînement à l'oral individuel

Regardez cette photo. Que vous inspire-t-elle ? Vous avez 15 minutes pour préparer une présentation entre 3 et 4 minutes.

« C'est tellement mieux de ne pas avoir à tourner les pages ! »

Pour vous aider …

1 Dans votre présentation, commencez par décrire l'image/la scène dans le détail. Vous pouvez parler :

- des avantages des livres numériques
- de l'importance des livres en version papier
- de ce qui attire les jeunes vers les livres numériques
- de la baisse d'intérêt chez les jeunes pour la lecture en général.

2 Dans la deuxième partie, les thèmes/idées que vous avez abordés dans votre présentation seront approfondis. Les thèmes suivants pourraient être abordés :

- Des solutions pour attirer les jeunes vers la lecture.
- Le téléchargement des livres, musique, films, etc.
- Toute lecture est bonne. Qu'en pensez-vous ?

Conseils de l'examinateur

- Structurez votre présentation (employez des connecteurs logiques).
- Avancez des opinions et justifiez-les.
- Soyez actif/active ; n'attendez pas que l'examinateur vous pose les questions.

Texte 13.3.2

Plaisir de lire

Voici enfin le moment attendu où je peux étaler le volume sur mon lit, l'ouvrir à l'endroit où j'ai été forcée de l'abandonner … Je m'y jette, je tombe … impossible de me laisser arrêter, retenir par les mots, par leur sens, leur aspect, par le déroulement des phrases, un courant invisible m'entraîne avec ceux à qui de tout mon être imparfait mais avide de perfection je suis attachée, à ceux qui sont la bonté, la beauté, la grâce, 5
la noblesse, la pureté, le courage mêmes … je dois avec eux affronter des désastres, courir d'atroces danger, lutter au bord de précipices, recevoir dans le dos des coups de poignard, être séquestrée , maltraitée par d'affreuses mégères, menacée d'être perdue à jamais … et chaque fois, quand nous sommes tout au bout de ce que je peux endurer, quand il n'y a plus le moindre espoir, plus la plus légère possibilité, 10
la plus fragile vraisemblance … cela nous arrive … un courage insensé, la noblesse, l'intelligence parviennent juste à temps à nous sauver. C'est un moment de bonheur intense … toujours très bref … bientôt les transes, les affres me reprennent … évidemment les plus valeureux, les plus beaux, les plus purs ont jusqu'ici eu la vie sauve … jusqu'à présent … mais comment ne pas craindre que cette fois … il est 15
arrivé à des êtres à peine moins parfaits … si, tout de même, ils l'étaient moins, et ils étaient moins séduisants, j'y étais moins attachée, mais j'espérais que pour eux aussi, ils le méritaient, se produirait au dernier moment … eh bien non, ils étaient, et avec eux une part arrachée à moi-même, précipités du haut des falaises, broyés, noyés, mortellement blessés … car le Mal est là, partout, toujours prêt à frapper … Il est 20
aussi fort que le Bien, il est à tout moment sur le point de vaincre … et cette fois tout est perdu, tout ce qu'il peut y avoir sur terre de plus noble, de plus beau … Le Mal s'est installé solidement, il n'a négligé aucune précaution, il n'a plus rien à craindre, il savoure à l'avance son triomphe, il prend son temps … et c'est à ce moment-là qu'il faut répondre à des voix d'un autre monde … « Mais on t'appelle, c'est servi, tu 25
n'entends pas ? » … il faut aller au milieu de ces gens petits, raisonnables, prudents, rien ne leur arrive, que peut-il arriver là où ils vivent … là tout est si étriqué, mesquin, parcimonieux … alors que chez nous là-bas, on voit à chaque instant des palais, des hôtels, des meubles, des objets, des jardins, des équipages de toute beauté, comme on n'en voit jamais ici, des flots de pièces d'or, des rivières de diamants … 30

Nathalie Sarraute, *Enfance*, Éditions Gallimard

Point culture
Nathalie Sarraute
(1900–1999) était auteure de langue française née en Russie. Arrivée à Paris à l'âge de 8 ans. *Enfance* est un roman autobiographique.
Autre œuvre célèbre : *Tropismes*

Zoom grammaire

Les superlatifs

« les plus valeureux, les plus beaux, les plus purs »

On compare ici certains personnages à tous les autres personnages possibles.

- le/la/les plus + adjectif (de)
- le/la/les moins + adjectif (de)

Exemple : Les livres les plus intéressants sont les livres d'aventures.

Attention : le/la/les meilleur(e)(s)(es) ; le/la/les pire(s)

Manipulation du texte

1 Vrai ou faux ? Justifiez vos réponses.

a La narratrice recommence son livre après avoir été contrainte d'en interrompre la lecture.
b Elle a du mal à entrer dans l'histoire.
c Elle vit les mêmes aventures que les personnages.
d Le Bien triomphe toujours sur le Mal.

2 Lorsque Nathalie écrit : « Il faut répondre à des voix d'un autre monde » (ligne 25), à quelles voix fait-elle référence ?

3 Dans la phrase « alors que chez nous, là-bas » (ligne 28), à qui « nous » fait-il référence ?

4 Trouvez dans le texte les synonymes des mots suivants :

a ouvrir
b affamé
c courageux
d horribles
e supporter
f médiocre

À l'écrit

Lisez l'extrait tiré du livre *La sieste assassinée* de Philippe Delerm (page 234). En vous inspirant de cet extrait, choisissez l'un des scénarios ci-dessous et rédigez votre propre texte.

Attention : vous devez utiliser les mots qui vous sont suggérés. Vous pouvez bien entendu adapter ces mots et les utiliser dans n'importe quel ordre.

1 **Lire dans le train :** mouvement / bondé / limité / contrôleur / dérangé / coincé / espace / curieux
2 **Lire dans le bain :** tranquille / stress / bain moussant / seul / mouillé / trempé / relaxant / s'endormir
3 **Lire aux toilettes :** calme / déranger / isolement / papier / moment de réflexion / apprécier / impatience / journal

NB : Le travail écrit porte sur les sujets du Tronc commun au Niveau Moyen et sur l'une des options Littéraires au Niveau Supérieur, et non sur les Options. Il ne s'agit ici que d'un exercice pour s'entraîner et s'amuser.

Texte 13.3.3

Point culture

Phlippe Delerm (1950–) est un auteur français. Œuvres les plus célèbres :

- *La première gorgée de bière et autres plaisirs miniscules*
- *Paris l'instant.*

Lire sur la plage

Pas si facile, de lire sur la plage. Allongé sur le dos, c'est presque impossible. Le soleil éblouit, il faut tenir à bout de bras le livre au-dessus du visage. C'est bon quelques minutes, et puis on se retourne. Sur le côté, appuyé sur un coude, la main posée contre la tempe, l'autre main tenant le livre ouvert et tournant les pages, c'est assez inconfortable aussi. Alors on finit sur le ventre, les deux bras repliés devant soi. Au ras du sol, il y a toujours un peu de vent. Les petits cristaux micacés s'insinuent dans la reliure. Sur le papier grisâtre et léger des livres de poche, les grains de sable s'amassent, perdent leur éclat, se font oublier – c'est juste un poids supplémentaire qu'on disperse négligemment au bout de quelques pages. Mais sur le papier lourd, grenu et blanc des éditions d'origine, le sable s'insinue. Il se diffuse sur les aspérités crémeuses, et brille ça et là. C'est une ponctuation supplémentaire, un autre espace ouvert.

Philippe Delerm, *La sieste assassinée*

13.4 Le sport et nous

Texte 13.4.1

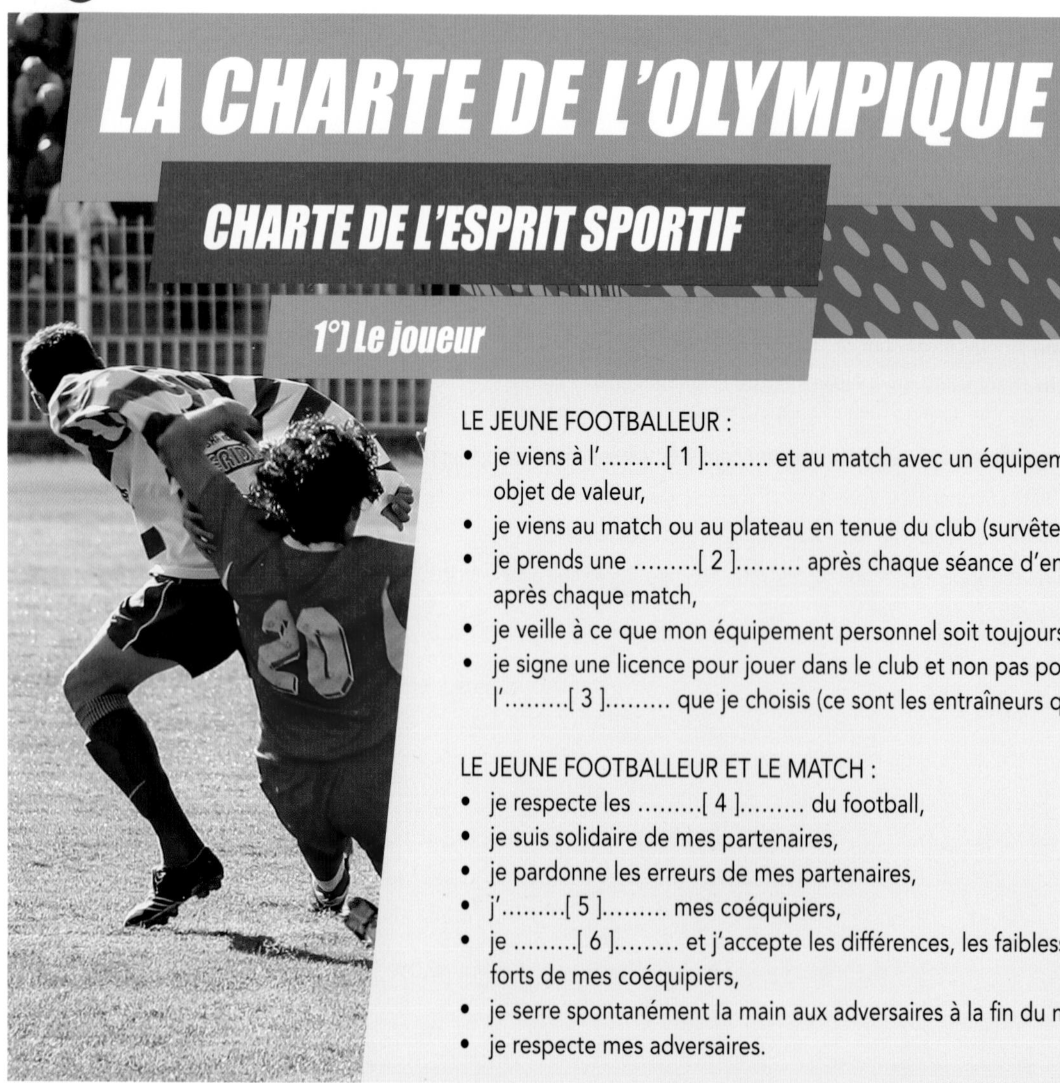

LA CHARTE DE L'OLYMPIQUE

CHARTE DE L'ESPRIT SPORTIF

1°) Le joueur

LE JEUNE FOOTBALLEUR :

- je viens à l'.........[1]......... et au match avec un équipement correct et sans objet de valeur,
- je viens au match ou au plateau en tenue du club (survêtement),
- je prends une ....[2]......... après chaque séance d'entraînement et après chaque match,
- je veille à ce que mon équipement personnel soit toujours propre,
- je signe une licence pour jouer dans le club et non pas pour jouer dans l'.........[3]......... que je choisis (ce sont les entraîneurs qui décident).

LE JEUNE FOOTBALLEUR ET LE MATCH :

- je respecte les ....[4]......... du football,
- je suis solidaire de mes partenaires,
- je pardonne les erreurs de mes partenaires,
- j'.........[5]......... mes coéquipiers,
- je ....[6]......... et j'accepte les différences, les faiblesses et les points forts de mes coéquipiers,
- je serre spontanément la main aux adversaires à la fin du match,
- je respecte mes adversaires.

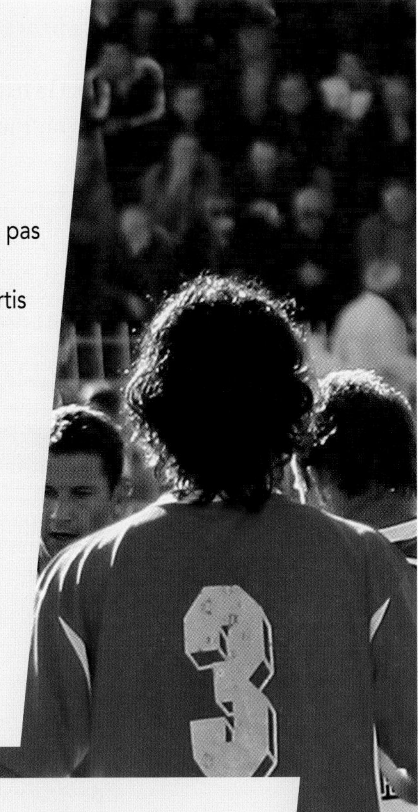

LE JEUNE FOOTBALLEUR ET L'ÉDUCATEUR OU LE DIRIGEANT :

- je dis bonjour quand j'arrive, je dis au revoir quand je ....[7]......... ,
- je respecte l'éducateur et les dirigeants,
- je respecte les choix de l'éducateur pour la constitution des équipes. Éventuellement, je sollicite des explications,
- je comprends que tout joueur ....[8]......... à l'entraînement et qui n'a pas prévenu son éducateur, ne soit pas convoqué pour le match suivant,
- j'honore les convocations aux matches et en cas d'empêchement, j'en avertis mon éducateur le plus rapidement possible.

LE JEUNE FOOTBALLEUR ET LE MATÉRIEL :

- je veille au matériel sportif mis à la disposition de mon équipe,
- j'aide à ....[9]......... le matériel après chaque entraînement,
- je respecte la propreté, l'entretien des locaux et des terrains.

LE JEUNE FOOTBALLEUR ET L'ARBITRE :

- je sais que l'.........[10]......... fait partie du jeu,
- je respecte toutes ses décisions,
- je me replace après un coup de sifflet, au lieu de discuter,
- je serre la main de l'arbitre à la fin du match.

2°) Les parents

LES PARENTS S'ENGAGENT À :

- accepter les décisions de l'éducateur,
- encourager leur enfant sur le bord du terrain,
- laisser l'éducateur diriger son équipe et ne pas intervenir,
- ne pas pénétrer sur le terrain lors des entraînements et des matches,
- ne pas pénétrer dans les vestiaires ni avant, ni après les matches,
- s'entretenir avec l'éducateur ou avec le président du club, en cas de problème,
- avoir un comportement convivial avec l'encadrement des autres équipes.

3°) Les éducateurs

- ont pour mission d'inculquer la connaissance technique à l'équipe qui leur est confiée,
- doivent être par leur comportement (tenue et langage) un exemple pour les jeunes qui sont sous leur autorité,
- font appel à la commission de médiation et de discipline pour sanctionner tout acte d'indiscipline d'un joueur,
- sont responsables des équipements donnés à leur équipe par le club (ballons, équipements et matériel pédagogique).

Et surtout garder en mémoire que :
LE FOOTBALL EST AVANT TOUT UN JEU !

www.olympiquedeneuilly.com/charte.asp

Compréhension générale du texte

Voici la liste des mots manquants. Pouvez-vous les remplacer dans la charte de l'olympique ?

a repars
b équipe
c règles
d arbitre
e encourage
f absent
g douche
h respecte
i entraînement
j ranger

À l'oral

1 Êtes-vous d'accord avec toutes les clauses de cette charte ? Lesquelles remettriez-vous en question ? Pourquoi ?
2 Quelles clauses ajouteriez-vous ? Pourquoi ?
3 Ce genre de document vous paraît-il utile ? Nécessaire ? Indispensable ? Pourquoi ?
4 La charte parle de la notion de respect. Quelle est, selon vous, la plus grande marque de manque de respect dans le sport ? Pourquoi ?
5 Avoir l'esprit de compétition et être compétitif est important dans la société actuelle. Le fair-play dans le sport vous paraît-il important ?
6 Pourquoi est-il important de faire du sport régulièrement ?

À l'écrit

Choisissez l'un des sujets ci-dessous. Écrivez entre 250 et 400 mots.

1 Dans le cadre de votre programme de Créativité, Action, Service, le département de sport de votre établissement scolaire vous a chargé(e) de rédiger un guide de recommandations à l'attention des élèves de Sixième et Cinquième. Le but de ce guide est d'encourager les élèves à participer aux activités sportives extrascolaires et de les renseigner sur la conduite adéquate à adopter.
2 Vous venez de passer quinze jours au Maroc dans le cadre d'un échange scolaire. Vous avez été choqué(e) par le peu d'importance que semblent avoir le sport et les activités extrascolaires dans les programmes scolaires. Écrivez au directeur de cette école pour lui faire part de vos sentiments et essayer de le convaincre de l'importance de ce type d'activités.

Théorie de la connaissance

Voici un extrait de l'article 7 de la Déclaration des droits de l'enfant :

> « L'enfant doit avoir toutes possibilités de se livrer à des jeux et à des activités récréatives, qui doivent être orientés vers les fins visées par l'éducation ; la société et les pouvoirs publics doivent s'efforcer de favoriser la jouissance de ce droit. »

La pratique des loisirs (ou activités récréatives) est-elle un droit selon vous ? Mérite-t-elle vraiment une mention dans ce document officiel ?

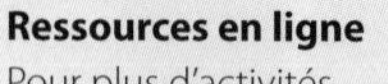

Ressources en ligne

Pour plus d'activités, consultez le site www.pearsonbacconline.com

ENTRAÎNEMENT À L'EXAMEN

FRANÇAIS B – NIVEAU SUPÉRIEUR – ÉPREUVE 1

Novembre 2009

TEXTE B

Une nouvelle discipline qui réunit l'art et le sport extrême

À Casablanca, au Maroc, le groupe « Accroche-toi ! » trace des parcours en hauteur, sur les murs et toits des bâtiments. Pour ces jeunes qui sillonnent en permanence la cité blanche à la recherche d'obstacles et de défis, toute la ville est un terrain de jeu.

Cette discipline, qui combine la gymnastique, l'escalade et les arts martiaux, se nomme « parkour » et a été fondée par David Belle, il y a une vingtaine d'années, dans les banlieues de Paris. Depuis, l'architecture semble avoir donné des ailes aux disciples de Belle. 5

En effet, le « parkour », consiste à utiliser le décor urbain pour faire de l'exercice : les joueurs doivent se déplacer d'un point à l'autre tout en combinant rapidité, prudence et économie d'énergie. « C'est un mariage entre l'art et le sport extrême », affirme Adil, « une manière de saisir le milieu qui nous entoure, alliant efficacité et maîtrise tout en respectant les lieux et les gens. » 10

Pour pratiquer cet art, il faut avoir une bonne aptitude physique afin d'avoir une meilleure résistance aux chocs. Ces jeunes, âgés entre 18 et 26 ans, s'entraînent jusqu'à six heures par jour. « Il faut constamment s'entraîner et travailler les techniques de base : on ne peut pas se permettre de rater un saut ou une roulade sur le ciment », nous explique un adepte du « parkour ».

Les membres du groupe travaillent depuis trois ans sur les murs de la cité blanche. Dans ce cadre, ils ont appris à zapper les escaliers, à sauter par-dessus les murs et à faire des détours partout en évitant les obstacles qui se trouvent sur leur chemin. Ils y exercent des sauts de plus de cinq mètres de hauteur. « Notre terrain de jeux est un ancien dépôt de marchandises fermé depuis des années ; on y trouve les obstacles et escaliers nécessaires pour nous entraîner. » 15

Malgré le risque, ces traceurs hors du commun considèrent qu'ils apprennent toute une philosophie et un art de vivre. « C'est aussi une méthode pour se découvrir et pour faire face à ses propres appréhensions », ajoute Yahya. « Contrairement à ce que pensent beaucoup de gens, en pratiquant cette discipline, notre regard change face à l'environnement. » 20

Les psychologues qui s'intéressent aux prises de risque dans les sports pensent que ce phénomène est la conséquence de l'hybridation qui marque la société actuelle : les jeunes commencent à mélanger styles musicaux, aspects vestimentaires et même les sports, comme dans le cas du « parkour », où on pratique à la fois gymnastique, arts martiaux et escalade. En outre, le fait de traverser les épreuves permettrait aux jeunes de se sentir accomplis et adultes. 25

[– X –] la légalité du « parkour », certains pays européens tolèrent la pratique de ce sport dans les lieux publics, [– 9 –] il ne contrevient à aucun règlement. Cependant, il devient illégal quand les « parkouristes » sautent des toits de maisons et de bâtiments privés. La question de sécurité dans ce sport récent se pose également de manière incessante [– 10 –] le manque de statistiques valables au niveau mondial. [– 11 –], un jeune amateur du « parkour », âgé de 14 ans, est mort en tombant du toit de son école. [– 12 –], ces dangers sont loin de dissuader les fans casablancais qui peuvent descendre un immeuble de quatre étages en 15 secondes après 10 ans d'entraînement. 30 35

Adil et sa bande espèrent toucher le cinéma, le spectacle, la publicité et les clips vidéo. Bref, ils veulent faire du « parkour » un métier à part entière. Ils multiplient les entraînements et les acrobaties pour avoir droit aux honneurs du showbiz autant qu'aux montées d'adrénaline.

D'après le site www.meknes-net.com, le 9 juin 2007

TEXTE B — UNE NOUVELLE DISCIPLINE QUI RÉUNIT L'ART ET LE SPORT EXTRÊME

En vous basant sur les lignes 1 à 10, indiquez la réponse correcte dans la case de droite.

1 Les adeptes du « parkour » … ☐

A recrutent des étudiants en architecture.

B cherchent à rénover les banlieues de Paris.

C se servent de la ville pour faire du sport et s'exprimer.

D font de la peinture sur les murs et les toits de la ville.

Les affirmations suivantes, basées sur les lignes 1 à 10, sont soit vraies, soit fausses. Cochez [√] la réponse correcte. Justifiez vos réponses par des mots du texte. Un exemple vous est donné.

	VRAI	FAUX
Exemple : *Le groupe « Accroche-toi ! » est basé au Maroc.* *Justification : au Maroc, le groupe « Accroche-toi ! » trace des parcours en hauteur*	[✓]	☐
2 L'architecture de la ville a fait du « parkour » un sport de plus en plus acrobatique. Justification :	☐	☐
3 Prudence et rapidité sont incompatibles dans la pratique du « parkour ». Justification :	☐	☐
4 Les adeptes du « parkour » traitent bien leur entourage. Justification :	☐	☐

En vous basant sur les lignes 11 à 28, répondez aux questions suivantes.

5 Citez **une** des choses qui peut arriver à un « parkouriste » qui n'est pas bien entraîné.

....

6 À quoi se réfère « y » dans « on y trouve » ? *(ligne 18)*

....

7 Citez **deux** des enrichissements apportés par le « parkour ».
[2 points]

(a) ....

(b) ....

8 Selon les psychologues, quel bénéfice personnel les « parkouristes » pourraient-ils tirer de leur sport ?

....

*Ajoutez les mots ou expressions qui manquent aux lignes 29 à 35 en les choisissant dans la liste proposée ci-dessous. **Attention :** il y a plus de mots que d'espaces et chaque mot ou expression ne peut être utilisé(e) qu'une seule fois. Un exemple vous est donné.*

à moins qu'	dernièrement	*en ce qui concerne*	par conséquent	voire
de moins	en moins	du moment qu'	malgré	toutefois

Exemple : *[X] en ce qui concerne*

9 ....

10 ....

11 ....

12 ....

En vous basant sur les lignes 36 à 38, indiquez dans la case de droite la lettre qui correspond à la réponse correcte.

13 Pourquoi Adil et sa bande envisagent-ils de toucher au cinéma, au spectacle et à la publicité ?

A Ils veulent faire profiter le public de leur expérience.
B Ils ont l'ambition de vivre de leur passion.
C Ils ont été contactés par des gens du showbiz.
D Ils ont l'intention d'arrêter l'entraînement.

☐

CHAPITRE 14
LES VOYAGES

Objectifs :

- Convaincre vos parents de vous laisser partir en vacances avec vos potes
- Quand vacances riment avec pas de chance
- Donner des conseils aux voyageurs
- Tourisme et respect
- Réviser la structure « en + participe présent »
- Utiliser les abréviations

Les mots clés de l'unité : les vacances, les congés, voyager, un touriste, une visite culturelle, se dépayser, se détendre, un séjour, le tourisme de masse, un comportement irrespectueux

14.1 Je veux partir avec mes potes !

« Les voyages forment la jeunesse. » (Alphonse Allais)

Texte 

Je veux partir avec mes potes!

Avec les beaux jours, les volontés d'émancipation se réveillent. Partir à l'aventure avec ses copains et copines, un rêve réalisable ... à condition de le préparer.

Vous en rêvez : partir en vacances avec vos amis. Vous vous imaginez déjà loin de chez vous (et donc de vos parents), sans contraintes, sans horaires, libre de découvrir à votre façon les joies de la plage, du camping, de la maison de campagne de votre copine ou encore de la randonnée à vélo. Mais avant que votre rêve ne devienne réalité, il faudra trouver un terrain d'entente avec vos parents.

Un projet concret

La meilleure façon de convaincre vos parents de vous laisser partir est de leur présenter un projet réaliste et bien ficelé. L'idée d'un voyage itinérant à l'étranger n'est peut-être pas très appropriée pour une première expérience. Cette formule demande en effet beaucoup d'organisation, et sera source d'inquiétudes pour eux. Ils auront du mal à savoir où vous êtes, ce que vous faites, et seront dans l'incapacité d'intervenir en cas de besoin. En revanche, partir avec des copains qu'ils connaissent, dans la maison de l'un d'eux, ou dans un camping à côté du lieu de vacances d'un parent, peut s'avérer un bon compromis. Cette formule leur permettra de savoir où vous êtes, et surtout, ils seront rassurés par la présence d'un adulte. Si, malgré tout, les vacances entre copains ne sont pas pour cette année, essayez de discuter avec vos parents pour comprendre les raisons de leur refus. Pensez aussi à des solutions qui permettront une transition plus douce en invitant un copain à partager les vacances familiales ou en vous inscrivant à un stage ou une colonie ...

Les Clés de l'actualité, n° 537, du 26 juin au 09 juillet 2003

Manipulation du texte

Répondez aux questions suivantes.

1 Le mot « potes » du titre signifie :

a membres de la famille
b étrangers
c voisins
d copains

2 Le but de cet article est de :

a dissuader les ados de partir en vacances sans leurs parents
b encourager les ados à mentir à leurs parents sur leur destination de vacances
c donner des conseils aux ados pour les aider à convaincre leurs parents de les laisser partir en vacances avec eux
e donner des conseils aux ados pour les aider à convaincre leurs parents de les laisser partir en vacances sans eux

3 D'après le premier paragraphe, citez **deux** avantages aux vacances loin des parents.

4 Quel adjectif du deuxième paragraphe signifie « ambulant/nomade » ?

À l'oral

1 Après avoir lu le texte, faites une liste avec un(e) camarade des conseils donnés dans cet article.
2 Que pensez-vous de ces conseils ? Vous paraissent-ils valides ? Utiles ? Efficaces ? Classez-les, selon vous, du plus important au moins important. Justifiez votre réponse.
3 Quel(s) conseil(s) rajouteriez-vous à cette liste ? Pourquoi ?
4 Pourquoi, d'après vous, vos parents refusent-ils parfois de vous laisser partir en vacances avec vos potes ? Établissez une liste des raisons qui pourraient expliquer leur refus.
5 Quels peuvent être les avantages des vacances en famille par rapport aux vacances entre potes ?
6 Partir en vacances . . . est-ce important d'après vous ? Pourquoi ?

À l'écrit

Mésaventures de voyageurs … ça n'arrive pas qu'aux autres !

Voici des situations cocasses ou gênantes auxquelles tout voyageur peut être confronté. Écrivez une liste de conseils avec justification qui permettraient de résoudre ces situations. Variez vos structures grammaticales en utilisant le conditionnel, les verbes modaux, le subjonctif et l'impératif.

- **À l'aéroport**

  Situation 1 : vous venez d'atterrir dans un pays étranger. Il est tard. Vous attendez vos bagages qui n'arrivent pas. Que faire ?

- **À l'hôtel**

  Situation 2 : vos voisins de palier ont transformé leur chambre en boîte de nuit. Il est minuit. Que faire ?

  Situation 3 : en sortant votre plateau-repas vous vous retrouvez enfermé dans le couloir de votre hôtel . . . en caleçon. Que faire ?

Situations 1 et 2 d'après *Guide du voyageur parfait*, Air Canada

14.2 Dix bons plans vacances

Texte 14.2.1

1 Le plus ....
Un petit tour d'Europe, ça vous dit ? Berlin, Londres, Venise … Avec Interrail, vous achetez le Global Pass, par exemple 309€ pour 22 jours, et à vous les trains de 30 pays quand vous voulez, où vous voulez !

2 Le plus ....
La neige en été, pourquoi pas, sur le glacier des deux Alpes ? Au programme : snowboard, ski, patinoire, luge d'été, golf … Une semaine pour les 16–17 ans, à partir de 420€ (sans le transport).

3 Le plus ....
Visitez Grenoble en effervescence en juillet ! Du 4 au 29, le festival Cabaret frappé ; les rencontres Brel, du 20 au 25 ; courts-métrages en plein air du 6 au 10 ; rencontres du jeune théâtre européen du 2 au 11 … Pour ces événements, optez pour un Pass festival (entrée + nuit en auberge de jeunesse + peti dej' : 30€/jour, dès 16 ans avec autorisation parentale).

4 Le plus ....
Bossez à la plage pour les clubs pour enfants, qui recrutent parfois des mineur(e)s titulaires d'un brevet de natation ou ayant une expérience d'animation ou de sport. Renseignements : www.clubs-de-plage.com. Et aussi : les loueurs de pédalos, les vendeurs de glaces. Exemples en Bretagne : www.bretagne-job.com (30€ env. pour une après-midi).

5 Le plus ....
Vous avez la main verte ? Proposez à vos voisins d'arroser leurs plantes en leur absence. Les plus courageux tondront la pelouse … vous pouvez aussi aérer leur maison, nourrir le lapin, changer l'eau de l'aquarium … Faites-vous connaître en collant des annonces dans les commerces.

6 Le plus ....
Pour faire découvrir le monde du travail aux lycéens, certaines communes proposent des « chantiers jeunes » dès 15 ans. Vous travaillez quelques heures par jour au classement des livres à la bibliothèque, à l'entretien des espaces verts, etc. Vous êtes rémunéré(e) en argent, bons d'achat et/ou entrées à la piscine, la patinoire … Infos dans votre mairie.

7 Le plus ....
Certaines assoc' ont besoin de gens qui ont du temps, comme vous ! Pensez au bénévolat : aider les plus démunis, participer à des opérations nettoyage de plage, rejoindre un club CPN (Connaître et Protéger la Nature) …

8 Le plus ....
C'est le moment de se consacrer à un projet ambitieux. Vous avez aimé Avatar ? Plongez-vous dans la filmographie de James Cameron. La mort de Michael Jackson vous a touché(e) ? Découvrez sa discographie, même les titres les moins connus … et leur chorégraphie ! Idem avec les livres, les BD … Et pour ne pas y laisser tout votre argent, pensez à la médiathèque.

9 Le plus ....
Vous n'aurez pas l'occasion de voyager cet été ? Pas moyen de pratiquer une langue étrangère ? Mais si, en trouvant des correspondants sur le net ! Sur www.studentsoftheworld.info, vous pouvez consulter les annonces et poser la vôtre gratuitement. Attention, afin de protéger votre vie privée, ne donnez ni votre numéro de téléphone ni votre adresse.

10 Le plus ....
Prunes, pêches, abricots … En été, tous ces fruits sont mûrs. Il ne manque plus que vos petites mains pour les ramasser ! Autre job agricole, on ne peut plus sexy : la castration du maïs … Offres sur www.anefa.org

Document adapté du « Dossier génération spécial vacances »,
Phosphore, n° 348, juin 2010

Manipulation du texte

1 Complétez le titre des rubriques de voyage avec les adjectifs ci-dessous.

a citoyen
b festivalier
c solidaire
d culturel
e européen
f terroir
g bronzé
h froid
i local
j international

2 Quel verbe du quatrième paragraphe signifie « travaillez » ?

3 Quel verbe du quatrième paragraphe signifie « embauchent » ?

À l'écrit

Complétez la liste des plans vacances donnés en écrivant un court paragraphe pour chacun des titres suivants.

1 Le plus insolite
2 Le plus fou
3 Le plus aventurier
4 Le plus créatif
5 Le plus responsable

Zoom grammaire

Pour revoir l'accord de l'adjectif, consultez la page 7.
Pour un rappel sur les degrés de l'adjectif et les superlatifs, allez à la page 232.

Zoom grammaire

Rappel : « en » + participe présent

« en trouvant des correspondants sur le net »

On le forme : « en » + forme « nous » du verbe au présent moins « -ons » + « -ant ».

Exemples : trouver : nous trouvons ⟶ **en** trouv**ant**
finir : nous finissons ⟶ **en** finiss**ant**

Exceptions : avoir – en ayant ; être – en étant

Grammaire en contexte

Ajoutez la forme « en » + participe présent dans les phrases suivantes.

Exemple : Il est tombé (aller) à l'office du tourisme pour obtenir des informations.
⟶ Il est tombé **en allant** à l'office du tourisme pour obtenir des informations.

1 (prendre) l'avion pour se rendre en vacances, des millions de gens contribuent chaque jour à l'aggravation du problème du réchauffement climatique.

2 Elle s'est foulée la cheville (jouer) au volley sur la plage.

3 Mon frère s'est cassé une dent (manger) une spécialité du pays.
4 (ne pas agir) de manière responsable et respectueuse envers la culture locale, les touristes français continuent de véhiculer une image négative à l'étranger.
5 (acheter) des souvenirs et des cartes postales, les touristes contribuent positivement au développement de l'économie locale.
6 (respecter) la culture et les coutumes locales, les touristes se montrent responsables.
7 Il s'est brûlé la langue (boire) une boisson traditionnelle.
8 Je ne comprends pas comment ils ont fait pour se perdre (utiliser) leur GPS.

Point culture

Arrêt sur la langue

Dans le texte, plusieurs abréviations ont été utilisées :

- peti dej' = petit déjeuner
- env. = environ
- assoc' = association

L'utilisation des abréviations est généralement réservée à la langue orale et dans un contexte familier même si elles sont acceptables et acceptées à l'écrit dans certains types de textes particuliers comme le journal intime ou la lettre familière par exemple. Les jeunes utilisent beaucoup les abréviations.

1 À vous … Voici une liste d'abréviations. Pouvez-vous retrouver le mot complet correspondant ?

a	la pub	**j**	en promo	**s**	(deux heures du) mat'
b	les infos	**k**	perso	**t**	cet aprèm'
c	un mag	**l**	un prof	**u**	un proprio
d	une manif	**m**	le voc	**v**	un appart
e	une expo	**n**	une interro	**w**	la clim
f	une rando	**o**	un exo	**x**	l'apéro
g	la télé	**p**	une dissert	**y**	l'hosto
h	le ciné	**q**	le bac (ou BI)		
i	un resto	**r**	un ado		

2 Essayez-vous à la rédaction d'une histoire dans laquelle vous réutiliserez un maximum de ces abréviations. Votre histoire peut éventuellement prendre la forme d'une page de journal intime (ou de plusieurs entrées) ou d'une lettre à un(e) ami(e) par exemple.

À l'écrit

Choisissez l'un des sujets ci-dessous. Écrivez entre 250 et 400 mots.

1 Cet été, vous aimeriez partir en vacances pour la première fois avec vos potes. Vous décidez d'écrire une lettre à vos parents dans laquelle vous leur expliquez votre projet et tentez de les rassurer en leur prouvant qu'ils peuvent vous faire confiance.

2 Depuis maintenant deux ans, vos parents vous laissent partir seul(e) en vacances avec vos potes. Les parents de votre meilleur(e) ami(e) résistent encore à l'idée. Vous écrivez un courriel à votre meilleur(e) ami(e) pour lui donner des conseils sur la tactique à adopter pour convaincre ses parents.

14.3 Les voyages en bus … pour voyager sereinement une fois arrivé à destination !

Texte 14.3.1

GUIDE DU VOYAGEUR

Ce **guide du voyageur** a été conçu pour vous expliquer étape par étape comment voyager avec le TEC.

Comment prendre le bus ? Où l'attendre ? Comment se comporter dans le bus ? Toutes ces questions, à la lecture de ce guide, n'auront plus aucun secret pour vous.

Attendez votre bus

Pour attendre votre bus, placez-vous à l'arrêt sous l'aubette (abribus) ou à côté du potelet. Le potelet est un poteau jaune signalant un arrêt du TEC.

Dans les centres urbains, la vigilance doit être de mise. En effet, plusieurs lignes peuvent passer dans une même rue mais s'arrêter à des endroits plus ou moins espacés afin de maximiser votre sécurité lors de l'embarquement.

Consultez donc consciencieusement les potelets d'arrêts et attendez votre bus près du potelet de la ligne que vous devez emprunter.

Comment lire un potelet ?

Le potelet vous donne 4 types de renseignement :

- Le nom de l'arrêt. Exemple : Charleroi Sud
- La zone dans laquelle l'arrêt se situe. Exemple : Zone 1
- Le numéro des lignes de bus s'arrêtant à l'arrêt. Exemple : 60, 52, 72
- La destination de ces lignes. Exemple : Charleroi Sud, Gozée et Thuin

Comment reconnaître votre bus ?
Les bus portent le numéro de la ligne et la description de l'itinéraire sur un afficheur situé à l'avant et à l'arrière du bus et éventuellement latéralement ; une plaque ou un afficheur digital au bas du pare-brise vous renseigne sur les dessertes ou terminus particuliers du parcours ou, dans certains cas, le numéro de voyage tel qu'il figure dans l'horaire.

Votre bus arrive

- Soyez au moins **cinq minutes** à l'avance à votre arrêt. L'heure de passage du bus renseignée dans l'horaire est en effet indicative. **Un peu** d'avance ou de retard du bus est toujours possible ; il ne faut donc pas en tenir rigueur au conducteur ni introduire une réclamation dans ce cas.
- À l'arrêt de bus, placez-vous bien en évidence et faites signe au conducteur afin qu'il s'arrête. Ce signe est vivement conseillé car l'arrêt n'est pas obligatoire. Manifestez-vous suffisamment tôt pour ne pas l'obliger à freiner brusquement.
- Préparez au préalable votre titre de transport.
  - Si vous disposez d'un abonnement ou d'un titre de transport gratuit (65+, ...), vous devez le présenter spontanément au chauffeur, dès que vous montez dans le bus.
  - Si c'est une carte Inter, glissez-la dans l'appareil vert en indiquant le nombre de zones nécessaires pour votre trajet.
- Si vous devez acheter un titre de transport, préparez si possible la **somme exacte**. Cela rendra service au chauffeur et permettra de gagner du temps. Le conducteur ne vous rendra la monnaie que dans la mesure de ses possibilités et, en tout cas, pas au-dessus de 10 euros.
  Attention ! Si vous achetez une carte magnétique, le conducteur va valoriser votre carte en l'introduisant dans l'appareil. Il faut procéder à un second passage, en glissant la carte dans le sens des flèches, pour déduire le prix du voyage (en poussant sur la touche 3 pour un voyage de 3 zones, 5 pour un trajet de 5 zones, etc.). Vérifiez cependant que le conducteur ne l'a pas déjà fait car certains enchaînent les deux opérations.
- Montez toujours à **l'avant !**
  - par le vantail de droite si vous devez acheter un billet, une carte ou si vous devez la composter ;
  - par le vantail de gauche si vous êtes abonné.

Manipulation du texte

Répondez aux questions suivantes.

1 Le but du « Guide du voyageur » est :

a d'informer les usagers au sujet d'une nouvelle ligne de bus
b d'expliquer aux voyageurs comment utiliser le service de bus
c de conseiller les voyageurs sur les bus à prendre
d d'informer le public sur l'efficacité du réseau de bus wallon

2 D'après le guide, où est l'endroit approprié pour attendre le bus à Charleroi ?

3 D'après le paragraphe intitulé « Comment reconnaître votre bus ? », citez les **deux** informations essentielles qu'il est possible de lire sur les bus.

4 Dans le paragraphe intitulé « Votre bus arrive », quel adjectif signifie que les informations sur les horaires n'ont pas forcément valeur d'autorité ?

5 Vrai ou faux ? Justifiez vos réponses.

a Les bus s'arrêtent à tous les arrêts.
b Le chauffeur vous demandera votre titre de transport si vous avez plus de 65 ans.
c Si vous n'avez pas le montant exact du prix de votre ticket, il est possible que le chauffeur ne vous rende pas votre monnaie.

6 Dans le paragraphe intitulé « Votre bus arrive », qu'est-ce qu'un « vantail » ?

a le pare-brise du bus
b le nom donné aux chauffeurs de bus à Charleroi
c le battant de la porte du bus
d la machine où vous pouvez composter vos tickets

14.4 Les pires touristes du monde … et la palme revient … aux Français !

Texte 14.4.1

Ce que les étrangers pensent des touristes français

Comment les étrangers voient les touristes français ? C'est à cette question, cruciale à l'approche des vacances, qu'ont répondu plus de 4 000 hôteliers dans le monde. Et les résultats ne sont pas tous à notre honneur ! Politesse, humeur, propreté … Portrait robot des touristes français.

UNITED KINGDOM GIBRALTAR UNITED KINGDOM
Gibraltar

N° 1 des réfractaires aux langues étrangères

D'après l'étude Expédia-TNS, les Français sont les champions des touristes les plus réfractaires aux langues étrangères. Sans doute persuadés de la valeur de la langue de Molière, nous ne ferions que peu d'efforts pour parler la langue du pays que nous visitons pendant les vacances. À la question « Quels touristes essayent de parler ou d'apprendre la langue locale ? », la dernière nationalité citée par les hôteliers dans le monde est la nationalité française.

N° 1 des touristes les moins généreux

L'hôtellerie française est mondialement reconnue pour le « French maid » (qualité du service) et la « French cuisine ». Désormais, les Français sont aussi repérés pour le « French pourboire ». Mais c'est moins glorieux ... En voyage, ils sont les moins généreux lorsqu'il s'agit de donner quelques pièces aux portiers, grooms, femmes de chambre, serveurs et autres personnels à leur disposition dans l'hôtellerie et la restauration.

N° 2 des touristes les moins polis

Cocorico ? En terme de politesse, les Français devancent enfin les Américains. Ils ne sont pas derniers du classement établi par Expédia, mais ... avant-derniers ! Quand l'hôtellerie-restauration mondiale note les touristes de l'Hexagone, elle souligne régulièrement leur manque de politesse. En queue de peloton, on trouve également les Russes, les Allemands et les Italiens.

N° 3 des touristes les plus râleurs

Les Français sont-ils les incorrigibles râleurs qu'on décrit parfois dans les clichés internationaux ? Oui, si l'on en croit les hôteliers, particulièrement bien placés pour juger des exigences, caprices et autres complaintes de leurs clients étrangers. Les touristes venus de l'Hexagone sont 3e dans les nationalités qui « se plaignent le plus ». Deux nationalités sont donc encore plus colériques, mais lesquelles ?

N° 3 des plus intéressés par la cuisine locale

Ouf ! Les touristes français arrivent enfin dans les trois premiers d'un classement plutôt honorifique : l'intérêt pour la cuisine locale. Les Français n'ont donc pas qu'une image de fins cordon-bleus, ils sont aussi ouverts à la découverte. Quand ils visitent un pays pour leurs vacances, ils présentent, selon les interrogés, « un réel intérêt pour la cuisine locale, sortent et goûtent aux différents plats traditionnels et sont parmi les premiers à demander des recommandations pour déguster un bon plat local ».

N° 3 des touristes les moins respectueux
Le manque de politesse va généralement avec le manque de respect. Logique, donc, que les touristes français, avant-derniers en terme de politesse, soient encore une fois parmi les moins bien classés au monde. Comportement général, respect des traditions et des coutumes locales, attention aux règles de bienséance : les Français se classent troisièmes chez les touristes les moins respectueux.

N° 3 des touristes les moins dépensiers
Un budget vacances doit avoir des limites. C'est en tout cas ce que pensent les touristes français, 3e au classement des « moins dépensiers » en voyage. En tout cas, ils sont ceux qui déboursent le moins pour leur hôtel ou leur restaurant selon les 4 000 patrons interrogés. Champions des vacances les plus longues, les Français doivent gérer leur budget sur le long terme.

N° 3 des touristes les mieux habillés
Ah, la classe française ! Pour rattraper certains défauts comme le manque de politesse, le côté râleur ou un porte-monnaie peu coopérant, les Français figurent quand même parmi les plus agréables à regarder. Ils sont 3e du classement des touristes qui ont « le plus de style » ou qui sont « correctement habillés » dans le pays qu'ils visitent. Pour la patrie d'Yves Saint Laurent, Christian Dior, Coco Chanel, Thierry Mugler, Christian Lacroix, Paco Rabanne ou Sonia Rykiel, il aurait tout de même été dommage de ne pas être sur le podium.

L'Internaute, document adapté

Activité interculturelle

1 « Cocorico » est le son émis par le coq. C'est donc un symbole français car le coq est l'un des emblèmes populaires de la France. Pouvez-vous en nommer d'autres ? En votre qualité d'« investigateur/investigatrice » faites des recherches si vous ne savez pas !

2 Pour aller plus loin . . . recherchez les symboles et emblèmes nationaux d'autres pays francophones : La Belgique ? La Suisse ? Le Québec ? Le Sénégal ? La Tunisie ? etc.

À l'oral

1 Que pensez-vous du portrait du touriste français qui est dressé dans le résumé du résultat de ce sondage ? Êtes-vous d'accord ? Avez-vous déjà observé des comportements similaires lors de vos voyages ?

2 Quel est le comportement d'un touriste qui vous agace le plus ? Pourquoi ?

3 Celui qui vous choque le plus ? Pourquoi ?

À l'écrit

Choisissez l'un des sujets ci-dessous. Écrivez entre 250 et 400 mots.

1 Vous venez de rentrer de votre séjour organisé par l'agence « Voyages tous risques ». Votre séjour ne s'est pas déroulé comme prévu et l'agence n'a pas respecté ses promesses et engagements à bien des égards. Vous écrivez une lettre au responsable de l'agence pour vous plaindre et exiger un remboursement.

2 L'agence internationale de voyages « baroudeurs » au sein de laquelle vous effectuez un stage, vous a chargé de rédiger un guide de recommandations dont le titre sera : « Le guide du parfait touriste à l'étranger ». Écrivez ce guide.

3 Agacé(e) par les comportements inappropriés et souvent irrespectueux des touristes à l'étranger que vous avez pu constater au cours de vos voyages, vous décidez de faire une présentation devant vos camarades de classe pour les sensibiliser au problème et les inviter à être des voyageurs responsables.

Théorie de la connaissance

1 À quoi servent les voyages d'après vous ?

2 Les voyages peuvent-ils vraiment être formateurs ?

3 Discutez des citations suivantes. Qu'en pensez-vous ?

a « Les plus beaux voyages se font à l'intérieur de soi. Les distances n'ont pas vraiment d'importance en ce sens. » (Maxime Desbiens)

b « Oui, en somme, je m'aperçois que les voyages, ça sert surtout à embêter les autres une fois qu'on en est revenu ! ... » (Sasha Guitry)

c « Les voyages n'enrichissent plus que l'industrie du tourisme. » (Bernard Willems-Diriken)

d « L'homme n'a pas besoin de voyager pour s'agrandir : il porte en lui l'immensité. » (Chateaubriand)

e « Le voyage n'est nécessaire qu'aux imaginations courtes. » (Colette)

4 Parmi les citations ci-dessus, laquelle vous paraît la plus juste ? Pourquoi ?

Point culture

Enrichissez votre culture ... Allez rechercher des informations sur les auteurs de ces citations !

Entraînement à l'oral individuel

Regardez cette photo. Que vous inspire-t-elle ? Vous avez 15 minutes pour préparer une présentation entre 3 et 4 minutes.

Le tourisme : une activité enrichissante

Pour vous aider . . .

1 Dans votre présentation, commencez par décrire l'image/la scène dans le détail. Où se passe cette scène ? Comment le savez-vous ? Que font les personnes ? etc. Vous pouvez en autre parler de :

- tourisme : enrichissement économique pour le pays/le côté lucratif
- l'importance en tant que touriste de contribuer à l'économie
- enrichissement culturel
- enrichissement personnel.

2 Dans la deuxième partie, les thèmes/idées que vous avez abordés dans votre présentation seront approfondis. Les thèmes suivants pourraient être abordés :

- Le comportement des touristes à l'étranger.
- Les chocs culturels.
- La nécessité/l'utilité de voyager.
- Différents types de voyages.
- Le tourisme de masse et ses effets.

Conseils de l'examinateur

- Structurez votre présentation (employez des connecteurs logiques).
- Avancez des opinions et justifiez-les.
- Soyez actif/active ; n'attendez pas que l'examinateur vous pose les questions.

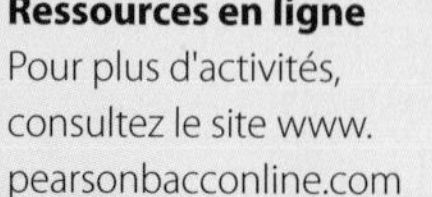

Ressources en ligne
Pour plus d'activités, consultez le site www.pearsonbacconline.com

ENTRAÎNEMENT À L'EXAMEN

L'INFLUENCE DU TÉLÉPHONE PORTABLE CHEZ LES JEUNES

- Auteur r: Shilo MM
- Vendredi
  26 novembre 2010

Il y a quelques années de cela, le téléphone portable portait mal son nom. En raison du poids de ses batteries, il n'était portable que si vous vous appeliez Monsieur ou si vous l'installiez dans votre voiture. Il coûtait en outre l'équivalent de plusieurs milliers d'euros.

Aujourd'hui, près de 5 milliards de portables sont en service dans le monde. Tandis que dans certains pays, plus de la moitié des habitants en possèdent un. La plupart de ces téléphones tiennent dans le creux de la main et certains sont même distribués gratuitement.

Le téléphone portable jadis instrument de communication est devenu aujourd'hui plus qu'un ami pour beaucoup de jeunes. Une bonne part des millions de messages qui sont échangés entre téléphones ne circulent pas sous forme de paroles, mais sous forme écrite. Au lieu de parler dans le combiné, de plus en plus d'utilisateurs, surtout les jeunes, recourent aux Sms.

[-X-] son coût relativement bas, ce service permet de s'échanger de courts messages écrits. Et pour ce faire, les jeunes ont créé une nouvelle langue : un langage abrégé, une combinaison des lettres et des chiffres qui retranscrivent la phonétique des mots. Certains sociologues craignent que l'orthographe et la syntaxe mutilées des Sms ne nuisent à la capacité des jeunes de lire et d'écrire correctement.

[-6-] il soit moins pratique de composer et de taper un message que de parler à son correspondant, chaque mois quelques 30 milliards de messages s'échangent dans le monde.

Quel est l'objet de ces messages ?

Une étude menée en Grande-Bretagne a révélé que 42% des jeunes de 18 à 24 ans se servent des SMS [-7-] envoyer des messages amoureux, 20% utilisent ce moyen de communication à la mode pour solliciter un rendez-vous, et 13% pour mettre un terme à une relation.

A Kinshasa par exemple, le téléphone est à la base des dérapages difficilement rattrapables chez les jeunes, surtout les filles. [-8-] l'amitié forgée avec le téléphone, il existe encore un autre comportement : l'hypocrisie. Il devient de plus en plus difficile aux parents de contrôler leurs enfants et de savoir de quoi leurs filles causent, avec qui et pour aboutir à quoi. Le téléphone est prisé des jeunes aujourd'hui, [-9-] il leur permet de nouer l'intimité à distance, la plupart des cas avec des individus peu recommandables.

Le téléphone portable, bien que sujet à controverse, exerce une puissante influence tant sur l'économie que sur les relations humaines. Comme ses cousins, le téléviseur et l'ordinateur, il peut être soit un esclave serviable, soit un maître exigeant ou sournois. Tout repose littéralement entre les mains de l'utilisateur !

www.jeunescongolais.mondoblog.org/2010/11/26/l%E2%80%99influence-du-telephone-portable-chez-les-jeunes

L'influence du téléphone portable chez les jeunes

Répondez aux questions ci-dessous ou indiquez la réponse correcte dans la case de droite.

1 Pourquoi le téléphone portable portait-il mal son nom il a quelques années ?

A Il ne fonctionnait que dans la voiture.
B Il n'avait pas de batterie.
C La batterie ne marchait que lorsqu'elle était branchée.
D La batterie était lourde.

☐

2 Quel mot du troisième paragraphe signifie « autrefois » ?

....

3 D'après le deuxième paragraphe, quel est la caractéristique essentielle des téléphones portables aujourd'hui ?

....

4 À quoi est comparé le téléphone portable dans le troisième paragraphe ?

....

5 D'après le quatrième paragraphe, qu'est-ce qui permet aux jeunes d'échanger des messages brefs ?

....

Ajoutez les mots ou expressions qui manquent dans le texte en les choisissant dans la liste proposée ci-dessous. ***Attention :*** *il y a plus de mots que d'espaces et chaque mot ou expression ne peut être utilisé(e) qu'une seule fois. Un exemple vous est donné.*

pourvu qu'	car	par conséquent		finalement	bien qu'
hormis	en plus de	*avec*	pour	en effet	malgré

Exemple : *[X] avec*

6 ....

7 ....

8 ....

9 ....

10 À qui ou à quoi se réfère « leur » dans « il **leur** permet de nouer l'intimité à distance » ? (septième paragraphe)

....

11 Quel mot du septième paragraphe signifie « dérives » ?

....

12 Quel mot du septième paragraphe signifie « parlent » ?

....

13 Quel mot du septième paragraphe signifie « arriver à » ?

....

14 D'après le dernier paragraphe, qui est responsable du bon ou mauvais usage du portable ?

....

CHAPITRE 15
RÉGIMES ET TROUBLES ALIMENTAIRES

Objectifs :
- Discuter des problèmes liés au phénomène de la malbouffe
- Donner des conseils pour une vie saine
- Parler du sujet des troubles alimentaires
- La chirurgie esthétique à la loupe
- Canons de la beauté : des différences nord–sud
- Utiliser l'impératif, le conditionnel et les verbes modaux pour donner des conseils
- Réviser les temps du passé (l'imparfait, le passé composé)

Les mots clés de l'unité : suivre un régime, grossir/prendre du poids, maigrir/perdre du poids, avoir une taille mannequin, garder la ligne, sédentaire, manger équilibré, la santé mentale, être malade, être en bonne santé

15.1 Malbouffe : mangez-moi, mangez-moi, mangez-moi !

À l'oral

Réalisez ce sondage au sein de la classe.

1 Quel est votre repas et plat préféré ?
2 Préférez-vous manger au restaurant ou chez vous ? Pourquoi ?
3 Combien de fois par mois mangez-vous dans un restaurant ? Y allez-vous en famille ou avec des amis ?
4 Combien de fois par semaine pratiquez-vous une activité sportive ? Laquelle ?

Texte 

C'est la question existentielle qui revient tous les midis dans nos assiettes ! Burger frites, kebabs et sodas règnent en seigneurs à la case déjeuner, laissant bouler au placard – ou pire à la poubelle – les petits pois et les haricots verts. Le fast-food : on aime, on n'aime pas. À terme par contre, bonjour les troubles alimentaires ...

1 C'est aujourd'hui la star du septième art. Entre *Supersize Me* et *Fast Food Nation*, la restauration rapide est sévèrement critiquée par le grand écran. Mais si José Bové fait des émules, les accros de McDo restent légion. La raison : des pauses déjeuner trop courtes entre deux cours. Qui plus est, inutile de compter sur les selfs pour dépanner : comme s'époumone à le rappeler Cyril Lignac dans *Vive la cantine*, les menus y sont dégueus* et en plus c'est coûteux !

2 À moins d'être un lapin (et encore !), les salsifis, céleris et carottes n'ont rien de glamour pour un estomac affamé. Les frites, par contre, restent l'aliment le plus sexy des Français. Côté desserts idem : à une pomme ou une poire bien mûre, on préférera les bons becs* ou les miettes de gâteaux qui traînent sous le canapé. Un constat contraire aux bonnes normes nutritionnelles puisqu'il nous est recommandé de consommer 10 fruits et légumes frais minimum par jour.

3 La visite régulière des fast-foods et le grignotage entre les repas n'est pas sans conséquences. Un ado sur 10 souffre ainsi à l'heure actuelle d'obésité. C'est 3 à 4 fois plus qu'il y a 30 ans ! Pas étonnant avec des régimes à base d'huile, overdosés en sel et en sucre mais qui boudent les protéines (on fait pas mal la tête aux poissons entre autres). Un déséquilibre alimentaire qui nous rend également plus fatigués.

4 Colas, limonades et eaux gazeuses tambourinent non seulement à plein gaz nos estomacs mais peuvent également entraîner des risques de fractures. Les boissons pétillantes, riches en acide phosphorique, réduisent en effet la masse osseuse, particulièrement chez les jeunes qui ne pratiquent pas ou peu d'activités sportives. Et si on remplaçait les bulles par un jus de fruits ou de l'eau tout simplement ?

5 Surtout au petit déjeuner ! Un jus d'orange, des toasts, des céréales, un fruit et un verre de lait consommés chaque matin garantissent une journée tonique, quitte à s'accommoder de déjeuners et dîners plus légers. À bannir aussi les sucreries, chips et autres surplus grignotés entre les repas ! Marcher une demi-heure (sur 24h, c'est pas la torture !) pour éliminer et éviter de zapper de *Star Academy* à *Prison Break* en mangeant : vider son assiette n'est pas une corvée, il faut apprendre à l'apprécier ...

Point culture

1. Qu'est-ce que le septième art ?
2. Qui est José Bové ?
3. Qui est Cyril Lignac ?
4. Qu'est-ce que *La Star Academy* ?

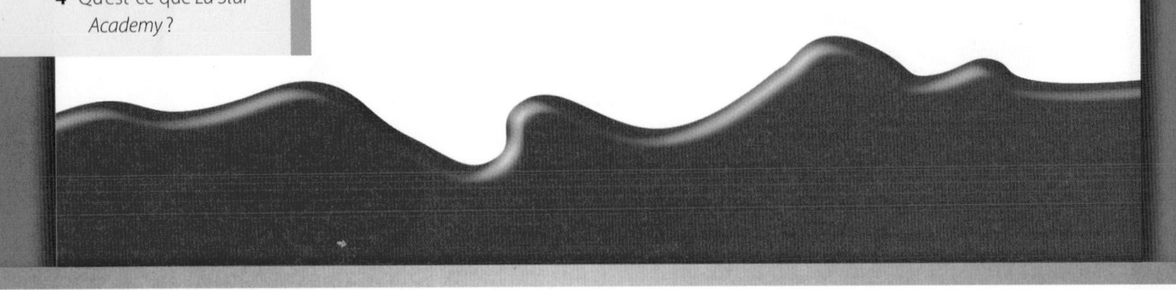

* dégueus = abréviation du mot « dégueulasse » (langage familier – dégoûtant)
bons becs = terme familier pour « bonbons »

Santé ados

Manipulation du texte

1 Après avoir lu l'article, associez chacun des titres ci-dessous au bon paragraphe.

- **a** Un verre sans bulles SVP
- **b** La malbouffe n'aime pas les légumes
- **c** La malbouffe, c'est *fashion*
- **d** Prendre le temps de manger
- **e** La malbouffe annonce le surpoids

2 Dans le premier paragraphe, quelle expression veut dire « incite les personnes à imiter » ?

3 Dans le deuxième paragraphe, quel adjectif signifie « qui a très faim » ?

4 Dans le troisième paragraphe, quel mot signifie « une consommation d'aliments en dehors des repas » ?

5 Dans le troisième paragraphe, quel verbe signifie « ignorer/refuser de manger » ?

6 Dans le cinquième paragraphe, quel mot est synonyme de « tâche difficile » ?

15.2 La santé vient en bougeant

Lisez les témoignages suivants.

Texte 15.2.1

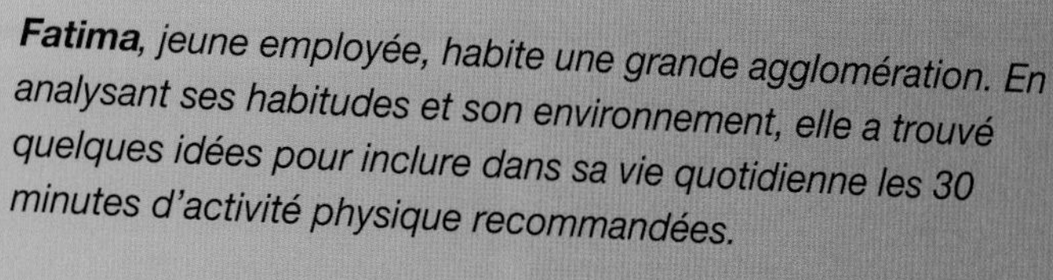

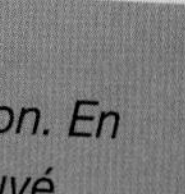

***Fatima**, jeune employée, habite une grande agglomération. En analysant ses habitudes et son environnement, elle a trouvé quelques idées pour inclure dans sa vie quotidienne les 30 minutes d'activité physique recommandées.*

« Mon lieu de travail est trop loin de mon domicile pour m'y rendre à pied ou à vélo. Le matin pas le temps de flâner, je prends le tram jusque devant mon bureau mais le soir j'ai pris l'habitude de descendre un arrêt plus tôt : 15 minutes d'activité gagnées et en plus je suis détendue en arrivant chez moi !

Le midi, la pause n'est pas très longue. Mais en m'organisant bien et en choisissant les horaires de cantine, il me reste suffisamment de temps pour sortir prendre l'air pendant 15 minutes. En plus je saisis toutes les occasions pour augmenter mon activité : je boycotte les ascenseurs et les escalators, je me déplace d'un pas rapide. Et puis une fois par semaine, on se motive avec ma collègue Jeanne pour ne pas rater notre cours de claquettes, dans le nouveau centre qui s'est installé à 10 minutes du boulot. Au final, je crois même que je dépasse les 30 minutes conseillées ! »

***Paul**, ouvrier, père de deux garçons de 14 et 8 ans, vit à la campagne. Entre son travail à 20 km de chez lui et sa vie de famille, il a peu de temps pour l'activité physique. Et il a, lui aussi, décidé de changer.*

« Le matin, je prends la voiture pour déposer les enfants à l'école et me rendre ensuite au travail. Il n'y a pas d'autre moyen de transport mais j'ai décidé de laisser ma voiture à 10 minutes à pied de l'atelier. Cela fait déjà 20 minutes d'activité modérée 5 jours par semaine ! À la pause de midi, pas moyen de trouver une minute pour moi. Mais j'ai aménagé mes horaires et tous les jeudis, je sors plus tôt et je vais à la piscine. Je nage environ 20 minutes. Le reste de la semaine, j'entretiens le coin de jardin derrière la maison ou je bricole une demi-heure au lieu de rester assis devant la télévision.

Pendant le week-end, à part pour aller faire les courses, nous nous déplaçons exclusivement en vélo, pour nous rendre chez nos amis ou faire une grande balade avec notre plus jeune fils. Ça m'est presque devenu indispensable pour bien redémarrer la semaine. »

***Pierre,** 65 ans, n'a jamais pratiqué d'activité physique et pense que ce n'est pas à son âge qu'il va s'y mettre. En observant ses habitudes, nous avons pu lui donner quelques conseils qui lui permettent de faire au moins l'équivalent de 30 minutes de marche rapide tous les jours.*

« Au lieu de faire acheter mon pain par la voisine alors que le boulanger est à 500 mètres, j'ai commencé par y aller à pied le dimanche puis, quelques semaines plus tard, j'ai pris l'habitude d'y aller également le jeudi. Et maintenant, tous les jours, je fais une petite marche digestive.

Le mercredi après-midi, je m'occupe de mes 2 petits-enfants que j'emmène jouer au parc. Au lieu de les surveiller assis sur un banc, je marche autour de l'aire de jeux et je regarde les plantations. Ça m'a même donné des idées : j'ai transformé les quelques mètres carrés de gazon derrière chez moi en jardin d'agrément. Du coup, ma belle-fille ne repart jamais sans un bouquet. »

***Michaël et Stéphanie** ont 4 enfants et n'ont ni les moyens d'inscrire chacun de leurs enfants à l'activité de leur choix, ni le temps de faire une activité physique quotidienne. Ils ont quand même trouvé des solutions pour en intégrer un peu plus dans leur vie familiale.*

« Michaël, mon mari, a un travail plutôt physique et très prenant. Je suis mère au foyer : certaines tâches ménagères sont déjà une façon de faire un petit peu d'activité physique mais ce n'est pas suffisant. Nous nous sommes renseignés sur les sentiers de randonnée pédestre des environs et chaque dimanche on explore de nouveaux chemins en famille. Depuis trois semaines, j'ai en plus décidé de conduire ma petite dernière à la maternelle en vélo, plutôt que d'y aller en bus. Mon prochain objectif, c'est de prendre le temps d'emmener les enfants le mercredi après-midi courir dans le parc d'à côté.

La santé vient en bougeant, Le guide de nutrition pour tous, produit par le Ministère de la santé

Compréhension générale du texte

Après avoir lu les témoignages, indiquez qui fait les actions suivantes en cochant les cases dans le tableau ci-dessous.

	Fatima	Paul	Pierre	Michaël et Stéphanie
1 Je ne reste plus assis lorsque j'emmène mes petits-enfants jouer dehors.				
2 Je répare des choses dans la maison pour rester actif.				
3 Je fais de la natation une fois par semaine après le travail.				
4 Nous faisons de la marche à pied tous les week-ends.				
5 Je prends toujours l'escalier.				
6 Je fais certains trajets à vélo.				
7 Deux fois par semaine, je vais faire mes courses à pied.				
8 Je finis mon trajet à pied pour me rendre au boulot.				
9 Je fais une promenade quotidienne.				
10 Je fais une balade tous les midis.				
11 Je jardine régulièrement.				
12 Je fais la vaisselle, passe l'aspirateur, etc. Ça aide à garder la forme.				
13 Je me déplace plus rapidement.				
14 Je fais du vélo en famille tous les week-ends.				
15 Je ne reste plus le nez collé à l'écran de télévision.				

Le saviez-vous ?

L'obésité … dans le monde entier

- L'obésité est considérée comme une épidémie par l'OMS (Organisation Mondiale de la Santé). 400 millions d'adultes seraient en surcharge pondérale dans le monde.
- D'après l'OMS, 700 millions d'adultes seront obèses dans le monde d'ici 2015.
- 27% d'obèses au Royaume-Uni et 30% aux États-Unis.
- Au Canada, le pourcentage de personnes obèses aurait presque doublé entre 1978 et 2005.
- L'obésité est un fléau qui ne touche pas que les pays riches et développés. Les pays émergents comme la Chine, la Thaïlande, etc. en souffrent aussi.
- Il semble que l'obésité touche les plus démunis dans les pays riches et les plus riches dans les pays émergents.

En France …

- L'obésité toucherait 6,5 millions de Français. 14,5% des adultes seraient obèses en France en 2010.
- Le poids des Français a augmenté de 3,1 kilos en douze ans, alors que leur taille moyenne n'a augmenté que de 0,5 cm.

… et chez les enfants

- D'après l'OMS, en 2005, 20 millions d'enfants de moins de 5 ans avaient un surpoids.
- 19% des enfants français sont touchés par l'obésité ou le surpoids.

À l'écrit

En vous inspirant des idées avancées dans les témoignages, choisissez l'un des sujets ci-dessous. Écrivez entre 250 et 400 mots.

1 Rédigez un guide de recommandations à l'intention des adolescents dans lequel vous leur donnez des conseils concrets pour être plus actifs et mener une vie saine.

2 Depuis quelque temps, vous avez remarqué que votre meilleur(e) ami(e) n'a pas beaucoup d'énergie et a pris du poids. Il/elle passe de plus en plus de temps derrière son écran d'ordinateur et sort de moins en moins. Vous décidez de lui écrire une lettre dans laquelle vous essayez de le/la convaincre d'être plus actif/active et lui suggérez quelques activités.

Zoom grammaire

Rappel : l'impératif et les verbes modaux

Formes utiles pour donner des conseils et des recommandations.

Exemples : Faites une balade tous les midis !

Vous devez prendre toujours l'escalier.

Il ne faut pas rester trop longtemps assis devant l'écran.

Rappel : le conditionnel

Utilisé pour exprimer un hypothèse ou un incertitude, mais aussi pour donner des conseils. Dans les structures en « si », le conditionnel présent va de pair avec l'imparfait.

Exemples : Vous pourriez faire certains trajets à vélo.

Si vous faisiez de la natation, vous garderiez facilement la ligne.

Rappel : les temps du passé

L'imparfait est un temps du passé utilisé pour :

- les descriptions dans le passé.
- l'habitude dans le passé.
- une action inachevée dans le passé.

Exemple : Je faisais une marche à pied tous les week-ends.

Le passé composé est un temps du passé utilisé pour expliquer les actions achevées.

Exemple : J'ai perdu cinq kilos de surpoids.

15.3 Les troubles alimentaires : obésité et anorexie

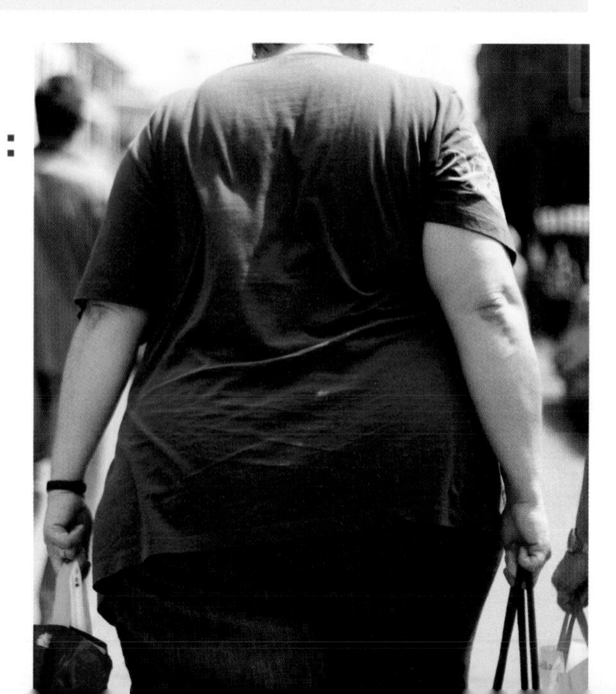

Texte 15.3.1

Obésité infantile : faire du sport grâce aux jeux vidéo

Si les jeux vidéo sont souvent montrés du doigt par les professionnels de la santé et accusés d'accroître le taux d'obésité chez les plus jeunes, certains d'entre eux s'avèrent toutefois efficaces quant au développement de l'activité physique.

Non, les jeux vidéo ne sont pas que mauvais pour les enfants. C'est du moins ce qu'affirme le site *E-santé* qui soutient que certaines consoles peuvent également pousser les plus jeunes à pratiquer une activité physique régulière et efficace. C'est le cas notamment de celles nouvelle génération comme la Wii et de la Kinect qui ne fonctionnent que grâce aux mouvements du corps. Ainsi, en fonction des jeux, l'enfant peut être amené à courir ou encore à danser, ce qui constitue en soi un véritable exercice physique.

Une étude américaine a également démontré que ces jeux vidéo contribueraient à dépenser un grand nombre de calories, parfois même davantage qu'en marchant sur un tapis roulant.

Autre avantage : ils sont appréciés par l'ensemble des enfants, et plus précisément ceux qui souffrent de problèmes de surpoids. En effet, ces jeux vidéo permettent de faire de l'exercice à son rythme et à l'abri du regard des autres. Aussi, ils sont un bon moyen pour motiver les enfants peu adeptes au sport à pratiquer une activité physique. La durée devra toutefois être limitée afin de ne pas lasser les joueurs.

Maxi Sciences, Info rédaction, publiée le 23 mars 2011

À l'oral

1 Avec un(e) camarade, faites une liste des causes de l'obésité aujourd'hui.

2 Comment expliqueriez-vous cette phrase dans l'encadré « Le saviez-vous ? » à la page ci-contre ?
« Il semble que l'obésité touche les plus démunis dans les pays riches et les plus riches dans les pays émergents. »

3 Commentez ce dessin de presse.

Ouest-France, illustration : chaunu.fr

4 Que pensez-vous de l'utilisation de jeux vidéo pour combattre l'obésité infantile ?

5 Avec un(e) camarade, préparez le texte proposant des solutions concrètes pour réduire l'obésité infantile. Cette proposition est destinée aux représentants du Ministère de la santé. Vous essayez de les convaincre de libérer des fonds pour financer vos idées.
Le reste de la classe jouera le rôle de ces représentants et vous poseront des questions ; soyez prêts/prêtes à y répondre et à défendre vos idées.

Texte 15.3.2

L'anorexie

C'est un dimanche comme tous les dimanches depuis le mois de novembre 2003. Un repas de famille, avec mon papa, ma maman et ma sœur Clotilde, douze ans, et Jeanne, la petite dernière, deux ans. Atmosphère tendue. J'ai quatorze ans. Fille aînée de la famille, je suis bien élevée, polie, respectueuse, première de classe, mais j'en ai marre d'être là. Je range mon assiette, mes couverts, et commence à débarrasser la table de la cuisine, à nettoyer la toile cirée à fleurs des quelques miettes qui l'encombrent. Je ne supporte pas le désordre. Je sens les regards croisés des parents, observant chacun de mes gestes méticuleux mais rapides. Je déteste perdre mon temps.

La voix de maman dans mon dos, sèche :

– Justine, laisse-moi faire ! Ça ne presse pas ! Tu n'as pas fini de manger !

Doublée par la voix de mon père :

– Laisse faire ta mère, Justine !

J'ai hâte que ce repas s'achève enfin pour me réfugier dans ma chambre, loin des regards qui me jugent. J'ai des devoirs à recopier, un bouton énorme sur la joue qui me tracasse. J'aimerais **le** faire disparaître comme les reliefs de ce repas calvaire.

J'ouvre le réfrigérateur et contemple l'alignement des pots de yaourt. D'un côté les « nature », de l'autre les « aromatisés ». C'est moi qui **les** range aussi soigneusement. Je ne supporte pas qu'on les bourre en désordre sur les étagères. J'ai besoin de repères. Comme d'habitude, je ne sais pas lequel prendre.

« Justine, tu n'as rien mangé. Tu es malade ! Tu t'es vue ? » « Tu vas finir par mourir avec tes bêtises. Tu veux te retrouver à l'hôpital ? » C'est toujours la même chose. Des réflexions sur le contenu de mon assiette – carottes râpées, salade. Je suis devenue la cible des quolibets.

Était-ce pire avant ? « Justine, arrête de t'empiffrer, tu deviens une grosse vache. » « Un jour, tu seras couronnée Miss Olida. » J'ignorais alors que c'était une marque de charcuteries ... Miss Olida en herbe ayant décidé un jour de faire un régime, ils n'y ont pas cru. « Mais oui, bien sûr. On verra dans une semaine ! »

Ils sont en train de voir. Je suis entrée en résistance face à la nourriture familiale.

Justine *Ce matin j'ai décidé d'arrêter de manger*, Éditions Pocket

Manipulation du texte

Répondez aux questions suivantes ou choisissez l'option qui correspond à la réponse correcte.

1 Ce texte est :

a une page du journal intime d'une adolescente souffrant de boulimie
b le témoignage d'une adolescente souffrant de boulimie
c le témoignage d'une adolescente souffrant d'anorexie
d la lettre d'une adolescente souffrant d'anorexie à ses parents

2 L'ambiance au cours du repas est :

a chaleureuse
b relaxante
c amicale
d crispée

3 Reliez chacun des mots de la colonne de gauche à son équivalent dans la colonne de droite.
Attention : il y a plus de mots proposés que de réponses possibles.

a méticuleux (ligne 9)
b j'ai hâte (ligne 15)
c s'achève (ligne 15)
d tracasse (ligne 17)
e calvaire (ligne 17)
f cible (ligne 25)
g quolibets (ligne 25)

1 commence
2 supplice
3 but
4 moqueries
5 désordonné
6 je suis déterminée à
7 se termine
8 minutieux
9 agréable
10 point de mire
11 préoccupe
12 je suis impatiente de

4 Que signifie le verbe « s'empiffrer » ? (ligne 26)

a ne rien manger
b se gaver de nourriture
c s'alimenter de manière régulière et avec modération
d s'alimenter de manière irrégulière

5 À qui ou à quoi se réfère « le » dans « J'aimerais le faire disparaître » ? (ligne 17)

6 À qui ou à quoi se réfère « les » dans « C'est moi qui les range aussi soigneusement » ? (ligne 19)

7 Parmi les phrases suivantes, seules **deux** sont conformes aux idées exprimées dans cet extrait. Lesquelles ?

a Justine n'est pas une bonne élève.
b Justine apprécie les repas en famille.
c Justine est maniaque et ne tolère pas la saleté ou que les choses ne soient pas à leur place.
d Les parents de Justine ne lui font jamais de remarques sur ses habitudes alimentaires.
e Avant de décider de se mettre à la diète, Justine avait l'habitude de se goinfrer.

Conseils de l'examinateur

- Les mots ont souvent plusieurs sens et changent donc parfois de sens en fonction du contexte. Évitez de tirer des conclusions trop hâtives et de vous jeter sur une réponse en pensant connaître le sens d'un mot. N'omettez jamais de vérifier vos choix en replaçant les mots dans l'extrait.
- N'oubliez pas de vous servir de la grammaire pour vous aider à éliminer certaines options (un verbe pour un verbe/un adjectif au féminin pour un adjectif au féminin).

Grammaire en contexte

En utilisant la structure « en + participe présent », faites huit phrases reliées au thème des troubles alimentaires et de la bonne santé. Variez les verbes utilisés.

Exemple : Tu réussirais à perdre du poids **en faisant** du sport régulièrement.

15.4 Ma santé au sommet

Texte 15.4.1

ma Santé au sommet

Célébrez la Journée internationale sans diète le 6 mai.

Au Québec, la majorité des femmes désirent maigrir. Et plus d'une Québécoise sur deux dit penser régulièrement à son poids. Mesdames, prenez une pause en participant à la Journée internationale sans diète (JISD) le 6 mai prochain.

La Journée internationale sans diète a été célébrée pour la première fois en 1992 à Hyde Park, à Londres, à l'initiative de la Britannique Mary Evans Young, qui dénonçait, entre autres, l'inefficacité des régimes amaigrissants ainsi que les dangers liés à l'obsession de la minceur. Aujourd'hui, la Journée est soulignée dans plusieurs pays, notamment aux États-Unis, en Australie, en Norvège, en Afrique du Sud, en Nouvelle-Zélande, en Grande-Bretagne et en Russie.

Pourquoi une journée sans régime ?

Au Québec, comme partout dans le monde, la quête du corps parfait est devenue une norme. Un sondage mené en 2007 auprès de 668 Québécoises indique que :

- 72% des femmes à leur poids santé ou au-dessous désirent perdre du poids ;
- 56% d'entre elles pensent régulièrement à leur poids ;
- 37% ressentent de l'anxiété en pensant à leur poids ;
- 22% affirment que la gestion de leur poids domine leur vie.

Selon une enquête de l'Association nationale de la santé publique du Québec réalisée en 2003, 39% des Québécoises laissent percer une préoccupation à l'égard du poids avant d'avoir eu 19 ans et peu d'entre elles imaginent mal leur vie sans surveiller leur poids.

Cette préoccupation excessive quant au poids débute très tôt dans la vie d'une femme : 70% des adolescentes font des efforts pour surveiller leur poids et une fillette de neuf ans sur trois a déjà tenté de maigrir.

Dix façons de célébrer la JISD

1. Je ne m'interdis aucun aliment que j'aime. Lorsque je m'offre ces petits plaisirs, j'en profite pleinement, sans culpabilité. Je savoure chaque bouchée.
2. Je cultive le plaisir de bien manger en découvrant de nouvelles saveurs. Je me rappelle que manger sert à nourrir mon corps, cette merveilleuse machine dont je dois prendre soin.
3. Je mange à ma faim. Je me fie aux signaux de faim et de satiété que mon corps m'envoie pour déterminer les quantités d'aliments dont j'ai besoin plutôt que de me fier aux règles préétablies par des régimes.
4. Je mets de côté les modèles de beauté irréalistes de notre société pour ainsi mieux respecter les différents formats corporels, en commençant par le mien !
5. Je passe moins de temps à me préoccuper de mon apparence et davantage à me faire plaisir.
6. Je reconnais mes qualités et mes talents. Je les apprécie et je donne l'occasion aux autres de les découvrir.
7. Je cesse de faire ou d'accepter des commentaires désobligeants sur mon apparence.
8. Je relègue les régimes aux oubliettes.
9. Je fais de l'activité physique pour le plaisir et je m'accorde des moments de détente.
10. Je crois en mes capacités.

Cet article est tiré du site « extenso.org », dont certains collaborateurs sont des membres du comité Nutrition du programme *Ma santé au sommet*, L'Université de Montréal HEC Montréal et l'École Polytechinique

À l'oral

1. Que pensez-vous de cette initiative ? Est-ce suffisant pour faire prendre conscience aux femmes du ridicule mais aussi des dangers liés aux régimes à répétition d'après vous ?
2. Que pensez-vous des dix façons de célébrer la JISD ? Vous paraissent-elles efficaces ? Convaincantes ? Réalisables ?
3. Quelles suggestions pourriez-vous ajouter à la liste proposée ?

À l'écrit

Choisissez l'un des sujets suivants. Écrivez entre 250 et 400 mots.

1. Vous êtes pour cette initiative que vous trouvez géniale. Elle vous a aidé à mener une vie plus saine. Vous rédigez un article témoignage qui sera publié dans le magazine *Nutrition et santé.*
2. Vous trouvez que ce genre de manifestation est totalement ridicule et représente une perte d'argent qui pourrait être utilisée de façon plus constructive. Vous décidez d'écrire une lettre au Ministère de la santé pour exprimer votre opinion et lui suggérer des alternatives.

15.5 La tentation du bistouri … ou la recherche d'un corps parfait

Activité interculturelle

Effectuez avec vos camarades des recherches sur internet pour trouver les informations suivantes :

- Les chiffres de la chirurgie esthétique aujourd'hui.
- Les pays les plus demandeurs.
- Le pourcentage de femmes par rapport au pourcentage d'hommes qui ont recours à la chirurgie esthétique.
- Les raisons les plus courantes qui poussent une personne à passer sous le bistouri.
- Les interventions les plus pratiquées.

Texte 15.5.1

VICTIME de la mode

Clap, prise 1, vision panoramique
Une caméra avance gros plan sur Dominique
Seule devant la glace, elle ausculte son corps
Puis crie machinalement encore quelques efforts
Tous les régimes sur elle furent testés
Toutes les tentatives ont été des échecs complets
Mais elle persévère et pour plaire à son homme
Dominique a décidé de suivre la norme
Elle emmagasine des magazines
Dans lesquels elle pense trouver le recours ultime
Maso à l'assaut de ses formes rondelettes
Elle était occupée à couper du pécul car on lui piquait les fesses*

Victime de la mode tel est son nom de code

Lumière, scène II, l'as de trèfle lui propose
Une toute nouvelle donne et en voici la cause
Tellement d'efforts et pour quel résultat
Elle perd de l'oseille au lieu de perdre du poids*
Dominique réplique et très vite m'explique

*pécul = papier toilette (langage familier)
oseille = argent (langage familier)

Qu'elle veut être la réplique d'une créature de clip
Ainsi font, font, font les petites filles coquettes
Elles suivent un modèle qui leur fait perdre la tête
From London to Washington, Kingston, Charenton ou Carcassonne
Quand le téléphone sonne, elle nous répond sans cesse
Qu'elle était occupée à couper du pécul car on lui piquait les fesses

Victime de la mode tel est son nom de code

Donc, en guise de conclusion
À l'analyse logique de cette situation
Le régime, le jogging, la liposuccion
Sont à tester mais il faut faire attention
Espérons que vous aurez compris
Les bases très claires de ce code de déontologie
Prendre ou perdre quelques kilos
L'essentiel est d'être vraiment bien dans sa peau
Ma tactique attaque tous tes tics avec tact
Dominique pas de panique, écoute bien ce funky beat
La quête de l'image la laisse dans le stress
Elle était occupée à couper du pécul car on lui piquait les fesses

Victime de la mode tel est son nom de code

Point culture
M.C. Solaar (1969–) est un rappeur français.

Chanson *Victime de la mode* par M.C. Solaar

Compréhension générale du texte

Après avoir lu la chanson, répondez aux questions suivantes.

1 Pourquoi Dominique fait-elle tant d'efforts pour garder la ligne ?

2 À quelles méthodes a-t-elle recours pour arriver à ses fins et atteindre son but ?

3 Par quoi est-elle influencée ?

4 Les méthodes employées sont-elles une réussite ?

5 Quelle est la morale de cette chanson ?

Surfons le net
Rendez-vous sur le site www.pearsonhotlinks.com (*Français B*, lien internet 15.1) pour écouter la chanson.

Le saviez-vous ?

La chirurgie esthétique ne corrige pas seulement les effets de l'âge. Certaines opérations sont réalisables dès les jeunes années en cas de défauts physiques majeurs. La chirurgie peut alors aider un adolescent en souffrance à être mieux dans sa peau. Mais il est important de s'entourer de précautions.

Les jeunes n'échappent pas à la mode de la chirurgie esthétique. Si l'on en croit les praticiens, ils (ou plus souvent elles) seraient même de plus en plus demandeurs. Rien de très étonnant. À l'adolescence, le corps se transforme et ces changements sont souvent source de complexes. Pas question pour autant d'entretenir l'illusion que le mal-être propre à cette période pourrait être résolu d'un coup de bistouri magique. Ces précautions prises, lorsque les disgrâces sont réelles et que l'adolescent en souffre, la chirurgie peut contribuer à le libérer et aider à son épanouissement.

À l'oral

Lisez cette annonce d'un casting pour un documentaire TV.

URGENT : Les jeunes et la chirurgie esthétique

Pour un documentaire TV sur la chaîne NRJ12, nous sommes à la recherche de témoignages sur le thème : « Les jeunes et la chirurgie esthétique. »

- Vous êtes jeune et complexé(e) par une partie de votre corps (nez, oreilles, seins, etc.) et vous voulez vous faire opérer.
- À 20 ans, vous êtes déjà un(e) habitué(e) des opérations ou interventions esthétiques (botox, prothèses mammaires, etc.).
- Vous projetez de partir vous faire opérer à l'étranger, seul(e) ou accompagné(e).
- Maman d'une ado, vous encouragez votre fille pour qu'elle ait recours à la chirurgie esthétique.
- Mineur(e), vous faites tout pour que vos parents acceptent votre opération.
- À peine majeur(e), vous n'aimez pas votre apparence et vous envisagez déjà de refaire plusieurs parties de votre corps.

Travaillez en groupe. Adoptez chacun(e) l'un ou plusieurs des rôles suggérés dans l'annonce de ce casting et réalisez un mini documentaire.

Voici quelques exemples d'arguments. Décidez qui des personnes listées dans la liste pour le casting pourraient utiliser ces arguments. Développez-les ensuite dans vos témoignages.

1 Son nez l'a toujours complexée. Je pense qu'avoir recours à la chirurgie esthétique l'aiderait à retrouver confiance en elle.

2 Ça sera ma troisième intervention en deux ans. C'est un peu comme une drogue. Je suis devenue presque accro.

3 J'aimerais me refaire faire le nez et les seins mais pour l'instant, mes parents s'opposent à ma demande sous prétexte que je suis encore trop jeune.

4 J'aimerais tellement pouvoir me faire refaire la poitrine car je la trouve trop petite mais c'est une opération qui coûte très cher.

5 L'opération que j'aimerais subir coûte trop cher ici et je pense qu'en allant au Brésil, même avec le prix des billets d'avion et du séjour, j'arriverai à économiser de l'argent.

15.6 Les canons de la beauté ou l'influence d'une société

Texte 

Médias d'Afrique : « Les canons de la beauté »

Les critères qui servent à juger la beauté, féminine ou masculine, varient d'une société à l'autre, d'un continent à l'autre. Parfois, ce sont les actrices aux formes généreuses qui s'imposent comme modèles ; parfois, des mannequins très minces font régner la terreur chez les adolescentes. Pourtant, au-delà des effets de mode très changeants, les goûts réels des femmes et des hommes sont beaucoup plus permanents. Nous poursuivons notre tour d'horizon des critères de beauté en Afrique, direction aujourd'hui le Sénégal, la République centrafricaine et le Cameroun.

Descriptif de l'émission diffusée le 31 août 2007
Production : Alain Foka
Réalisation : Lucie Bouteloup

Point culture
Quels sont les critères de beauté (pour les hommes et pour les femmes) dans votre pays ?

Texte 

Miss : Les kilos de la beauté

Vanessa Foulbay a été élue Miss Mama Kilos 2006. Premier concours de beauté pour les femmes de forte corpulence.

Nadia Ewande ne s'y attendait pas. Le cinéma le Wouri a fait salle comble vendredi dernier à Douala pour assister au sacre de Vanessa Foulbay, 27 ans, 1 m 68, 117 kg. La première Miss Mama Kilos a été élue. Après près de deux mois de compétition, onze candidates ont été retenues pour la grande finale. Alors que les organisateurs avaient simplement pensé que des invitations suffiraient, ils se sont trouvés dépassés et obligés de faire payer l'entrée. Le concours a eu un retentissement sans pareil et chacun voulait voir ça de près.

Initiatrice de la manifestation avec son époux Moise Bangteke, Nadia Ewande, soutenue par son amie Nono Flavie, a pensé qu'il était temps de redonner une fierté aux femmes de forte corpulence. Soit dit en passant, les deux chanteuses ne sont pas peu fières de leur poids. Pour un peu, elles voudraient en reprendre. On ne sait pas toujours qu'originellement, les fortes répondent aux canons de la beauté vue du continent noir. Au demeurant, en Afrique de l'Ouest où les gens sont plus authentiques, des concours de miss poids lourds sont organisés. L'Afrique centrale était, une fois encore, en retard.

L'Occident a fini par imposer l'image de ces femmes minces, flirtant avec l'anorexie. Du coup, les fortes ne s'acceptent pas, développent stress, dépressions et complexes. En France, des études ont montré que les personnes fortes, à qualification égale, avaient moins de chances que les « personnes standards » de trouver un travail. Il y a quelques mois, le triomphe de la jeune Magali Vaé dans le concours de la Star Academy a été vécu comme une revanche des grosses et commenté à une échelle insoupçonnée.

Le concours Miss Mama Kilos est désormais là. Largement à la hauteur, Soflane, la présentatrice de la soirée, a été bien choisie. Les candidates, dans un souci d'intégration nationale, représentent les provinces dont elles ne sont pas forcément originaires. Défilés en tenue traditionnelle, tenue de ville et tenue du soir. Pour le maillot de bain, faudra attendre. Sois belle et cause. Les candidates se présentent et entretiennent leur auditoire sur une question de société. Les centaines de spectateurs, parfois survoltés, encouragent les pionnières sur le podium. Il n'y en a que pour elles. Les miss spaghetti et autres tanagra* en sont presque à raser les murs. Qui l'eût cru ?

*tanagra = jeune femme mince

Cameroun Link, le 7 mars 2006, adapté

Compréhension générale du texte

Parmi les affirmations suivantes, choisissez celles qui résument les idées exprimées dans le texte.

1 Presque personne n'est venu assister au concours de Miss Kilos.

2 L'entrée était gratuite.

3 Le but de l'élection de Miss Kilos était d'essayer de rendre les femmes plus fortes fières de leurs atouts.

4 Les deux chanteuses à l'origine du projet aimeraient perdre du poids.

5 Il a été prouvé que les personnes de fortes corpulences étaient discriminées à l'emploi dans certains pays occidentaux.

6 L'élection de Miss Kilos met aussi en avant l'éloquence et l'intelligence des candidates.

Théorie de la connaissance

Commentez les citations suivantes.

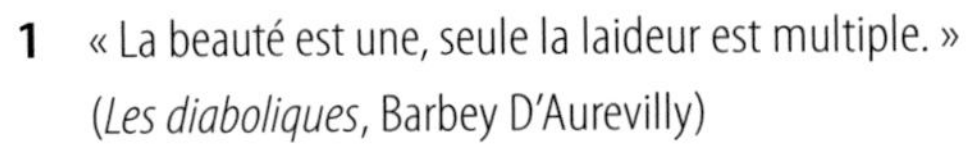

1 « La beauté est une, seule la laideur est multiple. »
(*Les diaboliques*, Barbey D'Aurevilly)

2 « Aucune grâce extérieure n'est complète si la beauté intérieure ne la vivifie. La beauté de l'âme se répand comme une lumière mystérieuse sur la beauté du corps. »
(Victor Hugo)

3 On dit souvent que la beauté intérieure est plus importante que la beauté physique. Qu'en pensez-vous ?

4 Si le concept de beauté est un concept si subjectif, comment est-il possible de définir la beauté ?

5 Que pensez-vous des concours de beauté qui sont organisés dans les pays du monde entier ? Sont-ils moralement défendables ?

Entraînement à l'oral individuel

Choisissez l'une des photos ci-dessous, A ou B. Vous avez 15 minutes pour préparer une présentation entre 3 et 4 minutes.

A

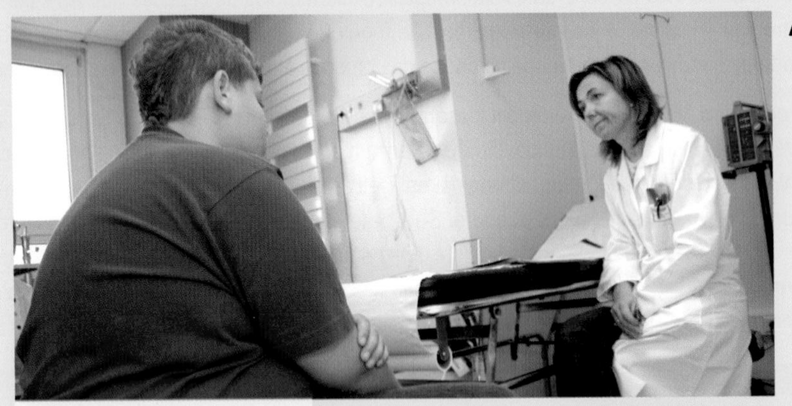

L'obésité : une maladie à part entière

B 

Super ! Je peux manger ce que je veux !

Pour vous aider ...

1 Dans votre présentation, commencez par décrire l'image/la scène dans le détail. Vous pouvez parler :

- des causes de l'obésité infantile
- de l'obésité : une maladie physique et mentale
- de l'importance d'un régime équilibré
- de l'importance d'une activité physique régulière
- de l'influence de la télé et de la publicité
- de l'attrait des fast-foods pour les jeunes
- de l'importance de l'éducation
- de l'importance d'un régime équilibré
- de l'importance d'une activité physique régulière.

2 Dans la deuxième partie, les thèmes/idées que vous avez abordés dans votre présentation seront approfondis. Les thèmes suivants pourraient être abordés :

- Campagnes de sensibilisation efficaces.
- Dépenses de santé justifiée lorsque l'obésité est due à un manque d'activité et une mauvaise alimentation.
- Obésité et pays émergents.
- Implantation de restaurants fast-food près des établissements scolaires.
- Rôle de l'école et des parents.
- Habitudes alimentaires en général.
- Responsabilité et contrôle des sociétés de restauration rapide.

Conseils de l'examinateur

- Structurez votre présentation (employez des connecteurs logiques).
- Avancez des opinions et justifiez-les.
- Soyez actif/active ; n'attendez pas que l'examinateur vous pose les questions.

Créativité, action, service

Dans le cadre de votre programme CAS, réalisez une brochure qui sera distribuée dans les écoles primaires de votre ville. Le but de cette brochure est d'informer les enfants sur les dangers liés à une mauvaise alimentation et à un manque d'activité physique. Vous leur suggérerez également des activités simples et concrètes pour les aider à garder la forme au quotidien.

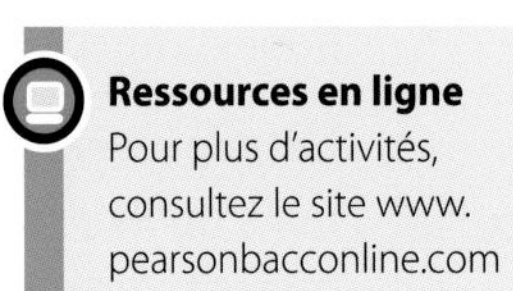

Ressources en ligne
Pour plus d'activités, consultez le site www.pearsonbacconline.com

ENTRAÎNEMENT À L'EXAMEN

contrer la malbouffe : des jeunes prêts à agir !

Avec ses publicités accrocheuses et ses nombreux restaurants aux abords des écoles, l'industrie de la malbouffe est partout où se trouvent les jeunes consommateurs. Alors qu'elle s'apprête à implanter un projet de dénormalisation de la malbouffe dans les écoles, la Fédération québécoise du sport étudiant (FQSE) a voulu explorer le contexte de la malbouffe auprès des jeunes ... un public plutôt allumé ! 5

En mars 2010, des groupes de discussion ont donc été menés par la FQSE et la firme MIRE, auprès de 76 jeunes de 10 à 17 ans. En tout, neuf groupes de discussion, composés à part égale de garçons et de filles, ont d'abord répondu à un questionnaire personnel, avant de discuter en groupe. Cette recherche qualitative a été réalisée dans le but de développer des interventions 10 adaptées aux jeunes Québécois.

La majorité des jeunes estiment avoir une « bonne alimentation » (75%) et savent qu'elle a un impact sur leur santé actuelle (72%) et future (68%). De façon générale, les jeunes distinguent les « bons » aliments des « moins bons » pour la santé et définissent assez clairement ce qu'on entend par malbouffe. Ils ont le sentiment que leurs « mauvaises » habitudes alimentaires sont plutôt 15 contrôlées.

En ce qui a trait à la restauration rapide, il ressort que les jeunes fréquentant l'école secondaire y sont beaucoup plus exposés que ceux du primaire. Les « fast-food » sont [-6-] près de leurs écoles et les occasions de consommation sont fréquentes. [-7-] les motive à consommer de la malbouffe ? Ils la trouvent bonne au goût et pratique. Le prix abordable, la publicité, particulièrement les 20 offres promotionnelles (rabais, primes, etc.), et la facilité d'accès sont des sources d'influence importantes.

L'étude révèle que les jeunes sont sensibles à la problématique de la malbouffe et de son marketing, mais qu'ils peuvent se sentir impuissants à cet égard. [-8-], s'ils étaient en position de pouvoir (parent, directeur, ministre, etc.), ils n'hésiteraient pas à agir. Taxer la malbouffe, en interdire 25 la publicité, légiférer sur la restauration rapide, mener des actions de boycottage, diffuser des reportages sur la malbouffe figurent parmi les moyens proposés par les jeunes lors d'un exercice de groupe.

Les jeunes sont [-9-] conscients de l'influence de l'environnement alimentaire sur leur consommation de malbouffe. Ils se disent disposés à en apprendre davantage sur le sujet et à agir 30 concrètement. Ils seront plus enclins à s'engager si on leur propose des défis ou des moyens de se distinguer. Défis à relever, résultats immédiats, usage des nouvelles technologies (dont les médias sociaux) : autant de moyens, selon eux, de les toucher et de susciter leur engagement dans une optique de dénormalisation de la malbouffe.

www.grms.uqam.ca/upload/files/faits_saillants/Malbouffe_jeunes_aout10.pdf

CONTRER LA MALBOUFFE : DES JEUNES PRÊTS À AGIR !

Répondez à la question suivante.

1 D'après le texte, citez les **deux** raisons qui seraient à l'origine de l'attrait des jeunes pour la malbouffe.
[2 points]
(a) ....
(b) ....

Les affirmations suivantes, basées sur les trois premier paragraphes, sont soit vraies soit fausses. Cochez [✓] las réponse correcte. Justifiez vos réponses par des mots du texte.

	VRAI	FAUX
2 Davantage de filles que de garçons ont pris part aux groupes de discussions. Justification :	☐	☐
3 Les jeunes sont conscients des effets qu'une mauvaise alimentation peut avoir sur leur santé. Justification :	☐	☐
4 Les jeunes n'ont accès aux « fast-food » que très rarement. Justification :	☐	☐

Répondez à la question suivante.

5 D'après le 3e paragraphe, citez **deux** raisons qui incitent les jeunes à consommer de la malbouffe. ☐ ☐
[2 points]
(a) ....
(b) ....

Ajoutez les mots qui manquent dans le texte en les choisissant dans la liste proposée ci-dessous.
***Attention** : il y a plus de mots que d'espaces et chaque mot ne peut être utilisé qu'une seule fois.*

jamais d'abord toutefois même à moins que ce que
souvent ce dont donc ce que malgré

6 .... **8** ....
7 .... **9** ....

En vous basant sur le texte, complétez le tableau suivant. Indiquez à qui ou à quoi se rapportent les mots en gras.

Dans la phrase	le mot …	se rapporte à
10 « il ressort que les jeunes fréquentant l'école secondaire **y** sont beaucoup plus exposés … » (ligne 16–17)	« y »	....
11 « Ils **la** trouvent bonne au goût » (ligne 19)	« la »	....
12 « Si on **leur** propose des défis » (ligne 30)	« leur »	....

Répondez aux questions suivantes.

13 Quel mot du dernier paragraphe signifie « challenge » ?
....

14 Quelle expression du dernier paragraphe signifie « disposés à » ?
....

CHAPITRE 16
LES DROGUES ET LEURS EFFETS

Objectifs :

- Utiliser le vocabulaire des drogues en contexte
- Réfléchir aux dangers liés aux conduites à risque
- Explorer le sujet de l'alcool et ses ravages
- Informer et donner des conseils au sujet des drogues
- Réviser les structures avec « si »
- Réviser le subjonctif (présent)
- Le pronom « en »

Les mots clés de l'unité : un toxicomane, être accro, une dépendance, un revendeur de drogue, une cigarette/clope, illicite, nocif, le tabagisme, la fumée, la légalisation

16.1 Les drogues en chiffres en France

Texte 16.1.1

DROGUES : LES CHIFFRES CLÉS

Pour sa deuxième édition, ce document synthétique préparé par l'Observatoire français des drogues et toxicomanies (OFDT) présente les indicateurs chiffrés les plus récents et les plus pertinents pour mesurer le phénomène des drogues en France aussi bien en termes d'usage que de trafic.

1 Cannabis

Les niveaux de consommation diminuent chez les jeunes : 42,2% des jeunes de 17 ans ont expérimenté le cannabis et 7,3% sont des fumeurs réguliers, une proportion en baisse depuis 2002 (12,3%).

Les interpellations pour usage de cannabis augmentent : 133 160 interpellations ont été réalisées en 2008. Le prix d'un gramme d'herbe a été pratiquement divisé par deux entre 1996 et 2008, soit 6,5€ actuellement.

2 Autres drogues illicites (cocaïne, drogues de synthèse, héroïne)

Les niveaux d'expérimentation chez les jeunes des substances psychoactives illicites autres que le cannabis ont globalement augmenté entre 2000 et 2008. Du côté des stimulants, on note une progression continue de la cocaïne : à 17 ans, l'expérimentation de ce produit concerne environ 25 000 jeunes. Ce nombre a triplé entre 2000 et 2008 (0,9% d'expérimentation en 2000 ; 2,5% en 2005 et 3,3% en 2008). En revanche, l'expérimentation d'ecstasy est en recul (2,9% en 2008 contre 3,5% en 2005). Les saisies de cocaïne sont en nette augmentation et totalisent 8,2 tonnes en 2008. Depuis plusieurs années, les saisies d'héroïne sont à la hausse, dépassant la tonne depuis 2006. Le prix du gramme de cocaïne se situe autour de 60€ en 2008, le prix du gramme d'héroïne brune s'établit autour de 40€ et celui d'un comprimé d'ecstasy est de 6€.

3 Alcool

La consommation régulière d'alcool est globalement orientée à la baisse : on compte 22,5% de consommateurs réguliers parmi les adultes et 9% chez les adolescents de 17 ans (baisse de 22% entre 2005 et 2008). Si les ivresses répétées (trois fois ou plus dans l'année) et régulières (10 fois ou plus) sont globalement stables ces dernières années (5,5% des adultes et 25,6% des jeunes de 17 ans), les ivresses occasionnelles (moins de trois par an) sont à la hausse chez les jeunes de 17 ans passant de 56,1% en 2002 à 59,8% en 2008.

4 Tabac

28,9% des adolescents de 17 ans sont des fumeurs quotidiens en 2008, un pourcentage en net recul par rapport à 2003.

MILDT, le 6 juillet 2009

Manipulation du texte

Vrai ou faux ? Justifiez vos réponses à l'aide d'éléments précis tirés du texte.

1 Moins de 10% des jeunes Français de moins de 17 ans sont accros au cannabis.

2 Le nombre de fumeurs de cannabis arrêtés était en baisse en 2008.

3 Il y a quatre fois plus de jeunes qui ont essayé la cocaïne en 2008 par rapport à 2000.

4 Plus de jeunes ont essayé l'ecstasy en 2008 par rapport à 2005.

5 Il y a plus de jeunes qui se saoulent régulièrement qu'avant.

6 Les chiffres du tabagisme restent stables.

16.2 Et dans un autre pays francophone ?

Texte 

LES CHIFFRES DE NOTRE RÉALITÉ

TABAC

Au Québec, en 2000, 28% des personnes âgées de 15 ans et plus fument la cigarette et 29% des élèves du secondaire ont fumé au cours des 30 jours précédant l'enquête.

En 2001, selon Statistique Canada, 24,9% des Québécois et 21,5% des Canadiens seraient des fumeurs quotidiens.

Au Québec, en 1998, 17% des personnes âgées de 15 ans et plus disent s'être initiées au tabac avant l'âge de 13 ans et 45% entre 13 et 15 ans.

ALCOOL

En 2000–2001, les Québécois ont acheté en moyenne 112,5 litres d'alcool/habitant : 93,3 litres de bière ; 16,3 litres de vin et 2,9 litres de spiritueux.

Au Canada, nous retrouvons une consommation moyenne de 103,7 litres d'alcool/habitant : 85 litres de bière, 12,2 litres de vin et 6,5 litres de spiritueux.

Au Québec, entre 1992–3 et 1998, environ un jeune sur quatre âgé de 15 à 24 ans rapportait une consommation élevée ou abusive d'alcool. L'augmentation du nombre de consommateurs d'alcool semble reposer sur les plus jeunes, soit les 15–19 ans.

DROGUES

Au moins 23 000 Québécois s'injecteraient des drogues. De ce chiffre, 75 à 80% s'injectent de la cocaïne et 20 à 50% s'injectent de l'héroïne.

À Montréal, chez les jeunes de la rue, 32% déclarent avoir déjà consommé de l'héroïne au cours de leur vie, 16% dans le dernier mois, 10% toutes les semaines et 5% tous les jours.

À l'oral

1 Que vous inspirent ces chiffres ?
2 Êtes-vous surpris(e)/choqué(e) ?
3 Comparez certaines de ces données avec les chiffres de l'enquête précédente sur la France. Y a-t-il de grandes disparités ? Lesquelles ? Comment les expliqueriez-vous ?
4 D'après vous, quel est le problème le plus important/urgent à régler ? Justifiez votre choix et proposez des solutions possibles à ce problème.

Activité interculturelle

1 Avec un(e) camarade, faites des recherches sur la réalité de la consommation de drogues dans votre pays.
2 Préparez une brève présentation pour la classe.

16.3 Des résultats positifs

Texte 16.3.1

Moins de fumeurs en Suisse

Entre 2001 et 2008, la proportion de fumeurs est passée de 33% à 27% chez les personnes âgées de 14 à 65 ans. Autre bonne nouvelle : les 14–19 ans sont de moins en moins nombreux à s'en griller une. Leur part passe de 31% à 23%.

La population suisse fume moins de cigarettes, de cigares et de pipes. Entre 2001 et 2008, la proportion de fumeurs est passée de 33% à 27% chez les personnes âgées de 14 à 65 ans. Autre bonne nouvelle : le recul est encore plus important chez les 14–19 ans (de 31% à 23%).

Globalement, la tendance à la baisse s'observe dans toutes les catégories d'âge et chez les deux sexes, se réjouissait hier l'Office fédéral de la santé publique (OFSP) à l'occasion de la publication d'une enquête menée à sa demande par l'Université de Zurich. Mais de souligner qu'il faut encore faire mieux.

Dans les détails, le recul le plus important est observé chez les 35–44 ans (de 35 à 26%). Chez les 20–24 ans, la proportion de fumeurs a augmenté jusqu'en 2006 ....[1]......... diminuer (44% en 2006 à 38% en 2008). Il apparaît aussi que les 20–24 ans sont les plus nombreux à fumer (40% des hommes et 36% des femmes).

Les hommes fument plus

Les hommes restent ....[2]......... de plus grands consommateurs de tabac que les femmes. En 2008, ils étaient 30% (24% chez les femmes) à fumer contre 37% (24%) en 2001.

Il ressort ....[3]......... de cette étude que plus les individus sont instruits, moins ils fument. Jusqu'en 2007, le nombre de fumeurs ne diminuait même que chez les personnes au bénéfice d'un niveau d'instruction moyen et supérieur. ....[4]......... depuis 2008, le recul se manifeste également chez les personnes peu qualifiées.

Reste que de façon générale, les individus avec un faible niveau d'instruction font plus souvent partie des fumeurs quotidiens. Les personnes avec un niveau d'instruction élevé sont, elles, plus représentées dans le groupe des fumeurs occasionnels.

Moins envie d'arrêter

En 2008, on comptait 19% de fumeurs quotidiens et 8% de fumeurs occasionnels. ....[5]......... les premiers fument le plus souvent chez eux, les seconds s'en grillent plus volontiers une dans les restaurants, cafés ou bars.

Bémol mis en avant par cette étude : la diminution de la volonté d'arrêter de fumer entre 2007 et 2008. L'an dernier, 48% des fumeurs avaient l'intention de cesser de fumer contre 54% en 2007.

Résultats positifs

Les résultats de cette étude dont le recul global de la consommation de tabac satisfont l'OFSP. Cela atteste que la politique suisse en matière de prévention du tabagisme est sur la bonne voie, estime-t-il.

Et de citer en exemple l'augmentation de l'imposition sur le tabac depuis 2007, la campagne « Bravo – la fumée en moins, la vie en plus » en 2006–07 et l'introduction d'avertissements supplémentaires sur les paquets depuis 2006. L'office souligne que les votations cantonales sur la fumée passive ont « aussi largement contribué au débat public ».

Un programme national sur le tabac (PNT) est par ailleurs mené depuis 2008 pour quatre ans. L'objectif : réduire le nombre de cas de maladie et de décès liés au tabagisme. En 2007, le nombre de décès dus au tabac dépassait 9 000 personnes.

ATS, *Le nouvelliste*, le 19 mai 2009

Manipulation du texte

1 Quelle expression familière du premier paragraphe veut dire « fumer une cigarette » ?

2 Ajoutez les mots qui manquent dans le texte en les choisissant dans la liste proposée ci-dessous.
Attention : il y a plus de mots que d'espaces et chaque mot ne peut être utilisé qu'une seule fois.

bien que	mais	avant que	si	même
après que	aussi	avant de	quoique	

3 D'après l'article, **deux** des affirmations suivantes sont vraies. Lesquelles ?

a Le recul du nombre de fumeurs en Suisse est plus important chez les 14–19 ans que chez les 14–65 ans.
b La baisse du nombre de fumeurs ne s'observe que chez les hommes.
c Dans la tranche d'âge 20–65 ans, il y a plus de femmes que d'hommes qui fument.
d Les personnes qui ont fait de longues études fument plus et plus souvent que les personnes qui sont moins instruites.
e Les personnes qui fument régulièrement fument en général chez elles.

À l'oral

Menons l'enquête . . . Posez ces questions autour de vous. Interrogez au moins 15 jeunes adultes. Présentez vos conclusions au reste de la classe.

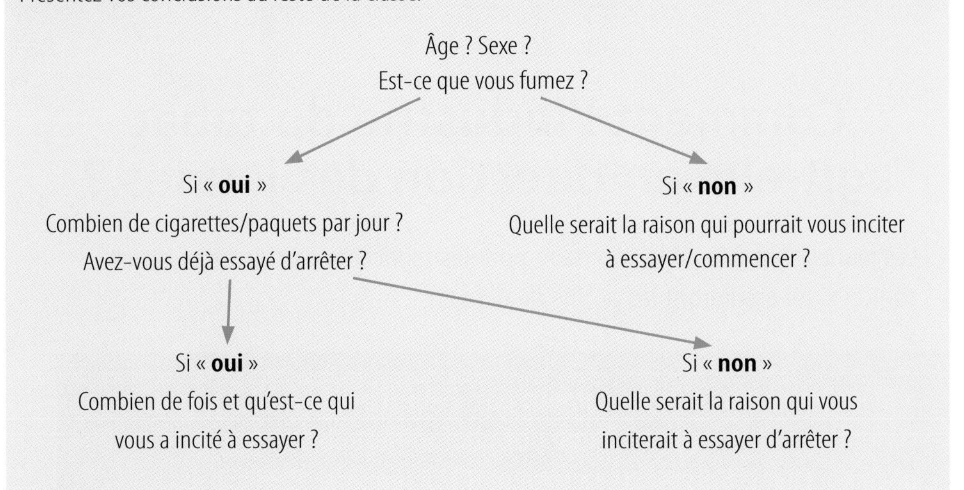

Activité interculturelle

Un peu de recherche . . .

1. Que signifie le sigle « OFSP » ?
2. Quel était le but de la campagne « Bravo – la fumée en moins, la vie en plus » mise en place en Suisse en 2006–07 ? Quelles actions ont été menées dans le cadre de cette campagne ? Qu'en pensez-vous ?
3. Quels « avertissements supplémentaires » ont été introduits sur les paquets de cigarettes en 2006 ?

Zoom grammaire

Rappel : les structures avec « si »

- Si + présent + futur simple :
  Si j'**arrête** de fumer, j'**économiserai** de l'argent.
- Si + imparfait + conditionnel présent :
  Si ses parents ne **fumaient** pas, il **serait** moins influencé.
- Si + plus-que-parfait + conditionnel passé :
  Si elle n'**avait** pas **allumé** sa première cigarette à l'âge de 13 ans, elle n'**aurait** pas **développé** un cancer du poumon 30 ans plus tard.

Grammaire en contexte

En vous inspirant des infos données dans l'article précédent, construisez six structures avec « si ». Vos phrases doivent être reliées au thème de la cigarette.

16.4 L'industrie du tabac

Texte 16.4.1

Comment l'industrie du tabac agit-elle en direction des jeunes ?

Les jeunes sont une cible prioritaire pour les fabricants de cigarettes car ce sont eux qui assureront les profits de demain.

« Si les jeunes adultes ne fument pas, l'industrie périclitera, tout comme la faible natalité d'une population finit par en causer le déclin. » Diane Burrow de la société R.J. Reynolds, 1984.

Pour attirer les jeunes, l'industrie a développé des stratégies de marketing très élaborées, dont la plupart sont aujourd'hui interdites en France :

- création de marques de vêtements (Marlboro Classics, par exemple) ou d'événements sportifs (Camel Trophy, Raid Gauloise, etc.) ;
- utilisation des stars pour faire valoir le produit ;
- distribution d'échantillons gratuits, organisation de jeux-concours, parrainage de soirées en boîte de nuit ;
- adaptation du design des paquets aux codes de communication des jeunes.

www.inpes.sante.fr et http:www.tabac-info-service.fr/tout-savoir-sur-le-tabac/aider-les-adolescents-a-ne-pas-fumer/

Compréhension générale du texte

1 Pourquoi l'industrie du tabac cible-t-elle les jeunes en priorité ?

2 Trouvez un synonyme de « déclinera » dans le texte.

3 Votre opinion nous intéresse …

a Parmi les stratégies adoptées par l'industrie de tabac pour attirer les jeunes, laquelle est, d'après vous, la plus efficace ? Pourquoi ?

b Que pensez-vous de ces tactiques ? Exprimez un point de vue sur chacune de ces tactiques.

c Laquelle trouvez-vous la plus aberrante ?

d En France, certaines de ces stratégies marketing sont interdites. Qu'en pensez-vous ?

Texte 

Campagne DNF ne vous faites pas rouler par la cigarette

Mesdames, Messieurs,

Si je vous ai fait venir en urgence, c'est que nous avons un énorme ....[1]......... . Nous avons plus de 60 tonnes de ....[2]......... toxiques sur les bras : de l'acétone, du ....[3]........., de l'ammoniac. Il faut absolument trouver une solution pour nous en ....[4]......... et vite. J'attends vos propositions.

– Euh ... on peut pas les envoyer dans une usine de ....[5]......... ?
– Non, non, non. Trop cher.
– Ou faire comme la dernière fois : on achète du ....[6]......... et on les enfouis discrètement.
– Non mais c'est fini cette époque ! On aura les ....[7]......... sur le dos en mois de 24 heures !
– Et les embarquer vers un ....[8]......... moins regardant ?
– Non mais c'est tout ? Vous ne pouvez pas me trouver une solution plus simple, plus ....[9]........., plus efficace ?
– Et si on les faisait ....[10]......... aux gens ?
– Avaler ? Mais c'est des trucs dégueulasses ! Ils vont s'en rendre compte !
– Non, non, non ... à petites doses ... un peu tous les jours. Ils ne se rendront compte de rien. Le tout c'est de les ....[11]......... le plus tôt possible. Avec des jeunes par exemple. Au marketing les gars n'ont qu'à leur suggérer que c'est cool et ....[12]......... . Ça marche à tous les coups.
– Non mais ça se présenterait comment votre truc là ?
– Je crois que je vois assez bien comment ça pourrait être ...

Arsenic, Acétone, DDT, Ammoniac, Polonium 210.
Fumer, c'est servir de décharge aux pires produits toxiques.
Ne vous faites pas rouler par la cigarette.

– Et ça va nous coûter combien notre affaire ?
– Ben rien. Les jeunes sont prêts à ....[13]......... pour avaler ces merdes.

Clip réalisé par Yvan Attal

Surfons le net
Rendez-vous sur le site www.pearsonhotlinks.com (*Francais B*, lien internet 16.1) pour voir le clip.

Manipulation du texte

Le document ci-dessus est le texte d'un clip qui a pour but de dénoncer les pratiques et stratégies marketing. Certains mots ont été retirés. Remplacez chaque mot à la bonne place.

écolos	rebelle	économique	problème	avaler
débarrasser	terrain	déchets	pays	retraitement
habituer	payer	polonium		

Texte 

Interdiction de fumer dans les lieux publics

Résumé de la loi sur l'interdiction de fumer

Modalités d'application :
À compter du 1er février 2007, il sera interdit de fumer :

- dans tous les lieux fermés et couverts qui accueillent du public ou qui constituent des lieux de travail,
- dans les établissements de santé,
- dans l'ensemble des transports en commun,
- dans l'ensemble des écoles, collèges et lycées publics et privés, ainsi que des établissements destinés à l'accueil, à la formation ou à l'hébergement des mineurs.

Cette interdiction sera rappelée par une signalisation apparente.

La date d'application est fixée au 1er janvier 2008 pour les débits de boissons, hôtels, restaurants, débits de tabac, casinos, cercles de jeux et discothèques, afin de leur permettre de s'adapter économiquement à ces nouvelles règles.

Spécificités des emplacements réservés aux fumeurs :

- clos, équipés de dispositifs de ventilation puissante
- superficie inférieure à 20% de la surface totale de l'établissement et inférieure à $35m^2$
- interdits aux mineurs de moins de 16 ans

Sanctions encourues

- Fumer hors des emplacements réservés à cet effet est sanctionné par une contravention de 68 euros.
- Favoriser la violation de l'interdiction de fumer ou ne pas mettre en place les normes ou la signalétique sont sanctionnés par une contravention de 135 euros.

www.protectionincendie.com

Entraînement à l'oral interactif

Mini débat

Que pensez-vous de cette loi sur l'interdiction de fumer dans les lieux publics ?

- Êtes-vous pour ou contre l'interdiction ?
- Quels en sont les aspects positifs et les aspects négatifs ?
- Est-il juste de légaliser ou est-ce une atteinte à la liberté des individus ?

Complétez la liste d'arguments pour et d'arguments contre ci-dessous et lancez le débat.

Pour	Contre
C'est mieux pour la santé de tous.	*Quand il fait froid, ce n'est pas juste d'obliger les gens à sortir pour fumer.*
Il n'y a plus de fumée dans les restaurants et les cafés donc c'est plus agréable.	

16.5 L'alcool et ses effets

Texte 16.5.1

XII

La planète suivante était habitée par un buveur. Cette visite fut très courte mais elle plongea le petit prince dans une grande mélancolie :

– Que fais-tu là ? dit-il au buveur, qu'il trouva installé en silence devant une collection de bouteilles vides et une collection de bouteilles pleines.
– Je bois, répondit le buveur, d'un air lugubre.
– Pourquoi bois-tu ? lui demanda le petit prince.
– Pour oublier, répondit le buveur.
– Pour oublier quoi ? s'enquit le petit prince qui déjà le plaignait.
– Pour oublier que j'ai honte, avoua le buveur en baissant la tête.
– Honte de quoi ? s'informa le petit prince qui désirait le secourir.
– Honte de boire ! acheva le buveur qui s'enferma définitivement dans le silence.
Et le petit prince s'en fut perplexe.

« Les grandes personnes sont décidément très très bizarres », se disait-il en lui-même durant le voyage.

Antoine de St Exupéry, *Le Petit Prince*, Éditions Gallimard

À l'oral

1 À vous . . . Discutez avec un(e) camarade. Qu'est-ce qui incite les jeunes à boire et se saouler ? Établissez une liste de six raisons. Échangez cette liste avec un autre groupe. Dans vos groupes, trouvez un argument contre chacune des raisons avancées.

2 Idées reçues sur l'alcool. Avec un(e) camarade, décidez si les affirmations qui se trouvent ci-dessous sont vraies ou fausses et justifiez vos réponses.

- **a** L'alcool désaltère.
- **b** L'alcool fait grossir.
- **c** L'alcool réchauffe.
- **d** L'alcool stimule.
- **e** Boire un café ou prendre une douche, ça dessaoule.
- **f** Les hommes supportent mieux l'alcool que les femmes.
- **g** Si je fais de l'exercice, j'élimine l'alcool plus vite.
- **h** Dilué dans l'eau, l'alcool est moins toxique.

Point culture

Antoine de St Exupéry (1900–1944) était aviateur et auteur français.
Œuvres principales :

- *Le Petit Prince*
- *Courrier Sud*
- *Vol de nuit*

3 Associez maintenant chaque réponse à l'idée reçue correspondante.

1. **Faux** L'alcool procure une sensation de chaleur qui est causée par la dilatation des vaisseaux sanguins. Cependant, la chaleur s'échappe rapidement par les pores.
2. **Faux** Ces stratégies ne vous donnent que la sensation d'être réveillé. Seul le temps permet d'éliminer l'alcool.
3. **Vrai** L'alcool fournit des calories et favorise le stockage des graisses.
4. **Faux** Si on mélange de l'alcool à l'eau, cela ne change pas la quantité d'alcool !
5. **Faux** L'alcool a un effet désinhibant et provoque parfois une sensation d'euphorie alors on a moins peur et on se sent plus fort. Toutefois, les calories que l'alcool apporte ne sont pas utilisables par les muscles.
6. **Vrai** Comme elles sont, de manière générale, plus petites que les hommes, et que leur organisme contient plus de graisse (l'alcool se dilue dans l'eau mais pas dans les graisses), le volume d'alcool dans lequel l'alcool se répartit est donc plus faible chez les femmes. Pour une même quantité d'alcool consommé, le taux d'alcoolémie est donc plus élevé chez une femme que chez un homme d'où l'idée que les hommes tiennent mieux l'alcool que les femmes.
7. **Faux** L'alcool exacerbe l'envie d'uriner et provoque donc une déshydratation qui est à l'origine de la fameuse gueule de bois du jour suivant.
8. **Faux** Ni le sport, ni le froid n'accélère l'élimination de l'alcool qui varie cependant en fonction de la corpulence, taille, facteurs génétiques, sexe, etc.

À l'oral

1. Que vous inspire ce dessin du dessinateur belge Philippe Geluck ?
2. D'après vous, que faut-il faire pour rendre les gens plus responsables ?
3. Que diriez-vous à un(e) amie(e) qui pense prendre le volant après avoir bu un verre ou deux ?

Les ravages de l'alcool au volant

Philippe Geluck, *Le chat*

Texte 

Caroline, juriste à Paris

Capitaine de soirée

Depuis un an environ, Caroline Chesnay a conclu un pacte avec trois de ses amis. « On a connu trop de jeunes dont la vie s'est arrêtée brutalement pour un verre de trop », explique-t-elle. « Prendre une décision et s'y tenir était devenu vital. Un jour, on a décidé de faire bouger les choses, et ça marche ! » Le pacte consiste à trouver une solution adaptée à la soirée. « Soit on prévoit de s'offrir un taxi, soit l'un d'entre nous se porte volontaire pour rester sobre et raccompagner tout le monde en voiture. »
En échange, les trois autres se cotisent pour lui offrir la soirée : restaurant, entrée de la boîte, sodas à volonté ... Une motivation supplémentaire pour ces jeunes fêtards qui tentent de faire passer le message autour d'eux. « Être jeune et avoir envie de sortir, c'est normal. Boire un verre après le boulot pour se relaxer, c'est normal. Mais cela n'empêche pas d'être citoyen ! Si tout le monde pensait un peu aux autres avant de prendre le volant, on verrait moins de drames les nuits de week-end ! », milite Caroline.

Sécurité routière

En route ! Total, été 2004

Compréhension générale du texte

Répondez aux questions suivantes.

1 Qu'est-ce qu'un(e) capitaine de soirée ?

2 Que fait-il/elle ?

3 Lorsque personne ne se porte volontaire pour être capitaine de soirée, que font Caroline et ses amis ?

4 Lorsque Caroline ou l'un de ses amis se porte volontaire pour être capitaine de soirée, que font les autres ?

5 Complétez les phrases ci-dessous. D'après Caroline,

a quand on est jeune il est tout à fait naturel de …
b il est également normal d'aller … après le travail pour se détendre.

6 Et vous ? Qu'en pensez-vous ?

a Pensez-vous que cette initiative soit efficace ?
b Seriez-vous prêt(e) à être capitaine de soirée ?

16.6 L'alcoolisme dans *L'Assommoir*

Voici deux extraits de *L'Assommoir* d'Émile Zola. Dans ce livre, Zola s'attache à montrer les ravages causés par l'alcoolisme. L'alcoolisme est dépeint comme un véritable fléau dans les familles ouvrières du XIXème siècle et entraîne ici la déchéance des personnages.

L'héroïne s'appelle Gervaise. Coupeau est son second mari. « L'Assommoir » est le nom du bistrot où les personnages vont régulièrement se saouler.

Extrait du chapitre V

Description de Coupeau après une nuit de beuverie à l'Assommoir.

Texte  16.6.1

> Les lendemains de culotte*, le zingueur avait mal aux cheveux, un mal aux cheveux terrible qui le tenait tout le jour le crin défrisé, le bec empesté, la margoulette enflée et de travers. Il se levait tard, secouait ses puces sur les huit heures seulement ; il crachait, il traînaillait dans la boutique, ne se décidait pas à partir pour le chantier. La journée était encore perdue.

*culotte = cuite

Point culture
Émile Zola (1840–1902) : auteur français considéré comme le chef de file du mouvement littéraire appelé « Naturalisme ». Ce mouvement consiste à décrire la réalité telle qu'elle est. Zola est l'auteur de la série des Rougon Macquart dont fait partie *L'Assommoir*.
Œuvres principales :
- *L'Assommoir*
- *La bête humaine*
- *Germinal*
- *Thérèse Raquin*

Zola est également célèbre pour sa prise de position dans le cadre de l'Affaire Dreyfus, publiée dans le journal *L'Aurore*.

« Le buveur d'absinthe » par Jean Béraud

Compréhension générale du texte

1 Que signifie l'expression « avait mal aux cheveux » ?

2 Quelle expression indique que Coupeau, suite à une nuit de beuverie, sent l'alcool ?

3 Quel mot appartenant au registre de langue familier est ici synonyme de « visage » ?

Extrait du chapitre VIII

Dans l'extrait ci-dessous, Gervaise rentre chez elle pour découvrir son mari complètement saoul, endormi dans son vomi.

« Fichtre ! murmura Lantier, quand ils furent entrés, qu'est-ce qu'il a donc fait ici ? C'est une vraie infection. »

En effet, ça puait ferme. Gervaise qui cherchait des allumettes, marchait dans du mouillé. Lorsqu'elle fut parvenue à allumer une bougie, ils eurent devant eux un joli spectacle. Coupeau avait rendu tripes et boyaux ; il y en avait plein la chambre ; le lit en était emplâtré, le tapis également, et jusqu'à la commode qui s'en trouvait éclaboussée. Avec ça, Coupeau, tombé du lit où Poisson devait l'avoir jeté, ronflait là-dedans, au milieu de son ordure. Il s'y étalait vautré comme un porc, une joue barbouillée, soufflant son haleine empestée par sa bouche ouverte, balayant de ses cheveux déjà gris la mare élargie autour de sa tête.

« Oh le cochon ! Le cochon ! répétait Gervaise indignée, exaspérée. Il a tout sali … Non, un chien n'aurait pas fait ça, un chien crevé est plus propre ». […]

Autrefois quand il rentrait éméché ou poivré, elle se montrait complaisante et pas dégoûtée. Mais à cette heure, c'était trop, son cœur se soulevait. Elle ne l'aurait pas pris avec des pincettes. L'idée seule que la peau de ce goujat chercherait sa peau, lui causait une répugnance, comme si on lui avait demandé de s'allonger à côté d'un mort, abîmé par une vilaine maladie.

« Il faut pourtant que je me couche, murmura-t-elle. Je ne puis retourner coucher dans la rue … Oh ! Je **lui** passerai plutôt sur le corps. »

Elle tâcha d'enjamber l'ivrogne et dut se retenir à un coin de la commode, pour ne pas glisser dans la saleté.

Manipulation du texte

Répondez aux questions suivantes.

1 Quel verbe signifie « sentait mauvais » ?

2 Quel mot est le contraire de l'adjectif « sec » ?

3 Quelle expression signifie que l'alcool avait rendu Coupeau malade et l'avait fait vomir ?

4 Quel adjectif est un synonyme appartenant au registre de langue familier de l'adjectif « mort ».

5 Quel adjectif signifie « ivre » ?

6 Quel mot est un synonyme du mot « alcoolique » ?

7 À la ligne 22, à qui se réfère « lui » ?

8 Vrai ou faux ? Justifiez vos réponses.

a Coupeau a vomi partout dans la chambre.
b Coupeau est réveillé.
c Gervaise reste indifférente à cette scène.
d Gervaise a envie de vomir.

« La buveuse d'absinthe » par Pablo Picasso

Zoom grammaire

Rappel : le subjonctif (présent)

« Il faut pourtant que je me couche. » (*L'Assommoir,* chapitre 8)

- Contexte présent :
  Il **faut** que j'**apprenne** le subjonctif.
  (présent) (subjonctif)
- Contexte passé :
  Il **fallait** que j'**apprenne** le subjonctif.
  (imparfait) (subjonctif)
- Contexte futur :
  Il **faudra** que j'**apprenne** le subjonctif.
  (futur) (subjonctif)

Le subjonctif n'est pas un temps mais un mode. Le subjonctif peut donc s'employer dans un contexte présent/passé ou futur.

On le forme :

- Prendre la forme « ils » des verbes au présent.
- Enlever la terminaison « -ent »
- Ajouter les terminaisons suivantes :

je	**-e**	nous	**-ions**
tu	**-es**	vous	**-iez**
il/elle/on	**-e**	ils/elles	**-ent**

NB : Pour former les formes « nous » et « vous » du verbe au subjonctif, il est recommandé de se baser sur la forme « nous » du verbe au présent.

Exemples : ils boivent ⟶ Il faut que tu **boives**.
nous buvons ⟶ Il faut que nous **buvions**.

Il existe bien sûr des exceptions : aller, avoir, être, faire, prendre, savoir, vouloir.

Le subjonctif s'utilise après certains verbes, certaines expressions ou conjonctions.

Grammaire en contexte

1 Voici une liste de verbes et expressions. Décidez si vous devez utiliser le subjonctif après ces verbes ou expressions.

a Il est urgent que …
b Je pense que …
c Je crains que …
d Je souhaite que …
e Il est impensable que …
f Je ne crois pas que …
g Je trouve que …
h Il est utile de …
i Après que …
j Bien que …
k Il est conseillé de …
l J'ai bien peur que …

2 Utilisez les verbes et expressions que vous avez sélectionnés pour composer des phrases dans lesquelles vous utiliserez le subjonctif. Toutes vos phrases doivent être liées au thème de l'alcool et des dépendances.

16.7 Les drogues et leurs effets

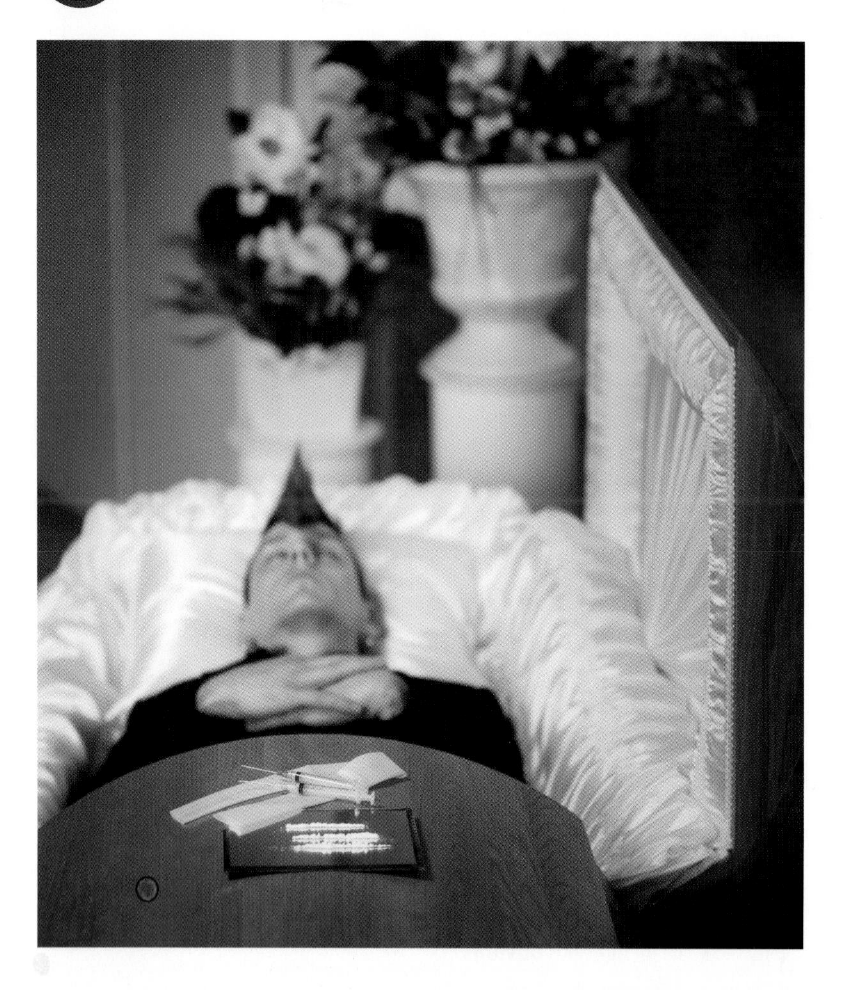

À l'oral

1 Décrivez la situation. Qui ? Où ? Quand ? Quoi ?
2 Choisissez deux mots de la liste ci-dessous qui, selon vous, résument le mieux la situation. Expliquez vos choix.

le danger
la stupidité
le chagrin
la banalité
le manque d'informations
le goût du risque

3 Qui pensez-vous est responsable de sa mort ? Lui, ses parents, ses amis, le manque de soutien, la pression de groupe, la société ?
4 D'après vous, les jeunes sont-ils trop exposés/pas assez exposés aux drogues, leurs effets et leurs dangers ?
5 Pensez-vous que le trop plein d'information et l'exposition constante dans les médias, à la radio, à la télévision, etc. soient un facteur positif ou négatif en matière de prévention ?

16.8 Le cannabis et ses effets

Voici les témoignages de jeunes accros au cannabis.

Texte 16.8.1

Emmanuel, 15 ans
« Une fois, j'ai vomi partout dans la rue ; c'était horrible. Je me sentais mal, je tombais à moitié dans les pommes. Je n'arrivais pas à me relever. Je m'appuyais, je ne pouvais plus me relever. »

Surfons le net
Tous ces témoignages sont tirés de la brochure intitulée « Cannabis, ce qu'il faut savoir » publiée par la MILDT et disponible sur le site www.pearsonhotlinks.com (*Français B*, lien internet 16.2).

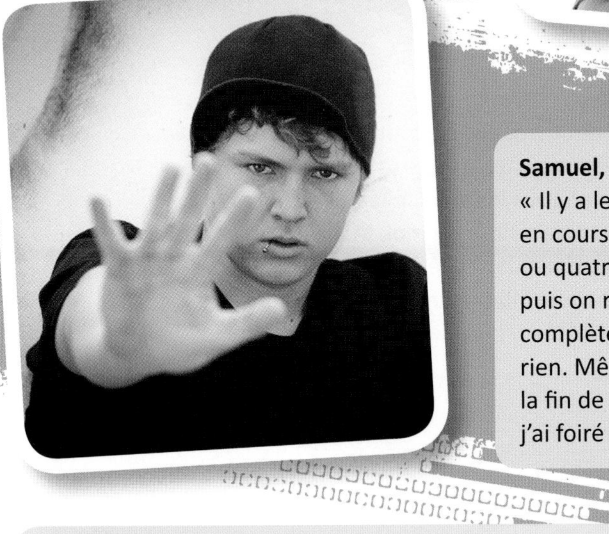

Samuel, 14 ans
« Il y a le problème quand on fume avant d'aller en cours. Bon, ça, j'en ai fait les frais pendant trois ou quatre mois. J'avais le petit pétard du midi et puis on reprenait les cours à 13h. Donc, moi, j'étais complètement défoncé. Et c'est clair qu'on n'imprime rien. Même si on écrit ce qu'on entend, si on se relit à la fin de la journée, on n'a rien imprimé. Du coup, moi, j'ai foiré un trimestre comme ça, voilà. »

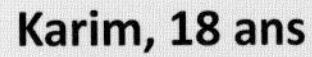

Karim, 18 ans
« Au début, avec mes copains, on s'était dit qu'on ne toucherait jamais à ça ! Mais quand tout l'entourage est fumeur, il y a toujours un jour où on est tenté, alors on a essayé quand même avec un pote. On rigolait tous ensemble sur des trucs trop bêtes, mais tellement drôles sous cannabis ! Très vite, j'ai commencé à me dire qu'un joint par mois c'était bien, puis un par semaine et un par jour, un à chaque pause ...

Maintenant, tant qu'il y a du shit je fume ! Comme je ne vais plus en cours, je reste toute la journée à la maison. C'est la perspective de fumer (ou de me ravitailler) qui me fait sortir. Sinon, je ne bouge pas, je ne peux plus faire aucun effort, je n'ai pas envie, je ne suis pas motivé. Même pour aller voir les potes, si je ne suis pas sûr qu'on va fumer, j'ai du mal à y aller. Sans cannabis, je ne sais pas quoi faire de mon temps, de mes journées, de ma vie : je ne sais plus vivre sans cannabis ! »

Julien, 16 ans
« Au début, il ne me fallait qu'un joint ou deux pour être défoncé. J'étais content. Tout le monde était dans le même état que moi, on rigolait. Après, quand je me suis mis à fumer tout le temps, ce n'est plus devenu un amusement. Les gens disent que l'on ne peut pas devenir dépendant, mais au bout de deux ans, j'ai remarqué que je ne pouvais plus passer une journée sans. Deux jours à m'en passer, c'était un exploit, carrément. »

Mathieu, 19 ans
« Au début, ça ne me coûtait pas grand-chose mais plus je me suis mis à consommer souvent, tous les jours, plus j'ai été amené à revendre autour de moi. Mais finalement, je faisais peu de bénéfices et du coup, j'étais mal pour rembourser mes fournisseurs ... J'ai déménagé mais ils peuvent me retrouver ... »

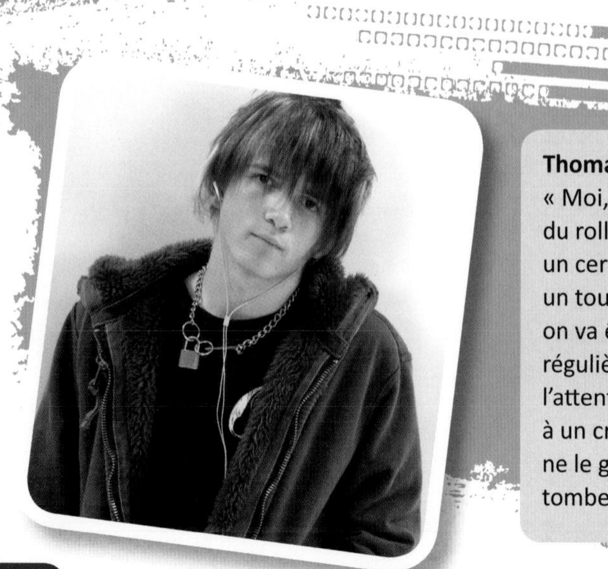

Thomas, 16 ans
« Moi, je n'ai pas le permis de conduire. Par contre, j'ai fait du roller, du vélo et du scooter sous cannabis. Ça va, jusqu'a un certain point, c'est-à-dire qu'effectivement, si on fume un tout petit peu et qu'on n'a pas l'habitude d'en fumer, on va être un peu plus attentif. Mais, quand on en fume régulièrement, on est défoncé, donc on a moins de réflexes, l'attention est moins bonne. Par exemple, en roller, on arrive à un croisement et puis on dit qu'on gère le virage, en fait on ne le gère pas. Au mieux, on tombe tout seul, au pire, on fait tomber des gens ou on se fait renverser par une voiture. »

Manipulation du texte

Après avoir lu les témoignages, répondez aux questions suivantes.

1 Dans le témoignage de Julien, quel verbe signifie « j'ai commencé à » ?

2 Dans le témoignage de Karim, quel mot est un synonyme de « copains » ?

3 Dans le témoignage de Samuel, que veut dire l'expression « j'en ai fait les frais » ?

a j'ai donné de l'argent
b j'en ai subi les conséquences

4 Dans le témoignage de Thomas, à quoi se rapporte « en » dans « quand on en fume régulièrement » ?

5 Associez chacun des titres ci-dessous au témoignage approprié.

a Fumer du cannabis : une habitude qui peut coûter très cher
b Cannabis et conduite : attention danger !
c Le « bad trip » : une expérience aussi pénible qu'imprévisible
d Quand le cannabis met en péril les études
e Quand le cannabis passe avant tout
f La dépendance au cannabis ça existe !

Zoom grammaire

Le pronom « en »

- Pour remplacer une quantité :
  Je mange **trois pommes** ⟶ J'**en** mange trois.
  Tu veux **du** gâteau ? ⟶ Oui, j'**en** veux bien.
- Verbes suivis de la préposition « de » :
  Tu as parlé **du projet** ? ⟶ Non, je n'**en** ai pas parlé.
  Il est dépendant **des drogues**. ⟶ Il **en** est dépendant.

À l'oral

À vous ! Avec un(e) camarade:

1 Faites une liste des arguments contre la consommation de cannabis qui sont mis en avant dans les témoignages.

2 Classez ces arguments du plus important au moins important et justifiez vos choix.

3 Lisez le synopsis du message radio diffusé à l'occasion de la campagne anti-drogue réalisée par la MILDT et L'INPES. Que pensez-vous de cette campagne publicitaire ? Le jugez-vous efficace ? Justifiez votre réponse.

Synopsis Spot Radio « Ecstasy »

Voix-off homme :
« Aujourd'hui, l'ecstasy nous semble être une drogue ....
On connaît des gens qui en prennent, on nous en a déjà proposé.
On se dit : 'OK, c'est interdit, mais ça va, c'est la drogue de la fête, non ?'
Et bien non.
Même ...., l'ecstasy reste un produit dangereux.
Parce qu'on ne sait jamais ce qu'il y a dedans.
Parce que l'ecstasy attaque le cerveau.
Parce qu'à tout moment, on risque l'arrêt cardiaque.
Alors, ne fermons pas les yeux.

Pour connaître les risques liés aux drogues et les aides disponibles, appelez le 0 800 23 13 13, appel gratuit depuis un poste fixe. »

4 Imaginez que l'on vous a confié la réalisation de deux spots publicitaires ; le premier vise à la prévention contre les excès liés à la consommation d'alcool, le deuxième contre les risques liés au tabagisme.

En vous inspirant de la campagne anti-drogue ci-dessus, rédigez les synopsis des clips que vous réaliseriez.

Pour aller plus loin ... Concours !

Enregistrez vos spots radio et faites-les écouter à vos camarades. Votre présentation s'accompagnera d'arguments visant à défendre l'utilité, l'efficacité et l'originalité de vos spots. Un jury décidera des meilleurs spots. Ce jury devra justifier ses choix.

À l'écrit

Votre meilleur(e) ami(e) vient de vous annoncer qu'il/elle aimerait essayer un petit joint « juste pour voir ». Vous décidez de lui écrire une lettre dans laquelle vous le/la mettez en garde contre les dangers liés à la consommation de cannabis. Écrivez entre 250 et 400 mots.

À l'écrit (NS)

Rédigez un article qui sera publié dans le magazine *Les jeunes et leur santé*. Cet article aura pour titre : « Cannabis ; le mieux c'est de ne jamais commencer ! » Écrivez entre 250 et 400 mots.

16.9 Pour ou contre la légalisation du cannabis ?

Voici les paroles d'un groupe de chanteurs français engagé, Matmatah.

Texte 

L'apologie

Cette étrange cigarette ne nous rend pas hagard
L'an 2000 approchant rattraper le retard
Vivons à notre époque et dédramatisons
Non bien sûr le pétard n'élève pas la raison

Je le conseille tout de même avec modération
Comme cet alcool qu'on prend jusqu'à la déraison
Et pour quelques noyés est devenu passion
Mais l'église ne dit rien la cirrhose a raison

Voir un homme tituber ne choque pas la morale
Mais l'alcool tant loué vous est parfois fatal
Et le joint si léger dans mon pays natal
Des libertés de l'homme devraient être banales

Malheureusement chez nous il se vend en sous-main
Si peu dangereux qu'il soit l'état lui fait la guerre
Pour une fausse morale parce qu'il n'en touche rien
Voilà la vérité dans cette triste affaire

Refrain :
Un pétard ou un Ricard, si t'as vraiment le cafard
À choisir y a pas photo, moi je choisis le maroco
Les alcools ont leurs soulards, le cana c'est le panard
Y'en a qui le mystifient, moi je fais son apologie

Ce serait pourtant si simple de le légaliser
Deux petits joints par jour c'est anti-dépresseur
Si l'état dans ce cas n'était pas l'agresseur
Le peuple tout entier pourrait mieux respirer

C'est encore cette fois par l'argent que le bas blesse
Si au moins le haschisch pouvait emplir les caisses
Nos dirigeants affables fermeraient bien les yeux
Et parfois avec nous s'envoleraient aux cieux

Refrain
L'alcool et le tabac ont le droit de tuer
Car aux comptes de l'état apportent leurs deniers
Messieurs dames mourrez donc d'alcool et de fumée
La patente est payée, la mort autorisée

Surfons le net
Rendez-vous sur le site www.pearsonhotlinks.com (*Français B*, lien internet 16.3) pour écouter la chanson.

La Ouache Production, 1998

Compréhension générale du texte

Après avoir lu la chanson, répondez aux questions suivantes.

1 Faites une liste des mots qui se rapportent au thème de la santé. Sont-ils plutôt positifs ou négatifs ?

2 Identifiez les mots qui appartiennent au champ lexical de la drogue. À quel registre de langue appartiennent-ils ?

3 Expliquez le titre « L'apologie ».

4 Selon vous, l'auteur de la chanson est-il pour ou contre la légalisation du cannabis ? Justifiez votre réponse.

5 Quel avis est exprimé dans la chanson au sujet de l'alcool et du tabac ? D'après lui, le cannabis est-il plus dangereux que ces deux autres drogues ? Justifiez votre réponse.

6 Quelles sont, selon lui, les raisons pour lesquelles le cannabis est une substance interdite ?

7 Pensez-vous qu'une chanson soit un bon moyen pour faire passer une opinion ?

8 Devrait-on interdire ce genre de chansons ?

Entraînement à l'oral interactif

Mini débat

Quelle est votre opinion concernant la légalisation du cannabis ? Choisissez un point de vue : pour ou contre ou neutre. Préparez une liste d'arguments et de justifications et confrontez vos opinions à celles de vos camarades.

À l'écrit

Vous êtes médecin et vous travaillez régulièrement avec des jeunes drogués. Le directeur d'un lycée vous a invité pour faire un discours aux élèves afin de les mettre en garde contre les dangers des drogues. Rédigez le texte de ce discours. Rédigez entre 250 et 400 mots.

Entraînement à l'oral individuel

Regardez cette photo. Que vous inspire-t-elle ? Vous avez 15 minutes pour préparer une présentation entre 3 et 4 minutes.

Dehors, c'est moins gênant pour les autres

Pour vous aider ...

1 Dans votre présentation, commencez par décrire l'image/la scène dans le détail. Vous pouvez parler de :

- l'aspect social/convivial du tabagisme
- le coût du tabagisme
- l'interdiction de fumer dans les lieux publics (loi Évin)
- les conséquences de la loi Évin pour les cafés
- le tabagisme passif
- campagnes anti-tabac.

2 Dans la deuxième partie, les thèmes/idées que vous avez abordés dans votre présentation seront approfondis. Les thèmes suivants pourraient être abordés :

- Campagnes de sensibilisation efficaces.
- Que faire pour mener une vie saine.
- Alcool au volant.
- Cannabis/légalisation.

Conseils de l'examinateur

- Structurez votre présentation (employez des connecteurs logiques).
- Avancez des opinions et justifiez-les.
- Soyez actif/active ; n'attendez pas que l'examinateur vous pose les questions.

Créativité, action, service

Imaginez que dans le cadre de votre programme CAS, vous soyez volontaire dans un centre de désintoxication. Écrivez une page de votre journal intime (entre 250 et 400 mots) dans laquelle vous racontez votre expérience au quotidien et exprimez vos émotions.

Ressources en ligne
Pour plus d'activités, consultez le site www.pearsonbacconline.com

ENTRAÎNEMENT À L'EXAMEN

FRANÇAIS B – NIVEAU SUPÉRIEUR – ÉPREUVE 2

Novembre 2008

TEXTE A

Le tabac et la loi

[– Titre X –]

Les lois Veil (1976) et Évin (1991) ont permis des avancées notoires dans la lutte contre le tabagisme, mais celles-ci se révèlent insuffisantes au regard des connaissances actuelles des risques liés au tabac. Nous savons désormais que : « *Il est clairement établi, sur des bases scientifiques, que l'exposition à la fumée de tabac entraîne la maladie, l'incapacité* 5 *et la mort* », selon l'article huit de la Convention–cadre pour la lutte anti-tabac de l'Organisation Mondiale de la Santé ; le tabagisme passif, classé comme cancérogène pour l'Homme, provoque le cancer du poumon et des maladies cardio-vasculaires ; il aggrave des pathologies comme l'asthme ; le tabac tue 66 000 fumeurs par an en France, mais également 5000 non-fumeurs. L'ensemble de ces raisons a amené les pouvoirs publics à renforcer 10 l'interdiction de fumer dans les lieux à usage collectif. Le décret du 15 novembre 2006 marque une nouvelle étape déterminante, dans la politique de prévention du tabagisme menée depuis 30 années en France.

[– Titre 2 –]

Le décret prévoit l'interdiction de fumer : dans tous les lieux fermés et couverts accueillant du public ou qui constituent des lieux de travail ; dans les établissements de santé ; dans 15 l'ensemble des transports en commun ; dans toute l'enceinte (y compris les endroits ouverts comme les cours d'école) des écoles, collèges et lycées publics et privés, ainsi que des établissements destinés à l'accueil, à la formation ou à l'hébergement des mineurs.

Dans tous ces lieux, l'interdiction de fumer sera rappelée par une signalisation apparente. Dans les lieux fermés et couverts, le responsable de l'établissement pourra décider de la 20 création d'emplacements réservés aux fumeurs. La mise en place de tels emplacements doit être soumise à l'avis du comité d'hygiène et de sécurité dans les lieux de travail publics ou privés. Elle est exclue des écoles, collèges, lycées, universités, établissements destinés à – ou régulièrement utilisés pour – l'accueil, la formation, l'hébergement ou la pratique sportive des mineurs, ainsi que dans les établissements de santé. Pour des raisons d'exemplarité de 25 l'État, les administrations ne mettront pas en place ces emplacements.

[– Titre 3 –]

Le décret est applicable à partir du 1er février 2007. Certaines catégories d'établissements (débits de boissons, hôtels, restaurants, débits de tabac, casinos, cercles de jeux et discothèques) ont un délai supplémentaire, jusqu'au 1er janvier 2008, afin de s'adapter économiquement à la nouvelle réglementation.

30 *Pour toute information et toutes les questions sur l'interdiction de fumer :* www.tabac.gouv.fr

D'après le site : www.tabac-info-service.fr

TEXTE A – LE TABAC ET LA LOI

Indiquez dans la case de droite la lettre qui correspond à la réponse correcte.

1 Ce texte est ...

A un éditorial.
B une proposition.
C une critique.
D une brochure.

☐

Parmi les propositions de la colonne de droite, choisissez celle qui correspond à chacun des titres manquants dans le texte. ***Attention :*** *il y a plus de propositions que de titres manquants. Un exemple vous est donné.*

Exemple : *[Titre X] B*

2 [Titre 2] ....

3 [Titre 3] ....

A Quand les nouvelles dispositions entrent-elles en vigueur ?

B Pourquoi un renfort de la législation du tabac ?

C La nouvelle réglementation : source d'économies pour l'État ?

D Que dit le décret du 15 novembre 2006 ?

E Les responsables des lois sont-ils fumeurs ?

Les affirmations suivantes, basées sur les lignes 1 à 17, sont soit vraies, soit fausses. Cochez [✓] la réponse correcte. Justifiez votre réponse par les mots du texte. Un exemple vous est donné.

	VRAI	FAUX
Exemple : *Les lois Veil et Évin ont aidé la lutte contre le tabagisme.* *Justification : ont permis des avancées notoires dans la lutte contre le tabagisme.*	[✓]	☐
4 Les progrès dans la recherche scientifique sur le tabagisme justifient l'adoption d'autres lois. Justification :	☐	☐
5 Dans les établissements scolaires, élèves et professeurs pourront fumer seulement à l'extérieur des salles de classe. Justification :	☐	☐
6 La création d'une zone fumeurs sera obligatoire dans tous les établissements. Justification :	☐	☐

En vous basant sur les lignes 18 à 30, répondez aux questions suivantes.

7 À quoi se rapporte « elle » dans « elle est exclue des écoles » ? *(ligne 22)*

....

8 Dans quel but certains établissements bénéficient-ils d'un délai pour l'application du nouveau décret ?

....

CHAPITRE 17

LES NOUVELLES TECHNOLOGIES : BÉNÉFICES ET DANGERS

Objectifs :
- Parler de l'importance des portables dans la vie de tous les jours
- Aborder les règles de savoir-vivre
- La déshumanisation de la société en question
- Réviser l'impératif
- Réviser les pronoms relatifs simples

Les mots clés de l'unité : un téléphone mobile/un portable, être connecté, télécharger, une facture, un fournisseur, une invention, une avancée technologique, le respect d'autrui, un lien, mettre en danger/en péril

17.1 Jamais sans mon portable !

Les portables font également partie des outils de communications modernes. Aujourd'hui, rares sont ceux qui n'en n'ont pas.

À l'oral

1 Décrivez ce photo. Expliquez l'impact du téléphone portable sur la communication.
2 La technologie et vous . . . communication et mauvaises habitudes.
Le feriez-vous ? Pourquoi ? Pourquoi pas ?
 a Utiliser votre portable en cours.
 b Prendre des photos à l'insu d'une personne avec votre portable.
 c Enregistrer une conversation avec quelqu'un sur votre portable sans l'autorisation de la personne concernée.
 d Rompre avec votre petit(e) ami(e) par texto.
 e Sortir de table pour répondre à un appel sur votre portable.
 f Répondre à un appel dans le train.
 g Passer une journée, une semaine, un mois sans portable.
 h Envoyer des textos inappropriés par vengeance.

À l'oral

Êtes-vous accro au portable ? Avec un(e) camarade, faites le test ci-dessous pour voir si vous êtes accro au portable ou non.

Texte 

Es-tu accro au téléphone ?

Ce n'est pas parce que les téléphones n'ont plus de fil qu'on y est moins attaché ...

1 Ton petit frère monopolise le téléphone alors que tu attends un appel ...

- ● Tu lui demandes gentiment d'abréger.
- ▲ Tu hausses les épaules.
- ■ Tu lui arraches l'appareil des mains.

2 Si le téléphone n'existait pas, quel moyen de communication utiliserais-tu ?

- ▲ Le pigeon voyageur.
- ■ La transmission de pensée.
- ● L'internet.

3 Pour faire une déclaration d'amour, qu'est-ce qui te semble le mieux ?

- ■ Une conversation téléphonique.
- ▲ Une lettre.
- ● Une rencontre.

4 Dans la rue, quand tu utilises ton portable ...

- ■ Tu ne peux pas t'empêcher de frimer.
- ● Tu t'efforces d'avoir l'air le plus naturel possible.
- ▲ Comme tu as l'impression que tout le monde va te prendre pour un frimeur, tu vas téléphoner avec – mais dans une cabine téléphonique.

5 Quand tu téléphones, que peux-tu faire en même temps ?

- ● Des gribouillis sur une feuille de papier.
- ■ Tout.
- ▲ Rien.

6 Le rêve, ce serait ...

- ▲ De supprimer le téléphone à la maison.
- ● D'avoir ta propre ligne dans ta chambre.
- ■ Qu'on te greffe un implant téléphonique.

7 À la maison, le téléphone sonne plutôt ...

- ■ Pour toi.
- ● Pour tes frères et sœurs.
- ▲ Pour tes parents.

8 Combien de numéros de téléphone connais-tu par cœur ?

▲ Juste le tien.

● Plus de cinq.

■ Beaucoup trop.

9 Parler à quelqu'un qu'on ne voit pas (comme au téléphone), c'est :

■ Plus facile.

▲ Plus difficile.

● Ça ne change rien.

10 Combien de temps peux-tu rester pendu(e) au téléphone ?

■ Jusqu'à ce que tes parents t'arrachent l'appareil des mains …

● Une heure.

▲ 1 minute 30 (après, tu as des crampes à l'oreille).

Tes résultats

Compte les ●, ■ et ▲ que tu obtiens. Attention un symbole rouge compte double

Tu obtiens une majorité de ■

Téléfou !

Toi, tu es tellement accro au téléphone qu'on a parfois l'impression que tu es né(e) avec une oreille en forme de combiné ! Non seulement tu peux rester des heures et des heures en ligne avec tes amis, mais tu peux aussi pratiquement tout faire en téléphonant : manger, regarder la télé, apprendre tes leçons... Mon conseil : change d'oreille tous les quarts d'heure, sinon celle collée au combiné va finir par s'user !

Tu obtiens une majorité de ●

Téléfan !

Tu trouves que le téléphone est vraiment un formidable moyen de communication. Tu l'utilises chaque fois que tu en as besoin ou envie, mais tu ne fais pas partie des super accros, capables de passer leur vie un combiné collé à l'oreille. Tu adores discuter avec tes amis, mais tu préfères toujours les avoir en face de toi. Pour toi, c'est encore comme ça qu'on se parle le mieux.

Tu obtiens une majorité de ▲

Télébof

Tu n'es pas allergique au téléphone, mais tu as du mal à rester longtemps en ligne avec quelqu'un. Pour toi, le téléphone est surtout fait pour échanger des informations précises et brèves, comme donner rendez-vous à un copain, appeler tante Berthe pour lui dire que tu seras en retard... Inutile de dire que tu n'arrives pas à comprendre ces individus capables de parler de tout (et surtout de rien) pendant des heures...

Quiz du magazine *Okapi*, « Teste-toi »

Texte 

Le portable à table

Au moment de s'asseoir, ils les ont tous posés sur la table, comme on dépose les armes, et vous qui n'en avez pas, vous vous êtes senti amoindri, dépossédé d'une attitude.

Votre avis est ....[1]........ arrêté au sujet des mobiles, d'un certain point de vue on peut ....[2]........ vous considérer comme un militant, le réfractaire absolu. De vous retrouver parmi quatre partisans vous place de fait dans la position de l'ascète au milieu du banquet, et comme très vite la conversation se porte là-dessus, les modules, les tarifs, les codes d'accès, vous sombrez d'office dans la relégation. Ils vont même ....[3]........ vous omettre au moment de trinquer.

Depuis quinze années ces quatre-là sont vos meilleurs amis, cela dit, à travers eux, vous sentez qu'il est un des grands virages de la civilisation que vous venez ni plus ni moins de manquer. ....[4]........ ce ne soit un problème d'amplitude sociale. Cette nécessité d'être joignable à tout moment est l'affirmation d'une importance, et s'il est des hommes sur cette planète ....[5]........ la disponibilité est déterminante, vos amis en sont. Ainsi vous concevez l'honneur qu'il y a d'être assis à leur table, le simple fait de les fréquenter vous rehausse.

En somme, tout se passe bien pour vous, jusqu'à ce que passablement confus ils se retrouvent tous les quatre au téléphone. Du coup vous sentez poindre l'ostracisme, vous attendez même qu'ils finissent avant de toucher à l'assiette qu'on vient de vous servir.

Comme les conversations s'éternisent, vous commencez à manger. L'un d'entre eux a un petit signe pour vous dire que vous avez bien fait, même si les trois autres, chaque fois que vous choquez vos couverts dans la faïence, vous font des grands signes excédés. À partir de là vous êtes vigilant. À chaque fois que vous touchez votre verre, vous limitez la résonnance, vous découpez posément les côtelettes, vous mâchonnez prudemment. Ce qui vous obsède c'est la peur du hoquet, la moindre émotion au moment de manger vous déclenche ça.

Tout de même, vous notez la délicatesse de Philippe, le seul à s'excuser vraiment, même s'il recompose déjà un nouveau numéro, coup de fil visiblement important, en rapport avec le précédent. Les trois autres par contre persistent avec leurs correspondants, considérablement absorbés. À un moment, vu la juxtaposition de certains propos, vous avez craint qu'ils ne se téléphonent entre eux, et qu'à votre insu, la conversation ne se soit nouée autour de cette même table. Ce serait idiot.

Sur le point de plonger la cuillère dans les profiteroles, pris par le scrupule, vous vous dites que ce serait sympa de les attendre, le temps au moins qu'ils finissent leur apéritif. Seulement, les glaces vanille étant ce qu'elles sont, ductiles* et faibles, il faut vous résoudre à les attaquer, sans quoi les choux auront fini par sombrer. Votre attitude est une nouvelle fois encouragée par vos amis qui, en masquant le bas du combiné vous chuchotent les uns après les autres que vous avez bien fait.

Plutôt que de commander le café tout de suite, vous temporisez, histoire de griller une cigarette. Là par contre ils vous en dissuadent tous en faisant de grands gestes à cause de la fumée. Alors vous commandez un déca.

Ils ont l'air contents d'eux-mêmes en raccrochant leur engin, un rien suffisants, peut-être même qu'il y a un peu de condescendance dans leur façon de vous demander si vous avez bien mangé, comme on le demande parfois aux enfants, ou tout subalterne.

Par contre, là où ils retombent tous de leur altitude, là où vous triomphez, c'est quand le patron en personne vous apporte votre café, tout en vous glissant, avec ce qu'il sait de déférence :

– On demande Monsieur au téléphone.

*ductiles = qui peuvent être allongées

Serge Joncour, *Situations délicates*, Éditions J'ai Lu

Point culture
Serge Joncour (1961–) : écrivain français, auteur de *L'Idole* et *UV*.

Manipulation du texte

Après avoir lu le texte intitulé : « Le portable à table », répondez aux questions suivantes.

1 Parmi les phrases ci-dessous, seules **quatre** correspondent aux idées exprimées par le texte. Indiquez les lettres correspondant aux réponses correctes.

a Le narrateur n'a aucun complexe par rapport a ses amis.
b Le narrateur est anti portable.
c Les sujets de conversation à table sont variés.
d L'utilisation du portable conférerait à son utilisateur un certain statut social.
e Le narrateur n'a aucune hésitation avant d'attaquer le plat principal qu'on vient de lui servir.
f Les conversations téléphoniques sont de courte durée.
g Le bruit que le narrateur fait avec sa fourchette et son couteau gêne ses amis qui sont au téléphone.
h Le narrateur est détendu lorsqu'il mange.
i Le narrateur est encouragé à continuer son repas par ses amis.
j Le narrateur renonce à fumer.

2 Remplacez les connecteurs logiques suivants dans le texte.
Attention : il y a plus de mots que de réponses correctes.

bien que	si	qui	à moins que	même	aussi
jusqu'à	pourtant	que	puisque	dont	

3 En vous basant sur le texte, complétez le tableau suivant. Indiquez à qui ou à quoi se rapportent les mots en gras.

Dans la phrase ...	**le mot ...**	**se rapporte à ...**
a « ils **les** ont tous posés sur le table » (ligne 1)	« les »	
b « le simple fait de **les** fréquenter » (3e paragraphe)	« les »	
c « il faut vous résoudre à **les** attaquer » (7e paragraphe)	« les »	

17.2 Le portable : fléau ou belle invention ?

Le jeu des slogans. Voici le slogan de la Sécurité routière qui a pour but de faire prendre conscience aux automobilistes des dangers associés à l'utilisation des téléphones mobiles au volant.

Sécurité routière

À l'oral

D'autres dangers et problèmes sont liés à la possession et l'utilisation d'un téléphone portable. Voici cinq catégories.

1. Le portable et le vol.
2. Le portable et les effets sur la santé.
3. Le portable et le respect de la vie privée.
4. Le portable et le respect des autres.
5. Le portable et l'environnement.

Travaillez avec un(e) camarade. Pour chacune de ces catégories, imaginez-vous responsable(s) d'une campagne de sensibilisation et inventez un slogan pertinent qui accompagnerait votre campagne. Déterminez au préalable :

- le public visé
- l'objectif de la campagne
- les problèmes spécifiques ciblés (renseignez-vous : chiffres, témoignages, etc.).

Texte 17.2.1

Flash info

L'Île Maurice lance une campagne de recyclage des téléphones portables usagés

LIBREVILLE, 26 octobre – Le Ministère mauricien de l'environnement a lancé lundi un programme de recyclage des téléphones portables et des batteries usagés.

S'exprimant à cette occasion, le Ministre de l'environnement, Deva Virahsawmy, a mis en garde contre le danger environnemental que représentent les produits électroniques et les batteries usagés à cause de la présence de substances qui ont des effets toxiques sur les plantes, les animaux et les micro-organismes.

Selon les statistiques officielles, en 2009, Maurice a importé 319 000 téléphones portables et 25 millions de batteries.

Selon M. Virahsawmy, cette campagne entre en droite ligne du concept de « Maurice, île durable », qui a pour objectif de garantir un meilleur avenir à la population.

Il a insisté sur le fait que la sensibilisation devait commencer en bas âge afin de faire des enfants des ambassadeurs de l'environnement qui, à leur tour, sensibiliseront leurs parents et d'autres membres de leurs familles.

Les batteries et les circuits électroniques des téléphones portables collectés à travers le pays seront envoyés en France pour y être recyclés.

Infos plus Gabon, le 26 octobre 2010

À l'oral

Le portable : une bien belle invention. S'il existe des dangers liés à l'utilisation des téléphones portables, le téléphone portable a aussi révolutionné la vie de tous les jours.

1 Avec un(e) camarade, faites une liste de tous les avantages apportés par les portables.

2 Préparez ensuite une présentation orale entre 3 et 4 minutes qui commencera par :
« Vivre sans portable aujourd'hui est tout simplement impensable . . . »

NB : Cette présentation a pour but de convaincre de l'utilité, voire de la nécessité, des portables dans la vie de tous les jours. Il faut donc être convaincant(e), avancez des arguments pertinents et les illustrer à l'aide d'exemples concrets (chiffres, statistiques, anecdotes, etc.).

Texte 17.2.2

Les 10 règles d'or de la téléphonie mobile

01

Faire activer le contrôle parental pour éviter les contenus Internet sensibles

02

Parler doucement dans les lieux et les transports publics

03

Maîtriser ses communications et leur coût

04

En deux-roues, laisser la messagerie répondre

05

En classe, éteindre son téléphone portable

06

Être aussi vigilant dans le monde virtuel que dans le monde réel

07

Informer ses parents ou son entourage en cas de doute sur un contenu, un message, un logiciel ...

08

Ne pas faire aux autres ce que l'on ne voudrait pas qu'on nous fasse, en particulier pour les photos et vidéos

09

Dès l'achat, noter et conserver le numéro IMEI de son mobile, véritable « antivol » du portable

10

Faire recycler son « vieux » téléphone mobile en magasin

Votre adolescent et le téléphone mobile : Guide pour les parents www.afom.fr

À l'écrit

Choisissez l'un des sujets proposés ci-dessous. Écrivez entre 250 et 400 mots. Utilisez l'impératif (voir « Rappel » à la prochaine page).

1 En vous inspirant du document ci-dessus, rédigez un guide de recommandations à l'intention des adolescents intitulé : « Du bon usage du portable au quotidien ».

2 Rédigez un guide de recommandations à l'usage des parents dont le but sera de leur donner des conseils sur la meilleure façon de guider leurs ados en ce qui concerne l'utilisation des téléphones mobiles.

3 Depuis que votre meilleur(e) ami(e) a reçu le tout dernier modèle du téléphone portable de la marque « Connecté tout le temps », il/elle passe son temps pendu(e) au téléphone et en oublie tout son savoir vivre. Exaspéré(e) par son comportement, vous décidez de lui envoyer un courriel dans lequel vous essayez de lui faire prendre conscience de sa nouvelle attitude et vous lui donnez des conseils pour l'aider à changer son comportement.

Zoom grammaire

Rappel : l'impératif

Pour le former :

- prendre la forme « tu », « nous » ou « vous » du verbe au présent.

  Exemples : tu chantes → chante !
  nous chantons → chantons !
  vous chantez → chantez !
  nous finissons → finissons !
  vous ne prenez pas → ne prenez pas !

  Attention : le « -s » de la forme « tu » disparaît pour les verbes en « -er ».

- verbes réfléchis

  Exemple : se laver – Lave-toi ! Lavons-nous ! Lavez-vous !
  Mais : Ne te lave pas ! Ne nous lavons pas ! Ne vous lavez pas !

Exceptions : avoir – Aie ! Ayons ! Ayez !
être – Sois ! Soyons ! Soyez !
savoir – Sache ! Sachons ! Sachez !

Grammaire en contexte

Voici un extrait du guide intitulé *Votre adolescent et le téléphone mobile : Guide pour les parents.*

1 Conjuguez les verbes à l'impératif.

2 Complétez cette liste de conseils avec six conseils de votre invention. Variez vos verbes.

De nouvelles règles de « savoir-vivre mobile » !

Quelques recommandations à faire aux adolescents :

1 **(Penser)** à la tranquillité et au respect des personnes qui t'entourent ;
2 **(Éteindre)** ton téléphone portable pendant les cours ;
3 **(Passer)** en mode vibreur ou silencieux au restaurant, dans une boutique, une salle d'attente, etc., sachant que tu pourras toujours écouter tes messages plus tard ;
4 **(S'éloigner)** des autres si tu souhaites discuter au téléphone dans un lieu public ;
5 **(Ne pas laisser)** ton portable sonner longtemps, si tu ne souhaites pas prendre l'appel, appuie quelques secondes sur la touche « dièse » de ton clavier ;
6 **(Respecter)** les interdictions de téléphoner dans les lieux publics.

Votre adolescent et le téléphone mobile : Guide pour les parents, www.afom.fr

17.3 Parlons d'autres inventions …

À l'occasion de ses 35 ans, le magazine québécois *L'Actualité* a publié une liste de 35 inventions québécoises les plus significatives. En voici quelques unes …

Texte 

1 LE VACCIN PORCIN
John Fairbrother et Éric Nadeau, deux vétérinaires de l'Université de Montréal, ont inventé en 2001 le premier vaccin contre la diarrhée postsevrage des porcelets, qui décime des élevages partout dans le monde.

2 LE FAUTEUIL DE CINÉMA QUI BOUGE
Les fauteuils de l'entreprise longueuilloise D-Box, qui bougent au rythme des films à l'écran, envahissent depuis peu les cinémas du Canada, des États-Unis et du Japon.

3 STÉRILISATION À L'OZONE
L'appareil Sterizone, créé par TSO3, de Québec, permet de stériliser des instruments chirurgicaux faits de matériaux qui ne résistent pas à la chaleur, et ne génère aucun déchet.

4 LE SOUTIEN-GORGE AMPLIFORME
Le secret du galbe des poitrines menues a été imaginé en 1961 par la styliste montréalaise Louise Poirier pour la marque WonderBra.

5 LE RAFRAÎCHISSEUR À VIN
Avec le système inventé en 2007 par Ravi Solution, de Longueuil, on peut refroidir son vin en quelques instants.

6 LA THÉIÈRE INTELLIGENTE
La Fine-T, une théière électrique qui peut être programmée pour infuser divers types de thés, a été inventée en 2009 par Pierre Mercier, analyste financier à la retraite. Et elle est vendue en Angleterre !

7 LA SOUFFLEUSE À NEIGE
S'inspirant du principe de la moissonneuse, Arthur Sicard, fermier de la Mauricie, a inventé la souffleuse à neige. Il a vendu sa première à la Ville d'Outremont, en 1927.

8 LA MOTONEIGE
Après avoir mis au point le système de traction « barbotin-chenille », breveté en 1937, Joseph-Armand Bombardier a conçu de nombreux véhicules capables de se déplacer sur la neige.

9 LES LOGICIELS DE DIVERTISSEMENT À BORD DES AVIONS
Plus de 100 compagnies aériennes utilisent les logiciels de l'entreprise DTI, de Montréal, pour animer les écrans de divertissement à bord des avions.

10 LE COMBINÉ TÉLÉPHONIQUE
Cyrille Duquette, horloger de Québec, a eu l'idée de combiner l'émetteur et le récepteur d'un téléphone. Il a établi une des premières lignes téléphoniques au monde, en 1878 ; elle allait de sa boutique de la rue Saint Jean au collège Jésus-Marie de Sillery.

À l'oral

Parmi les inventions ci-dessus, choisissez celle qui vous paraît la plus et la moins utile. Justifiez votre choix.

Point culture
Gaston Lagaffe : personnage de bande dessinée créé en 1957 par André Franquin. C'est un inventeur malchanceux.

Texte 17.3.2

Résumé

Connaissez-vous le célèbre inventeur Gaston Lagaffe ? Gaston a beaucoup d'imagination mais ces inventions ne sont pas souvent une réussite. Quelques inventions de Gaston :

- un système automatique d'ouverture de tiroirs
- une machine à faire les nœuds de cravate
- une machine à nouer les lacets
- une machine à boucher les bouteilles de vin
- un fer à repasser téléguidé, etc.

L'une des dernières inventions de Gaston a pour but la sauvegarde de l'environnement.

Gaston a décidé d'économiser les énergies. Ainsi invente-t-il des chauffages plus performants, des machines qui referment les portes ou d'autres qui timbrent les lettres. Il est aussi très respectueux de la nature et pour cela, il essaye de limiter que sa voiture rejette des gaz d'échappement. Il invente de nouveaux moyens de transports, comme le vélo pliant ou encore la voiture à pédales. Mais surtout, il est un amoureux des animaux et condamne tous ceux qui les chassent, comme par exemple les chasseurs de baleine. Cependant, toutes ses idées ne fonctionnent pas toujours et cela tourne souvent à la catastrophe (et ce n'est pas Fantasio et Prunelle qui vous diront le contraire).

André Franquin, *L'écologie selon Lagaffe*

À l'oral

Tout comme Lagaffe, vous avez l'esprit créatif et vous aimeriez contribuer à la sauvegarde de l'environnement ou au développement d'une invention utile qui contribuerait à l'amélioration de la vie des gens au quotidien.

Avec un(e) camarade, vous décidez donc de créer un nouvel objet et aimeriez faire breveter votre concept.

Pour mener votre projet à bien, vous devez considérer les éléments suivants :

- Le but de l'objet.
- Son fonctionnement.
- Les avantages et inconvénients.
- Le public visé.
- Les bénéfices concrets pour l'environnement.
- Les coûts éventuels.

Vous allez soumettre votre projet au jury du prestigieux concours Lépine. Vous devez convaincre le jury de l'utilité et la rentabilité de votre objet. Rédigez le texte de la proposition que vous allez lui soumettre.

Une fois que toutes les inventions ont été présentées en classe, décidez de celle qui est la meilleure et la pire. Soyez convaincant(e) si vous croyez que la vôtre est la meilleure !

Point culture
Le **Concours Lépine** est un concours créé en 1901 par Louis Lépine. Aujourd'hui, ce concours d'inventions est ouvert à tous. Son objectif est de récompenser une invention originale. *(Wikipédia)*

17.4 Des robots et des hommes

Le saviez-vous ?

La guerre des robots n'aura pas lieu

Le gouvernement du Japon travaille sur la mise en place de règles pour protéger les humains des robots.

Un robot ne peut faire de mal à un être humain ni, restant passif, laisser un être humain exposé à un danger. Ceci est la première loi de la robotique.

Sais-tu que celui qui l'a inventé pour la première fois en 1950 se nommait Isaac Asimov, l'un des pères de la science-fiction, dans un livre intitulé *Les Robots* ?

La mise en place de ces lois au Japon devrait obliger les constructeurs de robots à faire attention à la sécurité des personnes.

Ainsi, les robots d'assistance aux personnes ou chargés de missions de sécurité devront être revêtus de matériaux doux et antichocs, être équipés de capteurs pour minimiser les risques de collision, et d'un bouton « OFF », pour les éteindre en cas d'urgence.

Avec le perfectionnement constant des robots, ces lois sont faites pour rassurer certains humains qui croient qu'un jour, les robots pourraient se soulever contre les hommes . . .

Voici les lois de la robotique telles que les a pensées Asimov.

Première Loi : Un robot ne peut porter atteinte à un être humain ni, restant passif, laisser cet être humain exposé au danger.

Deuxième Loi : Un robot doit obéir aux ordres donnés par les êtres humains, sauf si de tels ordres sont en contradiction avec la Première Loi.

Troisième Loi : Un robot doit protéger son existence dans la mesure où cette protection n'entre pas en contradiction avec la Première ou la Deuxième Loi.

Les Clés de l'actualité Junior, juin 2006

Texte 17.4.1

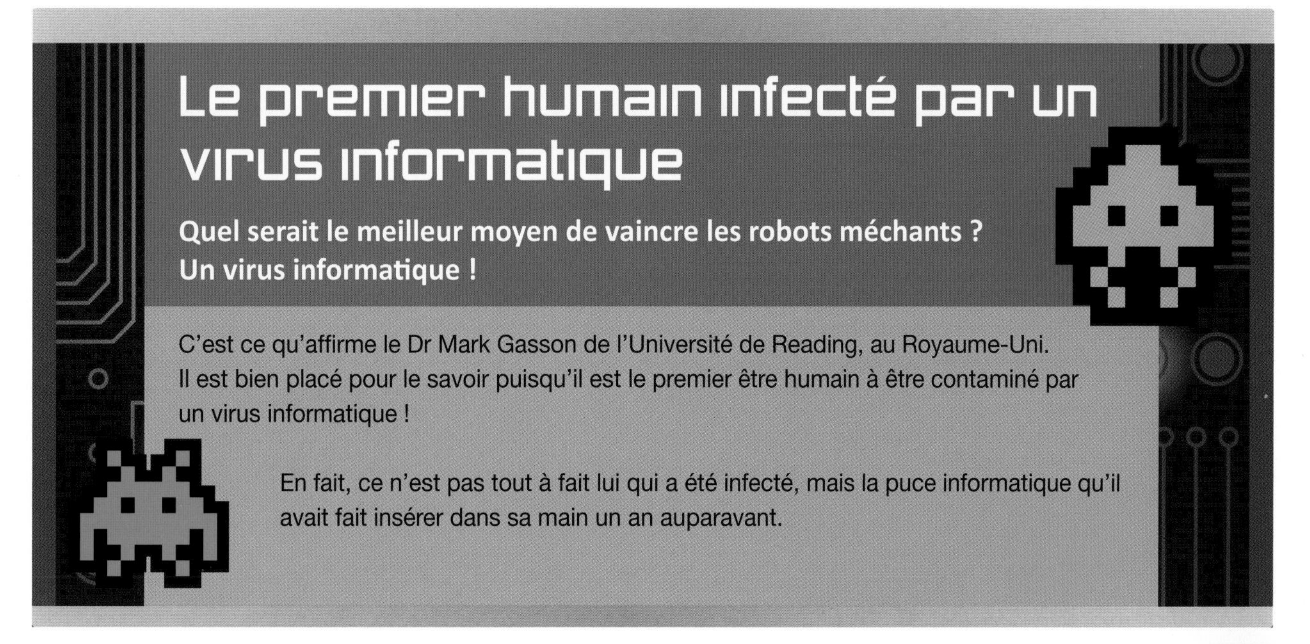

Le premier humain infecté par un virus informatique

Quel serait le meilleur moyen de vaincre les robots méchants ? Un virus informatique !

C'est ce qu'affirme le Dr Mark Gasson de l'Université de Reading, au Royaume-Uni. Il est bien placé pour le savoir puisqu'il est le premier être humain à être contaminé par un virus informatique !

En fait, ce n'est pas tout à fait lui qui a été infecté, mais la puce informatique qu'il avait fait insérer dans sa main un an auparavant.

Il s'agit du même genre de puce que celles que l'on installe sur les animaux afin de suivre leurs déplacements. Avec la puce, le Dr Gasson pouvait ouvrir les portes de l'édifice où il travaille et avoir accès à son téléphone cellulaire. Le scientifique voulait observer les conséquences de l'implantation de technologies informatiques dans le corps humain.

Infection informatique

Après un an, le Dr Gasson a mis la puce en contact avec un ordinateur infecté par un virus informatique. Quels ont été les effets ? D'abord, le virus a contaminé sa puce et celle-ci a arrêté de fonctionner. Ensuite, le virus s'est répandu à tous les systèmes avec lesquels la puce échangeait des informations. Le chercheur ne pouvait plus entrer dans l'édifice ! S'il y avait eu d'autres personnes avec une puce comme lui, elles auraient aussi été infectées.

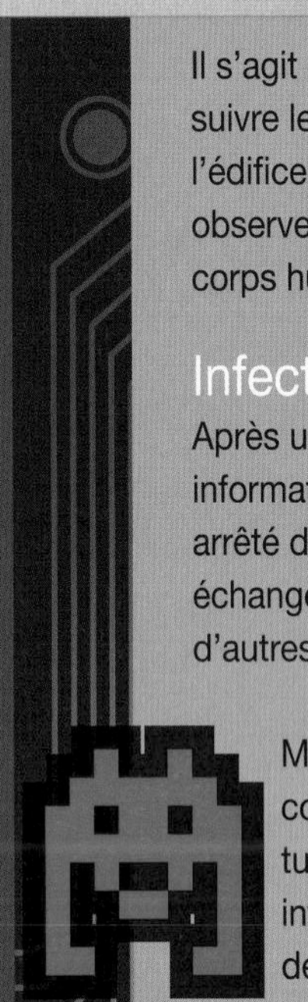

Mais ne t'en fais pas. Les virus informatiques ne peuvent pas se transmettre au corps humain lui-même. Il n'y a donc aucun danger que tu aies des « bugs » ou que tu « plantes ». Ce sont plutôt les appareils insérés dans notre corps qui peuvent être infectés. Comme, par exemple, un stimulateur cardiaque qui aide à faire battre le cœur des gens malades. Ces appareils sont très sophistiqués et sont devenus des mini-ordinateurs. Il est donc important de les protéger contre les virus informatiques.

Emmanuel Leroux-Nega, le 8 juin 2010

Zoom grammaire

Les pronoms relatifs simples : qui, que, dont, où

« Ce n'est pas tout à fait lui qui a été infecté. »

Les pronoms relatifs permettent de relier deux phrases pour n'en faire qu'une.

Exemple : Je possède **un robot. Ce robot** peut ouvrir les portes.
⟶ Le robot **que** je possède peut ouvrir les portes.

- **Qui** – remplace le **sujet** du verbe.
  Les scientifiques continuent de faire des recherches pour combattre des maladies graves.
  Ces scientifiques trouvent des nouveaux vaccins régulièrement.
  ⟶ Les scientifiques **qui** continuent de faire des recherches pour combattre des maladies graves trouvent des nouveaux vaccins régulièrement.
- **Que** – remplace le complément d'**objet** direct.
  Les scientifiques trouvent **des vaccins**. **Ces vaccins** sauvent des vies.
  ⟶ Les vaccins **que** les scientifiques trouvent sauvent des vies.
- **Dont** – avec les verbes suivis de la préposition « de » (avoir envie de, avoir besoin de, parler de, etc.).
  Nous **avons besoin d'**un nouveau **vaccin**. Ce **vaccin** permettra de sauver des vies.
  ⟶ Le nouveau vaccin **dont** nous avons besoin permettra de sauver des vies.
- **Où** – le temps ou le lieu.
  Nous créerons un vaccin contre le cancer **un jour. Ce jour** sera un jour de gloire.
  ⟶ Le jour **où** nous créerons un vaccin contre le cancer sera un jour de gloire.

NB : « que » peut devenir « qu' » devant une voyelle ; « qui » ne se contracte jamais.

Grammaire en contexte

Reliez les phrases ci-dessous à l'aide du bon pronom relatif.

1. Aujourd'hui, grâce aux progrès de la médecine les gens vivent plus longtemps. Ces gens ont besoin de plus de matériel adapté à leurs besoins.
2. Certains robots sont programmés pour aider les humains. Ces robots doivent être strictement contrôlés.
3. Une navette vient de décoller pour explorer la lune. Cette navette est équipée des tous derniers gadgets informatiques.
4. Cette mission partira bientôt pour Mars. Tous les astronautes rêvent de faire partie de cette mission.
5. Les recherches des scientifiques permettent des avancées technologiques. Ces avancées technologiques sont formidables.
6. Pierre et Marie Curie sont deux physiciens français. Pierre et Marie Curie ont reçu le prix Nobel de physique en 1903.
7. Il a découvert le traitement pour cette maladie dans son laboratoire. Son laboratoire a été transformé en centre de recherches.
8. Il a découvert un traitement contre le hoquet. Ce traitement est très efficace.

NB : « Le virus s'est répandu à tous les systèmes **avec lesquels** la puce échangeait des informations » (troisième paragraphe). Il s'agit ici d'un pronom relatif composé. Voir page 392.

Entraînement à l'oral individuel

Regardez cette photo. Que vous inspire-t-elle ? Vous avez 15 minutes pour préparer une présentation entre 3 et 4 minutes.

« Qu'est-ce que tu fais ce soir après l'école ? »

Pour vous aider ...

1 Dans votre présentation, commencez par décrire l'image/la scène dans le détail. Vous pouvez par exemple parler :

- du danger/des dangers de l'utilisation du portable pour les jeunes enfants (santé, vols, etc.)
- de la nécessité pour de jeunes enfants d'avoir un portable
- de l'importance de l'éducation à l'utilisation des téléphones mobiles.

2 Dans la deuxième partie, les thèmes/idées que vous avez abordés dans votre présentation seront approfondis. Les thèmes suivants pourraient être abordés :

- Le temps que passent les jeunes sur leur portable.
- Téléphone et communication : positif ou négatif.
- Le portable à l'école.
- Le matraquage publicitaire sur les portables.
- Le respect d'autrui.
- Le recyclage des portables.
- Vivre sans portable aujourd'hui : serait-ce vraiment possible ?

Conseils de l'examinateur

- Structurez votre présentation (employez des connecteurs logiques).
- Avancez des opinions et justifiez-les.
- Soyez actif/active ; n'attendez pas que l'examinateur vous pose les questions.

Théorie de la connaissance

Suite aux avancées technologiques de ces dernières décennies, faut-il craindre une déshumanisation de la société ? Commentez les citations suivantes.

1. « La science est infaillible, mais les savants se trompent toujours. » (Anatole France) La science est-elle vraiment infaillible ? Justifiez à l'aide d'exemples concrets.
2. « Toute science crée une nouvelle ignorance. » (Henri Michaux)
3. « Plus la science accroît le cercle de ses connaissances et plus grandit autour le cercle d'ombre. » (Henri Poincaré)
4. Tout ce qui est prouvé par la science a-t-il valeur de vérité absolue ?

Ressources en ligne
Pour plus d'activités, consultez le site www.pearsonbacconline.com

ENTRAÎNEMENT À L'EXAMEN

FRANÇAIS B – NIVEAU MOYEN – ÉPREUVE 1

Novembre 2003

TEXTE B

Départements français d'outre-mer

LA RÉUNION, le paradis et l'exclusion

1

Au cœur de l'Océan Indien, il y a un rêve tout en vert et turquoise, loin des hivers de l'Europe. Un petit bout de France béni des dieux, une île, à l'est de Madagascar et à quelque 9 000 km de Paris. Ici, le paysage luxuriant et les ciels bleus font oublier le passage des cyclones. Lagons et barrières de corail, cascades, montagnes et volcans, cirques et vallées fertiles, et 40 km de plages blondes pour le farniente : la nature a gâté l'île de la Réunion. Là, l'imagination peut vagabonder et le randonneur s'émerveiller. Puis se laisser bercer par le chant des vagues, à l'ombre des cocotiers, la tête remplie de parfums des champs de géraniums ou de vanille ...

2

Les Réunionnais vivent au carrefour de plusieurs cultures. Leurs ancêtres sont venus d'Europe, d'Afrique, d'Inde ou de Chine. Au fil de l'histoire et du métissage, une identité créole est née qui conjugue tous ces héritages. Plus question d'assimilation à la « mère patrie » comme dans les années 60. Fini le temps où la langue créole, née de tous ces mélanges, était opposée au français, langue de l'ancien colonisateur. Aujourd'hui, les Réunionnais sont fiers d'être créoles sans refuser leurs liens profonds avec la France. Dans les rues, les églises catholiques voisinent avec les temples hindous, les mosquées avec les pagodes. Les plaisirs de la table reflètent ces différences. Ici tolérance est le mot de passe.

3

C'est le ciel social qui est sombre. Malgré un taux de croissance 2,5 fois supérieur à celui de la métropole et la création d'environ 2 800 emplois par an, on compte à la Réunion 35% de chômeurs – le record national. 61% des moins de 25 ans sont touchés. Autre triste record : le nombre élevé des RMistes (Revenu Minimum d'Insertion*) dont la moitié a de 25 à 39 ans. Pour Paul Vergès, le président du conseil régional, la cause de cette situation préoccupante est la démographie galopante de l'île (4,5 fois plus importante que dans l'Hexagone) : les moins de 20 ans constituent aujourd'hui 39% de la population totale. Ces dernières années, le chômage a entraîné des émeutes et une hausse de la délinquance dans les villes. Beaucoup de Réunionnais se sentent exclus des bienfaits de la prospérité économique et le fossé entre les riches et les pauvres s'élargit.*

4

Sur l'île, la lutte [– X –] le chômage a la priorité. Une nouvelle loi d'orientation sur l'outre-mer a permis de relever le RMI, inférieur de 20% par rapport à la métropole. [– 18 –] que ces dernières années, 20 000 emplois-jeunes et plus de 4 000 entreprises ont été créés. La Réunion se modernise : on encourage les jeunes à apprendre l'anglais et l'informatique et sept nouveaux lycées et collèges, [– 19 –] équipés d'ordinateurs ont été ouverts l'année dernière. [– 20 –] l'île devra s'ouvrir sur le monde, si elle veut un avenir meilleur. Il lui faudra intensifier ses contacts avec l'Afrique du Sud, développer ses échanges avec ses partenaires de la Commission de l'océan Indien, avec les îles avoisinantes. Sa position d'enclave européenne au sein de l'océan Indien reste son atout majeur et permet tous les espoirs. [– 21 –], bien sûr, que la métropole soutienne ses efforts. La Réunion a [– 22 –] intérêt à profiter de cette chance pour s'implanter dans cette région du monde.

* RMiste = une personne qui reçoit le RMI
Revenu Minimum d'Insertion (RMI) = salaire minimum

TEXTE B – LA RÉUNION, LE PARADIS ET : L'EXCLUSION

Après avoir lu le texte, rendez à chaque paragraphe son sous-titre.

1 Premier paragraphe ....
2 Deuxième paragraphe ....
3 Troisième paragraphe ....
4 Quatrième paragraphe ....

A Espoirs à l'horizon
B Une île vagabonde
C Les nuages
D L'informatique en tête
E Le paradis
F Un peuple de toutes les couleurs

Dans le premier paragraphe, trouvez les expressions qui signifient ...

5 un idéal de couleurs ....
6 une protection supérieure ....

Répondez aux questions suivantes ou indiquez dans la case de droite la réponse choisie par une lettre.

7 Quel est l'aspect négatif du climat ?

....

8 L'expression « la nature a gâté l'île de la Réunion » (ligne 5) veut dire que ...
A l'île n'est plus aussi belle qu'avant.
B les cyclones ont détruit la nature.
C l'île a toutes les beautés naturelles.
D les cirques et les vallées sont splendides.

☐

9 L'expression « l'imagination peut vagabonder » (ligne 5) veut dire que le randonneur peut ...
A marcher dans l'île.
B rêver sans limite.
C admirer l'île.
D aller lentement.

☐

10 Quelle expression de la fin du premier paragraphe montre que le randonneur ...
[2 points]
(a) entend des sons agréables ? ....
(b) peut sentir beaucoup d'odeurs agréables ? ....

Voici une liste de mots et expressions du deuxième paragraphe. En vous référant au sens du texte, trouvez leurs équivalents dans la colonne de droite.

***Exemple :** carrefour B*

11 métissage ....
12 conjuguer ....
13 fier ....
14 lien ....
15 voisinier ....
16 refléter ....

A être à côté
B point de rencontre
C corde
D relation
E former
F représenter
G mélange
H fréquenter
I content
J confiant
K renvoyer
L obligation
M associer

17 **Trouvez les quatre phrases qui résument les idées du troisième paragraphe.**
[4 points]

A 2 800 emplois ont été perdus dans les dernières années.
B La Réunion a le record d'emplois créés par an.
C C'est à la Réunion qu'il y a le plus de chômeurs.
D Paul Vergès dit que la situation est causée par le RMI.
E 61% des moins de 25 ans ne gagnent pas plus que le RMI.
F Beaucoup de gens ne gagnent pas plus que le salaire minimum.
G La société réunionnaise est supérieure à celle de la France.
H La population est beaucoup plus jeune qu'en France.
I Des incidents ont troublé l'ordre de l'île.

☐
☐
☐
☐

Ajoutez les mots qui manquent dans le texte en les choisissant dans la liste proposée. Un exemple vous est donné. ***Attention :*** *il y a plus de mots proposés que de réponses possibles et chaque mot ne peut être utilisé qu'une seule fois.*

car	contre	au contraire	chacun	tout
voilà	à condition	c'est ainsi	tous	toutes

Exemple : *[X] contre*

18 ....
19 ....
20 ....
21 ....
22 ....

CHAPITRE 18
SCIENCE ET ÉTHIQUE

Objectifs :
- Les filles, les garçons et la science
- L'expérimentation en question
- Peut-on modifier l'humain? La génétique, les OGM et l'euthanasie à la une
- Tout, toute, tous, toutes

Les mots clés de l'unité : un progrès scientifique, la morale, expérimenter/faire des expériences, un laboratoire, l'euthanasie, le don d'organe(s), une greffe, les dérives de la science, le clonage, l'eugénisme

18.1 Les jeunes et la science : les filles se distinguent

Texte 18.1.1

Il se confirme que les jeunes éprouvent un fort sentiment de méfiance à l'égard de la science. L'attitude des filles se distingue cependant profondément de celle des garçons. Tous se rejoignent pour jeter un regard critique sur l'enseignement des sciences à l'école*.

Près de la moitié des jeunes Français de 15 à 25 ans (46%) pensent que la science présente autant d'inconvénients que d'avantages, un peu plus de la moitié qu'elle est dangereuse (51%) et peu morale (52%). En outre, 50% estiment que les progrès de la science font peser de graves menaces sur l'environnement. Même si l'on met en regard le fait que 95% d'entre eux la jugent « fascinante », ces données témoignent de la profonde méfiance d'une large partie de la jeunesse à l'égard de la recherche scientifique et de ses résultats. La méfiance est plus forte dans la tranche des 19–25 ans que dans celle des 15–18 ans. Faut-il mettre ce résultat en relation avec la crise des vocations ?

Cette méfiance est d'autant plus frappante qu'elle n'est nullement fondée sur une méconnaissance des bienfaits de la science : 97% des jeunes ont plutôt une bonne opinion de la science en général, tous la jugent utile et 89% estiment même qu'elle « assure le bien de l'humanité ». En revanche, le sentiment prévaut que le progrès scientifique est mal contrôlé. Pour 95% des jeunes, « la science doit être mieux contrôlée pour limiter les risques. » La méfiance est moins marquée, cependant, chez les bac+3 et au-delà.

Au hit-parade des craintes collectives, l'arme nucléaire a été dépassée par l'arme bactériologique. Et elle est suivie de près par la production de clones humains : la biologie est à l'honneur !

Bien entendu, beaucoup d'idées fausses circulent à l'arrière-plan. Un tiers des jeunes pensent que l'astrologie est une science (47% des 15–18 ans), tandis qu'ils sont un peu moins nombreux à penser que l'écologie en est une ; 28% pensent que les atomes sont plus grands que les molécules, et près des deux tiers ne savent pas que le sexe de l'enfant est déterminé par le génome du père. Un certain flottement apparaît dans la maîtrise de données et de concepts de base. En témoignent les 60% pour qui la population de la Terre dépassera 20 milliards d'habitants et les 84% pour qui la médecine est une science.

Notre sondage confirme que les filles sont par ailleurs plus sensibles aux problèmes écologiques et sanitaires que les garçons. Elles sont beaucoup plus nombreuses à considérer que les progrès de la science font peser de graves menaces sur l'environnement (près de 76%, contre 55% pour les garçons). Elles sont aussi beaucoup plus nombreuses à mettre en avant, parmi les prouesses technologiques qui font rêver, la perspective d'un vaccin contre le sida (près de 80%, contre moins de 50% pour les garçons, qui ont un faible pour la téléportation et la voiture volante).

Les filles sont un peu plus raisonnables dans l'expression de leurs craintes (elles ont beaucoup plus peur des armes nucléaires que du clonage humain) et dans les jugements qu'elles portent sur la responsabilité respective des scientifiques et des politiques dans les crises sanitaires. Elles sont ainsi nettement plus nombreuses à résister à la tentation de tout mettre sur le dos des politiques et à estimer que les scientifiques portent une part de responsabilité significative dans l'affaire du sang contaminé et dans celle de la « vache folle ».

***Le contexte :** La désaffection pour les filières scientifiques dans l'enseignement supérieur conduit à s'interroger sur les raisons d'un phénomène qui concerne tous les pays développés. Nous avons demandé à la société Opinionway de réaliser un sondage auprès des jeunes Français de 15 à 25 ans. Il a été effectué auprès d'un échantillon représentatif de 549 personnes. Claudie Haigneré, ministre de la Recherche, apporte ses commentaires.

Olivier Postel-Vinay, document adapté
www.larecherche.fr/content/recherche/article?id=5791

Compréhension générale du texte

Vrai ou faux ? Justifiez vos réponses.

1 La méfiance des jeunes à l'égard de la science est un phénomène nouveau.

2 La science aurait, selon les jeunes, des conséquences néfastes sur l'environnement.

3 Les jeunes ne sont pas conscients des bénéfices apportés par la science.

4 Les jeunes sont bien informés au sujet des sciences.

5 Filles et garçons accusent seulement les politiques en ce qui concerne les crises sanitaires.

6 Les études scientifiques sont toujours et encore très prisées par les jeunes.

À l'oral

Discutez avec un(e) camarade.

1 Combien d'heures d'enseignement des sciences votre établissement propose-t-il par semaine ? Est-ce suffisant ?

2 On met souvent l'emphase sur les cours de science et de maths au détriment des cours d'arts et de langues. Est-ce justifié ?

3 La science est omniprésente et utile dans la vie de tous les jours. Trouvez deux exemples d'utilisation de la science pour chacun des domaines ci-dessous.

- **a** L'écologie
- **b** Les transports
- **c** La maison
- **d** La santé
- **e** La technologie
- **f** Les loisirs/divertissements
- **g** La ville/l'urbanisme
- **h** La conquête de l'espace

À l'écrit

En tant que professeur de sciences au lycée, vous avez été chargé(e) de faire une présentation aux élèves qui vont commencer le BI l'année prochaine. Le but de cette présentation est de présenter votre matière et de les inciter à étudier les sciences. Écrivez entre 250 et 400 mots.

18.2 L'expérimentation animale en question

À l'oral

Observez l'affiche ci-dessus.

1 Décrivez-la et exprimez ce qu'elle vous inspire.
2 Que pensez-vous du slogan ?
3 Jugez-vous cette affiche efficace ? Pourquoi ?
4 D'après vous, que devrait montrer une affiche qui dénonce les tests pratiqués sur les animaux pour être efficace ?

Dans le roman de Bernard Weber intitulé *Nos amis les humains*, un scientifique et une dompteuse de tigres se retrouvent prisonniers dans une cage, quelque part dans l'univers. Dans cet extrait, ils viennent de se réveiller et sont en train de faire connaissance.

Texte 18.2.1

Nos amis les humains

– Je suis un scientifique. Je fais de la recherche pour faire avancer le savoir.
– Fabricant de virus mortels ?
– Je travaille pour une importante firme de cosmétique.
– Tu ne serais pas un de ces gros dégueulasses qui font souffrir les bêtes ?
5 – Nous effectuons ces expériences pour vous, votre sécurité, pour que vous n'ayez point de boutons, de démangeaisons, ou d'allergies. Il faut bien vérifier sur quelque chose de vivant.
– C'est bien ce que je pensais, tu fais de la « vivissission ».
– Vivisection, rectifie-il.
– J'ai vu ça à la télé. C'est monstrueux.
10 – Il ne faut pas croire non plus tout ce que vous voyez aux actualités.
– Il y a des images qui ne s'inventent pas. Vous exposez des hamsters pendant des heures sous des lampes UV pour voir l'effet des crèmes solaire. C'est vrai ou c'est faux ?
– C'est pour mieux te faire bronzer, mon enfant.
– Vous coupez la tête des singes pour voir si elle continue à fonctionner sans le reste du corps !
15 – C'est pour mieux soigner tes migraines, mon enfant.
– Vous mettez du shampooing dans les yeux des lapins !
– C'est pour mieux protéger ta cornée des irritations, mon enfant.
– Tu es vraiment une grosse enflure pourrie.

Raoul la nargue.
20 – Et encore vous ne savez pas tout ! dit-il. J'ai des collègues à côté qui travaillent sur la malaria. Ils doivent disposer en permanence de moustiques vivants. Et vous savez comment ils les nourrissent ? Ils introduisent un lapin dans l'aquarium. Tous les moustiques se précipitent sur lui, le recouvrent comme une fourrure noire et ensuite, quand ils s'en vont, le lapin est vidé, tout plat, tout sec ...
– Arrête ou je te pète la tronche !

25 Imperturbable, Raoul amusé par ses propres évocations :
– ... Récemment, pour savoir si les téléphones portables provoquent des cancers du cerveau, on a attaché des souris pendant des semaines à un téléphone cellulaire allumé. On ne sait toujours pas si cela leur file le cancer, mais elles ont fini par trembler de tous leurs membres ...
– Si j'étais pas coincée ici, je te dénoncerais aux tribunaux. Les mecs comme toi ça devrait être
30 en taule.

Elle se tourne et s'adresse à son public supposé :
– Vous êtes d'accord, hein ? Ce type est vraiment ignoble.
– Non mais vous vous prenez pour qui ? C'est pour vous satisfaire, les consommatrices exigeantes, qu'on fait toutes ces expériences. Achèteriez-vous un shampooing ou une crème dont on ignore les
35 effets secondaires ?
– Facile de mettre ça sur le dos des consommatrices. Elles n'en savent rien. Et vous en profitez. Tout ça, c'est juste pour gagner du fric.
– Êtes-vous prête, dans ce cas, maintenant que vous savez, à utiliser un rouge à lèvres non testé ?
– Pauvre type !

Bernard Werber, *Nos amis les humains*, Éditions Albin Michel

Compréhension générale du texte

Répondez aux questions suivantes.

1 Relevez tous les avantages/toutes les raisons avancé(e)s par le scientifique pour justifier l'expérimentation animale et souligner l'hypocrisie de la dompteuse.

2 « Facile de mettre ça sur le dos des consommatrices. Elles n'en savent rien. Et vous en profitez. » Pensez-vous que ce soit le cas ? Le consommateur a-t-il une part de responsabilité d'après vous ?

3 Trouvez dans le texte les équivalents (du registre de langue familier) des mots ou expressions suivants :

a dégoutants
b je te casse la figure
c les hommes (x2)
d en prison
e de l'argent

Point culture
Bernard Werber (1961–) : Écrivain français. Son genre – la science fiction.
Œuvres les plus célèbres :
- *Les fourmis (trilogie)*
- *L'arbre des possibles*

Point culture
Dans cet extrait, la dompteuse utilise le registre de langue familier. Le vocabulaire qu'elle emploie est parfois vulgaire.
Exemple : « une grosse **enflure pourrie** » est une insulte qui traduit ici sa colère.

À l'oral

Et vous ?

1 « Achèteriez-vous un shampooing ou une crème dont on ignore les effets secondaires ? »

2 « Êtes-vous prête, dans ce cas, maintenant que vous savez, à utiliser un rouge à lèvres non testé ? » (Si vous êtes un garçon, remplacez « rouge à lèvres » par « mousse à raser ».)

3 Quelles seraient selon vous les alternatives possibles à l'expérimentation animale ?

Zoom grammaire

Tout, toute, tous, toutes

« Le lapin est vidé, tout plat, tout sec … » (ligne 23)
« Elles ont fini par trembler de tous leurs membres … » (ligne 28)

- Lorsque « tout » est utilisé comme un adjectif, il s'accorde en genre (masculin ou féminin) et en nombre (singulier ou pluriel) avec le nom qu'il qualifie.
  Exemple : Il est passé devant nous à **toute** vitesse. Nous avons eu peur !
- Lorsque « tout » est employé comme un adverbe, il est invariable.
  Exemple : Nous n'avions pas **tout** compris alors le prof a **tout** reéxpliqué depuis le début.
- « Tout » peut aussi être un pronom et donc varier en fonction du genre et du nombre.
  Exemple : **Tous** ont reconnu le succès de l'expérience menée par l'imminent professeur Jacques Cloneur.

Grammaire en contexte

Tout ? Toute ? Tous ? Toutes ? Déterminez au préalable si vous avez besoin d'un adjectif, d'un adverbe ou du pronom.

1. Nous avons .... essayé pour le faire avouer mais nous n'avons pas réussi.
2. .... les expériences menées par les chercheurs sont valides.
3. .... les produits cosmétiques vendus par cette chaîne de supermarchés ont été testés sur des animaux.
4. Faut-il interdire .... les cultures OGM ? C'est une question intéressante.
5. Elles ont .... mangé, sauf le maïs génétiquement modifié.
6. .... les partisans du clonage s'accordent pour dire qu'il faut .... de même en limiter les abus potentiels par le biais d'un contrôle strict.
7. Faut-il croire .... ce qui est publié dans la presse sur les effets secondaires engendrés par la prise de ce médicament ?
8. .... personne qui décide de devenir un cobaye pour la science devrait le faire en .... connaissance de cause.

Le saviez-vous ?

Les chiffres de l'expérimentation animale

- 12,1 millions d'animaux utilisés à des fins expérimentales dans les 27 pays de l'UE.
- Trois pays réalisent 50% des tests sur animaux : en ordre décroissant, la France, le Royaume-Uni et l'Allemagne.
- 33% des animaux utilisés par la recherche scientifique. Sans résultat direct sur le plan médical.
  - 892% pour le nombre de tests réalisés pour la mise au point des aliments pour les animaux familiers.
  - 107% pour les tests cosmétiques alors que la directive 2003/15/CE vise à interdire l'utilisation des animaux.
  - 4,86% en France pour le nombre d'animaux utilisés par rapport à 2001.
  - 140 000 souris utilisées en France par rapport à 2001.
- 336 727 animaux euthanasiés, en France, dont 285 chiens et 229 primates.

(Extraits du Rapport statistique 2005 de la Commission européenne et du Rapport statistique 2004 du Ministère de l'Enseignement supérieur et de la Recherche français)

18.3 Et si on se servait des humains pour effectuer les tests ?

Texte 18.3.1

Suisse : Cobayes malgré nous !
186 patientes traitées avec un médicament interdit

Entre 1988 et 2000, un oncologue bâlois a utilisé une substance que n'autorise aucun pays du monde sur 186 femmes souffrant d'un cancer du sein. C'est en changeant de médecin, après la réapparition de métastases, qu'une patiente a découvert que sa précédente thérapie était expérimentale.

Le matin, le 2 août 2011

Des tests humains pour des médicaments anti-sida au Cameroun

http://survivreausida.net/a6220-des-tests-humains-pour-des-medicaments-anti.html, le 28 janvier 2005

OGM testés sur des cobayes humains

L'éthique des tests pharmaceutiques sur les êtres humains : le cas de l'Afrique

Attirés par la faiblesse des coûts et des contrôles, les laboratoires pharmaceutiques testent leurs produits en Afrique, au mépris de la sécurité des patients. Face à la multiplication des accidents, certains essais ont dû être interrompus. Ces dérives révèlent comment les industriels du médicament utilisent les populations du Sud pour résoudre les problèmes sanitaires du Nord. Pourtant dans les pays en développement, les compagnies pharmaceutiques assurent de cette manière la disponibilité de tout un éventail de produits pharmaceutiques indispensables pour soigner les nombreuses victimes. L'alternative étant de ne rien faire, comment encadrer ces tests pharmaceutiques et protéger efficacement les droits humains des patients ?

Ingrid Plancqueel, *Amnesty International*, le 12 avril 2011

À l'écrit

Choisissez l'un des sujets ci-dessous. Écrivez entre 250 et 400 mots.

1 Vous êtes farouchement opposé(e) aux tests pratiqués sur les animaux. En tant que porte-parole de l'association SOS animaux dont vous faites partie, vous rédigez un tract dans lequel vous dénoncez ces pratiques et appelez le public à signer une pétition.

2 Vous êtes chercheur et pratiquez régulièrement des tests sur les animaux. Excédé(e) par l'hypocrisie de tous face aux tests réalisés sur les animaux, vous décidez de répondre positif à l'invitation à participer au colloque « La science en question ». Vous préparez le texte du discours que vous prononcerez à cette occasion. Dans ce discours, bien que vous souligniez certains abus, vous défendez l'expérimentation animale.

Texte 

Une réglementation complète de l'analyse génétique humaine

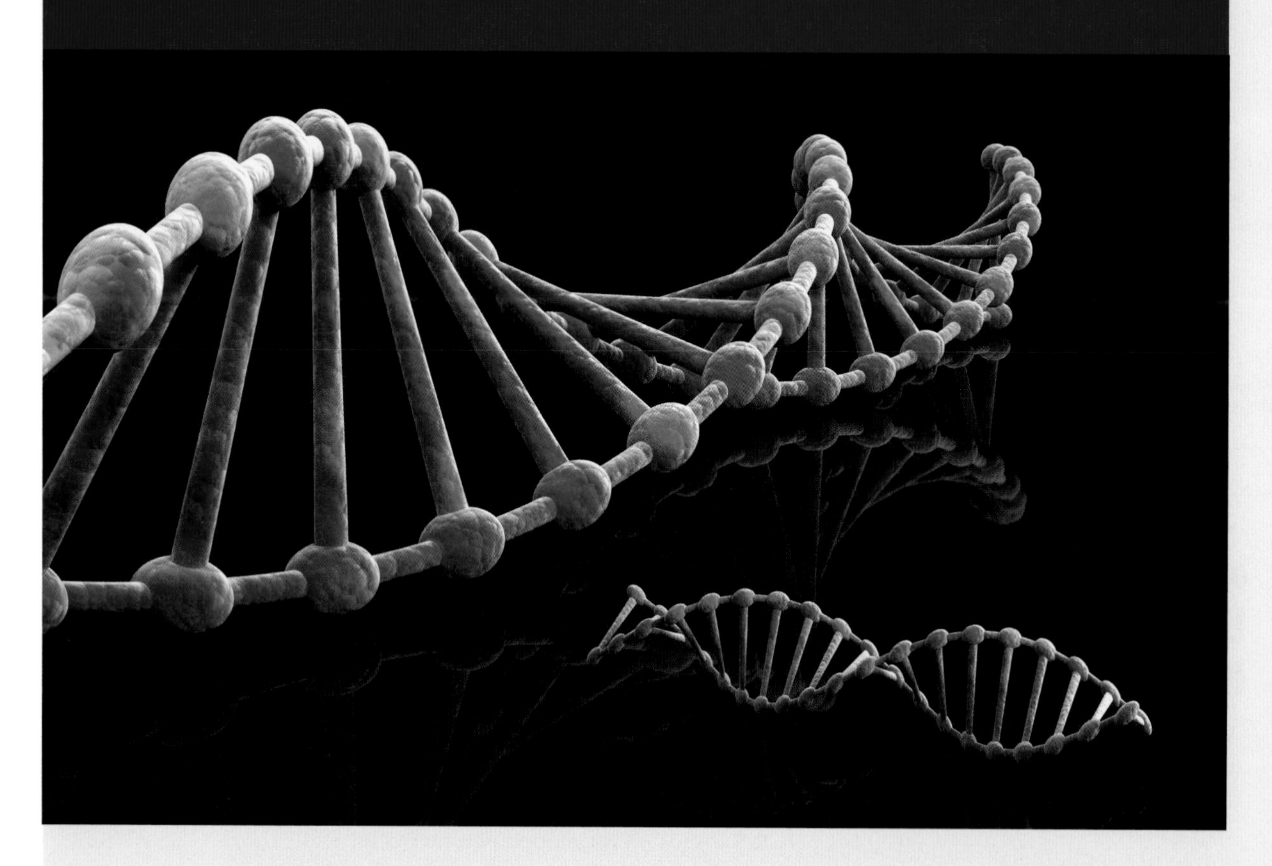

Le Conseil fédéral place de solides garde-fous

Berne, 11.09.2002. Les conditions auxquelles peuvent être effectuées des analyses du patrimoine génétique humain doivent être ……… [1] ……… de manière claire et exhaustive. Une telle réglementation vise à ……… [2] ……… la dignité de l'être humain, à prévenir les ……… [3] ……… et à garantir la qualité des analyses. Ce mercredi, le Conseil fédéral a adopté le message relatif à la loi fédérale sur l'analyse génétique humaine.

L'analyse du patrimoine génétique contribue au diagnostic, à la prévention et à la thérapie de maladies jusqu'ici ……… [4] ……… . Elle permet également de déterminer des prédispositions à des maladies avant que des ……… [5] ……… cliniques ne se manifestent (analyse présymptomatique). C'est la raison pour laquelle ces techniques soulèvent des questions d'ordre ……… [6] ………, psychique et social particulièrement délicates. Le projet de loi pose les grands principes de l'analyse génétique, précisant en particulier que toute ……… [7] ……… d'une personne en raison de son patrimoine génétique est interdite, et réglemente l'utilisation de ces techniques dans les différents domaines.

Garantir la qualité des analyses

En raison de la complexité des analyses génétiques et de la difficulté que pose l'interprétation des résultats, le projet de loi met l'accent sur la garantie de la qualité. Des tests génétiques ne pourront pas être librement mis sur le marché. Les laboratoires effectuant des analyses génétiques devront obtenir une autorisation d'une autorité fédérale. En outre, le projet prévoit l'institution d'une Commission d'experts pour l'analyse génétique humaine.

Pas d'enfants « sur mesure »

Les analyses génétiques à des fins ……… [8] ……… (y compris les analyses prénatales et les dépistages) devront avoir un objectif préventif ou ……… [9] ………, ou encore servir à établir un planning familial ou un choix de vie. Elles ne pourront être prescrites que par un médecin et le patient devra recevoir tous les conseils et informations nécessaires. Les analyses prénatales ne pourront pas avoir pour but de rechercher des caractéristiques de l'enfant à naître qui n'ont pas une influence directe sur sa santé. Les analyses visant à déterminer le sexe de l'enfant ne seront admises qu'en vue de diagnostiquer une maladie. Le projet de loi interdit ainsi la ……… [10] ……… d'enfants « sur mesure ».

Pas d'analyses dans les domaines du travail et de la responsabilité civile

Dans le cadre d'un rapport de travail, un employeur ne pourra pas exiger une analyse génétique présymptomatique ou utiliser les résultats d'une analyse effectuée précédemment. Des exceptions sont prévues dans les cas où une maladie professionnelle, des risques d'une atteinte grave à l'environnement ou des risques majeurs d'accident ou d'atteinte à la santé de tiers sont susceptibles de se produire en relation avec la place de travail. Dans le domaine de la responsabilité civile, il sera interdit de recourir à des analyses génétiques présymptomatiques ou d'utiliser des résultats existants.

Réglementation différenciée pour les assurances

Les assureurs ne pourront exiger aucune analyse génétique des personnes souhaitant contracter une assurance. Dans différents domaines d'assurance (notamment les assurances sociales et la prévoyance professionnelle), il sera également interdit d'exiger et d'utiliser les résultats d'analyses déjà effectuées. Pour les autres secteurs d'assurance, relevant du droit privé, la demande de résultats d'analyses déjà effectuées sera possible, pour autant que les résultats de ces analyses soient fiables, significatifs, et pertinents pour le calcul des primes.

Tests prénataux de paternité subordonnés à un entretien de conseil

Le projet de loi règle aussi l'établissement de profils d'ADN lorsqu'il est nécessaire à la détermination d'une filiation ou à l'identification d'une personne dans le cadre d'une procédure civile ou administrative, mais également lorsqu'il est opéré à l'initiative d'un particulier, sans qu'une autorité ne l'ordonne (par exemple, test de paternité privé). Les recherches prénatales de paternité sont particulièrement délicates. Le projet de loi n'interdit pas de telles recherches, mais exige que la femme ……… [11] ……… ait eu au préalable un entretien approfondi sur tous les aspects et implications de la démarche.

Les conditions auxquelles un profil d'ADN peut être établi à des fins pénales et pour identifier des personnes ……… [12] ……… ou disparues sont réglées dans la loi sur les profils d'ADN, dont le Parlement est actuellement saisi.

www.admin.ch/cp/f/3d7f1749_1@fwsrvg.bfi.admin.ch.html

Le saviez-vous ?
En France, en 2011, le parlement modifie la loi concernant la recherche dans le domaine de la génétique.

Compréhension générale du texte

Remplacez les mots suivants dans le texte précédent.

a	éthique	**g**	symptômes
b	enceinte	**h**	fabrication
c	abus	**i**	incurables
d	réglées	**j**	discrimination
e	médicales	**k**	protéger
f	inconnues	**l**	thérapeutique

Conseils de l'examinateur

Rappel : utilisez la grammaire pour vous aider. Posez-vous les questions suivantes :

- Ai-je besoin d'un verbe ? D'un adjectif ? etc.
- De quelle forme du verbe ou de l'adjectif ai-je besoin ? Pluriel ? Singulier ? Féminin ? etc.

18.4 Modifier l'humain

Texte 18.4.1

À la Une

Le premier « bébé-médicament » de France a vu le jour le 26 janvier à Clamart, ont annoncé les professeurs René Frydman et Arnold Munnich. La naissance de ce petit garçon permettra de soigner l'un de ses aînés, atteint d'une grave maladie génétique. Ce bébé a été conçu par fécondation in vitro, après un double diagnostic, pour s'assurer qu'il était indemne et qu'il pouvait être donneur compatible. C'est le sang du cordon ombilical qui sera utilisé pour la greffe.

Ouest France, le 7 février 2011

Interview

« On aura toujours besoin de l'embryon pour des recherches sur de nombreuses maladies »

Des chercheurs ont réussi à produire des cellules souches à partir de morceaux de peau, sans avoir besoin de cloner des embryons. Quelles sont les avantages de cette découverte ? Est-ce la fin des recherches sur l'embryon ? Le Dr Jacques Hatzfeld, ancien Directeur du laboratoire CNRS des Cellules souches humaines à Villejuif commente cette découverte.

Est-ce une découverte majeure pour la science?
Ce n'est pas une découverte en ce sens qu'on savait qu'on allait le trouver. Shinya Yamanaka – un des chercheurs qui a réalisé l'expérience – l'avait déjà démontré chez la souris en 2006. Depuis un an, nous attendions cette nouvelle. Mais c'est incontestablement une très grande avancée pour la biologie humaine, une des plus importantes, car elle va ouvrir de nombreuses possibilités.

Désormais, on peut prendre quelques morceaux de votre peau et les reprogrammer en cellules souches. Et ensuite produire *in vitro* des tissus humains qui donneront des organes (foie, cœur, etc.) compatibles avec votre organisme. Une fois greffés, ils ne seront pas rejetés par votre corps. Cela s'appelle la thérapie cellulaire. Plus tard, on pourra reprogrammer n'importe quelle cellule directement vers un autre type de cellules souches. La thérapie cellulaire se fera différemment.

Cela va permettre de soigner de nombreuses maladies ...
Oui. Toutes les maladies pourront être plus facilement et mieux étudiées avant d'être soignées. Cancer, diabète, mucoviscidose ... Mais auparavant, ce sera d'abord la possibilité d'étudier la fonction de tous les gènes humains. C'est à mon avis la chose la plus importante. On ne connaît pas la fonction de la moitié des gènes humains. Quand on connaîtra la fonction de tous les gènes humains, on repensera complètement la thérapie cellulaire.

Est-ce un pas en avant vers le clonage reproductif humain ?
Non pas du tout. Le clonage reproductif humain est un fantasme qui ne peut se réaliser, mais qui a été soigneusement entretenu par certains médias malhonnêtes. On n'arrivera jamais à reproduire le même être humain. C'est scientifiquement impossible parce que la mère est irremplaçable, heureusement ! La science ne pourra pas imiter exactement la grossesse pour obtenir l'enfant que l'on souhaite cloner.

En clonant un prix Novel ou la plus belle star de cinéma, vous serez très déçu du résultat. Même si deux clones ont les mêmes gènes, ces gènes ne s'exprimeront pas tous de la même façon dans 2 clones différents. Heureusement pour nous, la vie est plus subtile que ne le croient certains journalistes, politiciens ou groupes religieux qui ont considérablement retardé, particulièrement en France, la biologie. La bioéthique peut faire des recommandations, mais n'a pas à dire aux chercheurs ce qu'ils doivent faire. Sinon, c'est la mort de la science.

Stéphane Malphettes, *L'Internaute*, novembre 2007, document adapté

Manipulation du texte

Répondez aux questions suivantes.

1 Les chercheurs ont réussi à produire des cellules souches :

- **a** en reproduisant des embryons à l'identique
- **b** en clonant d'autres cellules souches
- **c** en clonant des morceaux de peau
- **d** en se prenant des morceaux peau comme point de départ

2 Pourquoi est-ce une découverte fondamentale ?

3 Quel est l'avantage des organes produits à partir des tissus humains ?

4 Selon Jacques Hatzfeld, quel est l'aspect essentiel de cette découverte ?

5 D'après le dernier paragraphe, seules **deux** de ces affirmations sont vraies. Lesquelles ?

a Bientôt on pourra cloner des êtres humains.
b Il est possible de créer des êtres humains car la mère est inutile dans le processus de procréation.
c Les médias ont une part de responsabilité dans la propagation d'idées scientifiques fausses.
d Les chercheurs doivent rester libres.
e Des gènes clonés donnent des résultats identiques.
f La science est capable de tout imiter !

Entraînement à l'oral interactif

Mini débat

Êtes-vous pour ou contre le clonage ? Ou n'avez-vous pas d'opinion fixe ? Lisez les arguments ci-dessous et décidez.

1. C'est une forme d'eugénisme.
2. Il faut laisser les choses se faire naturellement. Si un bébé naît avec une malformation ou une maladie grave par exemple, je pense évidemment qu'il faut essayer de le soigner mais pas de le sauver coûte que coûte au mépris de la morale.
3. Pourquoi pas un monde parfait sans maladie ni handicap ?
4. Personne ne devrait avoir le droit de jouer avec la vie.
5. Le clonage thérapeutique est à mon sens essentiel pour aider à guérir certaines maladies. Toutefois, le clonage reproductif est tout simplement immoral !
6. À mon avis, si le clonage des tissus permet de créer des organes vitaux comme le cœur ou le foie qui sont systématiquement compatibles avec le patient, ça en vaut la peine.
7. Si un contrôle est opéré pour éviter les dérives, le clonage deviendra alors une avancée scientifique indispensable.
8. C'est contre la religion. C'est du blasphème !
9. Si le clonage permet de choisir le sexe et les caractéristiques de ses futures progénitures, moi je dis pourquoi pas. Au moins, ça évitera les déceptions à la naissance !
10. Je ne comprends pas pourquoi on ne voudrait pas essayer d'éradiquer toutes les maladies et handicaps en créant des individus sains à la base.

Avec un(e) camarade, prenez le parti du pour et du contre et ajoutez quatre arguments à la liste déjà proposée. Lancez ensuite le débat.

Entraînement à l'oral individuel

Regardez cette photo. Que vous inspire-t-elle ? Vous avez 15 minutes pour préparer une présentation entre 3 et 4 minutes.

Il faut protéger la biodiversité !

Pour vous aider ...

1 Dans votre présentation, commencez par décrire l'image/la scène dans le détail. Vous pouvez par exemple parler :

- du danger que représentent les OGM
- des OGM comme solution à la crise alimentaire mondiale
- de votre opinion personnelle
- du clonage
- des dérives de la science en général.

2 Dans la deuxième partie, les thèmes/idées que vous avez abordés dans votre présentation seront approfondis. Les thèmes suivants pourraient être abordés :

- La nécessité des expérimentations scientifiques.
- Les tests sur les animaux.
- Les cobayes humains.
- Le don d'organes et les greffes.
- Le pouvoir de la science.
- L'éducation aux sciences.
- Les problèmes éthiques et moraux posés par la science.

Conseils de l'examinateur

- Structurez votre présentation (employez des connecteurs logiques).
- Avancez des opinions et justifiez-les.
- Soyez actif/active ; n'attendez pas que l'examinateur vous pose les questions.

Théorie de la connaissance

1 Commentez les citations suivantes.

- **a** « Deux excès : exclure la raison, n'admettre que la raison. C'est une maladie naturelle à l'homme de croire qu'il possède la vérité. » (Blaise Pascal)
- **b** « Toute science est une connaissance certaine et évidente. » (René Descartes)
- **c** « Science sans conscience n'est que ruine de l'âme. » (Rabelais, *Pantagruel*)

2 Quand la science joue avec la vie :

- **a** Devrait-on vraiment avoir le choix, d'après vous, du sexe et des caractéristiques physiques de son enfant ?
- **b** Les OGM sont-ils contre nature ?
- **c** On dit parfois que la science va trop loin. La science peut-elle vraiment aller trop loin ?
- **d** Doit-on tout accepter sous couvert d'expérimentations scientifiques ?
- **e** La science a-t-elle le droit de « jouer » avec la vie ou le vivant ?
- **f** Faut-il contrôler la science ? Si oui, à qui la responsabilité ?

Entraînement à l'oral interactif

Progrès ou menace ? Adoptez un point de vue : pour ou contre. Vous avez 2 minutes pour défendre votre point de vue. Vos camarades relanceront ensuite le débat en vous posant des questions.

1 Le clonage humain
2 L'avion solaire
3 L'arme nucléaire
4 Le nucléaire
5 Les éoliennes
6 Les herbicides
7 Les organismes génétiquement modifiés (OGM)
8 Les tests sur les animaux
9 Les bébés médicaments
10 Les tests sur des cobayes humains

18.5 L'euthanasie en question …

La science ne peut malheureusement pas encore guérir toutes les maladies. La question de l'euthanasie se pose donc parfois.

« L'euthanasie est une action ou une omission dont l'intention première vise la mort d'un malade pour supprimer la douleur. L'euthanasie est une mort imposée qui s'oppose à la mort naturelle. »

Point culture

Allez chercher sur le net des infos sur l'affaire Vincent Humbert. Répondez aux questions suivantes :

1 Que lui est-il arrivé ?
2 Qu'a-t-il demandé ?
3 Qu'a fait sa mère ?
4 Que pensez-vous de son acte et des réactions qui ont suivi ?

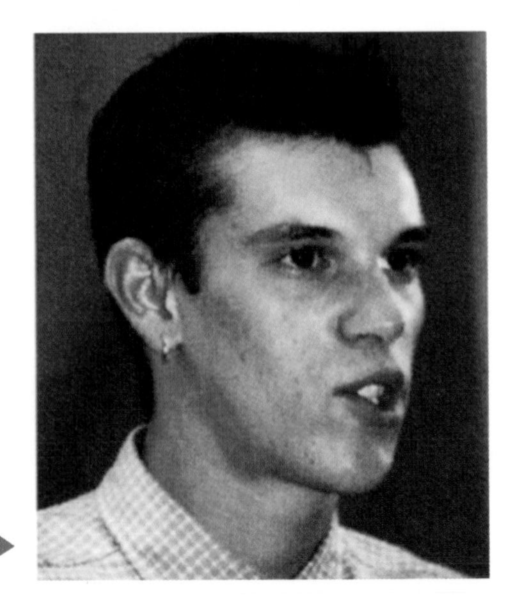

Vincent Humbert

Texte 18.5.1

Monsieur Nicholas Sarkozy
Palais de l'Elysée
55 rue de Faubourg Saint Honoré
75008 Paris

Monsieur le Président,

Quand vous lirez cette lettre, je serai morte.
Quand vous lirez ces quelques lignes, mon combat aura pris fin, un combat débuté en août 2001 depuis que mon fils Eddy est tétraplégique a la suite d'un accident de la route.
A cette époque, sachant très bien que la vie de mon fils était foutue, qu'il resterait à jamais une plante verte, j'avais écrit a votre prédécesseur, Monsieur Jacques Chirac, pour lui demander le droit pour Eddy de mourir.

UN DROIT QUI LUI A ETE REFUSE.
À votre arrivée à l'Elysée, je me suis permis de renouveler cette demande.

CE DROIT A DE NOUVEAU ETE REFUSE A EDDY.
Le geste d'amour de Marie Humbert pour son fils et la médiatisation de ma situation n'ont à ce jour rien changé dans l'approche que vous avez des gens qui comme Vincent et comme Eddy n'ont plus le goût ni le courage de vivre.
Le Parlement a pourtant évoqué le sujet en votant la loi Léonetti, mais bon nombre de députés et sénateurs n'ont pas retiré leurs œillères pour aborder le cas des personnes tétraplégiques qui comme mon fils sont enfermées dans leurs corps, sans espoir d'en sortir.
Lui comme tous les autres n'ont jamais demandé à vivre cette vie, lui comme tous les autres espèrent qu'un jour, leur calvaire sera entendu.
J'ai, à plusieurs reprises, exprimé le désir de voir mon fils partir, de l'aider à mourir puisque vous, comme votre prédécesseur, n'avez pas accepté notre demande.
J'ai, à plusieurs reprises, crié haut et fort, sur toutes les télés, sur toutes les radios, dans tous les journaux, qu'un jour je libèrerai mon fils, par amour.
J'ai souvent eu l'idée de passer à l'acte, par amour pour Eddy, parce qu'il me le demandait, parce qu'il ne voulait plus souffrir et surtout parce qu'il voulait que je tienne une promesse que son père lui avait fait.
Lui non plus n'en a pas eu le temps.
Aujourd'hui, je sais que je n'accomplirai pas ce geste d'amour.
Je suis résignée mais surtout contrainte car la maladie qui me gagne depuis plusieurs mois m'affaiblit et m'empêche de tenir ma promesse.
Alors, dans une ultime demande, dans une dernière supplique, je vous demande, Monsieur le Président, de prendre soin de mon fils.
Monsieur Sarkozy, je vous demande de vous occuper d'Eddy, de lui trouver une structure d'accueil spécialisée qui saura lui rendre la vie moins cruelle.
Je ne veux pas que Laura et Sébastien, mes enfants, portent ce fardeau qui depuis dix ans a ruiné notre vie de famille. Ils sont encore jeunes, je ne veux pas gâcher leur vie.
Monsieur le Président, je vous en supplie, prenez soin d'Eddy comme si c'était votre fils.

Michèle de Somer

RTL France

À l'oral

On entend souvent dire que seul Dieu a le droit de reprendre la vie de quelqu'un. D'ailleurs les suicides ont longtemps été condamnés par l'église catholique.

1 Que pensez-vous de la lettre de Michèle de Somer au président de la République française ?
2 Un individu devrait-il avoir le droit de choisir sa mort d'après vous? Oui ? Non ? Dans quelles circonstances ? Pourquoi selon vous ?
3 A-t-on le droit de choisir d'aider quelqu'un à mourir ? Est-ce un acte criminel selon vous ?
4 Seriez-vous pour ou contre une loi qui autorise l'euthanasie ? Pourquoi ?

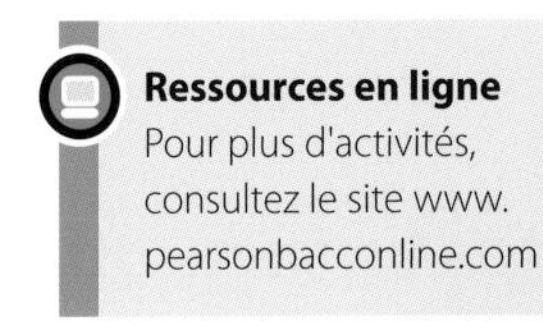

Ressources en ligne
Pour plus d'activités, consultez le site www.pearsonbacconline.com

ENTRAÎNEMENT À L'EXAMEN

FRANÇAIS B – NIVEAU MOYEN – ÉPREUVE 1

Novembre 2002

TEXTE C

CRAIGNEZ-VOUS LES PROGRÈS DE LA GÉNÉTIQUE ?

« Les progrès de la génétique me font peur car on essaie de maîtriser la nature à tout prix et cela implique quasi automatiquement des dérapages. Imaginez si Hitler avait pu cloner des personnes jusqu'où ça aurait pu aller ! Ce n'est pas comme cela qu'on fera un monde meilleur. Si ça peut aider à mieux guérir, tant mieux. Mais fabriquer un gamin aux yeux bleus, ça ne m'intéresse pas. La nature doit faire son travail. »

Agnès de Monteder – 21 ans – Étudiante – Metz (57)

« Ça ne me fait pas peur. De toute façon, on ne peut pas lutter contre le progrès. Avoir un clone, je trouverais cela plutôt marrant. Je me sentirais peut-être moins seul. Par contre, je ne suis pas d'accord pour que l'on puisse définir à l'avance la couleur des yeux des enfants par exemple. C'est la nature qui décide et elle seule. »

Joël Bompays – 51 ans – Restaurateur – Château-Thierry (02)

« Les progrès de la génétique m'effraient. Ça me choque. N'importe quel dictateur pourra créer la société qu'il voudra. Il faut laisser faire la nature. Quand on fait un gosse, ça se passe dans le lit, pas dans un laboratoire. Le clonage me fait tout aussi peur. J'ai envie de garder ma propre personnalité sans avoir un double en face de moi. »

Roger Deruy – 47 ans – Agent SNCF – Saint-Leu-la-Forêt (95)

« Je trouve cela plutôt bien. C'est l'évolution de la vie. Avoir un clone, pourquoi pas ? Choisir la couleur des yeux et des cheveux de mes enfants ne me dérangerait pas. Le problème, c'est de maîtriser les dérapages. Car sur le principe, je trouve le progrès de la génétique plutôt intéressant. Mais il est évident que si un dictateur peut imposer une race type, ça devient très dangereux. »

Dominique Berthe • 26 ans • Agent EDF • Amiens (80)

« Je pense [– X –] ça peut faire peur et ça peut être rassurant [– 10 –]. En fait [– 11 –] dépend de l'éthique des scientifiques qui s'en occupent. [– 12 –] que les risques de dérive sont réels. Mais sur le plan médical, ça peut améliorer des choses. Le progrès est [– 13 –] nécessaire. Mais il ne faut pas [– 14 –] que l'homme puisse tout maîtriser et que la nature n'ait plus d'incidence sur la vie. »

Hylda Ghenou – 20 ans – Étudiante – Paris XVIIIe

TEXTE C – CRAIGNEZ-VOUS LES PROGRÈS DE LA GÉNÉTIQUE ?

Les phrases suivantes résument certaines des opinions d'Agnès, Joël, Roger et Dominique. Écrivez les lettres qui correspondent. ***Attention :*** *des opinions semblables peuvent être exprimées par plusieurs personnes. Certaines ont déjà été données.*

A Je veux que ma personne reste unique.
B Il faut distinguer entre l'amélioration de la santé humaine et l'apparence physique.
C L'idée d'un certain choix dans l'apparence de mes enfants ne me déplaît pas.
D Être cloné ne me dérange pas.
E J'ai peur des progrès de la génétique.
F On pourrait utiliser la génétique à des fins politiques.

1 Agnès .... *E F* ....
2 Joël ....
3 Roger .... *E F* ....
4 Dominique .... *D* ....

Dans les réponses d'Agnès et de Joël, trouvez le mot ou l'expression qui correspond à chacune des définitions suivantes.

5 Contrôler ....
6 Améliorer la santé ....
7 Combattre ....
8 Amusant ....

9 Dans la réponse de Joël, que veut dire le mot « cela » ?

....

Ajoutez les mots qui manquent dans la réponse d'Hylda en les choisissant dans la liste proposée. Un exemple vous est donné. ***Attention :*** *il y a plus de mots que d'espaces et chaque mot ne peut être utilisé qu'une seule fois.*

non	plus	sauf	tous
il est clair	*que*	tout	une autre fois
à la fois	ou	si	toujours

Exemple : *[X] que*

10 ....
11 ....
12 ....
13 ....
14 ....

CHAPITRE 19

INTÉGRATION, CROYANCES, VALEURS ET TRADITIONS

Objectifs :
- Regard sur le racisme au quotidien
- Être « l'autre », l'étranger dans la société d'aujourd'hui
- Couples mixtes et préjugés
- Partir ou zoom sur l'immigration
- Parler de la laïcité
- La structure « avoir beau + verbe à l'infinitif »

Les mots clés de l'unité : un étranger, le multiculturalisme, la laïcité, l'intégration, la discrimination, l'intolérance, le racisme ordinaire, la diversité culturelle, une union mixte, un préjugé

19.1 Histoire du racisme ordinaire

Texte 

– Bien ! Maintenant, les enfants, on se met en rang deux par deux comme d'habitude, et on se donne la main. Tiens, que se passe-t-il aujourd'hui, Jonathan ? Pourquoi tu ne veux pas donner la main à Yasmina ?

– Parce que ma maman elle a dit : si tu continues à lui donner la main, tu vas devenir tout noir comme elle.

Daniel Zimmermann, *Détrempe, Nouvelles du racisme ordinaire*, Éditions Livre de poche

– Tiens, tu as une place assise.

– À côté d'un noir, non merci ! Sans être raciste, c'est quand même ces gens-là qui ont apporté le sida en France et moi, je n'ai pas envie de l'attraper.

Daniel Zimmermann, *Virus vole, Nouvelles du racisme ordinaire*, Éditions Livre de poche

À l'oral

Avez-vous déjà été témoin, victime ou responsable de racisme ordinaire ? Décrivez ce que vous avez vécu et comment vous avez réagi.

Être noire en France

Paroles de femmes

Qu'est-ce qu'être une femme noire dans un pays majoritairement blanc ? À quels préjugés est-on confrontée ? De toutes origines, de tous milieux, des femmes nous livrent leurs témoignages passionnants, émouvants et révélateurs.

Yasmine Modestine, 38 ans, comédienne et chanteuse

« En 2007, sur le doublage d'une série américaine, la chef de plateau m'a dit : 'Tu ne peux pas doubler des Blancs.' Sur le coup, j'ai pensé : ma mère est blanche, qu'est-ce qu'elle raconte ? On me confond souvent avec elle au téléphone. Mais parce que je suis métisse, j'ai une voix 'spéciale' et je ne peux doubler que des Noirs, alors que les Blancs ont une voix 'universelle'. On nous répète : 'Il n'y a pas de bon comédien noir.' Pourtant, on a fait aussi le Conservatoire ou la rue Blanche. J'ai porté plainte auprès de la Halde, qui a établi qu'il y a des discriminations dans le doublage. Depuis, je suis boycottée. »

Léonora Miano, 35 ans, romancière

« La grande différence entre une personne noire ayant grandi en Afrique comme moi et une autre née en France, c'est que vous ne vous interrogez pas sur votre couleur. Vous en avez conscience, mais ce n'est pas un souci. La couleur ne vous définit pas, ne limite pas vos possibilités. Quand je suis arrivée en France à 18 ans, je n'ai pas souffert du racisme ordinaire. Je pensais que c'était sans lien avec moi. Mais si on vous fait comprendre dès votre naissance que votre couleur pose problème, vous êtes fragilisé. Vous doutez, ce qui crée de l'autocensure, un plafond de verre mental. »

Eva Doumbia, 40 ans, metteuse en scène, compagnie La Part du pauvre

« Je suis petite fille. On me demande d'où je viens. Si je dis : 'De Gonfreville-l'Orcher, en Normandie', je sens bien que mon interlocuteur attend autre chose. Mais je ne sais pas quoi. À 27 ans, je vais en Côte d'Ivoire, je rencontre ma famille et je réalise ce qui, en moi, m'a été transmis par mon père. Et, en même temps, moi qui suis noire depuis vingt-sept ans, je me découvre blanche. C'est à partir de ce moment-là seulement que je peux répondre : je suis française. »

Rocha Dimbumba, 20 ans, élève infirmière

« Mes parents m'ont envoyée en France à l'âge de 7 ans pour aider mes frères et sœurs restés au Congo–Kinshasa. Quand j'ai eu 11 ans, mon oncle m'a mise à la rue. J'ai été voir le juge et il m'a placée dans un foyer. Sans les assistantes sociales qui m'ont aidée à avoir des papiers, sans les éducateurs, sans l'éducation que j'ai reçue, je ne serais pas ce que je suis aujourd'hui. Je vis dans un studio à Evry, j'ai réussi le concours d'entrée à l'école d'infirmières, je mange à ma faim, je me sens en sécurité. La France est mon pays. »

Point culture
Frantz Fanon (1925–1961) : essayiste martiniquais qui a dénoncé le colonialisme et a contribué au mouvement appelé la négritude.
Œuvre célèbre : *Les damnés de la terre*

Surfons le net
Pour en savoir plus sur Frantz Fanon et Léopold Sédar Sanghor consultez le site www.pearsonhotlinks.com (*Français B*, lien internet 19.1 et 19.2).

Léopold Sédar Senghor (1906–2001) : homme politique et écrivain sénégalais. Premier homme de lettres africain élu à L'Académie française. Il était avec Aimé Césaire (auteur martiniquais), l'un des pères fondateurs du mouvement littéraire appelé la négritude (mouvement qui rassemble les écrivains africains).

Valérie Gilles-Alexia, 37 ans, directrice de la communication de Trace TV
« On me demande tout le temps : 'Vous êtes de quelle origine ?' Les gens n'ont toujours pas intégré qu'il y a des Français d'une autre couleur. Moi, je peux dire : 'Je suis de la Guadeloupe', parce que ma maison d'enfance est là-bas. Mais, pour ceux qui sont nés ici, ont grandi ici, c'est super vexant. Pourquoi mettre cette différence d'emblée en exergue* quand on se rencontre ? J'ai envie de répondre que je suis française, point. Dans 'Français', il y a noir, beur, blanc, métis, asiatique ... Et je suis fière qu'il en soit ainsi. »

Mata Gabin, 36 ans, comédienne
« J'ai grandi chez mes parents adoptifs. Mon bled*, c'est un village corse, Casabianca. J'y retourne tous les étés. Je sais qui s'est marié, qui a eu un bébé. En Corse, quand on vous aime, c'est pour toujours. Quand j'étais petite, je suis allée en Afrique. On m'appelait 'la Blanche' parce que j'avais l'accent corse. Ça m'a fait tellement mal que je n'ai plus écouté qu'Aznavour ! On me demande souvent de jouer des Africaines avec 'l'accent'. Je préfère jouer des êtres humains. L'accent africain n'existe pas. »

Bams, auteure, compositrice, interprète et cofondatrice de « Respect Magazine »
« Étrangement, il y a tout un pan de la société française qui, quand il parle des Noirs, voit des Blacks. Pourtant, les mêmes ne se disent pas 'whites' ! Est-ce que le mot 'Noir' pose problème ? Il fut un temps où un Noir était un Noir quand il était un lettré comme Senghor, Fanon ... Les Noirs ont disparu quand sont arrivés les immigrés ouvriers. Puis ils ont réapparu en Blacks. Mais, ici, on n'est pas en Amérique. Je suis noire et le mot pour le dire, c'est 'noire'. »

*mettre en exergue = mettre en avant/souligner
bled (langage, familier) = village

Isabelle Duriez, *Société*

Manipulation du texte

Associez chaque affirmation à la bonne personne.

1 Les gens s'étonnent toujours du fait que je suis française.
2 C'est ridicule de ne pas utiliser le terme approprié.
3 J'ai eu recours à la justice.
4 Être arrivée en France tard m'aide à ne pas me poser de questions sur ma couleur de peau.
5 Je suis française (et une personne avant tout) et je ne veux pas faire semblant d'être africaine même dans le cadre de mon métier.
6 Malgré une adolescence difficile, j'ai réussi à me construire une vie.
7 Il faut accepter la diversité culturelle.

19.2 Regard sur l'autre …

Texte 

Il a la peau brune, des cheveux crépus, de grandes mains calleuses noircies par le travail. Son visage sourit et son front dessine des rides serrées. Il a quarante ans, peut-être moins.

Cet homme, habillé de gris, a pris le métro à la station Denfert-Rochereau, direction Porte-de-la-Chapelle.

D'où vient-il ? Peu importe ! Son visage, ses gestes, son sourire disent assez qu'il n'est pas d'ici. Ce n'est pas un touriste non plus. Il est venu d'ailleurs, de l'autre côté des montagnes, de l'autre côté des mers. Il est venu d'une autre durée, la différence entre les dents. Il est venu seul. Une parenthèse dans sa vie. Une parenthèse qui dure depuis bientôt sept ans. Il habite dans une petite chambre, dans le dix-huitième. Il n'est pas triste. Il sourit et cherche parmi les voyageurs un regard, un signe.

Je suis petit dans ma solitude. Mais je ris. Tiens, je ne me suis pas rasé ce matin. Ce n'est pas grave. Personne ne me regarde. Ils lisent. Dans les couloirs, ils courent. Dans le métro, ils lisent. Ils ne perdent pas de temps. Moi, je m'arrête dans les couloirs. J'écoute les jeunes qui chantent. Je ris. Je plaisante. Je vais parler à quelqu'un, n'importe qui. Non. Il va me prendre pour un mendiant. Qu'est-ce qu'un mendiant dans ce pays ? Je n'en ai jamais vu. Des gens descendent, se bousculent. D'autres montent. J'ai l'impression qu'ils se ressemblent. Je vais parler à ce couple. Je vais m'asseoir en face de lui, puisque la place est libre, et je vais lui dire quelque chose de gentil : Aaaaa … Maaaaa … Ooooo …

Ils ont peur. Je ne voulais pas les effrayer. La femme serre le bras de son homme. Elle compte les stations sur le tableau. Je leur fais un grand sourire et reprends : Aaaaa … Maaaaa … Ooooo … Ils se lèvent et vont s'installer à l'autre bout du wagon. Je ne voulais pas les embêter. Les autres voyageurs commencent à me regarder. Ils se disent : quel homme étrange ! D'où vient-il ? Je me tourne vers un groupe de voyageurs. Rien sur le visage. La fatigue. Je gesticule. Je souris et leur dis : Aaaaa … Maaaaa … Ooooo … Il est fou. Il est saoul. Il est bizarre. Il peut être dangereux. Inquiétant. Quelle langue est-ce ? Il n'est pas rasé. J'ai peur. Il n'est pas de chez nous, il a les cheveux crépus. Il faut l'enfermer.

Qu'est-ce qu'il veut dire ? Il ne se sent pas bien. Qu'est-ce qu'il veut ?

Rien. Je ne voulais rien dire. Je voulais parler. Parler avec quelqu'un. Parler du temps qu'il fait. Parler de mon pays ; c'est le printemps chez moi ; le parfum des fleurs ; la couleur de l'herbe ; les yeux des enfants ; le soleil ; la violence du besoin ; le chômage ; la misère que j'ai fui. On irait prendre un café, échanger nos adresses.

Tiens, c'est le contrôleur. Je sors mon ticket, ma carte de séjour, ma carte de travail, mon passeport. C'est machinal. Je sors aussi la photo de mes enfants. Ils sont trois, beaux comme des soleils ; ma fille est une petite gazelle ; elle a des diamants dans les yeux. Mon aîné va à l'école et joue avec les nuages. L'autre s'occupe des brebis.

Je montre tout. Il fait un trou dans le ticket et ne me regarde même pas. Je vais lui parler. Il faut qu'il me regarde. Je mets ma main sur son épaule. Je lui souris et lui dis : Aaaaa … Maaaaa … Ooooo … Il met son doigt sur la tempe et le tourne. Je relève le col de mon pardessus et me regarde dans la vitre :

Tu es fou. Bizarre. Dangereux ? Non. Tu es seul. Invisible. Transparent. C'est pour cela qu'on te marche dessus.

Je n'ai plus d'imagination. L'usine ne s'arrêtera pas. Il y aura toujours des nuages sur la ville. Dans le métro, ce sera l'indifférence du métal. C'est triste. Le rêve, ce sera pour une autre fois. À la fin du mois, j'irai à la poste envoyer un mandat à ma femme. À la fin du mois, je n'irai pas à la poste. Je retourne chez moi.

Il descend au terminus, met les mains dans les poches et se dirige, sans se presser, vers la sortie.

Tahar Ben Jelloun, *Les Amandiers sont morts d'leurs blessures*, Éditions Points

Point culture
Tahar Ben Jelloun
(1944–) : écrivain et poète marocain.
Œuvres les plus célèbres :
- *Le racisme expliqué à ma fille*
- *La nuit sacrée*
- *L'enfant de sable*

Surfons le net 
Pour plus d'informations sur Tahar Ben Jelloun consultez le site www.pearsonhotlinks.com (*Français B*, lien internet 19.3).

Compréhension générale du texte

Répondez aux questions suivantes.

1 Dans le premier paragraphe, quel adjectif montre que l'homme exerce un travail manuel ?

2 Dans quelle ville se passe cette scène ? Quelles informations vous permettent de l'affirmer ?

3 Relevez la phrase du troisième paragraphe qui montre que l'homme semble être invisible.

4 Quelles sont les différences essentielles entre l'homme et les autres ?

5 Pourquoi le narrateur pense-t-il que les autres vont le prendre pour un mendiant ?

6 À votre avis, pourquoi le couple a-t-il peur ?

7 Relevez tous les adjectifs utilisés pour décrire l'homme. Que pouvez-vous en déduire ?

8 « Le rêve, ce sera pour une autre fois. » De quel rêve parle-t-il selon vous ?

Grammaire en contexte

Révision des temps. Relevez dans le texte :

1 les verbes conjugués au présent
2 le verbe conjugué au passé composé
3 les verbes conjugués à l'imparfait
4 les verbes conjugués au futur
5 les verbes conjugués au conditionnel présent.

Texte 19.2.2

Individus et société

Couples mixtes
Au-delà des préjugés

BENJAMIN VACHET

Dans une note parue en septembre dernier, Statistiques Canada révèle qu'ils augmentent depuis 1990. En 2001, 452 000 canadiens avaient fait le choix de dépasser les clivages culturels pour former un couple mixte. De quoi susciter la curiosité.

Ils ne représentent que 3% des unions libres et des mariages mais intéressent déjà les chercheurs comme la professeure d'anthropologie de l'Université de Montréal, Deirdre Meintel : « il s'agit d'un segment de la population qu'on ne peut ignorer et qu'on se doit de mieux connaître ». Ah, bon, mais pourquoi ?

Tout simplement parce qu'en s'unissant entre personnes prétendument différentes de par leurs origines et leur culture, les couples mixtes génèrent certainement un « melting pot » prometteur. Dans le rêve d'une humanité harmonieuse, ils représentent un absolu, le mélange parfait de ce que peut créer l'immigration. Mais les stéréotypes demeurent et soufflent sur les braises de l'incompréhension. Famille, religion, éducation des enfants ... Certaines questions semblent autant d'impasses sur les voies tortueuses du bonheur. Alors, est-ce que ça peut marcher ?

Pas si différents

Le groupe échange-jeunesse du Centre Afrika en avait fait le thème de son repas-causerie du mois du mars. Deux couples témoins se sont prêtés au jeu à travers trois sujets : les défis, les gains et l'éducation des enfants dans un couple mixte. Il en ressort un consensus que résume Hanh : « nous ne sommes pas si différents des autres couples. Dans chaque domaine, chacun apporte sa façon de voir. » Pourtant, le cocktail détonnant d'une vietnamienne et d'un Togolais suggère un choc culturel. « Nous parlons la même langue, avons suivi un cursus scolaire semblable, mon enfance à Saigon ressemble à la sienne. » Un avis que partage son partenaire, Guy : « le défi reste toujours le même : est-ce que ça va marcher ? »

Renvoyées dans le cordes, les différences seraient donc davantage le fruit « de la personnalité de chacun » pour Hanh. Car comme lui répond en écho Guy : « le couple n'est pas la fusion, l'exigence que l'autre devienne soi ». Sur la même longueur d'onde, Maxine et Yves, couple haïtien-québécois précise que : « Maxine vivant ici depuis 1970, le choc culturel était presque impossible ». Leur expérience suggère-t-elle alors que le choc culturel annoncé n'est que préjugé ?

Se connaître avant tout

Mais l'assistance est là pour rappeler les stéréotypes accrochés à ces unions « hors normes ». Pour ces deux couples, pas de conflit culturel, la religion les unit. Mais pour le reste, les enfants, la place des femmes, etc. ? Humblement, Guy précise : « Nous ne sommes pas ici pour donner la recette du succès. Mais dans un couple, mixte ou pas, l'important est d'identifier les zones sur lesquelles on ne fait pas de compromis ». De quoi lever bien des obstacles, cette réflexion fournit un fil d'Ariane aux aspirants.

Le couple de Brigitte, québécoise, a « cédé sous le poids de la place que son partenaire réservait à la femme ». Une autre raconte « la difficulté d'une amie dont le mari n'exprimait pas ses sentiments, une caractéristique des Africains », selon elle.

En examinant leurs propres valeurs, toutes deux auraient pu dès le départ constater l'impasse. L'amour rend aveugle ... Et puis, ces soi-disant différences culturelles ne masquent-elles pas le syndrome de l'excuse par l'origine cachant des marques de tempéraments individuels ?

La similitude culturelle n'assure pas non plus un long fleuve tranquille vers la réussite et la compréhension comme le relève Oswald dont le couple a buté sur la belle famille alors qu'il vivait avec une compatriote africaine. « Aujourd'hui, ma belle famille autochtone m'accueille bien mieux », avoue-t-il.

Le regard des autres

Au centre des discussions, la belle famille revient d'ailleurs souvent. Maxine et Yves n'y ont pas échappé au départ : « je n'etais pas Maxine, juste l'ambassadrice de la culture haïtienne », se souvient-elle. Dans l'acceptation familiale, comme sociale se retrouve le regard des autres. « On a parfois l'impression d'être une curiosité », reconnaît Guy. Mais, encore une fois, ce « syndrome de la belle famille » n'est-il pas commun à tous les couples ? « Tout comme se retrouvent dans toute union les problématiques de l'éducation d'un enfant », renchérit Hanh.

Plus populaire chez les 20–29 ans*, chance inestimable de découvrir une nouvelle culture, le couple mixte nécessite néanmoins de la prudence. Guy met en grande contre « la tentation de l'exotisme, le fantasme de retrouver chez autre ce qu'a construit notre imagination ».

Dans la multiplicité des possibilités d'union mixte, ces deux exemples rassurent et posent finalement la question : les barrières ne sont-elles pas celles qu'on s'impose ? ■

* En 2001, les couples mixtes représentaient 5% de tous les couples de 20 à 29 ans.

Manipulation du texte

Lisez la liste d'arguments ci-dessous concernant les mariages mixtes. Pour chaque argument, cochez la case correspondante.

	Richesse/avantage	Problème/difficulté
1 On n'est jamais à l'abri d'un choc culturel. Les incompréhensions peuvent détruire votre couple.		
2 Les enfants des couples mixtes sont souvent parfaitement bilingues.		
3 On s'enrichit des différences de l'autre.		
4 Ne pas perdre son identité et sa culture est parfois difficile.		
5 Le regard des autres peut être blessant.		
6 Les préjugés ont encore la peau dure. Les couples mixtes suscitent la curiosité et la méfiance.		
7 Les enfants peuvent être confus. Quelle est leur nationalité ? Leur culture ?		
8 Cela permet une ouverture d'esprit parce que chacun a une vision différente du monde.		
9 Parler la même langue ne suffit pas toujours à dépasser les différences.		
10 Cela représente une intégration parfaite de deux cultures.		
11 Peu importe la couleur de peau, la nationalité, la langue ou la religion, un couple c'est deux personnes qui s'aiment et vivent en harmonie. Dans un couple mixte, surmonter toutes ces différences cimentent les liens entre les personnes.		
12 Il faut se rendre à l'évidence ; qu'on le veuille ou non, les couples mixtes représentent un pas vers un avenir plus harmonieux.		

À l'écrit

Choisissez l'un des sujets proposés ci-dessous. Écrivez entre 250 et 400 mots.

1. Vous êtes convaincu(e) d'avoir rencontré l'homme ou la femme de votre vie et vous voulez l'épouser. Ce dernier/cette dernière n'est pas de la même nationalité que vous. Vos parents sont opposés à votre éventuelle union. Vous décidez de leur écrire une lettre dans laquelle vous essayez de leur faire prendre conscience que leurs préjugés sont ridicules et infondés et qu'il faut qu'ils vous laissent épouser l'amour de votre vie.
2. Vous êtes marié(e) à une personne d'une nationalité différente de la vôtre. Vous rédigez un article pour le journal local dans lequel vous racontez votre expérience, les difficultés rencontrées dans votre vie quotidienne ainsi que les richesses apportées par votre union dans le but de faire tomber les préjugés associés à l'image projetée par les unions mixtes.

19.3 Rêves d'ailleurs … ou l'immigration en question

Texte   19.3.1

LÀ-BAS

Là-bas
Tout est neuf et tout est sauvage
Libre continent sans grillage
Ici, nos rêves sont étroits
C'est pour ça que j'irai là-bas

Là-bas
Faut du cœur et faut du courage
Mais tout est possible à mon âge
Si tu as la force et la foi
L'or est à portée de tes doigts
C'est pour ça que j'irai là-bas

N'y va pas
Y a des tempêtes et des naufrages
Le feu, les diables et les mirages
Je te sais si fragile parfois
Reste au creux de moi

On a tant d'amour à faire
Tant de bonheur à venir
Je te veux mari et père
Et toi, tu rêves de partir

Ici, tout est joué d'avance
Et l'on n'y peut rien changer
Tout dépend de ta naissance
Et moi je ne suis pas bien né

Là-bas
Loin de nos vies, de nos villages
J'oublierai ta voix, ton visage
J'ai beau te serrer dans mes bras
Tu m'échappes déjà, là-bas

J'aurai ma chance et j'aurai mes droits
N'y va pas
Et la fierté qu'ici je n'ai pas
Là-bas
Tout ce que tu mérites est à toi
N'y va pas
Ici, les autres imposent leur loi
Là-bas
Je te perdrai peut-être là-bas
N'y va pas
Je me perds si je reste là
Là-bas
La vie ne m'a pas laissé le choix
N'y va pas
Toi et moi, ce s'ra là-bas ou pas
Là-bas
Tout est neuf et tout est sauvage
N'y va pas
Libre continent sans grillage
Là-bas
Beau comme on n'imagine pas
N'y va pas
Ici, même nos rêves sont étroits
Là-bas
C'est pour ça que j'irai là-bas
N'y va pas
On ne m'a pas laissé le choix
Là-bas
Je me perds si je reste là
N'y va pas
C'est pour ça que j'irai là-bas
Là-bas (bis)

Chanson *Là-bas* par Jean-Jacques Goldman et Sirima

Point culture
Jean-Jacques Goldman (1951–) : auteur-compositeur et interprète français né à Paris. Quelques-uns de ses albums les plus célèbres :

- *Entre gris clair et gris foncé*
- *Rouge*
- *Chansons pour les pieds*

Surfons le net
Pour écouter cette chanson et voir le clip, rendez-vous sur le site www.pearsonhotlinks.com (*Français B*, lien internet 19.4).

Compréhension générale du texte

1 La chanson « La-bàs » a pour thème principal :

a l'intégration des étrangers
b la non intégration des étrangers
c le désir d'exil
d les désillusions liées au désir d'exil

2 D'après-vous, quelle est la relation entre les deux personnages représentés dans la chanson ? Justifiez votre réponse à l'aide du texte.

Manipulation du texte

Répondez aux questions suivantes.

1 Quel mot du troisième couplet signifie « illusion » ou « rêve » ?

2 À quoi rêve la jeune femme ?

3 Parmi les six affirmations suivantes, **trois** sont correctes. Lesquelles ?

a La vie « là-bas » ne sera pas forcément facile.
b Même s'il part, la relation entre les deux personnages ne sera pas mise en danger.
c Le chanteur pense que s'il reste, il n'a aucun avenir.
d L'homme et la femme partagent le même rêve.
e Ils sont libres dans leur pays.
f S'il va « là-bas », il retrouvera l'estime de lui-même.

4 Vrai ou faux ? Justifiez vos réponses.

a Il est possible de faire fortune ailleurs.
b La jeune femme redoute qu'en l'absence du jeune homme, elle finisse par ne plus se souvenir de lui.
c Le jeune homme rassure la jeune femme en lui promettant que son départ ne changera rien à leur relation.

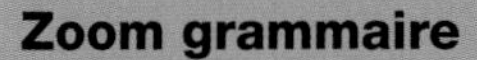

Zoom grammaire

Avoir beau + verbe à l'infinitif

« J'ai beau te serrer dans mes bras
Tu m'échappes déjà là-bas »

Cette phrase, tirée de la chanson « Là-bas », veut dire : Malgré le fait que je te serre dans mes bras, tu vas partir (tous mes efforts sont vains).
Cette expression exprime donc une certaine contradiction entre deux actions. Elle met en valeur l'inefficacité de l'une des actions qui ne produit pas le résultat espéré ou escompté.

Exemples : Elle a beau le supplier de ne pas partir, il l'ignore.
J'ai beau étudier, je n'arrive pas à communiquer en français et j'obtiens toujours de mauvaises notes.

À l'oral

1 Discutez avec un(e) camarade.

- **a** « Y a des tempêtes et des naufrages » ; à quoi cette ligne fait-elle référence d'après vous ?
- **b** Est-ce vraiment mieux « là-bas »/ailleurs ?
- **c** Pourquoi, malgré les déceptions et les désillusions, des personnes s'acharnent-elles à risquer leurs vies pour aller « là-bas » ?

2 Voici une liste d'arguments qui pourraient être avancés par tout aspirant à l'exil.
Pour chacun de ces arguments, trouvez un exemple qui prouve que ce ne sera pas forcément vrai.

- **a** Là-bas, je pourrai trouver du travail facilement.
- **b** Là-bas, je serai riche, je ferai fortune.
- **c** Là-bas, la vie quotidienne sera plus facile.
- **d** Là-bas, je serai heureux.
- **e** Là-bas, je serai quelqu'un.
- **f** Là-bas, j'aurai une voix.
- **g** Là-bas, je serai libre.

À l'écrit

Choisissez l'un des sujets proposés ci-dessous. Écrivez entre 250 et 400 mots.

1 Vous êtes un aspirant à l'exil plein de rêves et d'espoirs par rapport à la nouvelle vie qui vous attend ailleurs. Rédigez la page de votre journal intime dans laquelle vous exprimez ces espoirs et les émotions suscitées par ces espoirs.

2 En tant que membre de l'association « Pour l'aide à l'intégration des étrangers », vous avez été chargé(e) de rédiger une brochure à l'intention des nouveaux arrivants. Le but de cette brochure est de les mettre en garde contre les fausses illusions et de leur donner des conseils pratiques pour réussir leur intégration.

19.4 L'intégration en question

Texte 

« Ce n'est pas assez d'être étranger. Il faut être un bon étranger. Un bon étranger est intégré, autrement c'est un incasable, un lointain, un tropical, un exotique, un pénible qui ne veut rien comprendre. Un alien. Un problème, quoi. Option non envisageable Il faut s'intégrer, et plus vite que ça. Intégrons, donc. Mais en quoi ça consiste, au juste? On peut toujours agiter le mot comme une panacée à chaque fois qu'on aborde le sujet des transplantés du passeport et des risques de rejet qui vont avec, encore faut-il s'entendre sur le traitement à suivre et son modus operandi.

Intégré. Comme un circuit, une différentielle, une équation. Comme une cuisine, une armoire, un haut parleur. L'intégration est à la ville ce que le mimétisme est à la jungle. Une question de survie en milieu hostile. Il s'agit de se fondre dans le paysage, de ne pas se faire remarquer. L'intégration sociale fonctionne comme la chirurgie esthétique, c'est réussi quand ça ne se voit pas. Un intégré se reconnaît au fait qu'on ne le reconnaît pas.

Sauf que l'intégré finit par ne pas se reconnaitre lui-même. S'il se regarde dans une glace et qu'il voit un vrai Français, il sait qu'il y a maldonne. L'intégration est un critère d'accueillant, pas d'accueilli. Le pays d'accueil s'est donné la peine d'entrouvir sa porte, il attend de la reconnaissance. L'arrivant,tant qu'à faire aimerait rester lui-même et qu'on le prenne tel qu'il est. Or on attend de lui qu'il devienne un Français comme les autres, un Français de souche. Voilà. Pas bien compliqué, apparemment, surtout quand on est né sur place. Avec un peu de bonne volonté ça doit pouvoir se faire … ?

C'est pas que tu refuses, mais à y regarder de plus près, l'entreprise se révèle plus périlleuse qu'on pourrait le croire. Tu viens au monde sans racines, et il faut que tu te fasses pousser une souche sous le derrière ! Que tu développes tout un réseau d'accroches bien tarabiscotées* là où tu n'as qu'une cicatrice plus ou moins oubliée. Et on s'étonne que ça ne marche pas ? Déjà pour une plante en pot, ce n'est pas simple. Alors pour un être humain …

Devenir pareil. Oublier son nom, son teint, ses cheveux, l'accent de ses parents. Faire comme si. Comme si on t'avait endormi avec dodo l'enfant do au lieu de duérmete mi niño, mimé ainsi font font les petites marionnettes au lieu de cinco lobitos, comme si tes parents avaient toujours chanté la Marseillaise, appris par cœur la cigale-ayant chanté, la fourmi-n'est pas prêteuse, le corbeau honteuzé-confus et le renard flatteur. Comme si ta mère connaissait la recette de la confiture et que ton père avait marché au pas sous le drapeau bleu-blanc-rouge. Tu as beau essayer, y a de la lacune, tu donnes dans l'à-peu-près, tu bricoles et ça se voit. Y a ton jupon qui dépasse. Toi qui voulais juste être comme tout le monde, pour pouvoir être toi-même … »

*tarabiscotées = surchargées/complexes

Isabelle Alonso, *L'exil est mon pays*, Éditions Pocket

À l'oral

Discutez les questions suivantes avec un(e) camarade.

1. « Il faut être un bon étranger » (lignes 1-2). Qu'est-ce qu'un « bon étranger » d'après vous ? Quels seraient les critères ? Pourquoi ?
2. « Une question de survie en milieu hostile » (deuxième paragraphe). De quelle(s) façon(s) le « milieu » peut-il être hostile pour un étranger ?
3. Un étranger peut-il, d'après vous, réussir à totalement s'intégrer/être intégré ?
4. Qu'est-ce qui, d'après vous, serait le signe d'une intégration réussie ?
5. « Devenir pareil. Oublier son nom, son teint, ses cheveux, l'accent de ses parents. » (cinquième paragraphe) Expliquez.

19.5 Le principe de laïcité

Texte 19.5.1

Laïcité

« La laïcité à la française : garantir l'unité dans la diversité. »

Dans les symboles comme dans la loi, notre laïcité est un trésor national. François Bayrou, tant en homme d'État qu'en homme de foi, s'engage pour cette « laïcité à la française » qu'incarne la loi de 1905. En 1994, Ministre de l'éducation nationale, c'est lui qui avait pris la circulaire interdisant à l'école les signes religieux ostentatoires.

« **La laïcité est le centre même de la démocratie française.** Elle est le patrimoine commun de principes et de convictions qui fait le ciment et l'essence de notre civilisation singulière, au-delà des religions et des histoires différentes. Elle établit une autonomie des ordres politiques et religieux, qui porte en elle les autres autonomies, des syndicats, des entreprises et de la vie économique, des associations.

Le port du voile par les jeunes filles musulmanes, manifestation visible du mouvement de revendication de l'islam, porte des significations de nature à inquiéter l'architecture de valeurs autour desquelles se sont construites la République et son école.

Ce vêtement qui se fait signe affirme d'abord que la loi de Dieu est supérieure à la loi des hommes. Il entre doublement en contradiction avec les valeurs qui fondent notre société.

En premier lieu parce que, pour nous, la loi a un caractère éminemment séculier.

Secondement parce que cette manière de vêtir singulièrement les jeunes filles et les femmes semble signifier que, aux yeux de celles qui la revendiquent ou s'y soumettent comme aux yeux de celles et de ceux qui la prônent, le statut de la femme est inférieur à celui de l'homme.

Sur cette question dite du voile, la fermeté des principes ne doit pas empêcher de laisser aux équipes éducatives une certaine marge de souplesse sur le terrain. Souvent, le règlement vaut mieux que la loi.

L'interrogation sur la laïcité ne se limite pas à l'école, et la question de l'islam ne se limite pas au voile. Les moyens matériels et humains mis à la disposition des musulmans pour leurs pratiques et pour leur vie de tous les jours sont aussi en cause.

Un code de la laïcité est devenu nécessaire, un code qui reprenne de manière simplifiée et solennelle les textes qui fondent l'architecture juridique de notre laïcité et ont construit le compromis laïque. Je ne suis pas favorable à modifier l'arsenal juridique, notamment la loi de 1905. Si des adaptations doivent être trouvées, la rédaction d'un tel code le permettra.

La laïcité signifie le respect. Elle doit défendre, dans l'espace public et notamment à l'école, les principes de non-discrimination et de primauté de la loi. »

www.bayrou.fr/propositions/laicite.html

Le saviez-vous ?
Une loi a été votée en France en septembre 2011. Cette loi interdit le port du voile intégral (burqua et niqaub) dans les lieux publics.

La laïcité est une valeur fondatrice et un principe essentiel de la République. La laïcité signifie la séparation de l'Église et de l'État. Dans cette optique, elle interdit le port de signes religieux ostentatoires dans les lieux publics comme les établissements publics. Dans une société de plus en plus multiculturelle, elle fait souvent l'objet de débats passionnés.

Activité interculturelle

Faites quelques recherches sur la loi sur la laïcité au Canada. Quelles sont les différences avec la loi française ?

À l'oral

Discussion de groupe :

1. Qui cette loi affecte-t-elle principalement ? Qu'en pensez-vous ?
2. Cette loi devrait-elle être maintenue ou non ? Divisez la classe en deux groupes. Un groupe en faveur du maintient de loi qui présentera huit arguments pour supplémentaires, et un groupe en faveur du retrait de la loi qui présentera huit arguments supplémentaires.
3. Pouvez-vous penser à d'autres situations où cette loi a eu des conséquences dans d'autres pays ? Par exemple, le port du couteau sikh et du turban dans la gendarmerie royale du Canada est interdit.

À l'écrit (NS)

« La laïcité à la française : garantir l'unité dans la diversité. » Pensez-vous que ce soit le cas ? Rédigez une réponse personnelle entre 150 et 250 mots en réponse à cette affirmation.

Entraînement à l'oral individuel

Regardez cette photo. Que vous inspire-t-elle ? Vous avez 15 minutes pour préparer une présentation entre 3 et 4 minutes.

Québécois et fier de l'être !

Pour vous aider ...

1 Dans votre présentation, commencez par décrire l'image/la scène dans le détail. Vous pouvez par exemple parler :

- de la diversité culturelle : richesse et menace
- de l'intégration des étrangers
- du respect de sa culture d'origine et de la culture du pays
- du racisme ordinaire
- de votre opinion personnelle.

2 Dans la deuxième partie, les thèmes/idées que vous avez abordés dans votre présentation seront approfondis. Les thèmes suivants pourraient être abordés :

- La manifestation de la diversité culturelle dans la vie de tous les jours.
- Le principe de laïcité.
- « France : terre d'asile » – est-ce le cas ?
- Les différentes formes de discrimination (à l'emploi par exemple) qui découle de la diversité culturelle.
- « Liberté, égalité, fraternité » ; cette devise s'applique-t-elle encore à la France d'aujourd'hui ?

Conseils de l'examinateur

- Structurez votre présentation (employez des connecteurs logiques).
- Avancez des opinions et justifiez-les.
- Soyez actif/active ; n'attendez pas que l'examinateur vous pose les questions.

Théorie de la connaissance

1. Dans la chanson « Là-bas », Goldman écrit : « La vie ne m'a pas laissé le choix ». Pensez-vous que ce soit le cas ? N'a-t-on pas toujours le choix de ses actes et décisions ?
2. Si nous n'avons pas toujours le choix de nos actes, en sommes-nous alors responsable ?
3. Dans sa chanson « Né quelque part », Maxime Le Forestier (auteur-compositeur et interprète français) écrit :

   « On choisit pas ses parents,
   on choisit pas sa famille,
   On choisit pas non plus
   les trottoirs de Manille,
   De Paris ou d'Alger
   Pour apprendre à marcher.
   Être né quelque part,
   Être né quelque part.
   Pour celui qui est né,
   C'est toujours un hasard. »

   Si c'est le hasard qui est à l'origine de nos vies, cela veut-il dire que nous n'avons pas le choix de notre propre vie ?
4. Croyez-vous au destin ? Peut-on vraiment changer le cours de sa vie ? Citez des exemples.

Ressources en ligne
Pour plus d'activités, consultez le site www.pearsonbacconline.com

ENTRAÎNEMENT À L'EXAMEN

FRANÇAIS B – NIVEAU SUPÉRIEUR – ÉPREUVE 1

Mai 2008

TEXTE B

« Le langage des ados booste le français »

– Laurence Wéry, vous êtes linguiste à l'Institut Supérieur des Langues Vivantes de l'Université de Liège. Selon vous, d'où vient le langage que les ados parlent actuellement ?

– Tout d'abord, il ne s'agit pas d'une langue à part entière, mais plutôt d'une norme supplémentaire. À côté de la norme standard, littéraire et familière, il y a désormais la norme « jeune », « branchée » ou « copains ». Ce phénomène n'est pas
5 neuf. Mais dans les années 70–80, il a explosé aux États-Unis avec le mouvement hip-hop, avant de traverser l'Atlantique et de s'étendre aux banlieues françaises, puis chez nous en Belgique. L'idée de base était simple : développer un langage qui ne soit pas compris des parents et de la police. Celui-ci s'inspire notamment de l'argot, qui était la langue des voleurs.

– Les linguistes plutôt conservateurs y voient un appauvrissement du français. Partagez-vous ce point de vue ?

– Pas du tout ! Je préfère parler à l'inverse d'un enrichissement. Je pense qu'une langue qui ne bouge pas est une langue
10 morte. Les jeunes ont boosté le français. Ils sont des créateurs au quotidien. La preuve qu'il s'agit d'un vrai phénomène de société : on ne compte plus les ouvrages sur la question ; le monde de la communication et du marketing puise sans cesse dans ce registre langagier ; les médias se penchent régulièrement sur le sujet.

– En quoi le langage des jeunes est-il spécifique ? Est-ce seulement une question de vocabulaire ?

– Non, pas seulement. [– X –], celui-ci regorge de mots nouveaux qui sont, faut-il le préciser, à 80% des mots français. Pas
15 de panique, [– 5 –], avec l'invasion du franglais ! Ce vocabulaire « jeune » s'inspire du verlan*, puise dans l'arabe, remet au goût du jour des anciens mots français. [– 6 –] cette norme, c'est aussi un style neuf, une grammaire revisitée. Les jeunes ont notamment recours à l'hyperbole ([– 7 –] des expressions très exagérées), ils transforment un substantif en adverbe, etc. Leur façon de parler est aussi spécifique : ils cassent les rythmes, enchaînent plus rapidement certaines syllabes.

– Enseignants et parents s'inquiètent parfois de voir les adolescents pratiquer couramment une « cyberlangue » si peu
20 académique Là encore, je pense qu'il faut voir le langage écrit des jeunes (textos, courriel, messageries instantanées) comme une richesse [– 8 –] comme une dérive. La plupart des jeunes n'avaient plus accès à l'écrit. Les moins favorisés qui ne maîtrisaient pas bien l'orthographe se sentaient exclus, jugés.

Aujourd'hui, ils reécrivent des lettres sentimentales. Ils échangent, expriment, racontent de nouveau par écrit. Et ce, quelle que soit leur origine ethnique ou sociale ! Il ne faut donc pas les blâmer et crier au loup ! Les jeunes savent faire la part des
25 choses : il y a le français standard à l'école qu'il faut nécessairement apprendre, et il y a le « chat » ou le « texto » pour dire des choses autrement, avec d'autres mots.

À terme, le français lui-même va y gagner. Car, de nos jours, il traîne l'image d'une langue difficile, un peu figée. Il résiste difficilement sur le plan international face à l'anglais et l'espagnol. Si la « cyberlangue » ou le langage « jeune » peuvent l'enrichir, lui donner une image plus vivante et l'aider à passer les frontières, tant mieux.

30 **D'après « Leur langage booste le français » dans *Le Soir*, 13 août 2004**

*verlan = argot dans lequel on inverse les syllabes des mots

TEXTE B – « LE LANGAGE DES ADOS *BOOSTE* LE FRANÇAIS »

Les affirmations suivantes, basées sur les 1er et 2e paragraphes, sont soit vraies, soit fausses. Cochez [✓] la réponse correcte. Justifiez votre réponse par les mots du texte. Un exemple vous est donné.

	VRAI	FAUX
Exemple : *Selon Laurence Wéry, le langage des ados est simplement une nouvelle norme qui s'ajoute aux normes existantes.* *Justification : il ne s'agit pas d'une langue à part entière, mais plutôt d'une norme supplémentaire*	*[✓]*	☐
1 Le phénomène du langage « jeune » est arrivé en Belgique directement des États-Unis. Justification :	☐	☐
2 À l'origine, les jeunes voulaient que tout le monde comprenne ce langage. Justification :	☐	☐
3 Laurence Wéry tient à ce que les règles du français ne changent pas. Justification :	☐	☐
4 Le langage des jeunes se retrouve aujourd'hui dans des publicités. Justification :	☐	☐

Ajoutez les mots qui manquent dans les lignes 14–21 en les choisissant dans la liste proposée.
***Attention :** il y a plus de mots que d'espaces et chaque mot ne peut être utilisé qu'une seule fois.*
Un exemple vous est donné.

à moins que	de moins en moins	mais
bien sûr	de peur que	malgré
c'est-à-dire	donc	plutôt que

***Exemple :** [X] bien sûr*

5 ....

6 ....

7 ....

8 ....

Reliez chacun(e) des mots ou expressions du texte figurant dans la colonne de gauche avec son équivalent qui se trouve dans la colonne de droite. ***Attention :*** *il y a plus de mots ou expressions proposé(e)s que de réponses possibles. Un exemple vous est donné.*

Exemple : *dérive (ligne 21) E*

9 quelle que soit *(ligne 24)*
10 crier au loup *(ligne 24)*
11 faire la part des choses *(ligne 24)*
12 à terme *(ligne 27)*
13 figée *(ligne 27)*

A finalement
B pleurer
C distinguer
D rigide
E appauvrissement
F peu importe
G partager
H à la rigueur
I à l'exception de
J spontanée
K donner l'alarme

14 Citez **deux** des apports que le langage des ados peut faire à la langue française, selon Laurence Wéry.
[2 points]
(a) ....
(b) ....

CHAPITRE 20
LA DIVERSITÉ DES LANGUES

Objectifs :

- Justifier le choix du français aujourd'hui
- Gros plan sur la Francophonie et sa diversité
- Le bilinguisme : richesse ou handicap ?
- Une question d'identité
- La voix passive
- Réviser le futur simple

Les mots clés de l'unité : la diversité, la tolérance, la coopération, la langue, l'ignorance, l'incompréhension, la Francophonie, la richesse, la pluralité

20.1 Pourquoi le choix du français ?

À l'oral

Réfléchissons un peu . . .

1. Alors que l'anglais domine le monde des affaires et des médias, vous avez choisi d'apprendre le français. Pourquoi ?
2. Est-il utile aujourd'hui d'apprendre le français ou toute autre langue étrangère si on maîtrise parfaitement l'anglais ?
3. Certains programmes scolaires ont rendu l'enseignement des langues étrangères optionnel. À l'opposée, le programme du baccalauréat international rend obligatoire l'apprentissage d'une langue étrangère. Qu'en pensez-vous ?
4. Dans votre programme du BI, vous avez fait le choix du français. Que représente pour vous l'évocation de cette langue ? Établissez une liste de mots qui vous viennent à l'esprit. Partagez cette liste avec le reste de la classe.
5. Citez des noms d'auteurs, de sportifs, d'acteurs, etc. que vous associez à la langue française.
6. Avec un(e) camarade, essayez d'établir une liste d'arguments en faveur de l'apprentissage du français. Vous intitulerez votre liste : « Dix bonnes raisons d'apprendre le français ».

Texte 

Voici une liste officielle intitulée « Dix bonnes raisons d'apprendre le français » publiée par le Ministère des affaires étrangères et européennes.

1 Une langue ....

Plus de 200 millions de personnes parlent français sur les 5 continents. La Francophonie regroupe 75 États et gouvernements. Le français est la langue étrangère la plus largement apprise après l'anglais et la 9ème langue la plus parlée dans le monde.

C'est également la seule langue avec l'anglais que l'on peut apprendre dans tous les pays du monde. La France dispose du plus grand réseau d'établissements culturels à l'étranger où sont dispensés des cours de français à plus de 750 000 personnes.

2 Une langue pour trouver ....

Parler français et anglais est un atout pour multiplier ses chances sur le marché international de l'emploi. La connaissance du français ouvre les portes des entreprises françaises en France comme à l'étranger dans tous les pays francophones (Canada, Suisse, Belgique et continent africain). La France, 5ème puissance commerciale et 3ème terre d'accueil pour les investissements étrangers, est un partenaire économique de premier plan.

3 La langue de ....

Le français est la langue internationale pour la cuisine, la mode, le théâtre, les arts visuels, la danse et l'architecture. Connaître le français, c'est avoir accès en version originale aux grands textes de la littérature française et francophone mais également au cinéma et à la chanson. Le français est la langue de Victor Hugo, de Molière, de Léopold Sendar Senghor, d'Édith Piaf, de Jean-Paul Sartre, d'Alain Delon ou de Zinédine Zidane.

4 Une langue pour ....

La France est le pays le plus visité au monde avec plus de 70 millions de visiteurs par an. Avec des notions de français, il est tellement plus agréable de visiter Paris et toutes les régions de France (de la douceur de la Côte d'Azur aux sommets enneigés des Alpes en passant les côtes sauvages de la Bretagne) mais aussi de comprendre la culture, les mentalités et l'art de vivre à la française. Le français est tout aussi utile lorsqu'on visite l'Afrique, la Suisse, le Canada, Monaco, les Seychelles ...

5 Une langue pour ....

Parler français permet notamment de poursuivre ses études en France dans des universités réputées ou dans les grandes écoles de commerce et d'ingénieur, classées parmi les meilleurs établissements supérieurs en Europe et dans le monde. Les élèves maîtrisant le français peuvent bénéficier de bourses du gouvernement français pour suivre un 3ème cycle d'études en France dans toutes les disciplines et obtenir un diplôme internationalement reconnu.

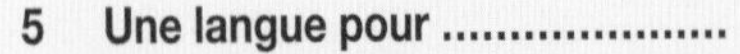

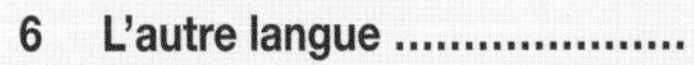

6 L'autre langue ....

Le français est à la fois langue de travail et langue officielle à l'ONU, dans l'Union européenne, à l'UNESCO, à l'OTAN, au Comité International Olympique, à la Croix Rouge Internationale ... et de plusieurs instances juridiques internationales. Le français est la langue des trois villes sièges des institutions européennes : Strasbourg, Bruxelles et Luxembourg.

7 Une langue pour ....

Après l'anglais et l'allemand, le français est la 3ème langue sur internet devant l'espagnol. Comprendre le français permet de poser un autre regard sur le monde en communiquant avec les francophones sur tous les continents et en s'informant grâce aux grands médias internationaux en langue française (TV5, France 24, Radio France Internationale).

8 Une langue ....

Le français est une langue facile à apprendre. De nombreuses méthodes existent pour apprendre le français en s'amusant qu'on soit un enfant ou un adulte. On peut aussi très vite atteindre un niveau permettant de communiquer en français.

9 Une langue pour ....

Apprendre le français aide à apprendre d'autres langues, notamment les langues latines (l'espagnol, l'italien, le portugais ou le roumain) mais aussi l'anglais puisque le français a fourni plus de 50% du vocabulaire anglais actuel.

10 La langue de ....

Apprendre le français, c'est d'abord le plaisir d'apprendre une belle langue, riche et mélodieuse qu'on appelle souvent la langue de l'amour. Le français est aussi une langue analytique qui structure la pensée et développe l'esprit critique ce qui est très utile dans les discussions ou des négociations.

Dix bonnes raisons d'apprendre le français, le Ministère des affaires étrangères et européennes

Compréhension générale du texte

Relisez le texte et trouvez à quoi correspondent les chiffres suivants.

1 200 millions
2 5
3 3ème
4 50
5 70
6 9ème
7 750 000
8 70 millions

a La place du français dans le monde.
b Le nombre de personnes qui passent un séjour en France chaque année.
c Le nombre d'apprenants de français dans le monde.
d Le nombre d'instances politiques ou pays où le français est parlé.
e Rang tenu par le français sur internet.
f Le nombre de locuteurs de français dans le monde.
g Le nombre de continents où le français est parlé.
h Le pourcentage de mots anglais empruntés au français ou qui ont pour origine des mots français.

Manipulation du texte

Répondez aux questions suivantes.

1 Le but du document intitulé « Dix bonnes raisons d'apprendre le français » est :

a d'informer les Français sur la raison de la popularité du français dans le monde
b de convaincre les personnes qui ne parlent pas le français de l'utilité du français
c de donner des informations générales sur la langue française
d de convaincre les Français et Francophones du monde entier de défendre leur langue

2 Associez chacun des titres ci-dessous au paragraphe correspondant.

a voyager
b apprendre d'autres langues
c des relations internationales
d parlée dans le monde entier
e étudier dans les universités françaises
f trouver un emploi
g l'amour et de l'esprit
h s'ouvrir sur le monde
i agréable à apprendre
j la culture

3 D'après le premier paragraphe, quel est le point commun entre l'anglais et le français ?

4 D'après le cinquième paragraphe, qu'est-ce qui permet à certains étudiants étrangers de continuer leurs études de français ?

5 Quel adjectif du premier paragraphe signifie « étudiée » ?

6 Quel mot du deuxième paragraphe signifie « avantage » ?

7 Quel verbe du cinquième paragraphe signifie « continuer » ?

Zoom grammaire

Rappel : Les adjectifs de nationalité ne prennent pas de majuscule en français.

Exemple : Les Français sont satisfaits de la place occupée par leur langue dans le monde.
Mais : La langue française occupe une place privilégiée dans le monde.

À l'oral

Qu'en pensez-vous ?

1 Certaines de ces affirmations vous surprennent-elles ? Lesquelles ? Pourquoi ?

2 Parmi les dix raisons listées dans le document, lesquelles associez-vous à vos choix personnels ? Pourquoi ?

3 Le document affirme que « le français est une langue facile à apprendre ». Partagez-vous cette opinion ? Pourquoi ? Essayez de donner, si possible, des exemples précis.

Point culture
Un peu de recherche … Relevez tous les noms de Francophones célèbres mentionnés dans le document. Allez faire des recherches et préparez un exposé pour la classe.

20.2 Les mille et un visages de la Francophonie

Activité interculturelle

1. Qu'est-ce que la Francophonie ?
2. « La Francophonie regroupe 75 États et gouvernements ». Sans regarder la carte, pouvez-vous citer au moins dix de ces pays ?
3. Qu'est ce que l'OIF ?
4. Qui a inventé le concept de la Francophonie ?
5. Tous les ans, la Francophonie est célébrée officiellement. Quelle est la date de la Journée de la Francophonie ? Pensez-vous que ce type de célébration soit important/utile/nécessaire ? Justifiez votre réponse.
6. Choisissez l'un des pays de la Francophonie et préparez une présentation pour la classe. Trouvez des détails sur la géographie, l'histoire, la musique, les personnes célèbres, des écrivains, des mets culinaires, des coutumes, des traditions, etc.

Le saviez-vous ?
Mayotte est officiellement devenue le 101ème département français le 31 mars 2011 et son cinquième DOM.
NB : DOM = Département d'outre-mer ; TOM = Territoire d'outre-mer.

Le monde de la Francophonie

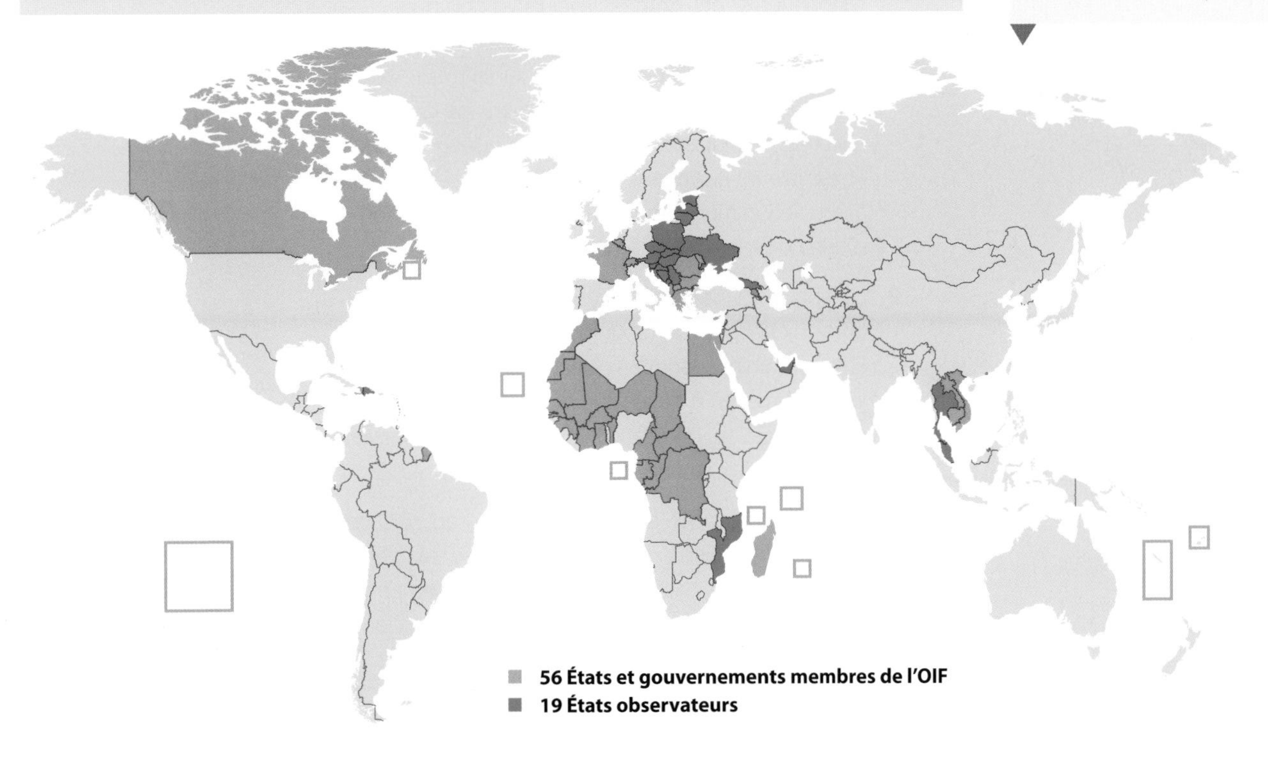

- Albanie
- Andorre
- Arménie
- Autriche
- Belgique
- Bénin
- Bosnie herzégovine
- Bulgarie
- Burkina Faso
- Burundi
- Cambodge
- Cameroun
- Canada
- Canada Nouveau-Brunswick
- Canada Québec
- Cap-Vert
- Centrafrique
- Chypre
- Communauté française de Belgique
- Comores
- Congo
- Congo RD
- Côte d'Ivoire
- Croatie
- Djibouti
- République dominicaine
- Dominique
- Égypte
- Émirats arabes unis
- Estonie
- Macédoine
- France
- Gabon
- Géorgie
- Ghana
- Grèce
- Guinée
- Guinée Bissau
- Guinée équatoriale
- Haïti
- Hongrie
- Laos
- Lettonie
- Liban
- Lituanie
- Luxembourg
- Madagascar
- Mali
- Maroc
- Maurice
- Mauritanie
- Moldavie
- Monaco
- Monténégro
- Mozambique
- Niger
- Pologne
- République Tchèque
- Roumanie
- Rwanda
- Sainte-Lucie
- São Tomé et Príncipe
- Sénégal
- Serbie
- Seychelles
- Slovaquie
- Slovénie
- Suisse
- Tchad
- Thaïlande
- Togo
- Tunisie
- Ukraine
- Vanuatu
- Vietnam

Texte 20.2.1

Surfons le net
Pour vous aider dans vos recherches, consultez le site www.pearsonhotlinks.com (*Français B*, lien internet 20.1).

Extrait de la charte de la Francophonie

Préambule

1 « La Francophonie doit tenir compte des mutations historiques et des grandes évolutions politiques, économiques, technologiques et culturelles qui marquent le XXIe siècle pour affirmer sa présence et son utilité dans un monde respectueux de la diversité culturelle et linguistique, dans lequel la langue française et les valeurs universelles se développent et contribuent à une action multilatérale originale et à la formation d'une communauté internationale solidaire.

2 La langue française constitue aujourd'hui un précieux héritage commun qui fonde le socle de la Francophonie, ensemble pluriel et divers. Elle est aussi un moyen d'accès à la modernité, un outil de communication, de réflexion et de création qui favorise l'échange d'expériences.

3 Cette histoire, grâce à laquelle le monde qui partage la langue française existe et se développe, est portée par la vision des chefs d'État et de gouvernement et par les nombreux militants de la cause francophone et les multiples organisations privées et publiques qui, depuis longtemps, œuvrent pour le rayonnement de la langue française, le dialogue des cultures et la culture du dialogue. »

Compréhension générale du texte

Répondez aux questions suivantes.

1 D'après le deuxième paragraphe, qu'est-ce qui constitue le ciment de la Francophonie ?

2 Toujours d'après le deuxième paragraphe, citez **deux** des fonctions de la langue française aujourd'hui.

3 D'après le troisième paragraphe, citez **deux** des objectifs principaux de la Francophonie.

Texte  20.2.2

Identité nationale

La Francophonie est-elle aujourd'hui un mythe ou une réalité ?

À cette question, j'ai trouvé une réponse au Maroc, pays membre de l'Organisation internationale de la Francophonie, et en Italie, pays simplement francophile où, à l'initiative de la présidente de l'Alliance française de Cuneo, Manuela Vico, je donne un cycle de causerie sur la Francophonie et l'écriture, du Piémont aux Pouilles.

Dans ces pays, les francophones sont une réalité. Le plaisir de partager avec autrui une langue tierce en l'occurrence, le français, qui fut la langue de grands poètes et de philosophes éminents, s'apparente à la jubilation.

Le Maroc a pour langue officielle le français : 70% des Marocains sont bilingues – une aubaine pour les millions de visiteurs qui y séjournent tous les ans.

Peu importent que de nombreuses langues existent ....[1]......... sur le territoire français : elles ne sont pas incompatibles avec le sentiment d'appartenance nationale. La langue française reste le ciment qui, sur le territoire national, soude les différends fiefs les uns aux autres – ....[2]......... ceux-ci n'opposent pas de muraille infranchissable, de part et d'autre, à la circulation des idées et des richesses matérielles et immatérielles.

L'article 1 de la charte de la Francophonie le confirme :

« La Francophonie, consciente des liens ....[3]......... crée entre ses membres le partage de la langue française et souhaitant les utiliser au service de la paix, de la coopération et du développement de la démocratie, à la prévention des conflits et au soutien à l'État de droit et aux droits de l'homme ; à l'intensification du dialogue des cultures et des civilisations ; au rapprochement des peuples par leur connaissance mutuelle. »

Cette déclaration, valable hors du territoire de France, ne s'applique pas sur le territoire national, où aucune charte n'a été signée.

Francophonie : Mythe ou réalité ? La question est complexe et la réponse imparfaite. Je propose celle-ci : à l'étranger, la Francophonie sans les Français est non un mythe, mais une réalité jubilatoire, généreuse, vivante.

Anna Moï, *Espéranto, désespéranto : La francophonie sans les Français*, Éditions Gallimard

Point culture
Anna Moï est une écrivaine francophone née à Saïgon en 1955. La plupart des livres d'Anna Moï se passent au Viêtnam, son pays natal mais elle a fait le choix d'écrire en français. Ses œuvres les plus célèbres:

- *Riz noir*
- *Parfum de pagode.*

Manipulation du texte

Répondez aux questions suivantes.

1 Quel mot du premier paragraphe signifie « conférence » ?

2 Quel mot du deuxième paragraphe signifie « quelqu'un d'autre » ?

3 Le mot « jubilation » (ligne 7) veut dire :

a joie
b tristesse
c excitation
d calme

4 Quel mot du troisième paragraphe veut dire « chance » ?

5 Ajoutez les mots qui manquent dans le texte en les choisissant dans la liste proposée ci-dessous.
Attention : il y a plus de mots que d'espaces et chaque mot ne peut être utilisé qu'une seule fois.

sans que	mais	qui	pourvu que
également	par ailleurs	que	malgré

Point culture
Espéranto est une langue créée par un médecin polonais en 1887. Le but de sa création était de faciliter la communication entre les personnes de langues maternelles différentes. L'Espéranto est encore utilisé aujourd'hui et reconnu par l'UNESCO.

Zoom grammaire

La voix passive

« Aucune charte n'a été signée. » (lignes 21–22)

La voix passive est utilisée quand le sujet grammatical n'est pas celui qui fait l'action.

Exemple : La langue française a été enseignée dans les pays colonisés par les missionnaires. (verbe – « a été enseignée » (enseigner) ; sujet grammatical – « la langue française »)

Mais « la langue française » ne fait pas l'action d'enseigner ; elle la subit.
L'action d'enseigner est réalisée par « les missionnaires ».

On forme la voix passive en conjuguant le verbe « être » au temps du verbe de la phrase active + participe passé du verbe en question.

Donc, en clair . . .

- Voix active : Les missionnaires **ont enseigné** la langue française dans les pays colonisés. (verbe au passé composé)
- Voix passive : La langue française **a été enseignée** dans les pays colonisés par les missionnaires. (« être » au passé composé = a été + participe passé du verbe « enseigner »)

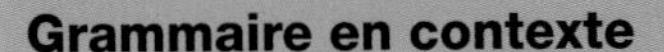

Grammaire en contexte

Avez-vous compris ? Transformez ces phrases à la voix passive.

1. Les enfants apprennent les langues étrangères plus facilement que les adultes.
2. On ne peut pas enseigner la culture en classe.
3. Le gouvernement prendra bientôt une décision sur le sort des immigrés clandestins.
4. En 2011, on a adopté une loi en France interdisant aux femmes de porter la burqua dans la rue.
5. On a récemment accusé la Fédération française de football de vouloir introduire des quotas pour limiter la sélection des sportifs d'origine étrangère dans l'équipe de France.
6. L'entraîneur de l'équipe de France a démenti ces accusations.

À l'écrit

Choisissez l'un des sujets ci-dessous. Écrivez entre 250 et 400 mots.

1. On vous a demandé de faire une présentation aux élèves qui sont en train de faire leurs choix de sujets pour le BI. Le but de votre présentation est de les convaincre de l'importance des langues étrangères et plus particulièrement de les convaincre de choisir le français.
2. Pour votre journal local, vous rédigez un article qui aura pour titre : « Non, apprendre le français aujourd'hui n'est pas une perte de temps ! »

20.3 Être bilingue aujourd'hui

Le saviez-vous ?

Si en France l'unité nationale se fait par la langue, c'est une situation minoritaire dans le monde. 13% des états ou des nations dans le monde sont monolingues. La moitié de l'humanité est au moins bilingue. Plus de 6 500 langues sont recensées.

À noter que …

« Selon une étude, en France, 26% de la population adulte vivant en métropole parle une autre langue que le français. Elle ne répertorie pas moins de 400 langues parlées, introduites par l'immigration (arabe, portugais, anglais, turc, etc.) ou les appartenances régionales (alsacien, breton, occitan). »

(*Les Clés de l'actualité*, n° 608)

Activité interculturelle

1. La Suisse et la Belgique ont plusieurs langues officielles. Lesquelles ?
2. Recherchez d'autres dialectes régionaux en France, situez-les sur une carte et trouvez quelques mots essentiels comme « bonjour » ou « au revoir » dans ces dialectes.
3. Au Québec, il y a la loi 101. De quoi s'agit-il ? Quels sont les objectifs de cette loi ? Qu'en pensez-vous ?

Texte 20.3.1

Histoires de bilingues – témoignages

Agnès, anciennement trilingue

Je suis bilingue de naissance (j'étais trilingue mais malheureusement j'ai plus ou moins oublié la troisième langue, apprise en même temps que le français et l'anglais, c'est à dire l'arabe marocain).

Mes deux parents sont trilingues et j'attends un petit garçon le mois prochain que nous prévoyons d'élever au moins bilingue français–anglais. Ma mère est de langue maternelle anglaise mais a appris l'arabe et le français très rapidement par immersion lorsqu'ils ont déménagé au Maroc alors qu'elle n'avait que 3 ans. Les quatre enfants de sa fratrie sont trilingues, l'aîné ayant commencé le CP monolingue et terminé l'année trilingue ! Mon père parlait français, arabe et berbère mais ne m'a parlé qu'en français, sa première langue …

Yasmina Katharina, 23 ans

Être bilingue, c'est plus qu'une aisance linguistique que l'on acquiert par la pratique ; c'est une carte d'accès privilégié à un monde sans frontières, aux secrets d'une nation, dont la langue n'est que la clé d'entrée.

Stéphanie, moitié française moitié indonésienne

Je suis née en France de père français et de mère indonésienne. Ma mère est arrivée en France et ne savait pas parler le français, aujourd'hui elle le parle couramment, et ne parle plus l'indonésien car à la maison on parlait français. Je regrette qu'elle ne me l'ait pas enseigné plus que ça. Je l'ai un peu appris en l'entendant parler à mes tantes, ce qui fait que maintenant j'arrive à le comprendre mais il me manque le vocabulaire, par contre j'ai beaucoup de mal à le parler. J'aimerais un jour retourner dans son pays natal pour pouvoir perfectionner la langue d'origine de ma mère.

Christina, Uganda, Afrique de l'Ouest

Thomas (4 ans) et Lucas (3 ans) sont nés dans une communauté flamande en Belgique. Leur mère est de langue maternelle anglaise, leur père de langue maternelle frisonne (communauté minoritaire aux Pays Bas). Thomas a commencé à bien parler à 18 mois, à 3 ans il était trilingue anglais, frison et flamand, sans jamais se tromper de langue en fonction de son interlocuteur. La situation a changé quand la famille s'est installée en Uganda, Afrique de l'Ouest. La langue dominante à la maison est maintenant l'anglais (avec leur mère et les domestiques) et à l'école maternelle. Leur père continue de leur parler en frison, qu'ils comprennent parfaitement, mais ils lui répondent en anglais. De temps en temps ils lui demandent même de « parler bien », entendant par là de dire ce qu'il a à dire en anglais ! Les deux garçons parlent entre eux et avec les autres enfants en anglais avec un fort accent ougandais, tandis qu'ils utilisent l'américain sans accent avec leurs parents et des amis non ougandais. Ils connaissent aussi quelques mots de luganda, la langue locale, ils s'amusent souvent à jouer à créer des mots avec des sons empruntés à cette langue. Quand nous visitons les Pays Bas, ils sont confrontés au frison et au flamand, tous leurs cousins ont grandi avec le flamand et non avec le frison, mais nos deux garçons ont oublié tout ce qu'ils connaissaient du flamand. Il leur faut en général quelques jours pour comprendre que leurs grands-parents ne comprennent pas l'anglais comme leur père, mais ils semblent comprendre immédiatement qu'ils n'arriveront à rien en parlant anglais avec leurs cousins du même âge ! Ils semblent comprendre un peu de flamand autour d'eux et s'aventurent à parler frison, mais seulement avec d'autres enfants.

Compréhension générale du texte

1 Reliez chacune des affirmations à la personne correspondante.

a Agnès	1 pense que la langue est plus qu'un outil de communication.
b Yasmina	2 aimerait pouvoir parler couramment sa langue maternelle.
c Stéphanie	3 a un fils qui savait s'adapter aux situations et changer de langue en accordance.
d Christina	4 a trois oncles ou tantes qui parlent couramment plusieurs langues.
	5 a des parents qui parlent plus de deux langues.
	6 a des enfants qui ont du mal à communiquer avec certains membres de leur famille.

2 Quelle ambition nourrit Stéphanie ?

3 Pourquoi les deux fils de Christina n'arrivent-ils pas à communiquer avec leurs cousins ?

20.4 Bilinguisme et identité

Texte 

Ici je suis une étrangère. Ici je ne suis rien. La France m'oublie. L'Algérie ne me reconnaît pas. Ici l'identité se fait. Elle est double et brisée. Ici je fuis le regard des enfants. Ici je ne comprends pas la langue.

Deux bâtards sur la plage. Deux métis. Amine et moi. Moi et Amine. Attirés l'un par l'autre. Assis côte à côte. Serrés dans l'eau, à jamais. Des enfants difficiles, disent-elles.

5 Ici je cherche ma terre. Ici je ne sais pas mon visage. Je reste à l'extérieur de l'Algérie. Je suis inadmissible. Ici je déteste la France. Ici je sais la haine. Ici je suis la fille de la Française. L'enfant de Roumia. Ici je porte la guerre d'Algérie. Ici je rêve d'être une Arabe. Pour ma grand-mère algérienne. Pour Raâbia Bouraoui. Pour sa main sur mon front. Pour son ventre. Pour son sang. Pour sa langue que je ne comprends pas. Pour sa tendresse. Pour son fils Amar tué à la guerre.

10 Ici je porte la blessure de ma famille algérienne.

De mère française. De père algérien. Je sais les odeurs, les sons, les couleurs. C'est une richesse. C'est une pauvreté. Ne pas choisir c'est être dans l'errance. Mon visage algérien. Ma voix française. J'ai l'ombre de ma lumière. Je suis l'un contre l'autre. J'ai deux éléments, agressifs. Deux jalousies qui se dévorent. Au lycée français d'Alger, je suis une arabisante. Certains professeurs nous placent à droite de leurs classes.
15 Opposés aux Français. Aux enfants de coopérants. Le professeur d'arabe nous place à gauche de sa classe. Opposés aux vrais Algériens. La langue arabe ne prend pas sur moi. C'est un glissement.

Écrire rapportera cette séparation. Auteur français ? Auteur maghrébin ? Certains choisiront pour moi. Contre moi. Ce sera encore une violence.

Le désert est en France. Il est immense et permanent. Il est en ville. Il est à Paris même. Je n'existerai pas
20 là-bas. Seule l'immigration dira l'Algérie.

Qui saura les enfants de 1970 ? Qui saura les mariages de l'indépendance ? Qui saura le désir fou d'être aimé ? Deux pays. Deux solitudes. Qui lira cette violence-là ? Seule la nature donne la force. Elle rassemble. Elle est puissante. Elle est comble. Elle agit sur mon corps. Elle recueille. Par là, elle est inhumaine.

Nina Bouraoui, deux extraits du *Garçon Manqué*, Éditions Livre de poche

Point culture

Nina Bouraoui (1967–) : née à Rennes d'un père algérien et d'une mère française. Dans le livre *Garçon Manqué*, c'est son adolescence entre l'Algérie et la France que l'auteure nous raconte, sa quête d'identité.

Compréhension générale du texte

1 Que représente « ici » ? (ligne 1) Où se trouve l'auteure ? Justifiez votre réponse.

2 Pourquoi, à votre avis, la narratrice fuit-elle les regards des enfants ?

3 Dans le deuxième extrait, la narratrice parle de « richesse » et de « pauvreté ». À quoi fait-elle référence ? Comment comprenez-vous ces deux phrases ?

4 La double nationalité semble être un fardeau pour la narratrice. Relevez tous les mots qui montrent le conflit interne auquel est confrontée la narratrice.

À l'oral

1 « La langue arabe ne prend pas sur moi. » (ligne 16) Expliquez.
2 Est-il essentiel de maîtriser les deux langues (maternelle et paternelle) lorsque l'on est issu d'une union mixte et que l'on a une double nationalité ?
3 Peut-on prétendre appartenir à une culture sans en comprendre et/ou en parler la langue qui y est associée ?
4 Pourquoi, à votre avis, la narratrice parle-t-elle de « violence » ? (ligne 18)
5 Dans le deuxième extrait, pourquoi parle-t-elle de « désert » à Paris ? À quel « désert » fait-elle référence ?
6 « Deux pays. Deux solitudes. » (ligne 22) Est-il possible d'appartenir à deux cultures et de se sentir « seul(e) » ? Pourquoi ? Comment d'après vous ?

À l'écrit

Choisissez l'un des sujets ci-dessous. Écrivez entre 250 et 400 mots.

1 Rédigez un guide de recommandations à l'intention des jeunes de votre âge. Ce guide aura pour titre : « Comment bien vivre sa double nationalité » .
2 Vous êtes un(e) jeune qui a une double nationalité. Vous êtes également bilingue. Cela vous pose parfois des problèmes dans la vie de tous les jours. Rédigez une page de votre journal intime dans laquelle vous exprimez vos sentiments.

Zoom grammaire

Rappel : le futur simple

« Certains choisiront pour moi. »

On le forme :

		je	**-ai**
		tu	**-as**
Infinitif	+	il/elle/on	**-a**
		nous	**-ons**
		vous	**-ez**
		ils/elles	**-ont**

Exemples : pleurer → tu pleurer**as**
finir → elles finir**ont**
prendre → prendr- → il prendr**a**

Exceptions :

aller – **irai**
avoir – **aurai**
devoir – **devrai**
envoyer – **enverrai**
être – **serai**
faire – **ferai**
pouvoir – **pourrai**
savoir – **saurai**
venir – **viendrai**
voir – **verrai**

Grammaire en contexte

Conjuguez les verbes entre parenthèses au futur simple.

1 Si l'on ne prend pas de mesures efficaces, les langues régionales (disparaître) dans les prochaines années.

2 Si j'épouse une personne qui parle une langue différente de la mienne, mes enfants (apprendre) ces deux langues et (être) parfaitement bilingues.

3 Il (adopter) la double nationalité franco-américaine quand il (aller) s'installer aux États-Unis.

4 Nous ne (se comprendre) seulement lorsque tout le monde (maîtriser) l'Espéranto.

5 L'idéal d'une langue universelle (devenir) peut-être une réalité dans les années à venir et tout le monde (pouvoir) communiquer et vivre en paix.

Entraînement à l'oral individuel

Regardez cette photo. Que vous inspire-t-elle ? Vous avez 15 minutes pour préparer une présentation entre 3 et 4 minutes.

Français et fiers de l'être !

Pour vous aider ...

1 La partie descriptive de votre oral sera assez courte en raison de la nature de la photo et de la scène représentée ici. Description :

- Descriptions physiques.
- Quelles émotions semblent se dégager des visages de ces femmes ?
- Que tiennent-elles dans leurs mains ? Symbole ?

Pistes pour vous aider dans votre interprétation de cette photo :

- Où ces femmes peuvent-elles être ?
- Que se passe-t-il ? (Faites des suggestions.)
- Quel est le symbolisme de cette photo ?
- De quel(s) thème(s) s'agit-il d'après vous ?
- Des opinions ?

2 Sujets de discussion possible :

- La Francophonie et ses valeurs.
- La France multiculturelle.
- Les mille visages du français dans le monde.
- L'immigration et l'intégration.

Texte 

Dans la nouvelle *Nord perdu*, Nancy Huston, canadienne qui vit en France, écrit :

Très récemment, après un débat sur l'exil et le changement de langue dans la ville d'Ajaccio, une Écossaise est venue me parler en aparté. « J'ai épousé un Corse, me dit-elle, et voici plus de vingt ans que j'habite ici. Nous avons quatre enfants. Je parle le français constamment et couramment, sans problème ... Mais comment dire ... elle ne me touche pas cette langue, et ça me désespère. » Elle en avait les larmes aux yeux. « Quand j'entends 'bracken', 'leaves', 'fog', je vois et je sens ce dont il s'agit, les couleurs ocre et marron, les odeurs de l'automne, l'humidité alors que si on me dit fougère, feuilles, brouillard, ça me laisse de glace. Je ne sens rien. »

Nancy Huston, *Nord perdu*, Éditions Babel

À l'oral

1. Commentez. Que veut dire cette Canadienne quand elle dit « Je ne sens rien » ?
2. Que signifie « être bilingue » pour vous ?
3. Qu'est-ce qu'un « faux-bilingue » selon vous ? Est-il possible d'être parfaitement bilingue ?
4. Commentez la citation suivante : « Si nous parlions tous la même langue, nous ne serions plus rien du tout. »

À l'écrit

Beaucoup de personnes craignent pour la survie du français. Pensez-vous que le français pourrait être amené à disparaître un jour ? Quels sont les facteurs qui, selon vous, contribuent à la disparition d'une langue ? Écrivez entre 150 et 250 mots.

Lisez l'extrait de l'article intitulé « Do you speak biodivesité ? » à la page suivante et comparez votre liste avec les suggestions faites dans l'article.

Texte 20.4.3

Do you speak biodiversité ?

Le français sera-t-il, un jour, une langue morte comme le latin ? La question n'est pas ridicule. « Chaque année, 25 langues disparaissent », alerte le linguiste Claude Hagège. À ce rythme, la moitié des 6 000 langues parlées actuellement sur la planète aura disparu avant la fin du siècle. Les experts les plus pessimistes avancent même le chiffre de 90% de pertes ! Continents les plus touchés : l'Afrique, l'Asie, qui concentrent à elles seules 60% des langues, contre 3% (225 langues) pour l'Europe. « Les pays européens sont de vieux pays, avec une politique ancienne d'uniformisation – d'où une pauvreté linguistique », explique le linguiste Jean-Louis Calvet.

L'anglais sort grand vainqueur de cette lutte d'influence. Langue des affaires, de la diplomatie, de la communication, il est devenu « the » langue internationale. Mais il n'est pas le seul en cause. Les langues des anciens colonisateurs poursuivent leurs ravages. L'espagnol et le portugais ont terrassé des centaines de langues indiennes en Amérique, et le français reste la langue officielle de plusieurs pays de l'Afrique de l'Ouest, où pourtant une minorité d'habitants la parle couramment. Le danger peut aussi venir des langues locales les plus dynamiques, parlées par des élites urbaines, comme le swahili, qui tend à s'imposer au détriment de dialectes d'Afrique de l'Est, ou le wolof au Sénégal.

eurêka, septembre 2006

Théorie de la connaissance

1. Qu'est-ce qu'une langue pour vous ? À quoi servent les langues ?
2. Interrogez vos camarades :
   - **a** Quelle est leur langue maternelle ?
   - **b** Combien de langues parlent-ils ?
   - **c** Quelle est leur nationalité ?
3. Qu'est-ce qui forge l'identité d'une personne ?
4. Peut-on dissocier les notions de langue et identité d'après vous ?
5. Peut-on dissocier les notions de langue et culture ?
6. Anna Moï affirme que : « Peu importent que de nombreuses langues existent également sur le territoire français : elles ne sont pas incompatibles avec le sentiment d'appartenance nationale ». Qu'en pensez-vous ? Partagez-vous cet avis ?
7. La diversité des langues est une richesse mais un danger également. Comment comprenez-vous cette affirmation ?
8. Le nombre de personnes qui parlent les dialectes régionaux en France diminue chaque année. Est-il important de préserver ces dialectes et de continuer à les faire vivre ? Justifiez votre réponse.
9. « Je suis laxiste en matière de langue et j'accepte avec joie néologisme et argot, mots étrangers, drôleries, de toutes sortes, fantaisies et calembours . . . Mais, je voudrais que la langue reste claire pour qu'on puisse s'en servir, élégante, légère pour qu'on y prenne plaisir, univoque et rigoureuse pour que l'esprit ne s'y égare pas. »
   (Jean d'Ormesson, *La France malade de sa langue*)
   Qu'en pensez-vous ? Est-il prudent d'être « laxiste en matière de langue » ?
   Est-il possible que la langue reste claire si on accepte l'ntégration de mots étrangers ou nouveaux ?

Ressources en ligne
Pour plus d'activités, consultez le site www.pearsonbacconline.com

ENTRAÎNEMENT À L'EXAMEN

FRANÇAIS B – NIVEAU MOYEN– ÉPREUVE 1
Mai 2007

TEXTE B

Les Belges, le français et la Francophonie

Les radios publiques de France, de Belgique, de Suisse romande et du Canada ont fait réaliser, dans leurs pays respectifs, un sondage sur l'attachement des citoyens à la langue française. Voici un aperçu des résultats de ce sondage pour la Belgique.

Comme les francophones des trois autres pays, les Belges semblent plutôt fidèles à la langue de Molière*. En effet, 64% d'entre eux affirment que s'ils avaient eu le choix à la naissance, c'est bien le français qu'ils auraient choisi, alors que 21% auraient privilégié l'anglais. Cela dit, les jeunes se sont montrés moins affirmatifs : chez les moins de 35 ans, un sur trois aurait préféré l'anglais.

Aux yeux des Belges, le français ne semble pas vraiment en péril. Lorsqu'on leur demande de choisir (dans une liste préétablie) deux caractéristiques pour définir le français, seuls 6% répondent qu'il s'agit d'une langue en voie de disparition. Les critères qui définissent le mieux la langue française : « agréable à entendre » selon 56% des sondés et « porteuse d'histoire et de culture » (49%). Mais « l'orthographe compliquée » suit de près, avec 41% des réponses !

Les Belges sont attachés à leur pays : « Si nous avions le choix, nous resterions en Belgique, plutôt que d'habiter dans une autre région du monde francophone », affirment 48% d'entre eux. Géographiquement proche, la France est le pays qui séduit le plus : 23% des sondés choisiraient de s'y établir si l'occasion s'en présentait tandis que 18% se disent prêts à franchir l'Atlantique, direction Québec, une destination surtout prisée par les 25–34 ans (36%). Par contre, la Suisse ne recueille que 6% des votes. Cela dit, la Belgique ne semble guère séduire les autres francophones : seulement 4% des Français choisiraient d'y vivre, contre un peu plus de 2% des Suisses et 0,2% des Québécois.

*Molière : écrivain français du XVIIe siècle

D'après le site www.lapremiere.be, 20 novembre 2005

TEXTE B – LES BELGES, LE FRANÇAIS ET LA FRANCOPHONIE

Indiquez dans la case de droite la lettre qui correspond à la réponse correcte.

1 Selon le 1er paragraphe, le but de ce texte est …

A d'analyser l'importance de la radio publique dans quatre pays francophones.
B d'encourager les Belges à participer à un sondage sur le français et la Francophonie.
C de critiquer l'attachement des citoyens belges à la langue française.
D de présenter les résultats d'un sondage sur la langue française.

☐

Répondez à la question suivante.

2 Dans le 2e paragraphe, quelle expression est utilisée pour « désigner la langue française » ?

....

Les affirmations suivantes, basées sur les 2e et 3e paragraphes, sont soit vraies, soit fausses. Cochez [✓] la réponse correcte. Justifiez votre réponse par les mots du texte. Un exemple vous est donné.

	VRAI	FAUX
Exemple : *La majorité des Belges francophones sont attachés à leur langue maternelle.* *Justification : 64% affirment que c'est bien le français qu'ils auraient choisi.*	[✓]	☐
3 La majorité des jeunes Belges auraient préféré l'anglais comme langue maternelle. Justification :	☐	☐
4 Les Belges sont très inquiets pour l'avenir de la langue française. Justification :	☐	☐
5 Plus de la moitié des Belges trouvent que le français est difficile à écrire. Justification :	☐	☐

6 Selon les 3e et 4e paragraphes, **deux** des affirmations suivantes sont vraies. Indiquez les lettres correspondantes dans les cases de droite.

[2 points]

A Près d'un Belge sur deux aimerait aller habiter en France.
B Le Québec est surtout populaire auprès des Belges de 25 à 34 ans.
C La Suisse accueille chaque année 6% de Belges.
D La Belgique s'intéresse peu aux autres pays francophones.
E Les francophones de France, de Suisse et du Québec sont peu attirés par la vie en Belgique.

☐

☐

CHAPITRE 21

SUPERSTITION, CROYANCES ET COUTUMES

Objectifs :

- Regard sur les coutumes, croyances et traditions populaires
- À table ou la découverte de traditions culinaires
- Traditions et persécutions
- Réviser le plus-que-parfait
- Réviser le futur et le conditionnel présent
- Le conditionnel passé

Les mots clés de l'unité : être superstitieux, une croyance, le respect des traditions, le patrimoine culturel, un rite de passage, une pratique ancestrale, une célébration, un sacrifice, une secte, la voyance

21.1 Vendredi 13 : Pourquoi est-il considéré comme un jour de chance ou de malchance ?

Texte 21.1.1

DÉCRYPTAGE

Une femme remplit une grille d'Euro Millions à Bayonne, le 12 février 2010

20 Minutes vous explique pourquoi ce jour particulier est source de tant de superstitions ...

Ce vendredi, une cagnotte « exceptionnelle » de 123 millions d'euros est mise en jeu pour le tirage de l'Euro Millions et 13 millions pour le tirage du Super Loto, à l'occasion du seul vendredi 13 de l'année 2011. En effet, le vendredi 13 est considéré par certains comme un jour de chance. D'autres, au contraire, ne sortent pas de chez eux ce jour-là de peur que la malchance s'abatte sur eux.

Mais au fait, pourquoi le vendredi 13 est-il source de telles superstitions ? Le vendredi 13 août 2010, *20 Minutes* s'était déjà penché sur la question.

Il fait peur ou envie. Le vendredi 13 ne laisse pas indifférent. Il y a entre un et trois par an (un seul cette année). Mais au fait, pourquoi tant d'honneurs ? Le vendredi 13 est l'amalgame de deux superstitions : celle du vendredi, et celle du 13. Les deux ensemble annulent l'effet guignard*, et ce jour se retrouve alors sous le signe de la chance.

*guignard = malchanceux

Des origines bibliques et nordiques

Et pourtant, dans l'histoire, le vendredi 13 rappelle rarement de grands bonheurs. La superstition aurait des origines bibliques. En effet, lors du dernier repas du Christ, la tablée, Jésus compris, était de 13. Il fut ensuite crucifié le vendredi.

Selon la mythologie nordique, Odin le dieu des guerriers avait réuni 11 amis dieux pour un dîner. Loki dieu de la guerre et du mal, vexé de ne pas être invité, se convia lui-même à la fête malgré tout. N'étant pas le bienvenu, une bataille éclata et ce fut Balder, dieu « bien aimé » qui en fit les frais, recevant une fléchette empoisonnée dans le cœur. Depuis cette légende, le chiffre 13 porte malheur dans les pays scandinaves.

Chez les Grecs et les Romains, le 12 est le nombre de perfection. Par conséquence on retrouve 12 dieux olympiens, 12 travaux d'Hercule, 12 constellations, 12 signes du zodiaque, 12 heures par jour et par nuit, 12 lunes dans l'année ... Le 13 détruit cet équilibre et provoque alors le désordre. Quant au vendredi, c'est ce jour là où les exécutions avaient lieu dans la Rome antique.

Et dans les autres pays?

En Espagne, Grèce et dans les pays d'Amérique latine, ce n'est pas le vendredi mais le mardi 13 qui est craint. Le deuxième jour de la semaine, en rapport avec Mars, rappelle le dieu de la guerre, signe de destruction et violence. En Italie, c'est le nombre 17 qui porte malheur : XVII en chiffres romains, c'est l'anagramme de VIXI, qui signifie en latin « j'ai vécu », et donc « je suis mort ».

Anaïs Machard, *20 Minutes*, le 13 août 2010

Activité interculturelle

Tour du monde en 15 superstitions. Voici une liste de superstitions du monde entier.
Reliez chaque action à sa conséquence supposée.

1 Un fer cheval placé au dessus d'une porte ...
2 Un trèfle à quatre feuilles ...
3 Faire tomber un parapluie sur le sol présage ...
4 Passer sous une échelle ...
5 Des baguettes en position verticale dans un bol de riz ...
6 Jeter une pincée de sel au dessus de l'épaule gauche porte ...
7 Si on éteint du premier coup toutes les bougies de son gâteau d'anniversaire en soufflant dessus ...
8 Si une bougie s'éteint lors d'une cérémonie religieuse, ...
9 Briser un miroir ...
10 Renverser du poivre est ...
11 Croiser un chat noir ...
12 Laisser tomber sa fourchette signifie qu'un ...
13 Quand une personne meurt, il faut ...
14 Ça porte malheur quand ...
15 Une photo d'éléphants porte bonheur quand elle ...

a porte malheur.
b notre vœu se réalisera.
c ouvrir les fenêtres pour que son âme puisse partir.
d est placée en face d'une porte.
e porte malheur.
f porte bonheur.
g le signe d'une dispute imminente avec un(e) amie(e).
h un meurtre dans la maison.
i bonheur.
j homme va avoir la visite d'un homme.
k sont un signe de mort.
l attire la chance.
m amène 7 ans de malheur.
n les méchants esprits rôdent.
o on pose un chapeau sur un lit.

À l'oral

1 Dans votre pays, quels sont les chiffres, les jours, les couleurs, etc. qui portent soit malheur soit bonheur ?
2 Êtes-vous superstitieux/superstitieuse ? Que pensez-vous des gens qui sont superstitieux ?
3 Y a-t-il, selon vous, une part de vérité dans les superstitions ?

Zoom grammaire

Rappel : le plus-que-parfait

« Le dieu des guerriers avait réuni 11 amis dieux pour un dîner. »

« Avoir » ou « être » à l'imparfait + participe passé du verbe. Même règles d'accord que le passé composé (voir pages 140-1).

Exemples : J'avais revendu ma voiture ce matin-là. Je l'avais revendue ce matin-là.
Nous étions sortis quand ils sont arrivés.

21.2 Horoscopes et signes astrologiques

Texte 21.2.1

En Suisse selon un sondage, une femme sur dix est persuadée que les astres révèlent bien des choses. Les hommes ne sont que 6% de cet avis.

1 De nombreux Suisses lisent les horoscopes, beaucoup moins y croient. Quelque 37% des Helvètes considèrent l'astrologie comme une « pure stupidité », et la proportion de personnes imperméables est encore légèrement plus élevée en Suisse romande, selon un sondage représentatif du *Reader's Digest* publié mardi.

2 ....[1]......... il y a tout de même un bon tiers des sondés qui pensent qu'il y a « peut-être du vrai dans l'astrologie ». Les femmes y croient un peu plus que les hommes. Le sondage a été réalisé par l'institut Demoscope auprès de 1000 personnes de plus de 15 ans en Suisse alémanique et en Suisse romande.

3 Les hommes sont apparemment plus cartésiens que les femmes, ...[2]......... 47% d'entre eux sont catégoriques : ils ne veulent rien savoir des horoscopes. Les femmes sont davantage réceptives. Quelque 39% d'entre elles y cherchent des prédictions. Et une femme sur dix est même persuadée que les astres révèlent bien des choses. Les hommes ne sont que 6% de cet avis. Autre tendance : plus une personne est âgée, plus elle est ouverte à l'astrologie. La confiance est comparativement plus faible chez les personnes disposant d'un revenu élevé.

.........[3]......... le revenu mensuel du ménage est supérieur à 9000 francs, près de 47% des personnes sondées rejettent l'astrologie. Le pourcentage tombe à 28% pour les revenus de moins de 5000 francs.

Le Matin, le 30 novembre 2010

Manipulation du texte

Répondez aux questions suivantes.

1 Quel mot du premier paragraphe signifie « Suisses » ?

2 Dans le premier paragraphe, l'adjectif « imperméables » signifie :

a protégés de la pluie
b indifférents
c étanches
d mouillés

3 Vrai ou faux ? Justifiez vos réponses.

a Les femmes sont plus sceptiques que les hommes dans le domaine de l'astrologie.
b L'attrait pour l'astrologie décroît avec l'âge.

4 En vous basant sur le texte, à qui ou à quoi se réfère « y » dans la phrase du troisième paragraphe : « Quelque 39% d'entre elles y cherchent des prédictions » ?

5 Ajoutez les mots qui manquent dans le texte en les choisissant dans la liste proposée ci-dessous.

Attention : il y a plus de mots que d'espaces et chaque mot ne peut être utilisé qu'une seule fois.

donc	bien que	puisque	malgré	lorsque
mais	ainsi	puisqu'	par	conséquence

Zoom grammaire

Rappel : futur simple et conditionnel présent

Les prédictions astrologiques se présentent généralement au futur ou au conditionnel présent.
Futur = certitude (la prédiction va se réaliser).
Conditionnel présent = doute (il se peut que la prédiction se réalise mais ce n'est pas certain).

- **Futur :** infinitif du verbe + terminaison (-ai, -as, -a, -ons, -ez, -ont).

Exemples: je prédirai, tu croiras, nous lirons
Attention aux exceptions ! (voir liste à la page 153)

- **Conditionnel présent :** radical du futur + terminaison de l'imparfait (-ais, -ais, -ait, -ions, -iez, -aient).

Exemples: je prédirais, tu croirais, nous lirions
Mêmes exceptions qu'au futur.

Grammaire en contexte

L'horoscope de la semaine. Futur ou conditionnel ?

A Gémeau

Que .... (faire) vos proches sans vous ? Ils comptent beaucoup sur vous.

B Poisson

Vous n'.................... (avoir) qu'une idée : sortir de la routine qui vous emprisonne.

C Bélier

Vous .... (pouvoir) avoir tendance à essayer de forcer vos opinions cette semaine. Essayez d'éviter de vous retrouver dans une telle situation !

D Cancer

Vous ne .... (être) pas à l'abri des mesquineries ou de rivalités. Prenez garde !

E Verseau

Une personne excentrique .... (pouvoir) croiser votre chemin. Si c'est le cas, laissez-lui une chance !

F Capricorne

Vous .... (aimer) bien pouvoir éviter les contraintes administratives, mais c'est impossible !

G Lion

Votre esprit d'observation vous .... (rendre) de grands services. Profitez-en !

H Sagittaire

Pourquoi .... (agir)-vous sans réfléchir cette semaine ? Cela ne vous ressemble pas. Alors restez fidèle à vous-même !

I Vierge

Cette semaine, vous .... (savoir) vous faire aimer.

J Balance

Le travail d'équipe vous .... (permettre) de progresser. Suivez ce conseil !

K Taureau

La solitude vous .... (peser) et vous .... (aspirer) à faire une rencontre.

L Scorpion

Une rencontre inattendue .... (pouvoir) vous faire beaucoup d'effet ... !

Grammaire en contexte

À vous maintenant ! Avec un(e) camarade, prédisez l'avenir de vos camarades de classe. Faites trois recommandations/prédictions pour chaque personne. Variez vos verbes.

Le signe astrologique a-t-il une influence sur les accidents de la route ?

Les Verseaux sont les automobilistes qui ont le moins d'accidents alors que les Taureaux « vivent dangereusement ». C'est la conclusion d'une étude publiée mercredi par la pourtant sérieuse compagnie d'assurances Allianz Suisse. Qu'on se rassure, « le signe du zodiaque ne joue aucun rôle dans le calcul de la prime », tient à préciser le groupe zurichois.

Allianz Suisse a trié quelque 400 000 contrats d'assurance véhicules à moteur selon la date de naissance et le signe astrologique. Résultat, les automobilistes nés sous le signe du Verseau, soit entre le 21 janvier et le 19 février, causent en moyenne 3,5% de sinistres en moins que les conducteurs venus au monde un autre mois, tant pour les cas de responsabilité civile que d'autres cas.

« C'est peut-être un pur hasard », souligne sans rire Allianz, tout en précisant que « les particularités caractérisant chacun des signes zodiacaux y étaient malgré tout pour quelque chose ». Ainsi, les Taureaux, qui « passent pour être réalistes et patients, mais obstinés », ont une fréquence de sinistre d'environ 1,9% supérieure à la moyenne. « Il se peut que leur défaut de caractère se révèle précisément au volant », conjecture l'assureur.

Les automobilistes nés sous le signe du Cancer (22 juin au 23 juillet) représentent la norme, avec une fréquence de sinistres de 28,5%. « C'est-à-dire que plus d'un preneur d'assurances sur quatre provoque un sinistre avec son véhicule au cours de l'année, quel que soit sont signe du zodiaque », conclut Allianz.

S'il se pique d'astrologie, l'assureur ne tient toutefois pas compte du signe du zodiaque dans le calcul de la prime. « Nous considérons en effet les risques dans leur globalité », explique Jörg Zinsli, responsable Sinistres d'Allianz Suisse, cité dans le communiqué.

L'âge, l'expérience de la conduite, le lieu de domicile, les sinistres déclarés auparavant et la nationalité sont les facteurs les plus souvent utilisés par les assureurs en Suisse pour déterminer les « bons » des « mauvais risques » et, partant, le montant de la prime. Des voix se sont élevées sans succès voici quelques années pour dénoncer ce dernier critère, considéré comme une discriminatoire faute de statistiques officielles sur la fréquence des accidents par nationalité.

Le Matin, le 2 octobre 2011

À l'oral

1 Que vous inspire l'article ci-dessus ? Pensez-vous que l'avenir puisse être déterminé par des éléments ou des facteurs extérieurs ?

2 Beaucoup de personnes consultent leur horoscope ou encore des voyantes (ou cartomanciennes) régulièrement. Comment expliquez-vous l'engouement des gens pour ce type de sciences ? S'agit-il de sciences selon vous ?

21.3 À table !

Activité interculturelle

Le patrimoine culinaire d'un pays va de pair avec le respect des traditions. Voici quelques plats culinaires francophones. Pouvez-vous les associer à leur pays ou ville (dans le cas de la France) d'origine ?

1	le cassoulet	**a**	le Sénégal
2	la tajine	**b**	la Côte d'Ivoire
3	le poulet Yassa	**c**	Toulouse (France)
4	la bouillabaisse	**d**	Strasbourg (France)
5	la fondue	**e**	le Mali
6	la poutine	**f**	le Québec
7	le tô	**g**	Lyon (France)
8	le trempage	**h**	la Martinique
9	le poulet Kedjenou	**i**	le Maroc
10	les tripes	**j**	Marseille (France)
11	les moules-frites	**k**	la Suisse
12	la choucroute	**l**	la Belgique

FACE À L'UNIFORMISATION DU GOÛT, LES SOLUTIONS SONT EN RÉGIONS.

Pour proposer des prix bas, les distributeurs achètent en grosses quantités aux grands groupes industriels. Résultat : toute la France mange la même chose. Pourtant, une autre voie est possible. Les magasins U, par exemple, s'unissent dans une même région pour se fournir auprès d'entreprises locales. C'est bon pour la diversité dans nos assiettes, pour l'emploi dans nos régions mais aussi pour les prix.

Travailler en partenariat avec des producteurs locaux, les magasins U l'ont toujours fait. En Savoie, par exemple, 20 magasins U se fournissent en Beaufort auprès de la coopérative de Beaufort de Haute Tarentaise. Et tout le monde y gagne : le fournisseur qui peut compter sur un beau cahier de commandes et les magasins U, qui pour réduire les coûts, ont rationalisé le transport. Ainsi le Camion U qui livre le magasin de Bourg Saint Maurice, une fois vidé de sa marchandise, passe par la coopérative pour être chargé en Beaufort et retourne ensuite à l'entrepôt, sans circuler à vide.

Aujourd'hui Système U étend cette démarche à plusieurs régions, déjà 12 à ce jour. En Savoie donc, mais aussi en Alsace, en Vendée, en Bretagne, en Normandie, ou encore en Corse, des partenariats sont signés entre les entreprises locales et les Nouveaux Commerçants de la région. Mais les magasins U vont plus loin en valorisant désormais les produits des fournisseurs régionaux en rayon par une signalétique. Les clients apprécient car ils savent qu'ils participent à la santé économique de leur région. En cultivant le goût de la diversité régionale à prix accessibles, les magasins U sont convaincus de faire aujourd'hui ce que tout le monde fera demain.

À l'oral

Lisez la publicité ci-contre, publié par les magasins U.

1. Relevez toutes les techniques adoptées par cette chaîne de supermarché pour assurer une promotion des produits de terroir locaux.
2. Qu'en pensez-vous ? Ces mesures sont-elles suffisantes ? Quelles autres mesures pourraient être prises ?

À l'écrit

En vous inspirant de cette publicité, choisissez l'un des sujets suivants. Écrivez entre 250 et 400 mots.

1. En tant que représentant(e) des producteurs locaux de votre région, vous avez été chargé(e) de faire un discours devant les gérants de supermarchés locaux. Le but de votre discours est de les convaincre d'apporter leur soutien aux producteurs locaux. Vous proposerez des solutions.
2. En tant que représentant(e) des producteurs locaux de votre région, vous prenez l'initiative de rédiger un tract à l'intention des habitants de votre région. Le but de ce tract est de faire prendre conscience aux gens de l'importance des produits du terroir et de les inciter à apporter leur soutien aux producteurs locaux.

Texte 21.3.1

Monaco : le respect des traditions

L'attachement prononcé des Monégasques pour leur terroir provient certainement d'une réminiscence* des temps où la Principauté, démunie des voies d'accès, devait se suffire à elle-même.

En effet, les oliviers, les citronniers et les orangers assuraient l'existence de ce peuple vieux déjà de plus de sept cents ans.

De même, la passion des Monégasques pour la mer et pour la pêche s'est maintenue au fil des générations qui ont perpétué, malgré les difficultés rencontrées au cours de différentes époques, les fêtes religieuses et les coutumes. Aussi, le patrimoine culinaire de la Principauté est-il étroitement lié aux traditions religieuses du pays qui jalonnent les saisons.

La Chandeleur

Le lendemain du 2 février, à la Saint Blaise, les fidèles se rendaient à l'église se faire bénir la gorge, saint Blaise ayant la réputation de protéger cette partie du corps. Les fidèles faisaient également bénir les semences* et un paquet de figues sèches avec lesquelles on préparait par la suite de la tisane à laquelle on ajoutait des clous de girofle, des tranches de pomme et de la cannelle. Cette tisane était considérée comme un remède miracle contre les maux de gorge.

Le mercredi des Cendres et Carême

Le repas de midi du mercredi des cendres était traditionnellement composé d'une soupe de pois chiches. Cette soupe était relevée par des herbes aromatiques telles que la sauge et des feuilles de laurier auxquelles on ajoutait également de l'ail.

Les Monégasques observaient sévèrement le Carême et avaient coutume de préparer, notamment à cette époque de l'année, les barbagiuans, sorte de gros raviolis de farce maigre à base de riz, de courge ou de blettes et d'œuf, puis frits dans l'huile. Cependant, par la suite, les barbagiuans ont été dégustés tout au long de l'année.

Pâques

Le jour de Pâques, après les cérémonies religieuses, chaque famille se réunit autour d'un repas dont les plats traditionnels sont le chevreau et la tourte de blettes, appelée aussi « pasqualina ». Autrefois, des œufs durs peints de toutes les couleurs ornaient la table et les convives s'amusaient à briser l'extrémité de l'œuf de son voisin sans briser le sien. Dans les rues, on vendait les « canestreli » de Pâques (les échaudés), garnis d'œufs durs colorés en rouge retenus par des croisillons de pâte, ce qui leur donnait l'aspect de petits paniers.

Noël monégasque

Dans les pays catholiques, Noël a toujours été une grande fête de famille. À Monaco, la veille de Noël, la famille se réunissait dans la maison paternelle, pour y prendre ensemble le repas du soir. Avant de se mettre à table, le plus jeune de la famille, tenant un rameau d'olivier qu'il trempait dans un verre de vin vieux, s'approchait du feu de bois qu'on allumait dans la cheminée et y traçait le signe de Croix en prononçant les paroles : « Parmura auriva, u ma se ne vâ e u ben arriva » (Par la vertu de l'olivier, que le mal disparaisse et que le bien, à jamais règne). Il buvait un peu de ce vin et passait ensuite la coupe à tous les membres de la famille réunis autour de l'âtre* en commençant par l'aîné. Puis la famille prenait le repas. La table était recouverte d'une nappe* blanche.

Au milieu de la table de Noël trônait toujours «u pan de Natale», le pain de Noël. « U pan de Natale » est un pain de forme ronde, sur lequel quatre noix sont disposées en croix. Il porte en son centre un rameau d'olivier et d'oranger avec leurs fruits. Après la bénédiction de l'âtre, ce pain est porté solennellement au centre de la table et doit y rester jusqu'à l'Épiphanie, ainsi que les treize desserts. Dans l'intervalle des repas, les quatre coins de la nappe* sont relevés pour protéger les plats.

D'après les anciennes croyances, l'accomplissement de ce rite était, pour la maison et pour les récoltes, une promesse d'abondance et de prospérité. Les plats contenant les treize desserts étaient constamment garnis jusqu'à l'Épiphanie. Ils étaient composés de : raisins blancs ou noirs, trois fruits qu'on écrase (noix, amandes, noisettes), trois fruits secs (figues sèches, raisins secs, pruneaux), deux agrumes (oranges et mandarines), deux fritures (beignets de pommes et ganses), poires et pommes de saison.

*réminiscence = souvenir
les semences = les graines
l'âtre = la cheminée
nappe = pièce de tissu que l'on met sur la table pour la décorer ou la protéger

www.gouv.mc/devwww/wwwnew.nsf/1909$/B01CBFEDEFC1EF10C1256F87002C5174FR?OpenDocument&2FR

À l'oral

1 Quelles sont les traditions de Noël dans votre pays ? Sont-elles différentes des traditions monégasques ? Partagez vos coutumes et traditions avec le reste de la classe.
2 La religion tient-elle une place importante dans la célébration des fêtes de Noël dans votre culture ?
3 On entend souvent dire que les fêtes de Noël sont devenues une simple action commerciale dépourvue de sens. Partagez-vous cette opinion ?
4 Quelles sont les autres fêtes importantes dans votre culture ? Pourquoi sont-elles significatives ?
5 Est-il important aujourd'hui de continuer à suivre les traditions ? Pourquoi ?

À l'écrit

Choisissez l'un des sujets ci-dessous. Écrivez entre 250 et 400 mots.

1 Vous passez les fêtes de Noël chez votre correspondant francophone. Vous écrivez un courriel à vos parents dans lequel vous leur expliquez les traditions que vous avez découvertes et les sentiments qu'elles vous inspirent.
2 Votre meilleur(e) ami(e) se moque complètement des traditions quelles soient familiales, religieuses, culturelles, etc. Agacé(e) par son comportement, vous décidez de lui écrire une lettre dans laquelle vous tentez de lui expliquer l'importance du respect des traditions et coutumes. Donnez-lui des exemples concrets.

21.4 Traditions et superstitions en Afrique

Texte  21.4.1

Point culture
Camara Laye (1928–1980) : auteur guinéen.

Un jour pourtant, je remarquai un petit serpent noir au corps particulièrement brillant, qui se dirigeait sans hâte vers l'atelier. Je courus avertir ma mère, comme j'en avais pris l'habitude ; mais ma mère n'eut pas plus tôt aperçu le serpent noir, qu'elle me dit gravement :

– Celui-ci, mon enfant, il ne faut pas le tuer : ce n'est pas un serpent comme les autres, il ne te fera aucun mal ; néanmoins, ne contrarie pas sa course.

Personne, dans notre concession, n'ignorait que ce serpent-là, on ne devait pas le tuer, sauf moi, sauf mes petits compagnons de jeu, je présume, qui étions encore des enfants naïfs.
– Ce serpent, ajouta ma mère, est le génie de ton père.

Je considérai le petit serpent avec ébahissement. Il poursuivait sa route vers l'atelier ; il avançait gracieusement, très sûr de lui, eût-on dit, et comme conscient de son immunité ; son corps éclatant et noir étincelait dans la lumière crue. Quand il fut parvenu à l'atelier, j'avisai pour la première fois qu'il y avait là, ménagé au ras du sol, un trou dans la paroi. Le serpent disparut par ce trou.

– Tu vois : le serpent va faire visite à ton père, dit encore ma mère.

Bien que le merveilleux me fût familier, je demeurai muet tant mon étonnement était grand. Qu'est-ce qu'un serpent avait à faire avec mon père ? Et pourquoi ce serpent-là précisément ? On ne le tuait pas, parce qu'il était le génie de mon père ! Du moins c'était la raison que ma mère donnait ? Mais au juste qu'était-ce qu'un génie ? Qu'étaient ces génies que je rencontrais un peu partout, qui défendaient telle chose, commandaient telle autre ? Il y avait des bons génies, et il y en avait de mauvais ; et plus de mauvais que de bons, il me semble.

Camara Laye, *L'enfant noir*, Éditions Presses pocket

Compréhension générale du texte

1 Parmi les affirmations suivantes, **deux** sont correctes. Lesquelles ?

- **a** Le serpent est pressé d'arriver à l'atelier.
- **b** Ce serpent est dangereux.
- **c** Aucun des enfants ne savaient qu'il ne fallait pas tuer le serpent.
- **d** Le serpent semble peu confiant.
- **e** Le serpent ne bénéficie d'aucune protection et est en danger.
- **f** Le jeune garçon ne comprend pas ce que représente le serpent.

2 Quel adjectif du dernier paragraphe signifie « sans parler » ?

3 Quel mot du quatrième paragraphe signifie « étonnement » ?

4 Quel verbe du quatrième paragraphe signifie « brillait » ?

5 En vous basant sur le texte, complétez le tableau suivant. Indiquez à qui ou à quoi se rapporte le mot en gras.

Dans la phrase …	le mot …	se rapporte à …
a « **Celui-ci**, mon enfant, il ne faut pas le tuer » (deuxième paragraphe)	« celui-ci »	
b « **On** ne le tuait pas » (dernier paragraphe)	« on »	

À l'oral

1 Qu'est-ce qu'un génie pour vous ?

2 À votre avis, pourquoi ce serpent est-il protégé ?

Activité interculturelle

1 Faites des recherches avec un(e) camarade. Recherchez d'autres coutumes/traditions ancestrales encore pratiquées aujourd'hui en Afrique francophone.

2 Faites une présentation à la classe.

21.5 Quand superstitions et traditions riment avec persécutions

Texte 21.5.1

À la Une

Les persécutions subies par les albinos au cœur d'un film malien

AFP, le 1 mars 2009

En Afrique, les albinos paient de leur vie les superstitions

20 Minutes, le 5 décembre 2008

Burundi : une fillette de six ans dernière victime de la chasse aux albinos

Un fillette de six ans a été assassinée dans la nuit de dimanche à lundi au Burundi, dernière victime d'une série de crimes atroces d'albinos dans certains pays d'Afrique de l'Est, où ils sont la proie d'un trafic lucratif d'organes destiné à des sorciers.

« Un groupe de bandits armés de fusils a attaqué hier à 21h00 (19h00 GMT) la maison d'une albinos de six ans du nom de Cizanye à Bugongo (220 km à l'est de Bujumbura). Ces malfaiteurs l'ont décapitée avant de couper ses jambes et ses bras, qu'ils ont emportés avec eux », a déclaré l'AFP par téléphone Rémi Sengiyumva, administrateur de la commune de Kinyinya où s'est déroulé le drame. Avec ce nouvel assassinat, au moins 28 albinos, majoritairement des femmes et des enfants, ont été tués dans différents pays de l'Afrique de l'Est depuis le début de l'année, selon un bilan établi à partir de données de l'Association tanzanienne des albinos (TAS). La Tanzanie est le pays le plus touché par ce fléau. L'albinisme est une absence totale de pigmentation dans la peau, le système pileux et l'iris des yeux, due à des facteurs génétiques. Au Burundi, « cette fillette est la troisième victime albinos de cette barbarie depuis septembre [...] Nous faisons tout pour tenter de retrouver ses assassins », a assuré à l'AFP Nicodème Gahimbare, procureur de la province de Ruyigi, frontalière de la Tanzanie.

Un homme et une jeune fille atteints d'albinisme ont été tués dans les mêmes circonstances dans la province fin septembre pour des motifs qui seraient liés à la sorcellerie. Selon le président de l'Association des albinos du Burundi, Kassim Kazungu, deux autres albinos ont été tués en août et un autre est porté disparu depuis mai. Ces crimes avaient poussé les autorités à regrouper tous les albinos de la province de Ruyigi, pour assurer leur protection. « Certains responsables administratifs n'ont pas pris au sérieux cette affaire et n'ont pas placé sous protection les albinos de leur ressort [...] c'est ce qui explique sans doute le drame d'hier », a regretté M. Gahimbare.

Les albinos sont devenus la cible de crimes rituels, leurs membres ou leurs organes étant notamment utilisés par des sorciers en Tanzanie, pour confectionner des grigris porte-bonheur à l'attention des chercheurs d'or. « Ces parties du corps sont vendues en Tanzanie. Ces gens disent qu'ils vont gagner 600 millions de shillings (380 000 euros) pour chaque corps d'albinos », selon le procureur burundais. Pour sa part, M. Kazungu a estimé que les autorités auraient pu faire davantage pour protéger les albinos du Burundi. « Je demande au gouvernement de prendre toutes les mesures urgentes et appropriées afin d'assurer la sécurité de tous albinos qui vivent au Burundi, [...], ce qui n'a pas été fait jusqu'ici », a-t-il déclaré lundi. Face à ce phénomène, le président tanzanien Jakaya Kikwete avait lancé en octobre un nouvel appel à intensifier la répression. « Il est parfaitement stupide pour certains de croire que les albinos ont des pouvoirs magiques et que certaines parties de leur corps peuvent rendre riche », avait-il déclaré.

Le 2 avril, M. Kikwete avait déjà annoncé une série de mesures destinées à protéger les albinos. Dans le cadre de ces mesures, la police avait été appelée à redoubler d'efforts pour retrouver les sorciers soupçonnés de ces crimes tandis que les albinos avaient reçu l'instruction de s'enregistrer auprès des autorités afin qu'elles puissent assurer leur sécurité.

AFP, 17 novembre 2008

Compréhension générale du texte

1 L'albinisme est :

a une maladie de la peau qui provoque des rougeurs

b une maladie de la peau provoquée par une utilisation répétée de certains produits cosmétiques

c une maladie de la peau qui se caractérise par l'absence de pigmentation de la peau et une abondance de pilosité

d une maladie de la peau inscrite dans les gènes des personnes affectées

2 Dans le premier paragraphe, quel mot suggère que les albinos sont traités dans certains pays d'Afrique comme des animaux, comme du gibier ?

3 Dans le premier paragraphe, quel adjectif signifie « qui rapporte de l'argent » ?

4 Vrai ou faux ? Justifiez vos réponses. Basez-vous sur le premier paragraphe.

a Le meurtre de la fillette est un incident isolé.

b Les albinos sont tués pour leurs organes par des organisations qui les revendent au marché noir pour des greffes d'organes.

c C'est plus les hommes que les femmes et les enfants qui sont visés.

d Les autorités font leur possible pour punir les coupables.

5 Répondez aux questions suivantes.

a Pourquoi les albinos sont-ils tués ?

b Selon la croyance, quels sont les pouvoirs que les organes des albinos auraient ?

c Que doivent faire les albinos pour être protégés ?

Zoom grammaire

Le conditionnel passé

« . . . pour des motifs qui seraient liés à la sorcellerie. »

Le conditionnel passé exprime souvent le regret.

On le forme :

« Avoir » ou « être » au conditionnel présent + participe passé du verbe.

Même règles d'accord qu'au passé composé (voir pages 140-1).

Exemples : Si j'étais africain et chercheur d'or, j'**aurais** sans doute **suivi** la tradition.
Je l'aurais suivie.

Entraînement à l'oral individuel

Regardez cette photo. Que vous inspire-t-elle ? Vous avez 15 minutes pour préparer une présentation entre 3 et 4 minutes.

Partageons un repas en famille

Pour vous aider ...

1 Dans votre présentation, commencez par décrire l'image/la scène dans le détail. Vous pouvez par exemple parler :

- de l'importance de la tradition du repas familial en Afrique
- de la tradition de la famille en Afrique
- de l'évolution de l'importance de la famille dans votre société
- de l'importance (ou non) du respect des traditions et coutumes
- de votre opinion personnelle.

2 Dans la deuxième partie, les thèmes/idées que vous avez abordés dans votre présentation seront approfondis. Les thèmes suivants pourraient être abordés :

- D'autres traditions ancestrales en Afrique.
- L'importance des traditions et coutumes dans d'autres pays francophones.
- L'exploitation des peurs et croyances par des gens mal intentionnés (sectes par exemple).
- Faut-il continuer à perpétuer toutes les traditions sous prétexte qu'il s'agit de traditions ?

Conseils de l'examinateur

- Structurez votre présentation (employez des connecteurs logiques).
- Avancez des opinions et justifiez-les.
- Soyez actif/active ; n'attendez pas que l'examinateur vous pose les questions.

Théorie de la connaissance

1. Dans notre société moderne où la science est omniprésente, beaucoup de personnes se tournent encore et malgré tout vers les remèdes de grand-mère et suivent encore les traditions familiales ou régionales. Comment expliquez-vous cela ?
2. Y a-t-il une différence, selon vous, entre une coutume et une tradition ? Donnez des exemples.
3. Serait-il souhaitable d'abandonner toute coutume et/ou tradition ?
4. Les sectes jouent souvent sur la peur et les croyances des gens pour les embobiner. Comment expliquez-vous ce phénomène aujourd'hui alors que nous vivons dans un monde de plus en plus rationnel ?
5. Commentez les citations suivantes :

a « Une tradition, ce n'est jamais qu'un progrès qui a réussi. » (Maurice Druon)
b « L'ignorance est la mère des traditions. » (Montesquieu)

Ressources en ligne
Pour plus d'activités, consultez le site www.pearsonbacconline.com

ENTRAÎNEMENT À L'EXAMEN

FRANÇAIS B – NIVEAU SUPÉRIEUR – ÉPREUVE 1

Mai 2001

TEXTE C

LES GRIOTS

[- X -], les griots sont les dépositaires de la tradition orale africaine. Leur rôle est d'utiliser la musique des mots pour dire et chanter le passé de tout un peuple. [– 1 –], ils s'accompagnent souvent d'un instrument – kora, balafon, tama ou ngoni – et par leur parole, qui est d'origine divine, transmettent à la postérité les exploits des grandes familles du pays. Leur savoir se transmet de père en fils ou de mère en fille, au sein d'une même caste. Les membres d'autres castes n'ont pas le droit de devenir griots.

Musiciens, virtuoses, conteurs talentueux, ils sont [– 2 –] censés avoir, à la manière des historiens, une mémoire infaillible. [– 3 –] pour laquelle ils sont admirés tout autant que craints, [– 4 –] ils peuvent tout autant chanter les louanges d'une personne que détruire … sa réputation ! Et c'est un immense pouvoir.

Rattachés à la cour d'un roi ou bien circulant d'un village à un autre, les griots jouaient autrefois un rôle essentiel. En temps de guerre, ils exerçaient la fonction d'ambassadeurs et pouvaient pousser les combattants à faire la paix. [– 5 –] quand la bataille faisait rage, ils se battaient aux côtés du souverain et suscitaient l'ardeur des soldats.

[– 6 –], et à l'heure actuelle, les « maîtres de la Parole » président aux baptêmes et aux circoncisions, jouent les intermédiaires pendant les transactions commerciales et égayent toutes sortes de cérémonies religieuses ou profanes. Ils arrangent aussi les mariages et, dans ce cas, s'appellent fourouboloma. Piliers des équilibres entre les différents clans et les différentes ethnies, ils sont les symboles du sang qui pulse dans les artères de la société, et qui en permet la survie et l'évolution.

Il existe des explications différentes sur leur origine. Selon une tradition répandue par l'Islam, le poète et compositeur arabe Sourakhata Ben Zafara a le premier chanté les louanges du Prophète Mohamed devant les fidèles. Une autre légende, plus ancienne et enracinée dans les cultures des ethnies subsahariennes, lie la tradition des griots à l'histoire de deux frères : Dan Mansa Oulamba et Dan Mansa Oulamding. On dit qu'au cours d'une chasse au buffle, Oulamding se montra si courageux que son aîné se mit à vanter ses exploits auprès des habitants du pays. Cette « publicité » très ancienne serait à l'origine de l'art des griots. Les griots ne sont pas des personnages connus en Afrique centrale ou encore australe. On les rencontre surtout dans les régions sahéliennes, un ensemble regroupant plusieurs pays et des ethnies différentes.

Quittant l'atmosphère de la brousse sahélienne, les griots ont fait leur entrée depuis quelques années dans les studios et les salles de concert du monde entier. Le plus souvent, ils ont quitté leur pays natal, où leur fonction de musicien n'était pas considérée comme un métier et ne leur permettait pas de gagner bien leur vie.

Désormais à Bamako, Abidjan, Paris ou aux États-Unis, les *djeli** d'aujourd'hui enregistrent des CD et font même des carrières internationales. Entre la fidélité aux sources et les sons haute technologie, ils imposent la splendeur de la mélopée ancestrale dans le paysage musical contemporain.

*les *djeli* = les groits

TEXTE C – LES GRIOTS

Ajoutez les mots qui manquent dans le texte en les choisissant dans la liste proposée. Un exemple vous est donné. Attention : il y a plus de mots proposés que de réponses possibles et chaque mot ne peut être utilisé qu'une seule fois.

car	en période de paix	aussi	*depuis toujours*
pour cela	tout de suite	à l'avenir	c'est la raison
mais	pourquoi		

Exemple : *[X] depuis toujours*

1 ....

2 ....

3 ....

4 ....

5 ....

6 ....

7 Que signifie que les griots « suscitaient l'ardeur des soldats » ? (ligne 14)

....

Selon le texte, les phrases suivantes sont soit vraies, soit fausses. Cochez [✓] la réponse correcte.

Justifiez votre réponse par des mots du texte. Une exemple vous est donné.

	VRAI	FAUX
Exemple : *Les griots sont les gardiens de la tradition.*	*[✓]*	☐
Justification : les griots sont les dépositaires de la tradition orale		
8 Les femmes ne peuvent pas devenir griots. Justification :	☐	☐
9 Ne peut pas devenir griot qui veut. Justification :	☐	☐
10 Les fourouboloma célèbrent les mariages. Justification :	☐	☐
11 L'origine des griots est controversée. Justification :	☐	☐
12 On trouve des griots dans toute l'Afrique. Justification :	☐	☐

Reliez chacun des mots du texte figurant dans la colonne de gauche avec son équivalent dans la colonne de droite. Référez-vous au texte pour le sens. ***Attention :*** *il y a davantage de mots dans la colonne de droite que dans celle de gauche.*

Exemple : *piliers (ligne 18) H*

13 répandue *(ligne 21)*

14 louanges *(ligne 22)*

15 enracinée *(ligne 23)*

16 vanter *(ligne 26)*

17 regroupant *(ligne 29)*

A beauté
B célébrer
C écouter
D emporter
E établie
F gloire
G réunissant
H soutiens
I transmise
J vendue

CHAPITRE 22
COUTUMES ET TRADITIONS

Objectifs :
- Le mariage : est-il encore à la mode ?
- Aborder le sujet des mariages forcés
- Coutumes et traditions au nord et au sud
- Les pronoms relatifs

Les mots clés de l'unité : une institution, un patrimoine culturel, un engagement, un sacrifice, un crime d'honneur, le choc des cultures, une célébration, une richesse, la diversité, multiculturel

22.1 Le mariage : une institution démodée ?

À l'oral

Avec un(e) camarade inventez une raison/explication logique et plausible aux coutumes suivantes.

Pourquoi . . .

1 la mariée est-elle habillée en blanc dans certains pays ?
2 la mariée porte-t-elle un voile ?
3 lance-t-on du riz sur les jeunes époux ?
4 la mariée se tient-elle à gauche du marié ?
5 la mariée lance-t-elle son bouquet ?

Lisez maintenant l'article suivant pour vérifier vos réponses.

Texte 22.1.1

Les alliances

L'alliance nous vient de l'Égypte antique : les égyptiens comparaient la forme circulaire infinie de l'anneau à l'amour, Par contre si l'alliance se porte a l'annulaire de la main gauche c'est aux grecs (3ème siècle avant J.C.) qu'on doit cette coutume : ils pensaient que une « veine de l'amour » reliait directement ce doigt au cœur.

Le voile

Le voile remonte à une époque très ancienne ou le jeune homme allait kidnapper une jeune fille dans une tribu voisine afin de l'épouser, il lui jetait une étoffe pour arriver à ses fins.

On dit aussi que le voile était utilisé lors de mariages arrangés afin de masquer au futur marié le visage de la jeune fille jusqu'à ce que le mariage soit prononcé, cette tradition permettait au jeune homme de donner son consentement sans aucun critère physique. De nos jours si le voile, presque toujours blanc, symbolise la pureté, il contribue également à entretenir le mystère jusque dans l'église.

La mariée se tient à gauche du marié

Cette tradition ancienne permettait au marié de toujours garder sa main droite à portée de son épée, afin de repousser un éventuel prétendant, ou une personne hostile à ce mariage.

Le lancer de riz

Le lancer de riz est une coutume populaire qui remonte à l'antiquité, elle symbolisait la prospérité et la fertilité du couple.

Aujourd'hui cette coutume perdure, mais le riz est bien souvent remplacé par des confettis ou des pétales de roses.

Le lancer du bouquet

Une vieille tradition veut que la mariée lance, dos à ses amies célibataires, son bouquet en l'air ; selon la coutume, celle qui l'attrapera sera la prochaine à se marier dans l'année.

Dans certaines régions (Provence notamment), il n'y a pas de lancer de bouquet, puisque celui-ci est déposé en offrande sur l'autel de la vierge.

Le klaxon

Klaxonner est la manifestation moderne de l'allégresse des villageois au passage du cortège qui traversait le village pour se rendre à l'église.

Autre coutumes ou traditions

Selon le pays, la région ou la religion, de multiples coutumes et traditions entourent le mariage.

www.organisation-mariage.net/coutumes-et-traditions-du-mariage.htm

À l'oral

1 Et vous ? Quelles sont les traditions concernant le mariage dans votre pays ? Faites une liste que vous partagerez avec le reste de la classe.
2 Que pensez-vous de ces traditions ? Faut-il les conserver de nos jours ?
3 Pourquoi le mariage est-il de moins en moins populaire aujourd'hui ?

Pourquoi le mariage est-il de moins en moins populaire aujourd'hui ?

PAROLES ▸ La pression sociale joue contre l'engagement durable

Jean-Marc Ghitti

docteur en philosophie et écrivain

La société détermine largement ce qu'on a l'habitude de considérer comme de choix personnels : de tout temps, anthropologiquement, le mariage a été un moyen de réguler les naissances. Mariages précoces quand il faut plus d'enfants, et tardifs quand on en veut moins. L'Homme contemporain n'a plus le même rapport au temps. L'idée d'un engagement durable d'une parole donnée, du « temps long » est en crise. Le court terme prime, y compris pour ce qui concerne la famille. D'autre part, les couples se construisent principalement sur l'affectif, et ce n'est pas facile d'accorder le mariage avec cela. La cristallisation amoureuse ne dure qu'un temps, les couples sont donc plus fragiles. Comme la famille s'est réduite au couple et aux enfants il n'y a plus moyen d'en appeler à la famille élargie pour régler les éventuels désaccords. L'État prend alors la place, à travers la justice et les services sociaux. Notre société est de plus en plus judiciarisée, parce que de plus en plus individualiste. De même qu'on s'engage moins dans le mariage, on s'engage moins en politique sur des idées auxquelles on tient. On ne s'investit pas non plus dans le travail de la même façon, comme si on pensait passer sa vie dans la même entreprise. Et même on habite sa maison différemment sachant qu'on risque d'en changer dans cinq ans ! Une des motivations qui pousse à se marier, c'est de s'identifier à ses parents, et de reproduire leur structure de vie. Si les enfants d'aujourd'hui n'ont pas d'image de couple, ils ne s'identifieront pas à un couple marié. Chaque génération essaie aussi de se construire en rupture. Mais pour qu'il y ait rupture, il fait qu'il y ait des lois et des repères forts. Il y a donc risque que le mariage connaisse une crise profonde et durable.

Dossier de l'Actualité

Compréhension générale du texte

Après avoir lu l'article, choisissez les affirmations qui sont correctes.

1 Le mariage est déterminé par la société dans laquelle on vit.

2 Le mariage permet de contrôler les naissances.

3 Tout le monde préfère une relation à long terme.

4 La définition de la famille a changé.

5 On tend toujours à imiter les comportements de nos parents.

6 Les enfants d'aujourd'hui ont un modèle fort la famille.

Entraînement à l'oral interactif

Mini débat

Pour ou contre le mariage ? Organisez un débat dans la classe.

Vous êtes invité(e) à participer à la célèbre émission « La Société en question ». Le thème du débat du jour est « Le mariage, une institution démodée ».

Voici la liste des participants :

- Une femme d'une quarantaine d'années qui vient de divorcer.
- Une jeune fille de 21 ans qui vient de se marier et croit en la stabilité du mariage.
- Un homme d'une soixantaine d'années qui défend le rôle traditionnel de la femme dans la société.
- Une dame de 75 ans, mariée depuis 55 ans.
- Une jeune cadre de 32 ans, célibataire, qui a décidé de privilégier sa carrière professionnelle.
- Un adolescent de 16 ans dont les parents ont divorcé lorsqu'il avait 8 ans.

Voici quelques arguments pour vous aider. À qui les attribueriez-vous ?

1 Le mariage est important. Tout homme a le droit à un foyer solide. Je ne pourrais pas imaginer rentrer à la maison le soir après le boulot et ne pas avoir mon repas préparé.

2 Je pense que le mariage est une question de choix personnel. Avant les femmes étaient presque contraintes de se marier jeunes pour assurer leur futur. Aujourd'hui, les femmes peuvent travailler et décider si et quand elles désirent se marier et fonder une famille.

3 Je ne me fais plus d'illusions . . . je ne pense pas que le mariage soit synonyme de bonheur. Partager la vie de quelqu'un au quotidien est loin d'être évident. Et puis on n'est plus la même à quarante ans qu'on était à 20 ans. Les gens changent, ce qui conduit parfois à la rupture d'un couple.

4 Ce n'est pas toujours facile de passer la moitié de la semaine chez l'un et l'autre moitié chez l'autre. Ça serait plus simple s'ils étaient encore mariés mais en même temps, s'ils ne s'entendent plus, les entendre se disputer tout le temps ; non, merci ! Mieux vaut un bon divorce qu'un mauvais mariage, à mon avis !

5 Il n'y a rien de plus beau qu'une union qui s'inscrit dans le temps. Ceux qui croient qu'une fois mariés, la vie est facile pour tout le monde se méprennent. Le mariage au quotidien c'est loin d'être facile mais avec un peu d'effort, on crée des liens forts et uniques et on sait que quoiqu'il arrive, on peut toujours compter sur l'autre.

6 La robe blanche, j'en rêvais ! Se marier est une preuve d'amour, la preuve d'un engagement sincère.

À vous maintenant ! Complétez cette liste d'arguments avant d'entamer le débat !

22.2 Quand non-respect des coutumes et traditions rime avec punition

Traquée et battue pour avoir refusé un mariage forcé

Voici plusieurs extraits de la nouvelle de Sylvie Teper publiée dans le recueil de nouvelles intitulé *L'ermite et le christ* à l'occasion de la troisième édition du concours littéraire de la Francophonie organisé par La Fondation de Lille.

Texte 22.2.1

À toi mon frère qui me tueras demain ...

Trente minutes.

J'attends dans la salle d'embarquement comme une condamnée dans sa cellule. Avec l'espoir d'être graciée. Hier, avant la découverte du sac, je riais encore. Tête renversée, bouche ouverte pour que résonne la musique de mon rire. Je croquais le temps. Hier, je rêvais avec Nicolas d'une maison au toit de chaume avec de larges baies vitrées, des tulipes que je planterais le long de l'allée en cailloux blancs, d'un étalon gris dans une pâture sillonnée par un ruisseau. Aujourd'hui, je suis sans rêves. Une jeune fille en débardeur tigré évolue devant moi avec la sensuelle désinvolture d'un fauve. Sa crinière* blonde attire le regard. Son décolleté dévoile des seins blancs et ses frères ne s'en soucient pas ! Nous ne naissons pas égaux. Je voudrais le hurler. Je voudrais crier. Je me tais et tes mots, Zarmeena, mon amie, résonnent dans mon silence ...

*la crinière = la chevelure

Compréhension générale du texte

1 Où se trouve la narratrice ?

2 Que pouvez-vous déduire au sujet de la narratrice en fonction des détails que vous pouvez trouver dans cet extrait ?

3 À votre avis, pourquoi dit-elle « nous ne naissons pas égaux » ?

4 Avec un(e) camarade faites une liste des inégalités entre les hommes qui vous viennent à l'esprit.

5 À votre avis, pourquoi est-elle certaine que son frère va la tuer ?

Texte 22.2.2

« Á toi, mon frère, qui me tueras demain, qui d'une main glorieuse me trancheras le gorge, qui braqueras tes yeux dans le sang de ta sœur pour retrouver l'honneur que tu aurais perdu. Quel honneur ? Celui de ta famille ? Quelle famille ? Celle de tes sœurs de lait ou de tes frères de sang ? Car c'est bien dans le sang que ton âme s'immerge, dans le sang de l'amour que tu assassines. Apres cette ablution, tu deviens honorable, toi le Purificateur, le brave est le guerrier qui ne tue que des femmes. Tu vas m'ôter la vie et je n'ai pas 20 ans, mais j'ai connu l'Amour. Oui, j'ai aimé sans pudeur. J'ai connu la passion et la folie du corps. Je criais de plaisir. Je veux que tu le saches, toi qui voles l'amour sans pouvoir le garder, toi qui peux violer en toute impunité. Demain, tu me tueras, mais les gouttes de sang, qui tacheront* tes pieds, ne seront que les larmes d'un bonheur consumé.*

J'ai aimé et ta main n'effacera pas ce moment de la vie ...

Ta sœur, qui te hait, Zarmeena.

*ôter = enlever/retirer
tacheront = saliront

À l'oral

1 À votre avis, de quelle culture/croyance/religion est-il question ? Pourquoi ?
2 De quel « honneur » s'agit-il ?

Texte 22.2.3

Vingt-cinq minutes.

Zarmeena est morte d'avoir voulu vivre.

Un bruit de course dans le couloir. Des voix confuses. Mes pensées s'arrêtent. Non ! Il faut continuer de penser pour que la peur n'ait pas le temps de s'installer, pour que les minutes s'égrènent plus vite.

Zarmeena et moi voulions avoir le droit de vivre nos vingt ans, le droit d'aimer. Nous étions deux musulmanes en quête de liberté. Deux amies. Une âme. À l'association ‹ Femmes libres ›, nous avions comparé nos frères et nos amours. Elle a eu peur pour moi, parce que mon Nicolas est juif. Elle tremblait pour moi et je riais, comme on rit à vingt ans.

Elle est morte et je ne ris plus.

Je surveille et dévisage les gens qui viennent vers moi. Je fouille du regard les vides et les ombres de la salle. Certains voyageurs fixent l'écran des horaires de vol, d'autres sont assis et lisent. Les vieux se taisent. Des enfants crient. Un employé vide les poubelles, un autre essuie les vitres. Des gens vont en viennent en s'ignorant. Personne ne me remarque.

Pourtant, je suis là et j'ai peur.

Penser ! Il faut penser ! Nicolas, mon Nicolas. Même sans paroles, nous parlions sans cesse. Un regard suffisait. Un geste. Rien ne devait nous séparer. L'image de ton sourire ne me suffit plus. Je veux te sentir, te toucher, je veux me blottir, m'enfouir dans tes bras …

À l' écrit (NS)

À vous ! Continuez ce récit.

- Vingt minutes …
- Quinze minutes …
- Dix minutes …
- Cinq minutes …

Embarquement immédiat pour Montréal, porte C.

Les passagers se dirigent vers la porte C. Je les suis, tirée par la volonté de fuir, tête baissée, pour éviter d'être reconnue. La passerelle …

NB : Si vous avez besoin, consultez la section conseils pour les exigences relatives au Travail écrit.

Zoom grammaire

Les pronoms relatifs

Les pronoms relatifs servent à relier deux phrases pour éviter des répétions.

Les pronoms relatifs simples :

- « **Qui** » remplace le sujet du verbe.
  Je surveille et dévisage **les gens**. **Les gens** viennent vers moi.
  → Je surveille et dévisage les gens **qui** viennent vers moi.
- « **Que** » remplace le complément d'objet direct.
  Je rêvais **des tulipes**. Je planterais **ces tulipes** le long de l'allée.
  → Je rêvais des tulipes **que** je planterais le long de l'allée.

NB : Il est impossible de contracter « qui » ; par contre « que » devient « qu' » devant une voyelle.

- **Dont :** appartenance ou verbe suivi de « de » (avoir envie de, parler de, avoir de, etc.).
  Elle **a peur d'**un homme. Cet homme est son frère.
  → L'homme **dont** elle a peur est son frère.
- **Où :** lieu ou temps.
  Elle se trouve **à** l'aéroport. L'aéroport est noir de monde.
  → L'aéroport **où** elle se trouve est noir de monde.

Les pronoms relatifs composés :

- **Auquel**, à laquelle, auxquels, auxquelles : lorsque le verbe est suivi de la préposition « à ».
  Elle **a demandé** de l'aide **à** une personne. Cette personne l'a ignorée. (demander à)
  → La personne **à laquelle** elle a demandé de l'aide l'a ignorée.
  Elle **a parlé aux** douaniers. Les douaniers n'ont pas voulu la croire. (parler à)
  → Les douaniers **auxquels** elle a parlé n'ont pas voulu la croire.
- **Duquel**, de laquelle, desquels, desquelles : lorsque le verbe est suivi d'une préposition comprenant « de » comme « à côté de », « en face de ».
  Elle est assise **en face de** deux femmes. Ces femmes la dévisagent.
  → Les femmes en face **desquelles** elle est assise la dévisagent.
- **Lequel**, laquelle, lesquels, lesquelles : avec les autres prépositions comme « avec », « pour », « sans », etc.
  Elle a risqué sa vie **pour** un garçon. Ce garçon est son fiancé.
  → Le garçon pour **lequel** elle a risqué sa vie est son fiancé.

Grammaire en contexte

Ajoutez les pronoms relatifs manquants dans le résumé de la nouvelle suivante.

Dans cette nouvelle, il s'agit de l'histoire d'une jeune musulmane ....[1]......... tente de fuir la France. Elle essaye de sauver sa vie en fuyant son frère ....[2]......... veut la tuer. Le pays ....[3]......... elle compte se rendre est le Canada. La faute ....[4]......... a commise : tomber amoureuse d'un garçon ....[5]......... n'est pas musulman. La raison ....[6]......... son frère veut la tuer, c'est parce qu'elle ne s'est pas pliée aux coutumes et traditions ancestrales. Zarmeena, l'amie ....[7]......... elle parle a déjà été tuée, sacrifiée, punie par sa famille. Il y a des traditions ....[8]......... il ne faut pas plaisanter ! La vie ....[9]......... elle avait rêvée avec Nicolas, elle ne la vivra sûrement jamais ! La vie ....[10]......... elle va passer en valait pourtant tellement la peine !

Texte 22.2.4

Moins de mariages forcés en France

Les mariages non consentis des immigrées et filles d'immigrés sont moins fréquents selon l'enquête « Trajectoires et origines ».

Une étude de l'Ined et l'Insee révèle qu'en France, les cas de mariages non consentis ont régressé chez les femmes immigrées. Une tendance qui s'explique par une amélioration globale du droit des femmes et par la scolarisation dans leur pays d'origine. Présentation en trois points.

• Qu'est-ce qu'un mariage forcé aujourd'hui ?

Il existe une échelle de nuances entre les unions choisies et celles non désirées. Christelle Hamel, la sociologue chargée de cette étude préfère donc employer la formulation « mariage non consenti ». Elle évacue ainsi la notion de violence associée au « mariage forcé », tout en englobant les degrés de pressions (familiales, psychologiques, matérielles ...) subies par les femmes.

• Quelles sont les femmes les plus exposées ?

En 2008, on constatait que 9% des femmes immigrées de 51 à 60 ans ont été mariées contre leur gré, contre 2% des immigrées de 26 à 30 ans. Le niveau d'instruction et le pays d'origine sont deux facteurs qui vont de pair avec l'union non consentie. En Turquie, au Maghreb et en Afrique Sahélienne, le célibat est réprouvé, la sexualité prémaritale prohibée, interdisant ainsi le concubinage. Les femmes venues de ces pays sont donc plus exposées aux mariages non consentis. Une tendance qui n'est plus valable pour les plus jeunes, à l'exception notable des filles d'immigrés turcs. Aujourd'hui, les cas les plus fréquents subviennent après une grossesse imprévue. Les parents cherchent ainsi à « régulariser la situation par un mariage ».

• Quel recours existe-t-il pour ces femmes ?

Développer l'information sur la contraception et l'avortement, informer les personnels de l'Éducation nationale sur ces questions reste une priorité. L'étude souligne néanmoins qu'il n'y a aucune fatalité : 65% des immigrées et 68% des filles d'immigrés mariées contre leur gré avaient divorcé à la date de l'enquête. « Un signe de leur désir d'autonomie », souligne dans sa conclusion Christelle Hamel.

le 24 juin 2011

Compréhension générale du texte

Trouvez les synonymes des mots suivants dans le texte intitulé « Moins de mariages forcés en France ».

1 diminué
2 enquête
3 se débarrasse
4 remarquait
5 interdite
6 visible
7 souhait
8 indépendance

Le saviez-vous ?

- En **Jordanie**, 5 000 femmes avaient été victimes de leur famille pour des raisons d'honneur en 1997. Toutefois, les crimes d'honneur ont depuis diminué dans ce pays, sans doute parce que la famille royale les dénonce ouvertement et avec force.
- Au **Cambodge**, on a ainsi dénombré, en trois ans, 43 attaques à l'acide à l'égard d'épouses soi-disant infidèles, qui ont été défigurées par leur mari ou un membre de leur famille.
- Au **Bangladesh**, 775 personnes en ont été victimes entre 1999–2001. Les motifs les plus fréquents sont les refus d'avances sexuelles ou le rejet d'une demande en mariage.
- En **Turquie**, 40 des 77 femmes tuées par des membres de leur famille en 2003 ont été victimes de « crimes d'honneur ». Mais dans de nombreux cas, les victimes de crimes d'honneur ne sont pas déclarées ; des meurtres sont maquillés en suicides et les familles gardent le secret ; d'autres femmes sont contraintes ou conduites à se suicider.
- Au **Liban**, les tribunaux font preuve d'indulgence envers les hommes auteurs de crimes d'honneur.

Amnesty International

Le saviez-vous ?

En France :

Si tu es en France, la loi te protège, tu as des droits, utilise-les !

Le mécanisme juridique de la prévention des mariages forcés a été renforcé par la loi du 26 novembre 2003 :

- l'article 63 du code civil prévoit que la publication des bans doit être précédée de la délivrance d'un certificat médical et de l'audition, obligatoire, des deux futurs époux par un officier de l'état civil.
- l'article 175-2 du code civil prévoit la saisie du procureur de la République ‹ lorsqu'il existe des indices sérieux laissant présumer, […], que le mariage envisagé est susceptible d'être annulé […] ». Le procureur de la République est alors tenu, dans les quinze jours de sa saisie, de statuer.

Si tu es menacé(e) de mariage forcé, tu peux informer une personne de confiance et/ou les autorités de ta situation : ami(e), assistante sociale, enseignant, association, avocat, officier d'état civil, procureur de la République, police, gendarmerie.

Le code du respect, *Ni putes ni soumises*, Éditions Le Cherche Midi

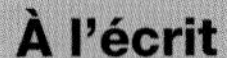

À l'écrit

Choisissez l'un des sujets suivants. Écrivez entre 250 et 400 mots.

1 Vous êtes une jeune fille dont le mariage a été arrangé. Vous ne désirez pas cette union. Vous décidez d'écrire une lettre à vos parents pour leur expliquer ce que vous ressentez et les supplier de ne pas se plier aux traditions.

2 En tant que président(e) de l'association « SOS mariages arrangés », vous rédigez un tract dans lequel vous essayez de faire comprendre le drame vécu par les femmes concernées et appelez à la signature d'une pétition en faveur de l'abolition de coutumes et traditions qui portent atteinte aux Droits de l'homme.

22.3 Coutumes et traditions : différences nord–sud

Un fou noir au pays des blancs

Dans ce livre, le narrateur raconte l'histoire d'un noir qui débarque en Belgique pour s'y installer et se trouve confronté à toutes sortes de problèmes aux quotidiens (problèmes administratifs, chocs culturels, indifférence, intolérance, racisme …).

Texte 22.3.1

« La télévision l'agaçait : trop de publicité, trop de sexe, trop d'abus de la liberté … Masikini ne comprenait pas pourquoi la moindre publicité devait être associée au corps de la femme. Il venait d'un continent où le combat pour la liberté de la femme est encore à faire mais il ne s'attendait pas à ce qu'au nord, la femme blanche se donne tant de mal pour maigrir, pour ne pas avoir de rides. Pas étonnant qu'à partir de quarante ans, certaines piquent des crises dues au refus de l'âge qui pourtant vient.

Au sud, les canons de la beauté sont différents. Prendre du poids symbolise la réussite sociale. Lorsqu'une femme est maigre, sa famille peut venir voir son mari et lui dire avec mépris : « si tu n'as pas de quoi nourrir notre fille, eh bien elle a encore de la place chez nous … » Un bébé qui prend du poids est un « bébé-santé ». L'embonpoint d'un homme est le signe des aptitudes culinaires de sa femme. Tout cela est subjectif, bien sûr, le poids n'est pas synonyme de santé, mais l'on ne va tout de même pas se faire du mauvais sang parce qu'on a un kilo de trop ou parce qu'on a fêté un anniversaire de plus. »

Point culture
Pie Tshibanda : psychologue et écrivain congolais installé en Belgique.

Texte 22.3.2

« Madame, je vais faire un voyage dans les nuages, sous anesthésie générale. Il se pourrait que je ne revienne pas … Pourrais-je dans ce cas compter sur vous pour faire parvenir à mon épouse certains de mes objets intimes ? Le rapatriement de mon corps, je le sais, est un luxe auquel je ne peux rêver … Je demande pardon à ceux que j'aurais blessé, d'une façon ou d'une autre. Merci à ceux qui m'on aidé. »

Parmi lesdits objets intimes, une mèche de cheveux et les bouts des ongles du malade !

L'assistante sociale apprendra plus tard qu'aux confins de n'importe quel village d'Afrique, d'un homme mort à l'étranger l'on dira : « Il est allé mourir en brousse » ! Cela signifie que le mort qui ne repose pas parmi les siens est condamné à l'errance, qu'il ne connaîtra jamais la communion des esprits. Étranger parmi les vivants, il le restera parmi les morts. Il faut donc, à défaut de rapatrier le corps, renvoyer à la source cheveux et ongles. Il suffira de les enterrer avec les vêtements du mort pour que celui-ci fasse le voyage. Le corps restera dans le sol étranger mais l'âme ira rejoindre les ancêtres du village. La plus belle des morts est donc celle qui surprend l'homme dans son milieu. Elle est comparable à un voyage que l'on entreprend après avoir donné aux siens les dernières recommandations. On a ainsi vu de vieux Africains résister à la mort parce qu'ils voulaient voir pour la dernière fois un fils absent. « Je t'attendais », disent-ils aux retardataires … comme si la mort était un acte volontaire. »

Pie Tshibanda, *Un fou noir au pays des blancs*, Éditions Bernard Gilson

À l'oral

1 Parmi les affirmations suivantes, choisissez celles qui correspondent à des attitudes, coutumes ou traditions du « nord » et du « sud ».

- **a** Les publicitaires semblent obsédés par le corps de la femme.
- **b** Perdre du poids pour une femme est un signe de négligence.
- **c** Les femmes ne sont pas encore libres et émancipées.
- **d** Un homme qui prend du poids est un compliment pour sa femme.
- **e** Les femmes désirent perdre du poids.
- **f** Grossir est le symbole d'un certain statut social.
- **g** Les femmes supportent mal de vieillir.
- **h** Un bébé en bonne santé n'est pas maigre.

2 Si votre classe est composée de plusieurs nationalités, regroupez-vous entre personnes de nationalités différentes et composez une liste des coutumes et traditions qui sont différentes dans vos pays respectifs (par exemple comment vous célébrez Noël ? Les rites du mariage ? Ceux des funérailles, le passage à l'âge adulte, la graduation scolaire, etc.) ?

À l'écrit (NS)

À votre tour, imaginez que vous visitiez un pays où les coutumes et traditions sont différentes des vôtres et choisissez l'un des types de textes suivants. Écrivez entre 150 et 250 mots.

1 Un paragraphe à la façon de Pie Tshibanda.

2 Une lettre à un(e) ami(e).

3 Une page de votre journal intime.

4 Un guide de recommandations à l'intention des touristes qui visiteraient le pays.

22.4 Respect des coutumes et traditions

Voici une liste de commandements à l'intention des touristes publiée sur le site de l'île de Réunion.

Texte  

Mille gestes pour respecter nos coutumes ... une question de sensibilité internationale !

Les dix commandements du visiteur soucieux des coutumes religieuses

1 (**Adopter**) un comportement respectueux en visitant un lieu de culte ou en assistant à une manifestation religieuse.
2 (**Être**) vêtu correctement (le corps couvert du cou à la mi-jambe).
3 (**Se déchausser**) avant d'entrer dans un temple ou une mosquée.
4 (Ne pas **porter**) d'objets en cuirs avant de pénétrer dans un temple tamoul.
5 (**Être**) discret et silencieux, éteignez les téléphones portables.
6 (Ne pas **boire**), (ne pas **manger**) et (ne pas **fumer**).
7 (Ne pas **se tenir**) par la main.
8 (Ne pas **prendre**) de photos ou de films sans y avoir été autorisé.
9 (Ne pas **toucher**) aux autels, aux statues, aux reliques religieuses.
10 (Ne pas **hésiter**) à vous informer sur le comportement à adopter.

http://reunion.runweb.com/page-2001-lang-FR-2V-page,Mille-gestes-pour-respecter-nos-coutumes.html

À l'écrit

Conjugez les verbes entre parenthèses à la forme « vous » de l'impératif. (Voir page 12 si vous avez oublié.)

Activité interculturelle

1 Avec un(e) camarade, choisissez un pays francophone.
2 Faites des recherches sur trois coutumes et traditions observées dans ce pays et préparez une présentation d'une dizaine de minutes pour la classe. Tentez d'inclure images et musique du pays.
3 Donnez le plus de détails possibles.

À l'oral

À vous ...

1 Vous paraît-il normal de respecter les coutumes et traditions des pays que vous visitez en tant que touriste ?
2 Citez trois comportements qui vous ont choqués lors de vacances à l'étranger.
3 Composez une liste de dix commandements à l'intention des touristes qui viendraient visiter votre pays. La liste sur le site de l'île de Réunion fait principalement référence au comportement à respecter dans les lieux de cultes. Votre liste peut-être plus générale et ne pas se limiter à un seul domaine.

Entraînement à l'oral individuel

Regardez cette photo. Que vous inspire-t-elle ? Vous avez 15 minutes pour préparer une présentation entre 3 et 4 minutes.

Où est sa belle robe blanche ?

Pour vous aider ...

1 Dans votre présentation, commencez par décrire l'image/la scène dans le détail. Vous pouvez par exemple parler :
- de la tradition du mariage à l'église
- de la baisse du nombre des mariages
- de la valeur du mariage et/ou de l'engagement dans la société d'aujourd'hui
- de votre opinion personnelle. Doit-on forcément se marier pour vivre heureux ?

2 Dans la deuxième partie, les thèmes/idées que vous avez abordés dans votre présentation seront approfondis. Les thèmes suivants pourraient être abordés :
- Mariage civil.
- Mariages homosexuels – Pacs.
- Respect des coutumes et traditions.
- Traditions dans d'autres pays francophones par exemple.
- Doit-on conserver les coutumes et traditions ancestrales à tout prix ?

Conseils de l'examinateur

- Structurez votre présentation (employez des connecteurs logiques).
- Avancez des opinions et justifiez-les.
- Soyez actif/active ; n'attendez pas que l'examinateur vous pose les questions.

Théorie de la connaissance

1. Aujourd'hui, de plus en plus de personnes quittent leur pays natal pour s'installer à l'étranger. Le nombre de couples mixtes ne cesse également d'augmenter. Faut-il alors craindre la mort des coutumes et traditions ancestrales ?
2. Est-il moral de défendre une coutume ou tradition qui engendre la mort d'individus ?
3. Faut-il punir les personnes qui ont commis des crimes d'honneur au nom du respect d'une religion, coutume ou tradition ?
4. Lorsque l'on part s'installer dans un pays étranger, vous paraît-il normal d'adopter les coutumes et traditions de ce pays ? Cela signifie-t-il qu'il faut oublier les siennes ?
5. Dans les pays de plus en plus multiculturels, la cohabitation harmonieuse des coutumes et traditions vous paraît-elle possible ?

Ressources en ligne
Pour plus d'activités, consultez le site www.pearsonbacconline.com

ENTRAÎNEMENT À L'EXAMEN

Coutumes et traditions de la Nuit du Destin

La célébration de la Nuit du Destin se fait au niveau de la région du Souss-Massa-Drâa dans le respect des coutumes et traditions ancestrales.

Moment historique de révélation du Coran, « Lailate Al Qadr » est une Nuit de recueillement et de ferveur. Cette Nuit constitue également une occasion de fête et de joie où les musulmans célèbrent ce moment historique de révélation du Coran. Dans la région du sud et comme un peu partout au Maroc, la célébration de la Nuit du Destin est marquée par des coutumes et traditions conservées dans le temps et transmises d'une génération à l'autre.

« Je garde en mémoire de bons souvenirs de ce moment sacré. Petite, j'attendais cette Nuit tout au long du Ramadan. Les coutumes familiales observées à cette occasion et durant tout ce mois sacré constituaient pour nous, enfants, un moment d'émerveillement et de joie. ....[5]......... on aimait, ...[6]......... notre jeune âge, jeûner au moins quelques heures ou une demi-journée. Et un sentiment de joie nous habitait parce qu'on se sentait adultes et que nous sommes de bons musulmans », souligne Halima, la trentaine. Et d'ajouter en souriant : « Le moment ....[7]......... m'a marqué le plus c'était à l'âge de 8 ans. J'avais, pour la première fois, jeûné un jour en entier et cela coïncidait avec la Nuit du Destin. Ma mère m'avait mis un beau caftan vert et des babouches. J'ai ....[8]......... eu droit à beaucoup de soins et de tendresse. On m'a maquillée et j'ai mis du henné sur mes mains. Je garde encore la photo de ce premier jour de jeûne et je la contemple souvent avec une grande nostalgie. C'est l'un de mes plus beaux souvenirs d'enfance et j'aimerais bien perpétuer cette coutume et faire un jour la même chose avec ma fille Hajar », souligne-t-elle.

La Nuit du Destin constitue aussi un bon souvenir d'enfance pour les garçons.

« Depuis mon jeune âge, j'attendais impatiemment le mois sacré de Ramadan. J'adorais tous les rituels familiaux et surtout ceux réservés à la Nuit du Destin. Ma mère m'habillait en djellaba blanche, babouches et
5 mon père m'emmenait avec lui à la mosquée où l'on passait de longues heures et restait jusqu'au petit matin pour prier et lire le Coran. Je rencontrais mes amis du quartier et ils nous arrivaient de manger à la mosquée puisque plusieurs familles apportaient de grands plats de
10 couscous à la mosquée », nous explique Hatem. Si les rituels et coutumes de cette Nuit sacrée sont identiques un peu partout au Maroc, certaines régions conservent encore des coutumes spécifiques. Dans les douars de Taroudant, la célébration de cette Nuit se passe dans une
15 grande convivialité. « On célébrait cette Nuit dans un fort esprit communautaire. Les femmes se regroupaient dans la grande place du douar* pour préparer le couscous et chacune d'elles apportait un ingrédient : légumes, semoule, poulet. On regroupait le tout et on commençait
20 alors à préparer une grande quantité de couscous avec du poulet 'beldi'. C'est le plat principal pour cette Nuit sacrée. Une fois le couscous cuit, on commence alors à servir du couscous à chaque maison du douar », nous explique Fattouma. « Lors de cette Nuit sacrée, chaque
25 femme doit également brûler de l'encens chez elle et du 'Bkhour' », souligne-t-elle. Un autre rituel vient marquer la Nuit du Destin au niveau de Taroudant. « Les enfants et hommes de la ville se regroupent et s'habillent en djellaba en portant de grandes bougies et des tambourins.
30 Ils circulent en ville en jouant la 'Dekka Roudania' et en chantant les louanges du Prophète », déclare Aicha. La Nuit du Destin est fêtée dans le même esprit de partage et de joie.

*douar = village

Majda Saber, DNCR à Agadir, le 3 septembre 2010

COUTUMES ET TRADITIONS DE LA NUIT DU DESTIN

Répondez à la question suivante.

1 Quel mot du premier paragraphe signifie « méditation » ou « prière » ?

....

Les phrases suivantes, basées sur le premier paragraphe du texte, sont soit vraies, soit fausses. Cochez [✓] la réponse correcte et justifiez votre réponse par les mots du texte.

		VRAI	FAUX
2	Pendant la Nuit du Destin, les musulmans ne font que prier. Justification :	☐	☐
3	Les coutumes et traditions liées à la Nuit du Destin sont perpétuées grâce aux livres. Justification :	☐	☐
4	Les enfants ont tendance à redouter cette nuit de célébrations. Justification :	☐	☐

Remplacez les connecteurs logiques suivants dans le premier paragraphe. ***Attention :*** *il y a plus de mots que de réponses correctes.*

bien que   si   qui   ensuite   d'abord   sans que

également   jusqu'à   en effet   que   malgré

5 ....

6 ....

7 ....

8 ....

En vous basant sur la deuxième partie du texte, complétez le tableau suivant. Indiquez à qui ou à quoi se rapportent les mots en gras.

Dans la phrase ...	le mot ...	se rapporte à
9 « et surtout **ceux** réservés à la Nuit du Destin » (ligne 3)	« ceux »	
10 « ils **nous** arrivaient de manger » (ligne 8)	« nous »	

Reliez les débuts de phrases ci-dessous dans la colonne de gauche aux fins correspondantes dans la colonne de droite. ***Attention :*** *il y a plus de fins que de débuts.*

11 Les garçons

12 La mère d'Hatem

13 Toutes les coutumes

A ne sont pas identiques partout.

B préfèrent ne pas participer aux célébrations et festivités.

C s'habillait en djellaba.

D ne sont pas respectées partout.

E lui revêtait la tenue traditionnelle.

F aiment aussi célébrer la Nuit du Destin.

Répondez à la question suivante.

14 Citez **deux** choses que font les hommes durant cette nuit sacrée.
[2 points]

(a) ....

(b) ....

CHAPITRE 23
PAUSE LITTÉRAIRE

Objectifs :
- Aborder l'étude de deux œuvres littéraires :
  Stupeur et tremblements (Amélie Nothomb)
  Vipère au poing (Hervé Bazin)
- Comprendre des thèmes
- Enrichir son vocabulaire
- Exprimer une opinion
- Se préparer au Travail écrit (NS)

Cette section s'adresse aux élèves qui étudient le français au Niveau Supérieur. L'étude de deux œuvres est obligatoire.

Qu'est-ce qu'une « œuvre » ?

- On entendra par œuvre un roman, une pièce de théâtre, un ensemble de 15–20 poèmes ou 7–10 nouvelles.
- Ces œuvres doivent être des œuvres francophones donc écrites en langue française. Pas de traductions !
- Ces œuvres doivent être appropriées au niveau des élèves (vous êtes des apprenants de français), à vos intérêts peut-être aussi. Elles peuvent être reliées à l'étude d'un des thèmes du **Tronc commun** ou d'une **Option** choisie. Votre professeur choisira ces œuvres mais rien ne vous empêche de faire des suggestions !

Il ne s'agit pas d'analyse littéraire donc pas de panique … nul besoin d'apprendre des listes de définitions spécifiques du vocabulaire de l'analyse littéraire !

L'approche des œuvres se fera principalement par l'exploration des thèmes et des personnages.

Votre **Travail écrit** sera basé sur l'une des œuvres que vous aurez étudiées.

Un peu de vocabulaire pour commencer …

Zoom vocabulaire

un personnage principal ou secondaire
le héro/l'héroïne
l'auteur(e)/l'écrivain(e)
l'intrigue
le style d'écriture
un chapitre
la préface
la quatrième de couverture
le dénouement
l'époque

23.1 *Stupeur et tremblements* par Amélie Nothomb

Comprenons le titre

Stupeur (nf) : étonnement profond

Tremblement (nm) : état de peur ou d'angoisse intense

Le Petit Robert, 2011

À partir de ces définitions, faites des suppositions sur le thème/l'histoire du livre sachant que cette histoire se passe au Japon au début des années 1990.

NB : Une explication vous est donnée à la page 172 du livre (l'édition utilisée est celle éditée par *le Livre de Poche*).

Découvrons l'auteure

« Il y a de moi dans chacun de mes livres. » (Amélie Nothomb)

Biographie d'Amélie Nothomb

Texte 23.1.1

Adulée, critiquée, marginale, Amélie Nothomb reste fidèle à ses idées, laisse vagabonder sa plume au gré des pages blanches et couche sur le papier des récits toujours plus originaux les uns que les autres. Issue d'une illustre famille bruxelloise, Amélie Nothomb découvre la Chine, New York, et l'Asie du Sud-Est lors des déplacements professionnels de son père, un ambassadeur belge. Née au Japon, elle reste profondément marquée par la culture nippone qu'elle porte dans son cœur et transpose dans ses écrits. Elle retourne en Belgique à l'âge de 17 ans et suit des études gréco-latines. En 1992, son roman *Hygiène de l'assassin* est accueilli avec un énorme succès et se voit adapté sur grand écran. Frustrée de ne pas être restée au Japon, l'auteure y retourne et retranscrit cette expérience plus que déroutante dans *Stupeur et tremblements*, couronné Grand Prix de l'Académie française en 1999. Ce livre marque une période de retrait médiatique pour l'écrivaine qui aime provoquer, puis est adapté au cinéma en 2003. Se définissant elle-même comme une « graphomane malade de l'écriture », elle sort un roman par an. Dans le *Robert des noms propres*, Amélie Nothomb romance la vie de son amie la chanteuse Robert. Son dix-huitième roman, *Le voyage d'hiver*, est publié en 2009. Après *Une forme de vie* en 2010, elle sort son vingtième roman *Tuer le père* en août 2011.

Compréhension générale de l'œuvre

Les personnages

Voici un schéma de la hiérarchie dans l'entreprise Yumimoto où Amélie est embauchée :

Monsieur Haneda
↓
Monsieur Omochi
↓
Monsieur Saito
↓
Mademoiselle Mori
↓
Amélie

Au fur et à mesure que vous avancez dans la lecture de l'œuvre, relevez les informations sur les personnages.

	Caractéristiques physiques	Tempérament
Monsieur Haneda		
Monsieur Omochi		
Monsieur Saito	*Voix rauque*	
Mademoiselle Mori		
Amélie		
Monsieur Tenshi		

Compréhension générale du texte

Répondez aux questions à l'aide du texte. Les questions suivantes portent sur les pages 7 à 42.

1 Au fur et à mesure de votre lecture, listez les tâches successivement assignées à Amélie.

2 Pourquoi Monsieur Saito passe-t-il un savon* à Amélie au début du livre ?

3 Suite à la première remontrance de Monsieur Saito, quelle décision Amélie prend-elle ?

4 Elle prend également une initiative. Laquelle ?

5 Pourquoi les employés la regardent-ils avec « l'air stupéfait » lorsqu'elle s'acquitte de cette initiative ?

6 Après avoir essuyé une deuxième fois la foudre de Monsieur Saito, quelle tâche Amélie demande-t-elle la permission d'effectuer ?

7 Pourquoi lui demande-t-il sans cesse de refaire les photocopies ? Quel prétexte donne-t-il à Amélie ?

8 Le document que Monsieur Saito demande à Amélie de rédiger est :

a le règlement interne de l'entreprise Yumimoto
b le règlement concernant le remboursement des notes de frais
c le règlement de son club de golf
d le règlement de son club de tennis

*passer un savon à quelqu'un = disputer quelqu'un

9 Lorsqu'elle se rend compte de la nature du document qu'elle ne cesse de photocopier, pourquoi Amélie a-t-elle envie de pleurer ?

10 Amélie rencontre Monsieur Tenshi à la photocopieuse, quelle tâche lui confie-t-il ?

11 Pourquoi Amélie ressent-elle « un dévouement sans borne » pour Monsieur Tenshi ?

12 Quel(s) risque(s) Monsieur Tenshi prend-il en confiant cette tâche à Amélie ? Pourquoi ?

À partir de la page 43 : « Le drame éclata ».

1 Pourquoi Monsieur Omochi réagit-il de cette façon ?

2 Quelle est l'insulte ultime pour un travailleur nippon ?

3 Qu'exprime le visage de Monsieur Tenshi pendant « l'engueulade » ?

4 Qui a dénoncé Amélie ? Quelles sont ses raisons ?

Entraînement à l'oral interactif

Mini débat

Que pensez-vous des actions de Mlle Mori ? Les trouvez-vous justifiées ? Prenez le parti du pour et du contre.

Compréhension générale du texte

Répondez aux questions à l'aide du texte. Les questions suivantes portent sur les pages 53 à 69.

1 Complétez cette phrase prononcée par Amélie et qui résume son statut au sein de l'entreprise : « Je n'ai aucun … ».

2 Combien de temps faut-il à Amélie et ses collègues pour récupérer son erreur de classement ?

3 Quelle autre gaffe Amélie a-t-elle commise ?

4 Pourquoi Fubuki est-elle si en colère ? Quelles accusations porte-t-elle envers Amélie ?

5 Quelle ligne d'argumentation Amélie avance-t-elle pour justifier ses erreurs ?

De la page 70 à 92.

1 Comment Amélie qualifie-t-elle sa nouvelle fonction ?

2 Comment expliquez-vous son attitude bizarre lors de la dernière nuit qu'elle passe au travail ?

3 Quelle est la réaction des autres employés suite à cet événement ? Comment l'expliquez-vous ?

À l'écrit

À partir de la description de la femme japonaise faite par Amélie (de la page 92 à 114), écrivez un article entre 200 et 250 mots qui aura pour titre : « Naître femme au Japon ».

NB : Le but de cet article est de dresser un portrait social de la femme japonaise et de montrer les différences culturelles avec la femme occidentale.

Compréhension générale du texte

Répondez aux questions à l'aide du texte. Les questions suivantes portent sur les pages 114 à 164.

1 Suite à la scène où Monsieur Omochi s'acharne sur Mlle Mori, quelle erreur Amélie commet-elle ? Pourquoi est-ce une erreur aux yeux de Mlle Mori ?

2 Quelle est la réaction de Fubuki ? Pourquoi réagit-elle ainsi et qu'espère-t-elle ?

3 Qui sont les personnes rencontrées par Amélie alors qu'elle travaille aux toilettes ? Comment réagissent-elles ?

4 Suite à la désaffectation des toilettes des hommes, quelle solution propose Amélie pour remédier au problème ?

5 Que représente le boycott des toilettes où travaille Amélie ?

6 Quelle ultime humiliation Amélie subit-elle aux toilettes ?

7 Que comprend Amélie alors que les mois s'écoulent et qu'elle continue son travail dans les toilettes du 44ème étage ?

De la page 164 à 187.

1 Que doit faire Amélie pour résilier son contrat ?

2 Quels motifs avance-t-elle ?

3 Comment réagissent ses supérieurs respectifs à l'annonce de sa démission ?

Étude des thèmes

Le monde du travail

1 Quelles différences fondamentales pouvez-vous noter entre la conception du travail dans votre pays et celle du Japon ? Considérez notamment les notions de hiérarchie et soumission.

2 Considérez les humiliations répétées subies par Amélie. Expliquez comment vous auriez réagi à sa place et pourquoi.

3 Pensez-vous que le comportement de certains employés comme Monsieur Omochi relève du harcèlement ? (Définissez d'abord la notion de harcèlement.)

4 Selon les observations d'Amélie, l'égalité entre l'homme et la femme japonais dans le monde du travail reste à faire. Pensez-vous que dans votre société, cette égalité soit aujourd'hui atteinte ? Est-il possible de l'atteindre ? Donnez des exemples de situations et/ou cas précis. Faites des recherches si nécessaire.

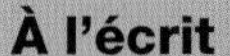

À l'écrit

1 Amélie se révèle incapable d'effectuer le travail concernant les notes de frais. C'est un véritable supplice pour elle. Y a-t-il un travail qui serait un supplice pour vous ? Décrivez ce travail et expliquez pourquoi le faire représenterait une véritable torture pour vous. Écrivez 150 mots.

2 D'après les informations que vous avez concernant l'entreprise Yumimoto, rédigez le règlement interne de l'entreprise qui spécifiera les droits et les devoirs de chaque employé.

Exemple : Aucune initiative ne sera prise sans que celle-ci n'ait été approuvée par votre supérieur hiérarchique direct.

Point culture

Faites des recherches sur la loi des 35 heures en France.

Le choc des cultures

1. Relevez tous les moments qui mettent en évidence les différences culturelles entre l'occidentale et les Japonais.
2. Comment jugez-vous les réactions d'Amélie ?
3. Qu'avez-vous appris de la culture japonaise au travers de ce roman autobiographique ?
4. Et vous, quel regard portez-vous en général sur une culture étrangère à la vôtre ? Choisissez **deux** adjectifs parmi ceux proposés ci-dessous et expliquez vos choix.

ouvert	fermé	inquisiteur	moqueur	respectueux
xénophobe	réprobateur	tolérant	chauvin	amusé

Théorie de la connaissance

1 À de nombreuses reprises, Amélie, pour ne pas manquer de respect, se tait plutôt que de se défendre. Pensez-vous qu'avoir recours aux mots soit le moyen le plus efficace de résoudre une situation de conflit ? Donnez des exemples de situations.

2 Amélie utilise souvent l'humour, l'ironie et parfois même l'autodérision pour survivre à l'aliénation quotidienne à laquelle elle est soumise. Pensez-vous que l'humour puisse être une arme redoutable ? Expliquez.

Entraînement au travail écrit

Choisissez l'une des tâches suivantes et écrivez entre 500 et 600 mots. Rédigez un préambule de 150 mots.

Suggestions pour le travail écrit :

Tâche et type de texte	But/objectif	Détails supplémentaires
1 Interview avec l'auteure	Comprendre certaines de ses réactions, explorer les sentiments éprouvés et réprimés ; comprendre ses motivations pour l'écriture du livre	Il faut faire attention à faire référence à des moments spécifiques de l'histoire
2 Journal intime d'Amélie après la trahison de Fubuki	Explorer les sentiments mixtes de la narratrice suite à cette trahison	Les sentiments suivants pourraient être exprimés : colère, vengeance, déception, regret, incompréhension, pardon

3 Journal intime de Fubuki lorsque Monsieur Tenshi confie un travail à Amélie	Explorer les sentiments de Fubuki avant sa décision d'écrire la note dénonçant les agissements d'Amélie et de Monsieur Tenshi	Les sentiments suivants pourraient être explorés : trahison, outrage, colère, injustice, jalousie, hésitation, remords, doute, revanche
4 Page de journal intime d'Amélie après avoir été témoin de l'humiliation publique de Fubuki	Explorer les sentiments d'Amélie (qui a elle aussi été victime d'humiliation à plusieurs reprises)	Les sentiments suivants pourraient être explorés : joie, moquerie, peine, colère, justice/injustice, incompréhension, respect
5 Édito ou article de magazine sur les valeurs du travail dans une société japonaise vues par une européenne	Faire connaître les différences entre les deux cultures ; émettre un jugement	Les opinions peuvent être positives ou négatives ; une comparaison entre la représentation et l'importance donnée au travail dans un pays francophone/ occidental et au Japon peut être mises en valeur
6 Lettre d'excuse d'Amélie à Mlle Mori suite à l'épisode des notes de frais	Explorer les sentiments d'Amélie ; montrer du respect pour Fubuki et une compréhension de la culture japonaise	Les sentiments suivants pourraient être explorés : regret, soutien, amitié, tristesse, incompréhension, injustice
7 Lettre de démission d'Amélie	Exprimer toutes les émotions réprimées depuis le début de l'expérience ; se plaindre	Contexte : incompréhension et ras-le-bol de l'occidentale qui « vide son sac » avant de quitter l'entreprise
8 Interview avec Mlle Mori	Chercher à comprendre les motivations de Mlle Mori ; exprimer des regrets	Contexte : plusieurs années après le départ d'Amélie et suite à la publication du livre

23.2 *Vipère au poing* par Hervé Bazin

Surfons le net (W)

Allez regarder la bande annonce du film *Vipère au poing* sur le site www.pearsonhotlinks.com (*Français B*, lien internet 23.1).

1. Que pensez-vous de la représentation visuelle des personnages et des acteurs choisis pour interpréter les rôles principaux ? Cette représentation vous semble-t-elle conforme aux descriptions de l'auteur et à l'image que vous vous étiez faite des personnages ? Pourquoi ?
2. Pensez-vous que cette bande annonce soit représentative de l'intrigue du livre ? Justifiez votre réponse.

Comprenons le titre

D'après le titre, quel serait d'après vous le thème de ce roman autobiographique ?

De quelle type d'histoire sera-t-il question d'après vous ? Pourquoi ?

NB : l'édition utilisée est celle éditée par *le Livre de Poche.*

Découvrons l'auteur

Hervé Bazin est un romancier français né le 17 avril 1911 et décédé en 1996.

Biographie d'Hervé Bazin

Texte 

Né dans le cadre étouffant de la bourgeoisie angevine du début du XXème siècle, Hervé Bazin satisfait tout d'abord cette dernière en commençant des études de droit. Mais son désintérêt l'amène à s'inscrire à la Sorbonne en licence de Lettres. Après avoir expérimenté divers métiers durant les années de guerre, il fonde avec des amis une revue intitulée *La coquille*, et publie un premier recueil de poèmes remarqué en 1947, *Jour*, pour lequel il obtient le prix Apollinaire.

Mais c'est avec son premier roman, *Vipère au poing*, en 1948, qu'il atteint une véritable notoriété artistique. Ce fut la grande révélation de l'année et Bazin manqua de peu le Goncourt. Son talent est confirmé dès l'année suivante avec un deuxième roman, *La tête contre les murs*. Il devient membre en 1950 de l'Académie Goncourt, et en devient président en 1972. Hervé Bazin est aussi célèbre pour ses critiques littéraires et ses nombreuses participations à *L'Information*. Auteur désormais classique, il a été traduit en trente-deux langues : une de ses dernières publications, *Le démon de minuit*, en 1988, n'a pas démenti l'intérêt que lui portent diverses générations de lecteurs.

Activité interculturelle

1 Qu'est-ce que le Prix Goncourt ? Quand est-il attribué ? À qui ?

2 Connaissez-vous d'autres prix littéraires francophones ? Faites des recherches.

3 Pensez-vous qu'obtenir un prix littéraire signifie obligatoirement que l'œuvre en question est d'une grande qualité littéraire ? Justifiez votre réponse.

Les personnages

Complétez ces tableaux au fur et à mesure de la lecture du livre.

Les personnages principaux :

	Surnom	**Caractéristiques physiques**	**Tempérament**
La mère			
Le père			
Jean	Brasse-Bouillon		
Ferdinand			
Marcel			

Les personnages secondaires :

	Caractéristiques physiques et tempérament	**Rôle dans l'histoire**
Tante Thérèse		
La grand-mère Rézeau		
Les grands-parents Pluvignec		
Mlle Ernestine		
Alphonsine		
Le père Trubel		
B VI		
B VII (L'abbé Traquet)		

À l'écrit

1 En vous servant des caractéristiques de chaque personnage relevées dans le texte, rédigez un court paragraphe entre 80 et 100 mots pour décrire un ou deux personnages.

2 Les personnages secondaires sont toujours superflus, voire inutiles dans un roman.
Réagissez à cette affirmation en utilisant des exemples tirés du roman *Vipère au poing* pour justifier vos arguments. Rédigez entre 150 et 250 mots.

Compréhension générale de l'œuvre

Les premiers mois

1 Qu'est-ce que la « Belle Angerie » ?

2 Qui est le narrateur de cette histoire ?

3 Pourquoi les parents vivaient-ils à l'étranger ? Où vivaient-ils ?

4 Pourquoi rentrent-ils ?

5 Quelle est la profession du père ?

6 Quelle est sa passion ?

7 Quel est le premier geste que la mère a envers ses deux aînés ?

8 Pourquoi Madame Rézeau renvoie-t-elle Mlle Ernestine ?

9 Pourquoi le jardinier est-il licencié ?

L'hospitalisation

1 Pourquoi Madame Rézeau est-elle hospitalisée ?

2 Que font les trois frères pendant l'absence de leur mère ?

Le retour de Folcoche

1 Lorsqu'il part dans le Gers avec son père et son frère Frédie, de quoi Brasse-Bouillon se rend-il compte ? Comment pouvez-vous l'expliquer ?

2 Pourquoi Marcel n'est-il pas parti en voyage avec ses frères ?

3 Que découvre Folcoche pendant l'absence des deux garçons ?

4 Comment les deux garçons apprennent-ils la nouvelle ?

La fugue

1 Pourquoi Brasse-Bouillon s'enfuit-il ?

2 Où se réfugie-t-il ?

3 Qui vient le rechercher ? Comment se comporte-t-il envers Jean ?

Le temps des amours

1 Pourquoi Brasse-Bouillon est-il agacé par les marques de tendresse de Madeleine à son égard ? Qu'est-ce que cela révèle à votre avis ?

2 Où les enfants s'en vont-ils à la fin du roman ?

Résumé de l'histoire

1 Voici des phrases qui résument l'histoire du livre. Remettez-les dans le bon ordre.

a Folcoche est très malade.
b Brasse-Bouillon détruit la collection de timbres de sa mère.
c Les enfants doivent partager le même costume lors d'une soirée organisée à la Belle Angerie.
d Folcoche donne de la nourriture avariée à ses enfants.
e Les garçons essayent d'empoisonner leur mère.
f Les deux aînés partent dans le Gers avec leur père.
g Le « cartel des gosses » voit le jour.
h Brasse-Bouillon et Frédie sont impatients de revoir leurs parents et faire la connaissance de leur petit frère.
i Brasse-Bouillon s'enfuit se réfugier chez ses grands-parents maternels.
j Le père emmène les enfants à la chasse.
k Madame Rézeau mère décède.
l Les garçons tentent de noyer leur mère.
m À peine rentrée, Folcoche confisque le beurre. Le règne de la terreur repart de plus belle.
n Les trois garçons sont heureux ; la tyrannie a enfin pris fin !
o Folcoche découvre les provisions dans la chambre de Ferdinand.

Étude des thèmes

Les relations familiales

L'histoire de ce roman autobiographique s'articule autour du thème des relations familiales. Voici plusieurs adjectifs qui peuvent définir des relations :

harmonieuses	tendues	basées sur la confiance	malsaines
haineuses	fortes	intenses	amicales
fondées sur l'amour	fondées sur la méfiance	destructives	uniques
affectueuses	équilibrées	conflictuelles	complexes

1 Choisissez les **deux** adjectifs qui décrivent le mieux vos relations familiales et expliquez vos choix.

2 Choisissez **deux** adjectifs qui, d'après vous, ne devraient en aucun cas être utilisés pour décrire les relations familiales. Expliquez vos choix.

3 Quels adjectifs décrivent le mieux Madame Rézeau d'après vous ? Justifiez.

tyrannique	amère	méchante	triste	jalouse

4 « Grand-mère mourut. Ma mère parut et ce récit devint drame. » (page 19) Commentez.

5 Listez **dix** brimades commises par Madame Rézeau envers ses enfants.

Exemple : Elle les tond avec la tondeuse dont on se servait pour tondre l'âne.

6 « Papa, vous ne trouvez pas que maman ne se ressemble pas quand elle dort ? »

Monsieur Rézeau considéra sa femme quelques instants et me fit soudain cette énorme réponse : « C'est vrai qu'elle est mieux sans masque. » (page 61)

De quel masque est-il question ? Expliquez.

7 La relation entre Folcoche et Brasse-Bouillon est bâtie sur la haine, la vengeance et le désir d'être le/la plus fort(e). Folcoche lui dit :

« Tu n'es pas encore le plus fort, mon garçon, dit-elle posément, mais il faut avouer que tu ne manques pas d'un certain courage. Tu me détestes, je le sais. Pourtant je vais te dire une chose : il n'y a aucun de mes fils qui me ressemble plus que toi ! » (page 63)

De quelle(s) façon(s) Brasse-Bouillon ressemble-t-il à sa mère ?

8 Pourquoi Cropette est-il traité différemment par sa mère ? Justifiez votre réponse à l'aide d'exemples précis tirés du livre.

9 Citez **deux** moments dans l'histoire où :

a la mère humilie le père publiquement

b le père fait preuve de lâcheté

c le père tient tête à sa femme/s'oppose à une décision de sa femme

d il est visible que le père désapprouve les méthodes et l'attitude de sa femme

e Brasse-Bouillon tient tête à Folcoche

f les garçons emploient deux méthodes pour se débarrasser de leur mère

10 Comment expliqueriez-vous le comportement de Folcoche envers ses enfants ? Est-il défendable ? S'agit-il de maltraitance ? Justifiez votre réponse.

11 Les enfants tentent à deux reprises de tuer leur mère et se réjouissent lorsqu'elle tombe malade et que ses jours semblent comptés. Les comprenez-vous ou trouvez-vous leurs réactions injustifiables ?

12 Comment expliqueriez-vous le comportement du père qui préfère fermer les yeux et vaquer à ses occupations ? Pensez-vous qu'il s'agisse de lâcheté ? Son comportement est-il excusable ? Si Folcoche était jugée pour maltraitance, sa non-intervention ferait-elle, selon vous, de lui un complice ?

L'enfance

1 Le thème de l'enfance est évidemment présent dans ce livre. Comment qualifieriez-vous l'enfance des enfants Rézeau ? Ont-ils été privés d'enfance ?

2 « Pleurer sa mère, c'est pleurer son enfance. J'ai été un enfant, je ne le suis plus et je n'en reviens pas. » (Albert Cohen, *Le livre de ma mère*)

Pensez-vous que cette citation puisse s'appliquer à Brasse-Bouillon ? Pourquoi ?

Entraînement au travail écrit

Choisissez l'une des tâches suivantes et écrivez entre 500 et 600 mots. Rédigez un préambule de 150 mots.

Suggestions pour le travail écrit :

Tâche et type de texte	But/objectif	Détails supplémentaires
1 Interview avec Brasse-Bouillon adulte	Explorer comment les épisodes de son enfance l'ont marqué dans sa vie adulte ; savoir s'il a pardonné sa mère	Références précises à des événements
2 Lettre du père à la mère	Lui exprimer son mécontentement ; lui dire qu'il désapprouve ses méthodes et essayer de lui faire entendre raison	N'ayant pas le courage d'affronter sa femme lors d'un face à face, le père a recours à la lettre
3 Lettre de Brasse-Bouillon enfant à sa mère	Lui exprimer son incompréhension, sa haine, mais aussi la défier	Veillez à rester respectueux (le « vous » sera ici de rigueur) ; il faut se mettre dans la peau du personnage narrateur
4 Lettre de Brasse-Bouillon enfant ou adulte à son père	Enfant : lui demander pourquoi il n'agit pas – appel à l'aide Adulte : lui exprimer sa déception, son incompréhension et sa honte	Veillez à rester respectueux (le « vous » sera ici de rigueur) ; il faut se mettre dans la peau du personnage narrateur
5 Lettre de la mère à ses fils alors qu'elle est sur son lit de mort	S'expliquer, s'excuser et demander le pardon	Folcoche, avec les années, regrette ses actions ; il faudra veiller à faire des références précises à des événements précis
6 Lettre du père à ses fils adultes	S'expliquer et s'excuser de ne pas avoir agi et tenu tête à Folcoche	Veillez à respecter la personnalité du père
7 Page de journal intime de Folcoche après l'épisode de la barque	Exprimer ses sentiments et réfléchir à un plan d'action (les représailles !)	Sentiments possibles : colère, haine, désir de vengeance, outrage, malice, et satisfaction ; il faudra veiller à faire des références précises à des événements précis
8 Page de journal intime de Brasse-Bouillon	Exprimer des sentiments (haine, rage, etc.) et élaborer des plans	Choisir un moment précis dans le livre qui entraîne l'écriture de cette page de journal intime ; respecter l'histoire et les actions commises
9 Discours (plaidoyer ou réquisitoire) lors du procès de Folcoche jugée pour maltraitance	Plaidoyer : défense/circonstances atténuantes Réquisitoire : accusation/prouver la culpabilité de Folcoche	Folcoche, dénoncée par ses domestiques, comparaît en justice pour maltraitance
10 Discours (plaidoyer ou réquisitoire) lors du procès de Brasse-Bouillon pour les tentatives d'assassinats sur sa mère	Plaidoyer : défendre l'innocence de l'adolescent Réquisitoire : accusation/démontrer la culpabilité de l'accusé	Brasse-Bouillon, suite aux deux tentatives d'assassinats sur sa mère (et dénoncé par cette dernière), comparaît devant le tribunal pour enfants : sera-t-il envoyé dans une maison de redressement ?

Ressources en ligne
Pour plus d'activités, consultez le site www.pearsonbacconline.com

Chapitre vingt-quatre

Théorie de la connaissance

Introduction

La théorie de la connaissance (ou TdC) est une composante essentielle de votre programme du BI. Elle constitue une matière à part entière mais des aspects de cette discipline sont abordés régulièrement pendant vos cours. Des liens directs sont parfois faits avec votre programme de français.

Ce chapitre n'a pas la prétention de remplacer un cours de TdC, ni d'apporter des réponses à des questions spécifiques. Il se contente de proposer quelques sujets de réflexion et quelques activités qu'il est possible de faire dans le cadre de la classe de *Français B*.

1 Qu'est-ce que la théorie de la connaissance ?

Commençons par nous poser la question de la connaissance. Qu'est-ce que c'est ?

À la rubrique « connaissance » du *Petit Robert* (2011), on trouve plusieurs entrées et donc plusieurs synonymes au mot « connaissance ».

> **Connaissance :** conscience ; compréhension ; représentation ; découverte ; certitude ; mais aussi impression ; intuition ; sensation ; sentiment ; ou encore acquis ; culture ; érudition, instruction.

Si la connaissance c'est tout cela, comment je sais ce que je sais ? Comment puis-je être sûr(e) que ce que je sais est la vérité ? « La » vérité existe-t-elle ?

Autant de questions qu'il est important de se poser. La théorie de la connaissance ne vous apportera pas forcément la réponse à ces questions (d'ailleurs, existe-t-il *une* réponse ?) mais son but est de vous amener à vous interroger, à remettre en question toute idée préconçue ou savoir.

2 Une question de langue

En français, la notion même de la connaissance est désignée par deux mots : « **connaissance** » et « **savoir** » et deux verbes « connaître » et « savoir ».

Savoir « quelque chose » mais connaître « quelqu'un ».

Exemples :
Je sais comment rédiger le Travail écrit.
Je connais la personne qui s'occupe de l'organisation du concert.

Je sais tout sur le nouveau programme du BI.
Je connais tout le monde.

Il existe donc bien plusieurs façons de savoir …

-al

Discutez avec un(e) camarade.

1 Qu'en est-il dans votre langue maternelle ? Avez-vous plusieurs mots pour désigner le concept de connaissance ? Plusieurs mots pour représenter d'autres concepts ? Qu'est-ce que cela vous inspire comme réflexion(s) sur la langue ?

2 Commentez les citations suivantes :

a « Il est bien plus beau de savoir quelque chose de tout que de savoir tout d'une chose. » (Blaise Pascal)

b « N'est-ce pas savoir beaucoup que de savoir qu'on ne sait rien ? » (François Fénélon, *Dialogue des morts*)

Point culture
Blaise Pascal (1623–1662) : mathématicien, physicien et philosophe français.

Son œuvre intitulée *Les Pensées* est très célèbre.

François Fénélon (1651–1715) : théologien et écrivain français.

3 Les différents modes de la connaissance

À l'oral

Avec un(e) camarade, considérez les questions suivantes.

1. Lorsque j'ai un exposé à faire, où vais-je chercher mes informations/sources ? Pourquoi ?
2. Quelles sont, d'après vous, les modes de la connaissance les plus fiables ? Pourquoi ?
3. Est-il possible de faire confiance à toutes les informations que l'on peut lire dans un livre ? Un journal ? Justifiez vos réponses.
4. Peut-on vraiment compter sur ses sens ?
5. La science détient-elle la vérité ?
6. Les rumeurs peuvent-elles être une source de la connaissance ?
7. Les contes et légendes tiennent une place importante dans la culture africaine francophone par exemple. Peuvent-ils être considérés comme une source d'information valide ?
8. Le langage est-il un mode de la connaissance ?
9. Le langage est-il indispensable à la transmission de savoirs ou connaissances ?
10. « Si nous parlons plusieurs langues, nos connaissances diffèrent-elles d'une langue à une autre ? » (*Guide du TdC* produit par l'IB)
11. Y a-t-il des facteurs extérieurs qui peuvent former (ou déformer) nos jugements et donc être à la source de certaines connaissances ou croyances ? Donnez des exemples.
12. Une croyance est-elle une connaissance ?
13. Peut-on mettre des mots sur tout ou le langage a-t-il une limite ?

La raison/la logique

Jouons avec la langue et les modes de la connaissance …
Lisez les deux exemples ci-dessous (il s'agit de ce que l'on appelle « syllogismes »).

Exemple 1
Les livres bon marché sont rares,
Or, ce qui est rare est cher.
Donc les livres bon marché sont chers.

Exemple 2
Les étoiles brillent la nuit,
Or, le soleil est une étoile.
Donc le soleil brille la nuit.

À l'oral

1 Dans ces deux exemples, la conclusion est complètement absurde, mais le raisonnement est valide. Quelle est donc la vérité ? Faut-il donc considérer ces raisonnements comme vrais et les accepter ?

2 La raison et/ou la logique constituent-elles une source infaillible de la connaissance ?

3 Devons-nous par conséquent accepter sans les remettre en question les essais et autres textes philosophiques qui utilisent la raison comme méthode d'explication et justification ?

4 À vous ! Créez trois syllogismes en vous inspirant des exemples qui vous sont donnés.

5 Les émotions peuvent-elles constituer un mode de connaissance à part entière ? Donnez des exemples pour justifier votre réponse.

6 La certitude donne-t-elle raison ?

7 Commentez les citations suivantes.

> **a** « Le cœur a ses raisons que la raison ne connaît pas. » (Pascal, *Pensées*, 1670)
>
> **b** « Aimer, c'est donner raison à l'être aimé qui a tort. » (Charles Péguy, auteur français)
>
> **c** « En littérature, le plus sûr moyen d'avoir raison, c'est d'être mort. » (Victor Hugo, écrivain français, *Littérature et philosophie mêlées*, 1834)

8 Le mot « raison » a-t-il le même sens dans les trois citations ci-dessus ? Expliquez.

9 Est-il vraiment possible d'avoir raison ? Dans quels cas ?

Le langage et son vide …

Voici un extrait de la scène VII de la pièce intitulée *La cantatrice chauve* d'Eugène Ionesco.

Texte 24.1

On entend sonner à la porte d'entrée.
M. Smith – Tiens, on sonne.
Mme Smith – Il doit y avoir quelqu'un. Je vais voir. *(Elle va voir.*
Elle ouvre et revient.) Personne.
Elle se rassoit.
M. Martin – Je vais vous donner un autre exemple …
Sonnette.
M. Smith – Tiens, on sonne.
Mme Smith – ....[1].........
M. Martin, *qui a oublié où il en est* – Euh! …
Mme Martin – ....[2].........
M. Martin – Ah oui …
Sonnette.
M. Smith – Tiens, on sonne.
Mme Smith – Je ne vais plus ouvrir.
M. Smith – ....[3].........
Mme Smith – La première fois, il n'y avait personne. La deuxième fois,
non plus. Pourquoi crois-tu qu'il y aura quelqu'un maintenant ?
M. Smith – ....[4].........
Mme Martin – Ce n'est pas une raison.
M. Martin – Comment ? Quand on entend quelqu'un sonner à la porte, c'est
qu'il y a quelqu'un à la porte, qui sonne pour qu'on lui ouvre la porte.
Mme Martin – ....[5].........
M. Martin – La plupart du temps, si.
M. Smith – Moi, quand je vais chez quelqu'un, je sonne pour entrer. Je pense que
tout le monde fait pareil et que chaque fois qu'on sonne c'est qu'il y a quelqu'un.
Mme Smith – Cela est vrai en théorie. Mais dans la réalité les choses se passent
autrement. Tu as bien vu tout à l'heure.
Mme Martin – ....[6].........
M. Martin – Oh ! Vous les femmes, vous vous défendez toujours l'une l'autre.
Mme Smith – Eh bien, je vais aller voir. Tu ne diras pas que je suis entêtée, mais tu
verras qu'il n'y a personne ! *(Elle va voir. Elle ouvre la porte et la referme.)* Tu vois,
il n'y a personne.
Elle revient à sa place.
Mme Smith – ....[7].........
On entend de nouveau sonner.
M. Smith – Tiens, on sonne, il doit y avoir quelqu'un.
Mme Smith, *qui fait une crise de colère.* – Ne m'envoie plus ouvrir la porte.
Tu as vu que c'était inutile. L'expérience nous apprend que lorsqu'on entend
sonner à la porte, c'est qu'il n'y a jamais personne.
Mme Martin – Jamais.
M. Martin – Ce n'est pas sûr.
M. Smith – ....[8].........

Mme Smith – Il ne veut pas en démordre.
Mme Martin – Mon mari aussi est très têtu.
M. Martin – Ce n'est pas impossible.
M. Smith – Il y a quelqu'un.
Mme Smith, *à son mari.* – Non.
M. Smith – Si.
Mme Smith – Je te dis que non. En tout cas, tu ne me dérangeras plus pour rien. Si tu veux aller voir, vas-y toi-même !
M. Smith – J'y vais.
Mme Smith hausse les épaules. Mme Martin hoche la tête.
M. Smith *va ouvrir* – Ah ! How do you do ! *(Il jette un regard à Mme Smith et aux époux Martin qui sont tous surpris.)* C'est le Capitaine des Pompiers !
Le Pompier – Je vais vous mettre d'accord. Vous avez un peu raison tous les deux. Lorsqu'on sonne à la porte, des fois il y a quelqu'un, d'autres fois il n'y a personne.
M. Martin – Ça me paraît logique.
Mme Martin – Je le crois aussi.
Le Pompier – Les choses sont simples, en réalité. *(Aux époux Smith.)* Embrassez-vous.

Manipulation du texte

Avec un(e) camarade, remplacez les répliques manquantes dans le texte.

a Parce qu'on a sonné !

b Tu disais que tu allais donner un autre exemple.

c Ah ! Ces hommes qui veulent toujours avoir raison et qui ont toujours tort !

d Oui, mais il doit y avoir quelqu'un !

e C'est même faux. La plupart du temps, quand on entend sonner à la porte, c'est qu'il y a quelqu'un.

f Votre femme a raison.

g Ça doit être quelqu'un. Je vais voir. *(Elle va voir. Elle ouvre et revient.)* Personne.

h Pas toujours. Vous avez vu tout à l'heure !

Point culture
Eugène Ionesco
(1909–1994) : écrivain/dramaturge français associé au théâtre de l'absurde.

Pièces les plus connues :
- *La cantatrice chauve*
- *Rhinocéros*
- *Les chaises*

À l'oral

1. Comment avez-vous fait pour remplacer les répliques dans le texte ? Qu'est-ce qui vous a aidé ?
2. Quelle est la conclusion logique à laquelle, d'après vous, les Martin et les Smith vont arriver suite à cette expérience ?
3. Cet extrait se termine avec la réplique suivante : « Les choses sont simples, en réalité ». Que pensez-vous de cette affirmation ? Les choses sont-elles vraiment simples ? Justifiez votre réponse.
4. Qu'est-ce qui est mis en évidence par cette scène ?

Activité interculturelle

1. Allez rechercher la signification de l'expression « théâtre de l'absurde ».
2. Le nom de Ionesco est souvent associé à celui de Samuel Beckett. Qui était-il ?

Voici la suite de cette scène

Texte 

M. Smith – Monsieur le Capitaine, laissez-moi vous poser, à mon tour, quelques questions.

Le Pompier – Allez-y.

M. Smith – Quand j'ai ouvert et que je vous ai vu, c'était bien vous qui aviez sonné ?

Le Pompier – Oui, c'était moi.

M. Martin – Vous étiez à la porte, vous sonniez pour entrer ?

Le Pompier – Je ne le nie pas.

M. Smith, *à sa femme, victorieusement*. – Tu vois ? J'avais raison. Quand on entend sonner, c'est que quelqu'un sonne. Tu ne peux pas dire que le Capitaine n'est pas quelqu'un.

Mme Smith – Certainement pas. Je te répète que je te parle seulement des trois premières fois puisque la quatrième ne compte pas.

Mme Martin – Et quand on a sonné la première fois, c'était vous ?

Le Pompier – Non, ce n'était pas moi.

Mme Martin – Vous voyez ? On sonnait et il n'y avait personne.

M. Martin – C'était peut-être quelqu'un d'autre ?

M. Smith – Il y avait longtemps que vous étiez à la porte ?

Le Pompier – Trois quarts d'heure.

M. Smith – Et vous n'avez vu personne?

Le Pompier – Personne, j'en suis sûr.

Mme Martin – Est-ce que vous avez entendu sonner la deuxième fois ?

Le Pompier – Oui, ce n'était pas moi non plus. Et il n'y avait toujours personne.

Mme Smith – Victoire ! J'ai eu raison.

M. Smith, *à sa femme*. – Pas si vite. *(Au pompier.)* Et qu'est-ce que vous faisiez à la porte ?

Le Pompier – Rien, je restais là. Je pensais à des tas de choses.

M. Martin, *au pompier*. – Mais la troisième fois, ce n'est pas vous qui aviez sonné ?

Le Pompier – Si, c'était moi.

M. Smith – Mais quand on a ouvert, on ne vous a pas vu.

Le Pompier – C'est parce que je me suis caché ... pour rire.

Mme Smith – Ne riez pas, Monsieur le Capitaine, l'affaire est trop triste.

M. Martin – En somme, nous ne savons toujours pas si, lorsqu'on sonne à la porte, il y a quelqu'un ou non !

Mme Smith – Jamais personne.

M. Smith – Toujours quelqu'un.

Eugène Ionesco, *La cantatrice chauve*, Éditions Fo

À l'oral

1 Que pensez-vous des conclusions tirées par M. et Mme Smith ?

2 Vous paraissent-elles logiques ?

3 Cette scène est à la fois absurde et logique. Est-il possible d'être à la fois absurde et logique ? Expliquez.

À l'oral

Il suffit parfois de combiner la raison et la logique et d'avancer des arguments convaincants pour faire passer de fausses informations ou théories pour vraies. Il suffit pour cela de choisir un langage adapté et de le combiner à des arguments convaincants.

À vous ! Choisissez dix des questions ci-dessous et essayez-vous à l'art de la conviction en inventant pour chacune de ces questions une explication plausible et logique.

Organisez une compétition entre vous et jugez les explications les plus convaincantes !

1 Pourquoi le ciel est-il bleu ?

2 Pourquoi la mer est-elle salée ?

3 Qui de l'œuf ou du poussin est apparu le premier ?

4 Pourquoi les oiseaux ne tombent-ils pas de leurs perchoirs quand ils dorment ?

5 Pourquoi les singes sont-ils si friands de bananes ?

6 Pourquoi les autruches se cachent-elles la tête dans le sol ?

7 Pourquoi les éléphants ont-ils de grandes oreilles ?

8 Pourquoi les girafes ont-elles un si long cou ?

9 Pourquoi quand on essaie de se chatouiller tout seul, ça ne marche pas et on ne rigole pas ?

10 Pourquoi les tomates sont-elles rondes et pas carrées ?

11 Pourquoi la terre est-elle ronde ?

12 Pourquoi les étoiles brillent-elles ?

13 Pourquoi les fleurs fanent-elles si vite ?

14 Pourquoi les poissons vivent-ils dans l'eau ?

15 Pourquoi les chauve-souris dorment-elles la tête en bas ?

À l'écrit

1 Inventez les définitions de ces mots (choisis totalement au hasard !). Soyez convaincants !

- **a** une garniture
- **b** une magouille
- **c** un yoyo
- **d** une quadrette
- **e** un hameçon

NB : Une fois l'exercice terminé, vous pourrez chercher la vraie définition, donc le vrai sens de ces mots dans un dictionnaire.

2 Vous venez d'utiliser un dictionnaire pour découvrir le vrai sens de ces mots. Réfléchissons un peu …

- **a** Faut-il prendre pour argent comptant les définitions que l'on peut trouver dans un dictionnaire ? Pourquoi ?
- **b** Y a-t-il des mots inutiles et dont on pourrait se passer ou tous les mots sont-ils importants/essentiels dans une langue ?
- **c** Tous les mots ont un sens/une définition. Suffit-il alors d'assembler des mots pour créer du sens ?
- **d** Lorsque vous traduisez un texte, est-il préférable d'utiliser un dictionnaire bilingue ou monolingue ? Pourquoi ?
- **e** « Les traductions sont comme les femmes : lorsqu'elles sont belles, elles ne sont pas fidèles et lorsqu'elles sont fidèles, elles ne sont pas belles. » Commentez cette citation de l'écrivain français Edmond Jaloux.
- **f** Une traduction peut-elle être fidèle ? Quels sont les facteurs à considérer lors de la traduction d'un texte ?

L'expérience

L'expérience, qui peut être scientifique ou personnelle, peut être un moyen utilisé pour prouver une théorie. Par exemple, en sciences, vous faites des expériences dans le labo régulièrement pour illustrer les théories que vous apprenez. Mais en ce qui concerne les expériences personnelles, les choses sont moins claires. Il faut se demander :

- Toutes les expériences sont-elles toutefois fiables ?
- Combien de fois une expérience doit-elle être conduite avant de pouvoir affirmer que son résultat fait foi d'autorité ?
- Avez-vous des exemples de preuves apportées par des expériences scientifiques qui ont ensuite été réfutées et invalidées par d'autres expériences scientifiques plus approfondies ? Qu'est-ce que cela « prouve » ?
- Quelles sont donc les limites de l'expérience comme mode de la connaissance ?
- Donnez des exemples d'expériences personnelles qui ont changé votre façon de penser ou qui ont remis en question des connaissances que vous croyiez acquises.

À l'oral

La théorie de la gravité de Sir Isaac Newton n'était au départ qu'une intuition. Par la suite, il fit des recherches et s'efforça de valider la théorie de manière scientifique.

Réfléchissez en prenant comme point de départ vos expériences personnelles. Avez-vous parfois eu une intuition qui s'est révélée correcte ? L'intuition et/ou la perception peuvent-elles être considérées comme des modes de la connaissance ?

La mémoire, la sensation et l'émotion

Texte 24.3

Il y avait déjà bien des années que, de Combray, tout ce qui n'était pas le théâtre et le drame de mon coucher, n'existait plus pour moi, quand un jour d'hiver, comme je rentrais à la maison, ma mère, voyant que j'avais froid, me proposa de me faire prendre, contre mon habitude, un peu de thé. Je refusai d'abord et, je ne sais pourquoi, me ravisai. Elle envoya chercher un de ces gâteaux courts et dodus appelés Petites Madeleines qui semblent avoir été moulés dans la valve rainurée d'une coquille de Saint-Jacques. Et bientôt, machinalement, accablé par la morne journée et la perspective d'un triste lendemain, je portai à mes lèvres une cuillerée du thé où j'avais laissé s'amollir un morceau de madeleine. Mais à l'instant même où la gorgée mêlée des miettes du gâteau toucha mon palais, je tressaillis, attentif à ce qui se passait d'extraordinaire en moi. Un plaisir délicieux m'avait envahi, isolé, sans la notion de sa cause. Il m'avait aussitôt rendu les vicissitudes de la vie indifférentes, ses désastres inoffensifs, sa brièveté illusoire, de la même façon qu'opère l'amour, en me remplissant d'une essence précieuse : ou plutôt cette essence n'était pas en moi, elle était moi. J'avais cessé de me sentir médiocre, contingent, mortel. D'où avait pu me venir cette puissante joie ? Je sentais qu'elle était liée au goût du thé et du gâteau, mais qu'elle le dépassait infiniment, ne devait pas être de même nature. D'où venait-elle ? Que signifiait-elle ? Où l'appréhender ? Je bois une seconde gorgée où je ne trouve rien de plus que dans la première, une troisième qui m'apporte un peu moins que la seconde. Il est temps que je m'arrête, la vertu du breuvage semble diminuer. Il est clair que la vérité que je cherche n'est pas en lui, mais en moi. [...] Je pose la tasse et me tourne vers mon esprit. C'est à lui de trouver la vérité. Mais comment ? Grave incertitude, toutes les fois que l'esprit se sent dépassé par lui-même ; quand lui, le chercheur, est tout ensemble le pays obscur où il doit chercher et où tout son bagage ne lui sera de rien. Chercher ? Pas seulement : créer. Il est en face de quelque chose qui n'est pas encore et que seul il peut réaliser, puis faire entrer dans sa lumière. Et je recommence à me demander quel pouvait être cet état inconnu, qui n'apportait aucune preuve logique, mais l'évidence, de sa félicité, de sa réalité devant laquelle les autres s'évanouissaient. Je veux essayer de le faire réapparaître. Je rétrograde par la pensée au moment où je pris la première cuillerée de thé. Je retrouve le même état, sans une clarté nouvelle. Je demande à mon esprit un effort de plus, de ramener encore une fois la sensation qui s'enfuit. Et, pour que rien ne brise l'élan dont il va tâcher de la ressaisir, j'écarte tout obstacle, toute idée étrangère, j'abrite mes oreilles et mon attention contre les bruits de la chambre voisine. Mais sentant mon esprit qui se fatigue sans réussir, je le force au contraire à prendre cette distraction que je lui refusais, à penser à autre chose, à se refaire avant une tentative suprême. Puis une deuxième fois, je fais le vide devant lui, je remets en face de lui la saveur encore récente de cette première gorgée et je sens tressaillir en moi quelque chose qui se déplace, voudrait s'élever, quelque chose qu'on aurait désancré, à une grande profondeur ; je ne sais ce que c'est, mais cela monte lentement ; j'éprouve la résistance et j'entends la rumeur des distances traversées. Certes, ce qui palpite ainsi au fond de moi, ce doit être l'image, le souvenir visuel, qui, lié à cette saveur, tente de la suivre jusqu'à moi. Mais il se débat trop loin, trop confusément ; à peine si je perçois le reflet neutre où se confond l'insaisissable tourbillon des couleurs remuées ; mais je ne peux distinguer la forme, lui demander, comme au seul interprète possible, de me traduire le témoignage de sa contemporaine, de son inséparable compagne, la saveur, lui demander de m'apprendre de quelle circonstance particulière, de quelle époque du passé il s'agit. Arrivera-t-il jusqu'à la surface de ma claire conscience, ce souvenir, l'instant ancien que l'attraction d'un instant identique est venue de si loin solliciter, émouvoir, soulever tout au fond de moi ? Je ne sais. Maintenant je ne sens plus rien, il est arrêté, redescendu peut-être ; qui sait s'il remontera jamais de sa nuit ?

Marcel Proust, *À la recherche du temps perdu. Du côté de chez Swann*, 1913

À l'oral

1 Qu'est-ce qui provoque la sensation de « plaisir délicieux » (lignes 14–15) ressentie par le narrateur ?

2 De quelle vérité parle-t-il ?

3 Y a-t-il des situations/objets, etc. qui vous rappellent des moments précis de votre enfance par exemple et réveillent en vous des émotions particulières ? Lesquels ? Pourquoi ?

4 La mémoire peut-elle constituer un mode de la connaissance fiable ? Quelles en sont les limites ?

5 Les autobiographies sont-elles des sources d'informations fiables et valides ? Pourquoi ?

6 Que pensez-vous des témoignages ?

Point culture
Marcel Proust (1871–1922) : écrivain français.

Œuvre la plus connue : *À la recherche du temps perdu.*

Les références culturelles ou les différentes façons d'appréhender le monde …

Nos connaissances d'une certaine culture et/ou la culture à laquelle nous appartenons peuvent influencer notre connaissance et notre façon de voir le monde.

Le jeu de la photo décortiquée … Regardez cette partie ci-contre.

1 D'après vous, où se passe la scène ? Pourquoi ? Qu'est-ce qui vous permet d'arriver à cette conclusion ?

2 Voici une autre partie de la photo. Cela change-t-il votre opinion du lieu où se déroule cette scène ? Oui ? Non ? Pourquoi ?

Il ne s'agit que de quelques exemples, quelques pistes d'exploitation et de réflexion. Vous trouverez plus d'activités (reliées aux différents thèmes étudiés dans votre programme) sur le site www.pearsonbacconline.com

3 Même question.

4 D'après-vous, que se passe-t-il sur la partie manquante de cette photo ? Comment l'imaginez-vous ? Pourquoi ? Vous trouverez deux questions supplémentaires et la photo complète à la page 449.

25 CONSEILS POUR L'EXAMEN DE *FRANÇAIS B* (NM ET NS)

Durant le cours

Vous êtes responsable de votre propre éducation et de votre apprentissage. Par conséquent, vous devez créer une série de stratégies pour vous aider à consolider à votre propre rythme ce que vous apprenez en classe et à la maison.

Apprendre une langue demande beaucoup de temps et d'effort. Il est dit que l'apprentissage d'une langue se fait en étant en contact avec cette langue. Si vous avez des amis qui parlent français, pratiquez avec eux aussi souvent que possible. Ils aimeront partager leur langue et vous aider à comprendre leurs coutumes et leur culture.

Vous devez trouver votre propre chemin pour créer des situations de contact. Aujourd'hui, l'internet nous offre des possibilités infinies pour accéder pratiquement toutes les langues du monde. Ainsi, chaque jour, même pour un court laps de temps, vous devez trouver un poste de radio ou de télévision, une page d'exercices de grammaire, quelques BD, un film en français. Peu à peu, apprenez les formes familières d'expression et d'autres plus formelles.

Ce livre comprend des sites web que vous pouvez consulter afin d'approfondir vos connaissances sur les thèmes couverts lors de votre cours.

Préparation à l'examen

Il est aussi important de connaître le programme en profondeur. Vous devez connaître les enjeux et le formulaire d'évaluation. Ici, nous donnons une explication détaillée des différentes parties du cours et de son évaluation.

N'oubliez pas de couvrir toutes les parties du programme (le **Tronc commun**, des matières à **Option** et la **Littérature** au NS).

Les thèmes

Le cours couvre cinq thèmes : trois matières de base obligatoires et deux sujets à choisir parmi les cinq options. Au moins deux points doivent être couverts pour chacun des cinq thémes.

Votre professeur a normalement décidé des questions que vous préparerez.

La littérature (NS seulement)

Lire la littérature dans la langue cible peut signifier un voyage où l'on découvre la ou les cultures étudiées. Cette lecture vous permettra d'élargir votre vocabulaire et d'utiliser un langage plus créatif ainsi que de développer les compétences plus avancées en lecture. L'étude de la littérature promeut la compréhension et développe les compétences de déduction et contribue à une meilleure compréhension interculturelle.

Objectifs du cours

Le cours de langue B comporte six objectifs d'évaluation. Vous devez être capable de/d' :

1 communiquer clairement et efficacement dans des situations différentes, ce qui démontre la compétence linguistique et interculturelle.

2 utiliser un langage approprié dans une variété de contextes culturels et interpersonnels.

3 comprendre et utiliser le langage pour exprimer des idées différentes et réagir correctement et de façon appropriée selon la situation.
4 organiser des idées sur divers sujets de façon claire, cohérente et convaincante.
5 comprendre et analyser une variété de textes oraux et écrits et répondre à des questions ou des tâches reliées à ces textes.
6 comprendre et faire usage des œuvres littéraires écrites dans la langue cible (uniquement dans le NS).

Familiarisez-vous avec les exercices que nous vous proposons tout au long du livre et lisez toujours davantage sur les thèmes couverts. Le programme de *Français B* (NM et NS) se compose de deux types d'évaluation : **interne** (évaluée en interne et en externe modéré) et **externe** (évaluation externe).

Évaluation interne

L'évaluation interne est basée à la fois sur le contenu du Tronc commun (activité orale interactive) et de l'Option (activée orale individuelle). Elle évalue les compétences et la productivité interactive. La valeur de cette composante est de 30% du total. L'évaluation interne doit être entièrement dans la langue cible, y compris vos détails personnels en début d'enregistrement. Ces oraux se déroulent pendant la deuxième année de vos études.

Evaluation interne 30% (Évaluation faite dans la classe et modérée de façon externe par le BI)			
Activité orale interactive 10%		Activité orale individuelle 20%	
Basée sur les thèmes du Tronc commun 3 activités faites en classe (l'un de ces oraux aura comme point de départ un document audio)		Porte sur les Options Conversation et discussion avec le professeur (10 min.) Les images avec légende se réfèrent aux thèmes optionnels Niveau Moyen : le candidat a le choix entre deux images Niveau Supérieur : le candidat reçoit une image choisie par le professeur	
Critères			
A : Compétences productives	5 points	A : Compétences productives	10 points
B : Compétences réceptives et interactives	5 points	B : Compétences réceptives et interactives	10 points

L'oral interactif

Ces trois activités portent sur les sujets du Tronc commun et l'une d'entre elles doit être basée sur une activité d'écoute. L'activité avec le meilleur score sera inclue à l'évaluation interne.

Types d'activités

Elles peuvent prendre des formes différentes (débat, présentation suivie de questions, jeu de rôle, discussion suivant la projection d'un documentaire, entrevue, présentation de groupe, etc.).

- **Relations sociales : jeu de rôle**
  Situation : vos parents vous ont donné la permission de sortir et un couvre-feu à respecter. Vous rentrez avec deux heures de retard et vous sentez la cigarette. Vos parents, morts d'inquiétude, vous attendent dans le salon.

- **Questions mondiales : débat**
  Situation : un promoteur industriel vient soumettre son projet de développement économique de la côte littorale de votre belle ville (aménagement de la plage, restaurants, casinos, boîtes de nuit, etc.). Ce projet n'a pas encore été accepté. La ville est divisée entre ceux qui sont pour et ceux qui sont contre.
- **Communication et médias : présentation suivie de questions**
  Situation : vous êtes le/la principal(e) d'un établissement scolaire. Vous faites une présentation devant le conseil des élèves pour leur expliquer votre décision d'interdire les portables à l'école et leur permettre de réagir et exprimer leurs opinions.

Du vocabulaire pour vous aider lors d'un débat

Donner son avis

- selon moi
- à mon avis
- d'après moi
- Je pense que … + indicatif
- Je crois que …
- Je ne pense pas que … + subjonctif
- Je ne crois pas que …
- Je trouve que …
- Je considère que …
- Il me semble que …
- Il me paraît logique que …
- En ce qui me concerne, je …
- Pour ma part, je pense que …
- Je suis formellement opposé(e) à …
- Il est vrai que …
- Excusez moi de vous interrompre mais …
- Je me permets de vous interrompre pour …
- Puis-je me permettre de faire un commentaire ? Je trouve que …
- Si je peux me permettre une remarque…
- Je voudrais dire …
- Je voudrais renforcer l'argument avancé par Monsieur X car …
- Laissez-moi vous expliquer …
- Laissez-moi vous donner un exemple …

Lorsque l'on est du même avis

- Je suis (entièrement) d'accord avec vous.
- Je partage votre opinion / votre avis.
- Tout à fait !
- Absolument !
- Je suis du même avis.
- Vous avez raison.

Lorsque l'on n'est pas d'accord

- Je ne partage pas votre opinion.
- Je ne partage pas votre point de vue.
- Je ne suis pas du tout d'accord avec vous !
- Vous avez tort.
- Vous vous trompez.
- Votre idée est ridicule !
- Comment pouvez-vous dire que …
- Comment osez-vous dire que …
- Permettez-moi de vous contredire.
- Je me permets de vous contredire mais …
- Absolument pas !
- C'est faux !
- Oui, mais …
- Vous plaisantez ?
- Permettez-moi d'en douter.
- Je doute de la véracité de vos propos.
- Le problème n'est pas là, la vraie question est …

La valeur totale de l'oral interactif est de 10% suivant les critères suivants :

NIVEAU SUPÉRIEUR

Critères	0	1	2	3	4	5
A : Compétences productives	Le travail n'atteint pas les standards décrits par les descripteurs.	Maîtrise limitée de la langue. Le discours est hésitant et n'est pas toujours compréhensible. La langue est souvent incorrecte et/ou très limitée. L'intonation interfère avec la communication.	Maîtrise adéquate de la langue. Le discours est compréhensible et parfois fluide. La langue est souvent correcte avec quelques expressions idiomatiques. L'intonation n'interfère pas de façon sérieuse avec la communication.	Bonne maîtrise de la langue. Le discours est généralement fluide. La langue est généralement correcte, variée et idiomatique. L'intonation contribue à la communication.	Très bonne maîtrise de la langue. Le discours est fluide avec une touche d'authenticité. La langue est précise. L'intonation ajoute à la communication.	Excellente maîtrise de la langue. Le discours est fluide et généralement authentique. La langue est variée et idiomatique. L'intonation ajoute à la communication.
B : Compétences réceptives et interactives	Le travail n'atteint pas les standards décrits par les descripteurs.	Les idées simples sont comprises avec difficulté et l'interaction est limitée. Les idées et opinions simples sont présentées avec difficulté et parfois de façon incohérente. La conversation n'est pas fluide.	Les idées simples sont assez bien comprises et l'interaction est adéquate. Les idées et opinions simples sont généralement claires. La conversation est parfois fluide avec des moments d'hésitation.	Les idées simples sont bien comprises et l'interaction est bonne. Les idées et opinions simples sont claires et cohérentes ; il y a des difficultés avec les idées plus complexes. La conversation est généralement fluide.	Les idées complexes sont bien comprises et l'interaction est très bonne. Les idées et opinions simples et complexes sont généralement présentées de façon claire, cohérente et efficace. La conversation est fluide.	Les idées complexes sont bien comprises et l'interaction est excellente. Les idées et opinions complexes sont présentées de façon claire, cohérente et efficace. La conversation est fluide et naturelle.

NIVEAU MOYEN

Critères	0	1	2	3	4	5
A : Compétences productives	Le travail n'atteint pas les standards décrits par les descripteurs.	Maîtrise très limitée de la langue. Le discours est hésitant et à peine compréhensible. La langue est souvent incorrecte et/ou très limitée. L'intonation interfère sérieusement avec la communication.	Maîtrise limitée de la langue. Le discours est hésitant et n'est pas toujours compréhensible. La langue est souvent incorrecte et/ou très limitée. L'intonation interfère parfois la communication.	Maîtrise acceptable de la langue. Le discours est compréhensible et parfois fluide. La langue est parfois incorrecte avec quelques expressions idiomatiques. L'intonation n'interfère pas de façon sérieuse avec la communication.	Bonne maîtrise de la langue. Le discours est généralement fluide. La langue est généralement correcte, variée et articulée. L'intonation contribue à la communication.	Très bonne maîtrise de la langue. Le discours est fluide. La langue est correcte, variée et articulée ; les erreurs n'interfèrent pas avec le message. L'intonation ajoute à la communication.
B : Compétences réceptives et interactives	Le travail n'atteint pas les standards décrits par les descripteurs.	Les idées simples sont comprises avec beaucoup de difficulté et l'interaction est très limitée. Les idées et opinions simples sont présentées de façon incohérente. La conversation est brisée/ disjointe.	Les idées simples sont comprises avec difficulté et l'interaction est limitée. Les idées et opinions simples sont présentées avec difficulté et parfois de façon incohérente. La conversation n'est pas fluide.	Les idées simples sont assez bien comprises et l'interaction est adéquate. Les idées et opinions simples sont généralement claires. La conversation est parfois fluide avec des moments d'hésitation.	Les idées simples sont bien comprises et l'interaction est bonne. Les idées et opinions simples sont claires et cohérentes ; il y a des difficultés avec les idées plus complexes. La conversation est généralement fluide.	Les idées complexes sont bien comprises et l'interaction est très bonne. Les idées et opinions simples et complexes sont généralement présentées de façon claire, cohérente et efficace. La conversation est fluide.

Stratégies pendant l'oral interactif

- Écoutez les arguments des autres.
- Prenez la parole.
- Évitez de couper la parole aux autres.
- Contredisez les arguments des autres.
- S'il est difficile de répondre aux questions et/ou de participer à la conversation, posez des questions.
- Ne paniquez pas si vous avez oublié un mot.
- Demandez aux autres de répéter un argument si vous n'avez pas compris.
- Ne préparez pas trop de phrases à l'avance.
- Soyez le plus naturel possible.
- Attention au registre.

L'oral individuel

Il porte sur l'une des Options étudiées en classe et a lieu durant le deuxième semestre de la dernière année du cours.

Les instructions sont les mêmes pour le Niveau Moyen et Supérieur, mais on s'attend à plus de profondeur et de maîtrise de la langue au Niveau Supérieur. Les critères d'évaluation seront également différents.

L'oral individuel se déroule en deux temps.

Partie A

- **Un temps de préparation de 15 minutes** pour préparer la description et interprétation d'une photo authentique (accompagnée d'une légende) illustrant l'une des Options étudiées. Cette photo vous est remise par l'examinateur/examinatrice. Au Niveau Moyen, vous pourrez choisir entre deux photos. Au Niveau Supérieur, le professeur choisira l'image pour vous.
- **L'oral :** entre 3 et 4 minutes consacrées à votre description et interprétation personnelle de la photo. Au NS, vous devrez, en plus de décrire la photo, établir un lien entre la photo et la culture ciblée.

Partie B

Entre 5 et 6 minutes pendant lesquelles votre examinateur/examinatrice vous posera des questions pour aller plus et loin et entamer une discussion avec vous. C'est aussi une occasion pour discuter des autres Options étudiées durant le programme. L'objectif de la partie B est d'avoir une discussion engagée et naturelle.

La valeur totale de l'oral interactif est de 20% suivant les critères suivants :

NIVEAU SUPÉRIEUR

Critères	0	1–2	3–4	5–6	7–8	9–10
A : Compétences productives	Le travail n'atteint pas les standards décrits par les descripteurs.	Maîtrise très limitée de la langue. Le discours est très hésitant et à peine compréhensible. La langue est souvent incorrecte et/ou très limitée. L'intonation interfère de façon sérieuse avec la communication.	Maîtrise limitée de la langue. Le discours est hésitant et parfois incompréhensible. La langue est souvent incorrecte et/ou limitée. L'intonation interfère avec la communication.	Maîtrise adéquate de la langue. Le discours est parfois compréhensible et fluide. La langue est parfois correcte, avec des expressions idiomatiques. L'intonation n'interfère pas avec la communication.	Bonne maîtrise de la langue. Le discours est généralement fluide. La langue généralement correcte, variée et articulée. L'intonation contribue à la communication.	Très bonne maîtrise de la langue. Le discours est fluide. La langue est correcte, variée et articulée ; les erreurs n'interfèrent pas avec le message. L'intonation ajoute à la communication.
B : Compétences réceptives et interactives	Le travail n'atteint pas les standards décrits par les descripteurs.	Les idées simples sont comprises avec beaucoup de difficulté et l'interaction est très limitée. Les idées et opinions simples sont présentées de façon incohérente. La conversation est brisée et/ou disjointe.	Les idées simples sont avec difficulté et l'interaction est limitée. Les idées et opinions simples sont présentées avec difficulté et parfois de façon incohérente. La conversation n'est pas fluide.	Les idées simples sont assez bien comprises et l'interaction est acceptable. Les idées et opinions simples sont généralement claires. La conversation est parfois fluide avec des moments d'hésitation.	Les idées simples sont bien comprises et l'interaction est bonne. Les idées et opinions simples sont présentées de façon claire et cohérente; il y a des difficultés avec les idées plus complexes. La conversation est généralement fluide.	Les idées complexes sont bien comprises et l'interaction est bonne. Les idées et opinions simples et complexes sont présentées de façon claire, cohérente et efficace. La conversation est fluide.

NIVEAU MOYEN

Critères	0	1–2	3–4	5–6	7–8	9–10
A : Compétences productives	Le travail n'atteint pas les standards décrits par les descripteurs.	Maîtrise très limitée de la langue. Le discours est très hésitant et à peine compréhensible. La langue est souvent incorrecte et/ou très limitée. L'intonation interfère sérieusement avec la communication.	Maîtrise limitée de la langue. Le discours est hésitant et n'est pas toujours compréhensible. La langue est souvent incorrecte et/ou très limitée. L'intonation interfère parfois la communication.	Maîtrise acceptable de la langue. Le discours est compréhensible et parfois fluide. La langue est parfois incorrecte, quelques expressions idiomatiques. L'intonation n'interfère pas avec la communication.	Bonne maîtrise de la langue. Le discours est généralement fluide. La langue est généralement correcte, variée et articulée. L'intonation contribue à la communication.	Très bonne maîtrise de la langue. Le discours est fluide. La langue est correcte, variée et articulée ; les erreurs n'interfèrent pas avec le message. L'intonation ajoute à la communication.
B : Compétences réceptives et interactives	Le travail n'atteint pas les standards décrits par les descripteurs.	Les idées simples sont comprises avec grande difficulté et l'interaction est très limitée. Les idées et opinions simples sont présentées de façon incohérente. La conversation est brisée et/ou disjointe.	Les idées simples sont comprises avec difficulté et l'interaction est limitée. Les idées et opinions simples sont présentées avec difficulté et parfois de façon incohérente. La conversation n'est pas fluide.	Les idées simples sont assez bien comprises et l'interaction est adéquate. Les idées et opinions simples sont généralement claires. La conversation est parfois fluide avec des moments d'hésitation.	Les idées simples sont bien comprises et l'interaction est bonne. Les idées et opinions simples sont claires et cohérentes ; il y a des difficultés avec les idées plus complexes. La conversation est généralement fluide.	Les idées complexes sont bien comprises et l'interaction est bonne. Les idées et opinions simples et complexes sont généralement présentées de façon claire, cohérente et efficace. La conversation est fluide.

Stratégies pendant l'oral individuel

Grammaire

- Utilisez des adjectifs pour décrire les personnes, les actions, le paysage, le temps, etc.
- Variez votre vocabulaire.
- Vouvoyez votre examinateur/examinatrice.
- Attention aux temps de verbe utilisés dans les questions.
- Si vous avez fait une erreur de grammaire, ce n'est pas grave ; corrigez-vous.

Contenu

- Structurez votre « présentation ». Utilisez des connecteurs logiques appropriés (cependant, de plus, aussi, donc, etc.).
- Une fois la description de la photo terminée, interprétez-la. Quel thème est abordé ? À quoi la scène ou situation vous fait-elle penser ? Qu'en pensez-vous ?
- Exprimez clairement des opinions et justifiez-les.
- Ne restez pas collé(e) à la photo … allez plus loin dans votre interprétation du thème abordé.
- Développez vos réponses le plus possible.

Évaluation externe

Évaluation externe 70%		
Compétences réceptives de compréhension de textes	Compétences de production écrite	Compétences réceptives et de production écrite
Épreuve 1 25%	**Épreuve 2 25%**	**Travail écrit 20%**
Exercices de compréhension de texte 4 textes basés sur les thèmes du Tronc commun	Excercices de rédaction (250–400 mots) Choix de 5 tâches basées sur les Options NM et NS : 250 mots minimum NS Section B : 150 mots	Lecture intertextuelle sur un thème particulier NM : 300–400 mots + préambule 100 mots NS : 500–600 + préambule 150 mots
Sans dictionnaire		**Avec dictionnaire**
Est évalué selon les barèmes de notation du BI	Est évalué suivant les critères d'évaluation	
Préparation en classe avec évaluation externe		Se réalise en classe sous supervision

Compréhension et manipulation des textes : Épreuve 1

Épreuve 1 25%	
Compétences réceptives	
Basé sur les thèmes du Tronc commun	
Livret de textes	Livret questions et réponses
NM 4 textes – NS 5 textes	Questions et activités basées sur ces textes
Évalue la compréhension et l'interprétation des textes	
Le niveau de difficulté des textes et des questions diffère entre le NM et le NS	

Cette section est basée sur les thèmes du Tronc commun et évalue les compétences réceptives à travers des actions de compréhension et d'interprétation de la lecture.

Les textes et questions/réponses sont présentés dans deux livrets distincts pour faciliter votre travail. Le livret de textes contient quatre textes au NM et cinq textes au NS. Ces textes sont de difficulté variable. Le livret questions et réponses contient des questions et des activités basées sur ces textes.

Le BI évalue la compréhension et l'interprétation des textes et non pas les connaissances sur le contenu.

Le format des textes est très semblable pour les deux niveaux, mais les textes et les questions sont plus exigeants pour le NS.

La valeur de cette composante est de 25%.

Types d'activités

- Décider si les affirmations sont vraies ou fausses et justifier.
- Questions générales de compréhension du texte avec réponses spécifiques formulées avec les mots du texte.
- Trouver des synonymes/antonymes de mots ou expressions dans le texte.
- Relier des photos avec les descriptions correspondantes.
- Relier des éléments de deux colonnes pour former des phrases ou compléter des idées tirées du texte.
- Choisir parmi une liste d'idées ou de concepts exprimés dans le texte.
- Faire des phrases complètes avec des éléments du texte.
- Compléter une partie du texte avec des connecteurs.

- Chercher le référent d'un mot (pronoms).
- Lier des titres avec des paragraphes.
- Relier les questions et réponses dans une interview.
- Remplir les cases à choix multiples avec des informations pertinentes.

Production écrite : Épreuve 2

Épreuve 2 25%		
Compétences de production écrite		
NM	NS	
Section A	Section A	Section B
Basé sur les Options		Basé sur un sujet du Tronc commun
Exercice de rédaction		Réponse/réaction à un court texte écrit
Entre 250 et 400 mots		Entre 150 et 250 mots
Un choix de 5 questions		Extension d'un texte

Section A (NM/NS)

La production écrite est basée sur le contenu d'un thème lié aux Options.

Le nombre de mots requis pour chaque tâche est entre 250 et 400 pour les deux niveaux.

Vous devez choisir une tâche parmi les cinq proposées (une pour chaque Option) et la développer selon les objectifs de communication.

Objectifs de rédaction

- Description (objective)
- Narration (évocatrice/imaginative)
- Interaction (dialogue écrit ou oral)
- Explication
- Argumentation
- Analyse et critique
- Un rapport

Types de textes

- Un journal intime ou un blog
- Un dépliant/un guide/une brochure
- Une lettre formelle/officielle
- Une lettre informelle
- Un courriel/une carte postale
- Un article/éditorial
- Une critique (film ou livre)
- Affiches/posters
- Une interview
- Un discours
- Une dissertation
- Un rapport
- Un éditorial
- Un récit
- Un appel/tract

Attention : quel que soit le type de texte, il faut :
- identifier le public ciblé.
- déterminer qui vous êtes.
- identifier le but/l'objectif du texte.
- utiliser les structures grammaticales et temps de verbes qui communiqueront le message voulu.
- connaître les éléments propres à ce type de texte.
- structurer le texte.
- être cohérent dans l'utilisation du registre.

Types de texte

Le journal intime

1 Une date

2 « Cher journal, »

3 Une adresse directe à son journal ; comme si on discutait avec un(e) ami(e) en lui posant des questions ou sollicitait son opinion

4 Ton intime

5 Émotions positives ou négatives ; le journal doit être expressif

Le blog

1 Date (de la plus récente à la plus ancienne)

2 Des images, opinions/émotions

3 Des faits que vous racontez

4 Des répétitions pour mettre un aspect en valeur

Un dépliant/un guide/une brochure

1 Un titre

2 Une introduction pertinente et intéressante

3 Des sous-titres pour bien organiser l'information

4 Des informations présentées sous forme de texte/listes

5 Une présentation attirante (photos, informations, faits)

La lettre formelle ou officielle

1 Une structure logique (en effet, de plus, cependant, pourtant, bien que …)

2 Votre nom et adresse/nom et adresse du destinataire

3 Formule de politesse en début et fin de lettre

4 Registre et ton formel (« vous »)

5 Une signature

6 Lieu et date d'envoi de la lettre

La lettre informelle/carte postale

1 « Cher/Chère, … »

2 Une structure logique (en effet, de plus, cependant, pourtant, bien que …)

3 Formule de politesse informelle (je t'embrasse, à bientôt, écris-moi vite)

4 Registre et ton informel (« tu »)
5 Une signature
6 Lieu et date d'envoi de la lettre

L'article de journal et de magazine

1 Un (gros) titre intéressant pour captiver l'attention du lecteur
2 Une introduction expliquant le thème et la position
3 Majoritairement informatif (opinions exprimées mais peut être neutre)
4 Doit répondre aux questions : Qui ? Où ? Quand ? Quoi ? Comment ?
5 Le nom du journaliste et du journal ou magazine
6 La date
7 Une forme structurée ; utilisez des connecteurs

La critique cinématographique (film) ou littéraire (livre)

1 Un format précis (**article** dans un magazine ou d'une **lettre** au metteur en scène ou à l'auteur)
2 Exprimer une opinion positive et/ou négative
3 Résumer le film ou le livre (sans en dévoiler la fin)
4 Inclure plusieurs détails techniques :

   Film – durée, date de sortie en salle, nom des acteurs principaux, genre, intrigue, etc.

   Livre – intrigue, langage, personnages, fin/dénouement, structure, comparaison avec d'autres œuvres du même auteur, etc.

5 Recommendation (pour qui ?)
6 Conclusion

L'interview

1 Échange verbal entre deux personnes
2 Présentation de la personne interviewée
3 Questions et réponses qui vont plus loin que le format A … B … A … B …
4 Des questions intéressantes, variées et pertinentes
5 Réponses détaillées
6 Une progression logique dans les questions
7 Le ton et registre dépendront du contexte

Le discours

1 Salutation à l'audience
2 Contenu approprié à l'audience
3 Présentation du sujet et/ou du thème du discours
4 Le ton et registre dépendront du contexte
5 Une structure logique et efficace ; utilisez des connecteurs
6 Une conclusion pertinente et efficace
7 Remerciement au public

Le rapport

1 Un titre pertinent
2 Une introduction qui présente le contexte du rapport
3 Une organisation/structure claire (paragraphes distincts)
4 Des informations/exemples/statistiques
5 Des conclusions tirées des recherches/de l'enquête
6 Une conclusion
7 Le nom de la personne qui a rédigé le rapport

La dissertation

1 Une introduction
2 Des paragraphes avec connecteurs logiques
3 Une opinion claire appuyée d'arguments

Un éditorial

1 Des questions pour interpeller le lecteur
2 Une adresse directe au lectorat
3 Présenter généralement un fait d'actualité ou un sujet important
4 Opinions sur un sujet
5 Donner des faits et avancer des exemples

Un récit

1 Des dates si récit historique ou autobiographique
2 Une structure claire et logique
3 Peut être une histoire inventée, le récit d'un événement réel ou un récit de voyage
4 Créer une ambiance, une atmosphère, un suspense
5 Beaucoup de descriptions dans un récit (surtout au début) et d'action

Un appel/tract

1 Un texte structuré et clair
2 À être publié sur internet, dans un magazine ou un journal
3 Un titre ou une formule d'adresse
4 Une présentation attrayante (mots en majuscules/surlignés, etc.)
5 But précis avec un public spécifique
6 Dénoncer une situation scandaleuse ou présenter un projet et convaincre à agir ou réagir soit par le biais de dons ou par le biais de la signature d'une pétition
7 But peut aussi être de convaincre de participer à la défense d'une cause, à une manifestation ou à une grève
8 Des arguments et des exemples pertinents

Critères d'evaluation : Section A

Attention : si vous n'écrivez pas suffisement et n'atteignez pas la limite minimale de 250 mots, vous serez pénalisé d'un point au critère A !

NIVEAU SUPÉRIEUR

Critères	0	1–2	3–4	5–6	7–8	9–10
A : Langue	Le travail n'atteint pas les standards décrits par les descripteurs.	Maîtrise limitée et inefficace de la langue. Le vocabulaire est très limité et présente beaucoup d'erreurs. Les phrases simples sont parfois compréhensibles.	Maîtrise généralement adéquate de la langue. Le vocabulaire est limité et présente beaucoup d'erreurs. Les phrases simples sont généralement compréhensibles.	Maîtrise efficace de la langue, malgré quelques erreurs. Le vocabulaire est adéquat et bien utilisé, malgré quelques erreurs. Les phrases simples sont compréhensibles.	Maîtrise de la langue est bonne et efficace. Le vocabulaire est développé et bien utilisé avec peu d'erreurs. Certaines phrases complexes sont compréhensibles et efficaces.	Maîtrise très efficace de la langue. Le vocabulaire est très varié et utilisé avec efficacité, avec peu d'erreurs. Les phrases complexes sont compréhensibles et efficaces.
B : Message	Le travail n'atteint pas les standards décrits par les descripteurs.	Le message n'a pas été communiqué. Les idées ne sont pas pertinentes et/ ou sont répétitives. Le développement des idées est confu; les détails sont très limités et/ ou non appropriés.	Message partiellement communiqué. Les idées sont parfois pertinentes. Le développement des idées est parfois évident; les détails sont parfois appropriés.	Message assez bien communiqué. Les idées sont généralement pertinentes. Le développement des idées est cohérent; les détails sont généralement appropriés.	Message bien communiqué. Les idées sont pertinentes. Le développement des idées est cohérent et efficace ; les détails sont appropriés.	Message très bien communiqué. Les idées sont appropriées et pertinentes. Le développement des idées est cohérent et détaillé ; les détails sont fortement appropriés
	0	**1**	**2**	**3**	**4**	**5**
C : Format	Le travail n'atteint pas les standards décrits par les descripteurs.	Le type de texte n'est pas reconnaissable. Les conventions appropriées au type de texte ne sont pas utilisées.	Le type de texte est à peine reconnaissable et/ou n'est pas approprié. Les conventions appropriées au type de texte sont très limitées.	Le type de texte parfois reconnaissable et approprié. Les conventions appropriées au type de texte sont limitées.	Le type de texte généralement reconnaissable et approprié. Les conventions appropriées au type de texte sont évidentes.	Le type de texte est clairement reconnaissable et approprié. Les conventions appropriées au type de texte sont évidentes et efficaces.

NIVEAU MOYEN

Critères	0	1–2	3–4	5–6	7–8	9–10
A : Langue	Le travail n'atteint pas les standards décrits par les descripteurs.	Maîtrise généralement inadéquate de la langue. Le vocabulaire est très limité et présente beaucoup d'erreurs. Les phrases simples sont rarement compréhensibles..	Maîtrise limitée et généralement inefficace de la langue. Le vocabulaire est limité et présente beaucoup d'erreurs. Les phrases simples sont parfois compréhensibles.	Maîtrise adéquate de la langue, malgré beaucoup d'erreurs. Le vocabulaire est relativement limité avec beaucoup d'erreurs. Les phrases simples généralement compréhensibles.	Message bien communiqué. Les idées sont généralement pertinentes. Le développement des idées est cohérent; les détails sont généralement appropriés	Bonne maîtrise de la langue. Le vocabulaire est développé et bien utilisé et contient peu d'erreurs. Les phrases complexes sont compréhensibles et efficaces.
B : Message	Le travail n'atteint pas les standards décrits par les descripteurs.	Le message n'a pas été communiqué. Les idées ne sont pas pertinentes et/ ou sont répétitives. Le développement des idées est confu; les détails sont très limités et/ ou non appropriés	Message à peine communiqué. Les idées sont parfois pertinentes et/ou répétitives. Le développement des idées est confu; les détails sont limités et/ou non appropriés	Message partiellement communiqué. Les idées sont partiellement pertinentes. Le développement des idées est évident ; les détails sont limités et/ou non appropriés	Message bien communiqué. Les idées sont pertinentes. Le développement des idées est cohérent et efficace ; les détails sont appropriés.	Message très bien communiqué. Les idées sont pertinentes. Le développement des idées est cohérent et efficace; les détails sont appropriés
	0	**1**	**2**	**3**	**4**	**5**
C : Format	Le travail n'atteint pas les standards décrits par les descripteurs.	Le type de texte n'est pas reconnaissable. Les conventions appropriées au type de texte non utilisées.	Le type de texte est à peine reconnaissable. Les conventions appropriées au type de texte sont très limitées.	Le type de texte est parfois reconnaissable et approprié. Les conventions appropriées au type de texte sont limitées.	Le type de texte est généralement reconnaissable et approprié. Les conventions appropriées au type de texte sont évidentes.	Le type de texte est reconnaissable et approprié. Les conventions appropriées au type de texte sont évidentes et pertinentes.

Section B (NS seulement)

Il s'agit ici de répondre/réagir à un court texte écrit. Ce texte est basé sur un sujet du Tronc commun.

Il faut :

- présenter votre réponse personnelle sous la forme d'une argumentation raisonnée.
- mentionner des éléments du texte initial/faire référence à des éléments du texte initial.
- rédiger entre 150 et 250 mots.
- structurer votre réponse.

À savoir :

- Votre réponse personnelle peut prendre la forme de l'un des types de textes requis pour l'Épreuve 2 de votre choix (dissertation, article, discours, etc.).
- Vous n'êtes pas obligé(e) de développer le pour ou le contre d'un sujet. D'ailleurs certains sujets ne s'y prêteront pas obligatoirement.

Exemples :

1 Relations sociales

« Pour casser les ghettos, il faut s'occuper des gens autant que des lieux. Améliorer les transports ne suffit pas pour désenclaver les banlieues. »

(Jacques Donzelot, sociologue, *Que dit le monde*, le 8 mai 2009)

2 Questions mondiales

Il faut arrêter de parler de réchauffement climatique et de se culpabiliser. Nous n'y sommes pour rien. Il s'agit de cycles naturels !

Critères d'évaluation : Section B

NIVEAU SUPÉRIEUR

Attention : si vous n'écrivez pas suffisement et n'atteignez pas la limite minimale de 150 mots, vous serez pénalisé d'un point au critère A !

Critères	0	1–2	3–4	5–6	7–8	9–10
A : Langue	Le travail n'atteint pas les standards décrits par les descripteurs.	Maîtrise limitée et généralement inefficace de la langue. Le vocabulaire est limité et présente beaucoup d'erreurs. Les phrases simples sont parfois compréhensibles.	Maîtrise généralement adéquate de la langue malgré beaucoup erreurs. Le vocabulaire est assez limité et présente beaucoup d'erreurs. Les phrases simples sont généralement compréhensibles.	Maîtrise efficace de la langue, malgré quelques erreurs. Le vocabulaire est adéquat et bien utilisé, avec quelques erreurs. Les phrases simples sont compréhensibles.	Maîtrise efficace de la langue. Le vocabulaire est développé et bien utilisé avec peu d'erreurs importantes. Certaines phrases complexes sont compréhensibles et efficaces.	Maîtrise très efficace de la langue. Le vocabulaire est très varié et utilisé avec efficacité avec très peu d'erreurs. Les phrases complexes sont compréhensibles et efficaces.
B : Argument/ discussion	Le travail n'atteint pas les standards décrits par les descripteurs.	Pauvre développement des idées. L'argument n'est ni clair, ni convaincant. La structure de l'argument est vague et confu. Les idées ne sont pas pertinentes.	Pauvre développement des idées. L'argument est rarement clair ou convaincant. La structure de l'argument est parfois évidente. Les idées sont parfois pertinentes.	Occasionel développement efficace des idées. L'argument est relativement clair et parfois convaincant. La structure de l'argument est évidente. Les idées sont généralement pertinentes.	Le développement des idées est efficace et méthodique. L'argument est clair et parfois convaincant. La structure de l'argument est cohérente et organisée. Les idées sont bien exprimées et sont pertinentes.	Le développement des idées est très efficace et méthodique. L'argument est convaincant. La structure de l'argument est systétatiquement cohérente et organisée. Les idées sont bien exprimées, pertinentes et stimulantes.

Travail écrit

Travail écrit 20%	
Compétences réceptives et de production écrite	
Niveau Moyen	Niveau Supérieur
Lecture intertextuelle	Ecrit créatif
Portant sur un thème du Tronc commun	Portant sur l'une des deux œuvres étudiée
Exercice écrit entre 300 et 400 mots	Entre 500 et 600 mots
Devant inclure un préambule	
100 mots	150 mots
Durée : entre 3 et 4 heures (s'il n'est pas fait en une seule session, l'enseignant doit faire en sorte de réserver au Travail écrit les sessions suivantes afin de minimiser le temps de pause entre sessions)	
Deux sections :	
1. Le Travail écrit	
Activité écrite Écrit à la main Format de la liste de « Types de textes » de l'Épreuve 2 Basé sur l'information de trois courts textes (entre 300 et 400 mots) sélectionnés par l'enseignant	Activité d'écriture créative Écrit à la main Format de la liste de « Types de textes » de l'Épreuve 2 Basé sur les thèmes littéraires
2. Le préambule	
100 mots Écrit à la main Présenter le travail Spécifier les objectifs Expliquer le choix du public visé Expliquer comment vous avez atteint les objectifs que vous vous étiez fixés	150 mots Écrit à la main Présenter le travail Spécifier les objectifs Expliquer le choix du type de texte et comment vous l'avez réalisé Expliquer le choix du public visé Expliquer comment vous avez atteint les objectifs que vous vous étiez fixés

NIVEAU MOYEN

Qu'est-ce que le Travail écrit ?

- Il est basé sur l'un des sujets du Tronc commun que vous avez étudiés.
- Il faut rédiger un texte entre 300 et 400 mots de votre choix à partir de trois textes sources que votre professeur vous aura remis.
- Votre professeur vous guidera et lira votre brouillon une fois seulement.
- Vous avez le droit d'utiliser un dictionnaire et des notes concernant la rédaction des types de textes.
- Il s'agit de votre propre texte à partir des idées exprimées dans les textes sources. Il est donc interdit de recopier des passages des textes.
- Il faut aussi rédiger un préambule de 100 mots pour expliquer vos intentions/objectifs et spécifier comment vous les avez atteints.
- Il prend place lors de la dernière année du programme et compte pour 20%.

Exemple : un tract pour informer le public au sujet des enjeux du commerce équitable et inciter les gens à consommer de manière responsable.

Préambule

Les textes vantent les bénéfices du commerce équitable. À partir des informations et exemples présentés dans les textes, j'ai décidé de rédiger un tract dont le but est d'informer le public sur le commerce équitable et de ses bienfaits et de l'inciter à consommer équitable. J'ai choisi le tract car dans un tract, on peut faire passer des idées de manière percutante. J'ai donc utilisé des exclamations, des répétitions, des questions rhétoriques, etc. Pour interpeller les lecteurs, les responsabiliser et les inciter à agir, j'ai utilisé les pronoms « vous » et « nous ».

Responsabilités

Vous devez :

- démontrer vos connaissances des matières de base étudiées.
- organiser l'information des ressources d'une manière adaptée au type de texte.
- utiliser les ressources d'information sans copier des passages du texte.
- utiliser un langage, ton et registre approprié à la tâche et au type de texte.

L'enseignant doit :

- choisir trois textes appartenant au même thème que le Tronc commun.
- utiliser ces textes par un maximum de 12–15 élèves. La longueur du texte original ne doit pas dépasser 400 mots.
- essayer de résumer les textes qui sous-tendent le travail d'écriture.
- s'assurer que votre travail est personnel et que vous ne reproduisez pas le travail d'un autre.
- vous familiariser avec les critères d'évaluation bien que ce ne soit pas leur rôle de corriger la lecture ou le Travail écrit.

Critères d'évaluation

Attention : si vous n'écrivez pas suffisement et n'atteignez pas la limite minimale de 300 mots pour le Travail écrit et de 100 mots pour le préambule, vous serez pénalisé d'un point au critère A !

Critères	0	1–2	3–4	5–6	7–8	
A : Langue	Le travail n'atteint pas les standards décrits par les descripteurs.	Maîtrise généralement inadéquate de la langue. Le vocabulaire est très limité et contient beaucoup d'erreurs. Les phrases sont rarement compréhensibles..	Maîtrise limitée et généralement inefficace de la langue. Le vocabulaire est limité et contient beaucoup d'erreurs. Les phrases sont parfois compréhensibles.	Maîtrise généralement adéquate de la langue, malgré beaucoup d'erreurs. Le vocabulaire est relativement limité et contient beaucoup d'erreurs. Phrases généralement compréhensibles.	Maîtrise efficace de la langue malgré quelques erreurs. Le vocabulaire est adéquat et bien utilisé malgré quelques erreurs. Les phrases sont compréhensibles.	
	0	**1–2**	**3–4**	**5–6**	**7–8**	**9–10**
B : Contenu	Le travail n'atteint pas les standards décrits par les descripteurs.	L'étudiant utilise peu les sources et n'atteint pas le/les but(s) cité(s) dans le préambule. L'utilisation des sources est superficielle et peu développée. Aucune organisation visible.	L'étudiant utilise un peu les sources et atteint partiellement le/les but(s) cité(s) dans le préambule. L'utilisation des sources est simple mais pertinente. Tentative visible d'organisation.	L'étudiant utilise en partie les sources et atteint généralement le/ les but(s) cité(s) dans le préambule. L'utilisation des sources est adéquate. Il y a une certaine organisation.	L'étudiant utilise les sources et atteint en grande partie le/les but(s) cité(s) dans le préambule. L'utilisation des sources est bonne. Le travail est généralement organisé.	L'étudiant utilise les sources de façon efficace et atteint le/les but(s) cité(s) dans le préambule. L'utilisation des sources est efficace. Le travail est organisé.
	0	**1**	**2**	**3**	**4**	
C : Format/type de texte	Le travail n'atteint pas les standards décrits par les descripteurs.	Le type de texte n'est pas reconnaissable. Les conventions appropriées au type de texte ne sont pas utilisées.	Le type de texte est à peine reconnaissable ou pas approprié. Les conventions appropriées au type de texte sont limitées.	Le type de texte est parfois reconnaissable et approprié. Les conventions appropriées au type de texte sont évidentes.	Le type de texte est clairement reconnaissable et approprié. Les conventions appropriées au type de texte sont évidentes et efficaces.	
	0	**1**	**2**	**3**		
D : Préambule	Le travail n'atteint pas les standards décrits par les descripteurs.	Le raisonnement n'est pas clair.	Le raisonnement est partiellement clair.	Le raisonnement est clair et est directement relié aux sources.		

NIVEAU SUPÉRIEUR

Qu'est-ce que le Travail écrit ?

- C'est un texte créatif entre 500 et 600 mots et un préambule de 150 mots.
- Il est basé sur l'une des œuvres littéraires que vous avez étudiées.
- Il sera rédigé à la main. Même chose pour le préambule.

- Lors de vos études de français, vous allez étudier deux œuvres.
- Vous aborderez ces œuvres sous différents aspects (étude des personnages et des thèmes, exercices de compréhension, de grammaire ou de vocabulaire, etc.).
- Il sera rédigé en classe pendant la deuxième année de vos études de BI.
- Ce Travail écrit compte pour 20% de la note finale.
- Vous avez le droit de consulter un dictionnaire, les critères d'évaluation ainsi que, éventuellement, des fiches « techniques » expliquant comment rédiger les types de textes.

Il faut :

- choisir l'œuvre sur laquelle vous allez baser votre Travail écrit.
- choisir un aspect spécifique de l'œuvre que vous voulez développer. Votre Travail écrit ne peut pas porter sur tous les aspects de l'œuvre étudiée.
- choisir un type de texte approprié (page de journal intime, discours, guide, etc.) ; voir « Section conseils : Types de textes » par rapport au but que vous souhaitez atteindre.
- donner un titre à votre travail.

Préambule

- Un bref résumé de l'œuvre choisie.
- Vos buts/objectifs.
- Pourquoi le choix du type de texte ?
- Pourquoi le choix du destinataire (si approprié) ?
- Expliquer comment vous avez procédé.

Exemple :

Titre de l'œuvre	Extrait	Préambule	Type de texte	But(s)/objectif(s)	Titre du Travail écrit
Antigone (Jean Anouilh)	Cher journal, Dans quelques heures je vais mourir. Mourir pour avoir défendu une noble cause. Mourir pour avoir osé défier l'autorité. Mourir pour avoir accepté ma destinée. Aurais-je dû écouter la voix de la raison ? Aurais-je pu éviter ce sacrifice ultime et épargner cette douleur à mes proches ? Ismène m'a suppliée de l'écouter. Non ! Elle ne comprend pas !	Je me suis posé(e) les questions suivantes : qu'aurais-je fait à sa place ? Qu'aurais-je ressenti sachant que je me sacrifiais et que j'allais à la mort ? Le but du journal intime est de coucher ses sentiments sur papier, de les exprimer. C'est donc le type de texte le plus approprié. Le journal agit comme un confident. De plus, la répétition du verbe « mourir » au début renforce le côté tragique du moment à venir ...	Journal intime	Montrer les sentiments, les pensées d'Antigone avant sa mort ; mettre en valeur le conflit interne qui la mine	Un sacrifice vraiment nécessaire ?

Responsabilités

Vous devez :

- utiliser efficacement la gamme de vocabulaire pour la tâche.
- utiliser un langage, ton et registre approprié à la tâche et au type de texte.
- créer un travail basé sur une œuvre littéraire.
- gérer efficacement le type de texte choisi pour votre développement.

L'enseignant doit :

- vous guider dans le choix de la tâche.
- s'assurer que votre travail est personnel et que vous ne reproduisez pas le travail d'un autre.
- vous familiariser avec les critères d'évaluation bien que ce ne soit pas leur rôle de corriger la lecture ou le Travail écrit.

Critères d'évaluation

Attention **:** si vous n'écrivez pas suffisement et n'atteignez pas la limite minimale de 500 mots pour le Travail écrit et de 150 mots pour le préambule, vous serez pénalisé d'un point au critère A !

Critères	**0**	**1–2**	**3–4**	**5–6**	**7–8**	
A : Langue	Le travail n'atteint pas les standards décrits par les descripteurs.	Maîtrise limitée de la langue et généralement inefficace. Le vocabulaire est limité et contient beaucoup d'erreurs. Les phrases simples sont parfois compréhensibles.	Maîtrise généralement efficace de la langue malgré beaucoup d'erreurs. Le vocabulaire est relativement limité et contient beaucoup d'erreurs. Les phrases simples sont généralement compréhensibles.	Maîtrise adéquate de la langue, malgré quelques d'erreurs. Le vocabulaire est bien utilisé avec quelques d'erreurs. Phrases généralement compréhensibles.	Maîtrise efficace de la langue. Le vocabulaire est varié et bien utilisé malgré quelques erreurs. Certaines phrases complexes sont compréhensibles et efficaces.	
	0	**1–2**	**3–4**	**5–6**	**7–8**	**9–10**
B : Contenu	Le travail n'atteint pas les standards décrits par les descripteurs.	L'étudiant n'utilise pas l'oeuvre littéraire. Les liens avec le texte sont superficiels et peu développés. Aucune organisation visible.	L'étudiant utilise peu l'oeuvre littéraire. Les liens avec le texte sont simples. Peu d'organisation visible.	L'étudiant utilise un peu l'oeuvre littéraire. Les liens avec le texte sont adéquats et assez bien faits. Il y a une certaine organisation.	L'étudiant utilise l'oeuvre littéraire. Les liens avec le texte sont bien. Il y a évidence d'organisation.	L'étudiant utilise de façon efficace l'oeuvre littéraire. Les liens avec le texte sont efficaces. L'organisation est visible.
	0	**1**	**2**	**3**	**4**	
C : Format/type de texte	Le travail n'atteint pas les standards décrits par les descripteurs.	Le type de texte n'est ni reconnaissable, ni approprié. Les conventions appropriées au type de texte sont limitées.	Le type de texte est généralement reconnaissable et approprié. Certaines conventions appropriées au type de texte sont évidentes.	Le type de texte est reconnaissable et approprié. Les conventions appropriées au type de texte sont efficaces.	Le type de texte est reconnaissable, approprié et convaincant. Les conventions appropriées au type de texte sont efficaces et variées.	
	0	**1**	**2**	**3**		
D : Préambule	Le travail n'atteint pas les standards décrits par les descripteurs.	Le raisonnement n'est pas clair.	Le raisonnement est partiellement clair.	Le raisonnement est clair et est directement relié aux sources.		

Liste de thèmes possibles pour le Tronc commun et l'Option

- Minorités
- Comportements sociaux
- Migration
- Célébrations religieuses
- Préjudice et discrimination
- Influence interlinguistique
- Alimentation
- Tabous et croyances

Les registres de langue

Il existe trois registres de langue en français :

1 **Le registre soutenu :** souvent utilisé en littérature et dans des occasions formelles.

Exemple : Comme elle était fatiguée, elle **a pris congé** de bonne heure. (prendre congé)

2 **Le registre courant ou standard :** utilisé dans des situations formelles et informelles. C'est le vocabulaire usuel.

Exemple : Comme je suis fatigué, je **m'en vais** maintenant. (s'en aller)

Tu me raconteras ce qui s'est passé demain.

3 **Le registre familier :** utilisé dans des situations moins formelles, entre amis.

Attention : cela ne veut pas dire qu'il est possible d'être vulgaire !

Exemple : Je suis fatigué alors je **me casse**. (se casser)

Raconte-moi ce qui s'est passé demain.

Lorsque l'on parle de registre de langue, on fait référence à un choix de vocabulaire approprié au contexte donné. La grammaire ne change pas.

Quelques exemples de plus :

Registre soutenu	Registre standard	Registre familier
extorquer (de l'argent)	voler	carotter
apprécier	aimer	kiffer
résider	habiter	crécher
–	une cigarette	une clope
se restaurer	manger	bouffer

Pour l'Épreuve 2, il faut identifier le type de texte (éditorial, article, discours, etc.) ainsi que le public visé afin de déterminer si vous allez utiliser le « tu » ou le « vous » et d'identifier le registre de langue le plus approprié et adapté à la tâche.

Dans une page de journal intime ou un courriel à un(e) ami(e), le registre familier est recommandé.

Il est possible d'utiliser si approprié avec le public visé :

- les abréviations dans des contextes comme « j'ferais mieux de »
- l'omission du « ne » dans la forme négative (« c'est pas vrai! »)
- les abréviations lexicales (« prof »)
- dans certains contextes, l'utilisation de mots argotiques (« meuf », « relou », etc.) apportera une touche d'authenticité à votre travail
- les adverbes comme « vachement », « trop ... » : « c'est trop cool ! » etc.

Connecteurs logiques

Quel que soit le type de texte, il est essentiel d'utiliser une palette de connecteurs logiques variés et appropriés.

En voici une liste non-exhaustive.

La chronologie
pour commencer
avant/après
d'abord
premièrement, deuxièmement, etc.
ensuite
alors
depuis
enfin
finalement
pour conclure
en conclusion

La rupture dans un récit
soudain
soudainement
tout à coup
c'est alors que

L'opposition / le contraste
toutefois/cependant/néanmoins
en revanche
en outre
mais
par ailleurs
d'un autre côté
bien que + subjonctif

La cause
parce que
car
puisque
comme (en début de phrase)
c'est pourquoi …
c'est la raison pour laquelle …
à cause de (cause négative)
grâce à (cause positive)

La conséquence
donc
ainsi
par conséquent
si bien que + subjonctif
de sorte que + subjonctif

Illustration d'arguments ou d'idées
en effet
par exemple
notamment
c'est-à-dire

Le but
pour/afin de + infinitif
pour/afin que + subjonctif
en vue de + infinitif
de façon à + infinitif

Introduction d'opinions
selon moi
à mon avis
en ce qui me concerne

Pour situer dans un contexte
au sujet de
dans le domaine/secteur de
à l'échelle mondiale
dans le cadre de
en tant que
en ma qualité de

Ressources en ligne
Pour plus de conseils, consultez le site www.pearsonbacconline.com

Réponse à la question page 426.

1 Cette photo vous évoque-t-elle des souvenirs particuliers ? Si oui, lesquels et pourquoi ?

2 Quelle(s) conclusion(s) pouvez-vous tirer de cette activité en ce qui concerne la connaissance ?

« L'humanité doit penser la planète en fermier »

Entretien Face au risque d'épuisement de la planète, le Suisse Mathis Wackernagel a développé un indice devenu fameux, l'« empreinte écologique », pour mesurer le phénomène avec un maximum de précision. Le problème n'est pas de faire bien, déclare-t-il, mais d'agir judicieusement.

Etienne Dubuis

De tous les Suisses engagés dans la défense de l'environnement, Mathis Wackernagel est sans doute un des plus visionnaires et des plus influents. Établi de longue date aux Etats-Unis, il est le cofondateur – avec le professeur canadien William Rees, de l'Université de Colombie-Britannique à Vancouver – de l'« empreinte écologique », le principal indicateur du développement durable, et le directeur de l'organisation qui en assure la promotion à travers le monde, le Global Footprint Network, basé en Californie. Interview d'un homme du front.

Le Temps : Qu'apporte l'« empreinte écologique » à la défense de l'environnement ? Mathis Wackernagel : Lorsque l'idée de développement durable a commencé à se populariser, à la fin des années 1980, elle souffrait d'un grand défaut. Elle établissait à juste titre que l'appétit de croissance économique de l'humanité allait se heurter tôt ou tard aux limites de la Terre, mais elle restait extrêmement vague ou même contradictoire à ce sujet. La raison en est peut-être que les habitants aisés de la planète, qui ne sont pas seulement les principaux consommateurs de ressources naturelles mais aussi ceux qui prennent généralement les décisions et écrivent les rapports, ont rarement l'occasion d'en faire l'expérience. Au sein d'une économie globalisée, il est difficile à tout un chacun de distinguer les impacts de sa consommation sur l'environnement. Notre but a été de développer un indice rendant les limites de la planète intelligibles, en établissant le nombre d'hectares de terres nécessaires pour assurer à long terme le mode de vie d'un individu ou d'une collectivité et en le comparant à la surface réellement disponible sur notre planète.

– Et que montre votre indice ?

– Que l'humanité ponctionne la Terre 30% plus vite qu'il ne faut à cette dernière pour régénérer les ressources que nous consommons et pour absorber les déchets que nous produisons. Qu'elle en est donc, selon notre terminologie, à plus d'une planète.

– Quinze ans plus tard, quelles sont vos ambitions ?

– Nous désirons connaître avec de plus en plus de précision l'empreinte écologique de l'humanité et c'est là, évidemment, un énorme travail pour une petite structure comme la nôtre. Notre organisation compte une vingtaine d'employés, et un partenariat avec 80 autres organisations à travers le monde, pour calculer l'empreinte de 152 pays, quand la France seule mobilise pas moins de 7000 fonctionnaires pour calculer son produit intérieur brut (PIB). Et puis, nous essayons parallèlement de promouvoir l'empreinte écologique au niveau international. Notre objectif est actuellement de convaincre dix pays de l'adopter comme indicateur officiel, à l'égal du PIB, des chiffres du chômage ou du taux d'inflation. Une région, l'Ecosse, vient de franchir le pas. Et nous avons entamé des collaborations dans le domaine de la recherche avec cinq pays, la Suisse, la Belgique, le Japon, les Emirats, et l'Equateur. Sans parler de la France, qui est sur le point de nous rejoindre.

– Quels sont vos arguments auprès des Etats ?

– Que les ressources naturelles sont l'essence de tout. Vous connaissez cette formule d'un Indien Cree : « Quand le dernier arbre sera abattu, la dernière rivière empoisonnée, le dernier poisson capturé, alors vous vous apercevrez que l'argent ne se mange pas. » L'avertissement est plus valable que jamais. J'invite tous ceux qui estiment la planète inépuisable à se rendre au Darfour ou en Haïti, des régions qui ont surexploite leur environnement et ne disposent pas des moyens financiers nécessaires pour compenser cette perte par des importations. Leur environnement s'est dramatiquement appauvri, ce qui a entraîné l'effondrement de leur économie. Il ne faut pas s'y tromper. Lorsque nous parlons d'écologie, nous parlons d'économie. Les deux domaines sont étroitement liés. D'ailleurs, l'expression « empreinte écologique » prête à controverse. Elle attire peut-être trop l'attention sur la nature et pas assez sur l'homme. Certains lui préfèrent d'ailleurs le terme d'« empreinte globale ».

– Quelle empreinte avez-vous personnellement ?

– Une grande, très grande empreinte. Les Américains ont une empreinte de 9,6 hectares par personne, alors que la surface moyenne à disposition dans une humanité de 6,2 milliards d'individus est de 1,8 hectare. Et moi, en plus, je voyage beaucoup par avion. Le problème n'est pas individuel cependant, il est collectif. Je sais que certaines personnes ont tendance à considérer cela comme une question de religion : je suis meilleur que vous parce que j'ai une empreinte plus modeste. Mais le défi qui nous est lancé n'est pas de faire le bien. Il est d'administrer judicieusement notre actif environnemental afin d'éviter un suicide collectif ou, pour reprendre une métaphore financière, une banqueroute écologique. L'humanité est appelée à se comporter en fermier pour se demander combien de terres elle possède, ce qu'elle peut y produire et si cel a suffira pour nourrir chacun. Si nous avons développé une comptabilité écologique, c'est pour pouvoir gérer la Terre comme des banquiers gèrent un capital, non pas d'instinct mais sur la base de données objectives.

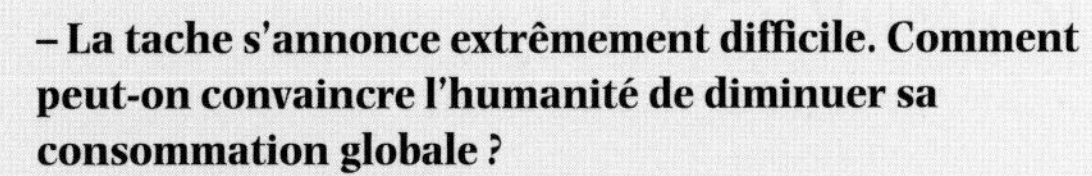

– La tache s'annonce extrêmement difficile. Comment peut-on convaincre l'humanité de diminuer sa consommation globale ?

– C'est un énorme défi, je suis d'accord. Mais qu'est-ce qui vous paraît le plus difficile ? Trouver les moyens de diminuer notre empreinte collective ou avoir deux ou trois planètes a notre disposition ?

– Que faire, alors ?

– Prendre plus au sérieux, d'abord, la croissance démographique. Pour beaucoup de gens, une humanité à neuf milliards de personnes, telle qu'on nous l'annonce pour 2050, sera assimilable sans gros choc. Je leur réponds : essayez vous-même de vivre avec 1,2 hectare, alors que la moyenne des Terriens, populations misérables y compris, est actuellement de 2,2 ! Je le dis sans détour : c'est un crime contre l'humanité de ne pas inverser l'explosion démographique à l'œuvre dans certains pays. Une légère décroissance de la population nous serait même à tous salutaire. Si nous ne le faisons pas, nous condamnerons les générations à venir à des existences très difficiles et possiblement violentes. Investir davantage dans les femmes serait un moyen efficace de changer la donne. Ce serait bien pour les femmes, qui y gagneraient en influence économique et politique, bien pour les enfants, dont la santé et l'éducation s'amélioreraient et, in fine, bien pour tout le monde, puisque cela ferait chuter le taux de fécondité, notamment dans les régions qui souffrent actuellement de la misère.

– Et à part la démographie ?

– Une politique globale commande de peser sur cinq facteurs déterminants. Deux sont du côté de la production : la superficie productive et la productivité par unité de surface. Trois se situent du côté de la consommation : le nombre d'êtres humains, la consommation de ressources par personne et l'efficacité de notre mode de vie.

– Le défi est-il d'abord technique ou politique ?

– Avec nos moyens actuels, nous pourrions déjà faire beaucoup mieux. Et tout donne à penser que d'importants progrès nous attendent. Mais la technologie ne peut déployer tous ses effets que dans un contexte favorable. Une manière d'améliorer ce dernier serait déjà de moins taxer le travail et de plus imposer les ressources naturelles.

– Cela coûterait-il cher de mieux respecter l'environnement ?

– Il y a un coût, c'est certain. Mais ce coût est un investissement. Une étude récente assure que chaque dollar investi dans la conservation des oiseaux en rapporterait 100 à l'humanité. Et je suis prêt à parier avec vous que les sommes engagées dans le développement durable s'avéreraient encore bien plus profitables. Tout banquier rêverait d'un tel retour. Le problème, le vrai problème, n'est pas que ces investissements ne rapporteraient pas, c'est qu'ils ne rapporteraient pas directement à ceux qui les ont réalisés.

– Comment voyez-vous le monde de demain ?

– Le monde peut prendre différentes formes, ce sera à nous d'en décider. Il pourra ressembler à Haïti, où tous les arbres ou presque ont été coupés, où les ressources sont devenues minimales. À Haïti en pire, en réalité, parce que ce pays bénéficie actuellement de l'aide extérieure alors que notre Terre n'aura rien à attendre de nulle part. C'est ce qui nous attend si nous ne prenons pas de mesures sérieuses. Mais le monde pourra être aussi beaucoup plus souriant, à l'image de Sienne. Avec un tissu urbain compact, des transports publics bien connectés, des campagnes environnantes consacrées aux cultures vivrières et une population investissant dans les activités sociales, cette ville utilise trois fois moins de ressources par personne que Houston, au Texas, tout en assurant, selon beaucoup, une qualité de vie supérieure.

– Les gens voyageront-ils toujours autant dans ce monde-là ?

– Ils passeront autant de temps à voyager mais le feront plus lentement. On recommencera peut-être a prendre le bateau pour aller aux Etats-Unis. Le trajet redeviendra une expérience en soi, alors qu'il est actuellement un temps mort entre deux destinations. Aujourd'hui, nous parcourons d'énormes distances pour joindre des lieux peu différenciés. Demain, nous irons vraisemblablement moins loin, mais le dépaysement ne sera pas moindre pour autant.

– S'il finit par s'opérer, ce changement ne risque-t-il pas d'être très lent, trop lent ?

– Il doit être assez lent pour entraîner tout le monde et assez rapide pour préserver les ressources naturelles. Le WWF a fixé pour objectif de réduire l'empreinte écologique de l'humanité à une planète d'ici à 2050. Cela peut paraître radical, étant donné la croissance actuelle de la population et de l'économie mondiales. Mais c'est aussi absolument nécessaire pour éviter une banqueroute environnementale. Je ne suis pas pessimiste. Les esprits changent vite. Quand nous disions il y a seulement deux ans que nous souhaitions persuader une dizaine de pays d'adopter l'empreinte écologique comme indicateur officiel, on nous riait au nez. Or, notre projet est désormais en bonne voie. Et le passage à l'action ne s'accompagne pas forcément de heurts. Regardez Arnold Schwarzenegger en Californie ! Il a pris comme gouverneur des mesures radicales et personne ne s'est manifesté pour demander sa démission. Je vous concède volontiers que, d'une manière générale, l'évolution est encore très lente. Mais l'Histoire n'est pas linéaire. Elle peut s'accélérer brusquement sous la pression des circonstances. Durant la Seconde Guerre mondiale, l'économie américaine ou l'économie suisse ont opéré des réajustements fondamentaux en très peu de temps.

– L'envie de posséder toujours plus, qui est le principal ressort de la croissance économique, n'est-elle pas trop profondément ancrée dans la nature humaine pour pouvoir être modérée ?

– C'est un ressort puissant, effectivement. Mais il en existe d'autres. Les gens tirent par exemple de la satisfaction du sentiment d'appartenance à une communauté et de la possibilité de mener des activités collectives. Une participation plus forte à l'espace public pourrait bien être une des clés d'une vie plus heureuse et du développement durable.

INDEX DE GRAMMAIRE

L'index de grammaire inclut le chapitre 25, Conseils pour l'examen, les Zoom grammaire, les Zoom vocabulaire, et les encadrés Conseils de l'examinateur, qui sont indiqués en caractères **gras**.

INDEX DES SUJETS

L'index des sujets couvre les sujets mentionnés dans les chapitres 1-24. Le chapitre 25 est inclus dans l'index Grammaire. Les chiffres en caractères **gras** renvoient aux encadrés Le saviez-vous? et Point culture.

U

V

W

Y

Z